高等职业教育“十三五”规划教材

Qiche Fadongji Diankong Xitong Jianxiu

汽车发动机电控系统检修

彭小红　官海兵　主　编
任成高　黄晓鹏　副主编
任春晖　主　审

人民交通出版社股份有限公司
China Communications Press Co.,Ltd.

内 容 提 要

本书为高等职业教育“十三五”规划教材，内容包括：汽油机电控系统故障诊断、电控汽油喷射系统故障检测与诊断、电控点火系统故障检测与诊断、汽油机辅助控制系统故障检测与诊断、柴油机电控系统故障检测与诊断。全书共五个项目，十二个任务。

本书主要供高等职业教育汽车运用与维修技术专业教学使用，也可供汽车类相关专业选用。

图书在版编目(CIP)数据

汽车发动机电控系统检修 / 彭小红，官海兵主编. —北京：人民交通出版社股份有限公司，2016.10

ISBN 978-7-114-13307-7

Ⅰ.①汽… Ⅱ.①彭… ②官… Ⅲ.①汽车—发动机—电子系统—控制系统—车辆检修—高等职业教育—教材 Ⅳ.①U472.43

中国版本图书馆 CIP 数据核字(2016)第 211120 号

书　　名：汽车发动机电控系统检修
著 作 者：彭小红　官海兵
责任编辑：翁志新
出版发行：人民交通出版社股份有限公司
地　　址：(100011)北京市朝阳区安定门外外馆斜街 3 号
网　　址：http://www.ccpress.com.cn
销售电话：(010)59757973
总 经 销：人民交通出版社股份有限公司发行部
经　　销：各地新华书店
印　　刷：北京市密东印刷有限公司
开　　本：787 × 1092　1/16
印　　张：15
字　　数：323 千
版　　次：2016 年 10 月　第 1 版
印　　次：2016 年 10 月　第 1 次印刷
书　　号：ISBN 978-7-114-13307-7
定　　价：35.00 元
(有印刷、装订质量问题的图书由本公司负责调换)

前言

QIANYAN

2015 年 5 月，李克强总理为“首届职业教育活动”批示：“加快发展现代职业教育，是发挥我国巨大人力优势，促进大众创业、万众创新的战略之举”。职业教育的健康发展，将对“中国制造 2025”起到很好的支撑和保障作用。《教育部关于推进中等和高等职业教育协调发展的指导意见》(教职成[2011]9 号)提出：促进专业与产业、职业岗位对接、课程内容与职业标准对接、教学过程与生产过程对接、学历证书与职业资格证书对接、职业教育与终身学习对接。针对这一要求，高等职业教育需要解决“三个改革”和“三个建设”两大问题。三个改革即课程体系改革、教学模式改革和教学内容改革；三个建设即师资队伍建设、教学设施建设和教材建设。

基于此，我们充分借鉴国内外优秀职业教育教材和品牌汽车企业员工培训的成功经验，组织编写了本教材。本教材的特色主要有以下几个方面：

1. 在教材内容选取时，借鉴德国先进的行动领域职业教育理论，从汽车机电维修岗位职业标准出发，结合项目化教材的开发思路，将岗位典型工作任务进行有机序化，实现了学习内容的项目化和任务化。

2. 在教学设计时，根据德国“行动导向”教学理论，构建学习情境导入学习任务，按照“六步教学法”进行课堂教学设计，并加入了学生评价、拓展学习等项目，培养学生分析问题、解决问题的自主学习能力。

3. 在教材内容编排时，按照校企协商、共同参与的原则和“理论够用、任务典型”的思路，兼顾市场主流和前沿技术，基于学校、企业两种视角共同确定出学生的能力、知识和素养目标。

本教材将发动机电控系统划分为五个项目、十二个任务，全书由陕西交通职业技术学院彭小红、江西交通职业技术学院官海兵担任主编，陕西交通职业技术学院任春晖担任主审。其中，湖南工业职业技术学院任成高编写项目一；彭小红编写项目二和项目五的任务1；官海兵编写项目三的任务1；江西交通职业技术学院杨晋编写项目三的任务2；陕西交通职业技术学院魏秋兰编写项目四的任务1；陕西交通职业技术学院黄晓鹏编写项目四的任务2；江西交通职业技术学院吉戎轩编写项目四的任务3；海马汽车有限公司的王蕾编写项目五的任务2。彭小红负责对全书的文字、插图、结构等内容进行修正和统稿。

本教材在编写过程中，参考了大量的相关图书和大众、标致、雪铁龙、丰田、奥迪等众多汽车品牌的培训资料，在此一并致谢。

限于编者的经历和水平，书中难免有不妥或错误之处，敬请广大读者批评指正。

编　者

2016 年 7 月

目 录

MULU

项目一 Project 1

汽油机电控系统故障诊断

任务1　汽油机电控系统故障自诊断

任务导入

一辆丰田卡罗拉1.6L自动挡轿车,行驶里程为8.5万km,在一次行驶途中,仪表板上发动机故障指示灯亮起,此后发动机运行不良。

任务分析

根据故障现象,判断为故障自诊断系统监测到发动机电控系统出现问题,维修技师利用自诊断系统进行发动机故障检测与诊断。

学习目标

能力目标	知识目标	素养目标
1.能描述发动机各电控系统的功能; 2.能正确利用解码器进行故障自诊断	1.具有汽油机电控系统故障自诊断的基础知识; 2.具有发动机电控系统控制内容的相关知识; 3.具有OBD-Ⅱ系统的相关知识	1.具有良好的工作责任心和职业道德; 2.具有安全操作意识和环境保护意识; 3.具有团队协作精神

建议学时

6 学时。

学习资讯

1 发动机电控系统的基本组成

发动机电控系统主要由信号输入装置、电控单元(ECU)和执行器组成。发动机电控系统控制单元通过发动机的各种传感器随时监测发动机的工作,然后通过各种执行器来控制空气、燃油的混合比、点火正时等,使发动机在发挥最佳效能的同时保持较低的废气排放。

如图 1-1 所示,传感器将信号发送给控制单元,控制单元进行计算、分析,然后把得到的结果发送给执行器,执行器按控制单元的指令进行动作。有些执行器动作后,由专门的传感器检测动作结果,再反馈给控制单元,控制单元对先前的指令进行修正调整,构成闭环工作系统。

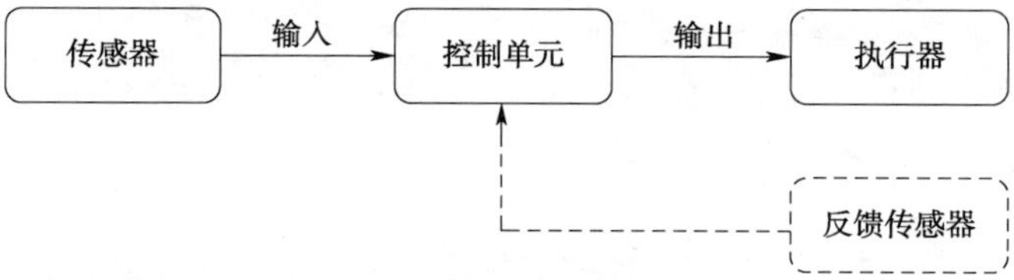

图 1-1　电控系统工作原理图

❶ 传感器

发动机电控系统传感器的作用见表 1-1。

发动机电控系统传感器的作用　　表 1-1

传感器名称	作　用
空气流量传感器	在 L 型 EFI 系统中,用于测量发动机吸入的空气量,ECU 将其信号作为燃油喷射和点火控制的主控制信号
进气歧管绝对压力传感器	在 D 型 EFI 系统中,用于测量进气歧管压力(真空度),ECU 将其信号作为燃油喷射和点火控制的主控制信号
曲轴位置传感器	检测曲轴(或活塞)位置信号和曲轴转角信号(转速信号),ECU 将其信号作为点火和燃油喷射的主控制信号
凸轮轴位置传感器	判别汽缸定位装置,向 ECU 输入凸轮轴位置信号,是点火控制的主控制信号
冷却液温度传感器	检测发动机冷却液温度,向 ECU 输入温度信号,作为燃油喷射和点火正时的修正信号,同时也是其他控制系统的控制信号
进气温度传感器	检测进入进气管道的空气温度,向 ECU 输入进气温度信号,作为燃油喷射和点火正时的修正信号

续上表

传感器名称	作　用
节气门位置传感器	节气门位置传感器检测节气门的开度状态，如怠速（全关）、全开及节气门开、闭的速率信号，输入 ECU，控制燃油喷射及其他控制系统，如 EGR，开、闭环控制等
氧传感器	检测排气中氧的含量，向 ECU 输入空燃比的反馈信号，进行喷油量的闭环控制
爆震传感器	爆震传感器向 ECU 输入爆震信号，经 ECU 处理后，控制点火提前角，抑制爆震产生
大气压力传感器	检测大气压力，向 ECU 输入大气压力信号，修正喷油和点火控制
车速传感器	检测车速，向 ECU 输入车速信号，控制发动机转速，实现超速断油控制。在发动机和自动变速器共同控制时，也是自动变速器的主控制信号
起动信号	发动机起动时，由起动系统向 ECU 提供一个起动信号，作为喷油量、点火提前角的修正信号
发电机负荷信号	当发电机负荷因开启用电量较大的电气设备而增大时，向 ECU 输入此信号，作为喷油量与点火提前角的修正信号
空调作用信号（A/C）	当空调开关打开，空调压缩机进入工作，发动机负荷加大时，由空调开关向 ECU 输入空调作用信号，作为对喷油量及点火提前角控制的修正信号
挡位开关信号和空挡位置开关信号	自动变速器由 P/N 位挂入其他挡位时，发动机负荷将有所增加，挡位开关向 ECU 输入信号，作为对喷油量及点火提前角的修正信号。当挂入 P 或 N 位时，空挡位置开关提供 P/N 位位置信号，防止不在 P 或 N 位时发动机起动
蓄电池电压信号	当 ECU 检测到蓄电池和电源系统的电压过低时，将对供油量进行修正，以补偿由于电压过低，造成喷油持续时间短所带来的影响
离合器开关信号	在离合器接合和分离过程中，由离合器开关向 ECU 输入离合器工作状态信号，作为喷油量及点火提前角控制的修正信号
制动开关信号	在制动时，由制动开关向 ECU 提供制动信号，作为对喷油量、点火提前角、自动变速器等的控制信号
动力转向开关信号	采用动力转向装置的汽车，当转向盘由中间位置向左右转动时，由于动力转向油泵工作而使发动机负荷加大，此时动力转向开关向 ECU 输入修正信号，调整喷油量及点火提前角
巡航（定速）控制开关信号	当进入巡航控制状态时，由巡航控制开关向 ECU 输入巡航控制状态信号，由 ECU 对车速进行自动控制

❷ 控制单元（ECU）

ECU 在使用中也常被称为“电脑”。其基本功能主要有以下五项。

（1）接受传感器或其他装置输入的信息；给传感器提供参考（基准）电压：2V、5V、9V 和 12V（个别为 8V）；将输入的信息转变为电脑所能接受的信号。

（2）存储、计数、分析处理信息；存储处理程序；存储该车型的特性参数；存储运算中的数据（随存随取）及故障信息。

（3）运算分析，并输出执行命令。

（4）自我修正功能（自适应功能）。

❸ 执行器

执行器是受 ECU 控制并具体执行某项控制功能的装置。当执行器是电磁线圈时，一般由 ECU 控制电磁线圈的搭铁回路，有的则是由 ECU 控制某些电控电路，如点火控制器等。

2 发动机电控系统控制功能

发动机电控系统的控制功能见表 1-2。

发动机电控系统控制功能　　表 1-2

名　称	控 制 功 能
电控燃油喷射系统（EFI）	该系统能有效控制混合气浓度，使发动机在各种工况下，空燃比达到最佳值。该系统主要包括喷油量、喷射正时、燃油停供及燃油泵的控制
电控点火系统（ESA）	该系统使发动机在不同转速、进气量等条件下，在最佳点火提前角工况下工作。电控点火系统主要包括点火提前角、闭合角和爆震控制等方面
怠速控制系统（ISC）	该系统能根据发动机冷却液温度及其他有关参数，如空调开关信号、动力转向开关信号等，使发动机处在最佳怠速转速下运转
排放控制系统	排放控制系统主要包括废气再循环系统（EGR）、三元催化转换器和 A/F 反馈控制、燃油蒸气控制系统、二次空气喷射系统等，各种排放控制系统能大幅度减少废气中有害气体的排放量，是排气净化的有效手段
进气控制系统	进气控制系统主要包括进气惯性增压系统、动力阀控制系统、可变气门正时（和升程）技术、节气门电控系统等，各种进气控制系统能随发动机转速变化适时改变进气量，提高发动机动力性和经济性
自诊断与报警系统	自诊断系统利用 ECU 对电控系统中的各部件进行监测、诊断，根据发动机电控系统的工作情况，自行、及时地找出发动机电控系统出现的故障。同时，ECU 控制各种指示和报警装置，显示有关控制系统的工作状况。当控制系统出现故障时能及时发出报警信号，以引起驾驶人员或维修人员的注意，以便及时排查故障
失效保护	当 ECU 检测到传感器或电路中出现故障时，仍然会按照 ECU 设定的程序和数据使控制系统继续工作（此时性能会有所下降）或停机
微机故障备用控制系统（后备系统）	当 ECU 内微机控制程序出现故障时，ECU 把燃油喷射和点火正时控制在预定的水平上，作为一种后备功能使车辆继续行驶。该系统只能维持基本功能，而不能保持正常的运行功能。当发动机进入后备系统工作时，也叫“跛行”状态，还有的称其为“缓慢回家”状态

3 发动机故障自诊断

❶ 发动机故障自诊断概述

发动机电控系统的 ECU 内部一般都有一个故障自诊断电路（图 1-2），它能在发动机运行过程中不断监测电控系统各部分的工作情况，并能检测出电控系统中大部分的故障。当它检测到一个故障时，一方面起用故障保护功能对控制系统进行保护；另一方面将故障以故障码的形式存储在存储器中，发动机故障指示灯点亮。

故障自诊断测试内容主要包括以下三项。

（1）读取故障码。可利用故障诊断仪读取，也可以利用人工方法读取。

（2）数据传输。在发动机运转时，利用故障诊断仪将ECU内部的计算结果、控制参数和控制模式等数值，以数据表和串行输出方式在检测仪屏幕上一一显示出来，通过与标准运行参数进行对比，找出故障所在。

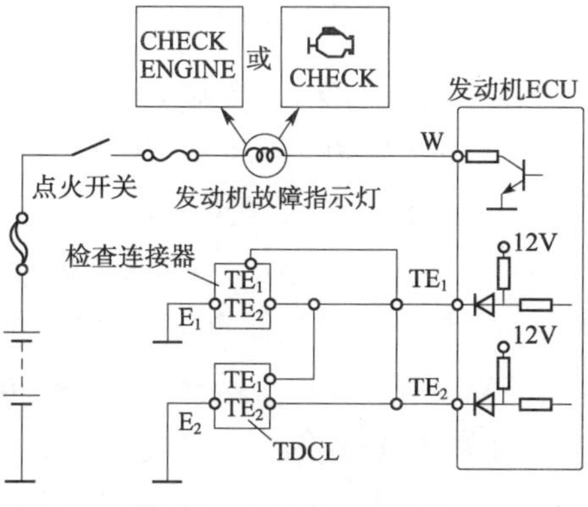

图1-2　故障自诊断电路

（3）监控执行器。在发动机熄火状态下或运转过程中，通过故障诊断仪向各执行器发出强制驱动或强制停止指令来监测执行器动作情况，用以判断该执行器及其控制电路有无故障。

当传感器或其电路发生故障时，自动启动失效保护功能；当发生故障导致车辆无法行驶时，自动启动应急备用系统，以保证汽车可以继续行驶。只要不拆下蓄电池，这些故障码将一直保存在ECU内。维修人员可按照特定的方法将故障码读出，为检测与诊断发动机电控系统提供依据。

❷ 随车自诊断（OBD）系统

OBD的英文全称为On-Board Diagnostic（随车电脑诊断）。由于全球空气质量的恶化和人们对于环保意识的提高，1985年美国加州大气资源局（CARB）制定法规，要求各汽车制造厂在加州销售的车辆，必须装备符合下列要求的OBD系统。

（1）仪表板必须有“故障警示灯”（MIL）。

（2）系统必须有记录/传输相关废气控制系统故障码的功能。

（3）电气元件监控必须包括氧传感器、废气再循环、燃油蒸气控制系统。

根据这些要求，各车辆制造厂发展自己的诊断系统、检修流程、特殊工具等，采用各自的诊断座标准接脚、故障码、资料传输格式（不是SAE或ISO标准），无法相互沟通，给诊断与维修带来诸多不便。

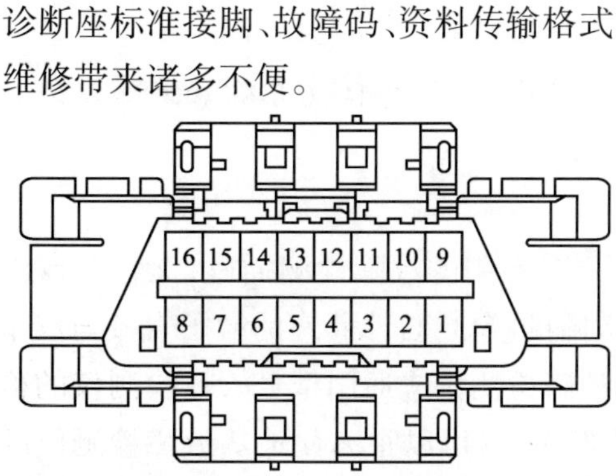

图1-3　OBD-Ⅱ诊断座

OBD-Ⅱ是第二代随车电脑诊断系统的简称，1993年试行，1996年全面实施OBD-Ⅱ标准。美国汽车工程师学会（SAE）制定了一套标准规范，并要求各汽车制造厂依照OBD-Ⅱ的标准提供统一的诊断模式，可由统一的诊断座以及只要一台仪器即可对各车型进行诊断检测。OBD-Ⅱ的主要特点如下：

（1）统一各车型诊断座形状为16脚，如图1-3所示，并统一安装在驾驶室仪表板下方。

(2)具有数值分析资料传输功能(data link connector,DLC)。资料传输线有两个标准:ISO 标准利用 7 号、15 号脚;SAE 标准(SAE-J1850)利用 2 号、10 号脚。

(3)统一各车型相同故障码及意义。

(4)具有行车记录器功能。

(5)具有重新显示记忆的故障码功能。

(6)具有可由仪器直接读取和消除故障码功能。

SAE 规定 OBD-Ⅱ故障码由一个英文字母和四个数字组成。

例如:P0141,第一位英文字母为控制系统代号,如 P 代表发动机/变速器 ECU,即动力控制总成;B 代表车身 ECU;C 代表底盘 ECU。

第二位"0",汽车制造厂制定的代码,"0"表示 SAE 故障码,"1,2,3,…,9"代表厂家自行定义的故障码。

第三位"1",代表 SAE 定义的故障码范围,见表 1-3。

SAE 定义的故障码范围 表 1-3

代码	SAE 定义的故障码范围	代码	SAE 定义的故障码范围
1	燃料或空气测定系统不良	5	汽车或怠速控制系统不良
2	燃料或空气测定系统不良	6	ECU 或输出控制元件不良
3	点火不良或间歇熄火	7	变速器控制系统不良
4	废气空气辅助装置系统不良	8	变速器控制系统不良

第四、五位"41",代表原制造设定的故障码。

美国汽车工程师学会 2000 年公布,2005 年实施 OBD-Ⅲ(又称 MOBD,多用随车诊断)。在 OBD-Ⅱ系统中,每一个 ECU 都是相对独立的,维修过程中诊断仪器要分别进入到发动机、变速器、ABS、防盗等 ECU 中去读取故障码和读取有关数据。而在 OBD-Ⅲ系统中,所有的 ECU 都通过 CAN-BUS 线路连接。因此,OBD-ⅢECU 也能利用 CAN-BUS 线路同时监控其他 ECU 的故障码和数据,检查车辆的技术状况是否符合环保要求。

3 故障码读取方法

读取 ECU 内存储的故障码的方法有两种:一种是利用故障检测仪(亦称解码器);另一种是用人工的方法(随车故障自诊断)。

(1)利用故障检测仪读取故障码(亦称解码器)。

现代汽车发动机电控系统的控制电路上都设置一个专用的故障检测插座,又称自诊断座(图 1-3)。自诊断座是现代电控汽车上用来诊断故障的接口,自诊断座的端子直接与汽车 ECU 相连。只要将汽车制造厂提供的该车型的专用故障检测仪或通用型号故障检测仪的检测插头与汽车上的故障检测插座连接,然后打开点火开关,就可以很方便地从故障检测仪的显示屏上读出所有储存在 ECU 中的故障码,并能解出故障码,从而就可以知道这些故障码所表示的故障内容和可能的故障原因。

通过读取故障码,能查找出 ECU 控制系统中大部分传感器线路短路、断路及传感器损坏所导致的无输出信号故障。但是,故障自诊断电路并不能检测出控制系统中所有类型的故障,特别是无法检测大部分执行器以及传感器精度误差等故障。目前很多车型发动机电控系统除了能利用故障检测仪读取故障自诊断电路检测到的故障码之外,还能通过故障检测仪对 ECU 及其控制电路、传感器、执行器等进行更进一步的检测和诊断,而且故障检测仪的功能在不断扩展。

(2)用随车故障自诊断系统读取故障码(人工代码)。

在不具备故障检测仪时,可用人工方法读取故障码。不同车型发动机用人工读取故障码的方式各不相同,主要读取方式概括如下。

①利用仪表板上的发动机故障指示灯的闪亮规律显示故障码。

②利用指针式万用表显示故障码。

③利用发光二极管显示故障码。

④利用车上的仪表板显示屏以数字形式显示故障码。

4 故障自诊断模式

一般采用两种诊断测试模式。

第一种是静态诊断模式,简称 KOEO(key ON engine OFF)诊断模式,即点火开关"ON",发动机不运转的情况下测试,主要提取间歇性故障码和在静态状态下发生故障的故障码。

第二种是动态诊断模式,简称 KOER(key ON engine RUN)诊断模式,即点火开关"ON",发动机运转状态下,自诊断系统测取当前发生故障的故障码或进行混合气成分的监测。

另外,在个别车辆的故障自诊断系统(如日本日产 ECCS 系统)中还具有其他故障诊断模式,如执行器监测模式和故障码清除模式。

5 解码器

(1)解码器的种类。

解码器又称专用诊断仪、测试仪,种类繁多。一般来讲,解码器可分为专用型和通用型两大类。

原厂专用型是制造厂家为自己车型设计的解码器,如通用公司的 TECH-2、福特公司的 SUPER-STAR Ⅱ、克莱斯勒公司的 DRB-Ⅱ、奔驰公司的 HHT 及 STAR2000、宝马公司的 MODIC 及 GT-1、奥迪公司的 VAG1552、日产公司的 CONSULT 等。原厂仪器适用单一车型,价格较昂贵,在特约维修中心必备。

通用型解码器是一种多用途、多功能兼容的解码器。它的软件储存有欧、美、日几十种不同牌号和车型的汽车 ECU 及控制系统的检测程序和数据资料,并配备有多种专用检测接头,对汽车各系统的 ECU 和控制元件都能进行数据分析,如 Scanner 解码器、远征 431ME"电眼睛"、美国 OTC 故障测试仪、HY-222B 修车王和红盒子 MT2500 等。通用型的解码器使用覆盖面广,功能齐全,升级方便,价格合理,是一般综合性汽车维修厂必备的首选仪器。

(2)解码器的主要功能。

解码器是唯一能与汽车 ECU 进行信息交流的故障诊断仪，它通过汽车故障自诊断座在一定协议支持下与汽车 ECU 进行互相交流各种信息，从而获取 ECU 工作的重要参数。

解码器功能主要包括读取故障码、清除故障码、读取动态数据流、执行元件动作测试、设置基本数据、查询控制单元型号及其他功能（如万用表或示波器功能等）。

①读取故障码。读取故障码（DTC），这是一种方便且可靠的读取故障码方法，技术人员可以不用通过故障指示灯（MIL）闪烁次数等方法来获得故障码信息。对于有些不通过 MIL 的闪烁来显示故障码的系统，解码器是唯一读码工具。

②清除故障码。通过解码器可以清除汽车控制系统 ECU 内储存的故障码，使故障灯熄灭，免除拆卸蓄电池电缆，可避免有些新款车在拆卸蓄电池电缆后造成音响系统锁死等问题。

③读取动态数据流。动态数据流的读取其实就是进行数据传送，也就是将汽车发动机运转过程中 ECU 的运行状况和多种数据的输入输出电信号的瞬时值以串行输送的方式，经故障检测插座中的某个插孔向外传送，这些数值就会在解码器显示屏上显示出来。行车时监测现场诊断数据流，路试时诊断数据流记录情况，使整个控制系统的工作状况一目了然，以便及时发现故障所在。

④执行元件动作测试。通过解码器向汽车控制系统 ECU 发出工作反指令，技术人员可在发动机运行过程中或熄火状态下，通过解码器向各控制执行器发出检修作业所需的强制性动作指令，以检测执行器的工作情况，以便发现故障。

（3）解码器的优缺点。

①优点。

a. 使用方便，数据可靠准确。

b. 可以直接与汽车 ECU 互相交流信息。

c. 可以得到一些强大的诊断功能：行车数据记录、配钥匙、基本设定。

②缺点。

a. 需要定期升级，维护费用高。

b. 在检查机械部分故障时，解码器就很难发挥作用。

c. 当汽车无法与解码器交流信息时，解码器就没用了。

d. 可能会显示错误的信息，数据信息并不总是很可靠。

e. 利用解码器进行检查时，很容易出现对 DTC 故障码的不理解或误解。

f. 在检查非 PCM（动力控制模块）控制部分的故障时，解码器并不是很有用。

g. 当汽车无法提供数据或数据无法取出时，解码器就无法发挥作用。

（4）解码器使用注意事项。

①在解码器使用时，一定要按照诊断仪制造厂的使用说明书进行操作。

在读取故障码之前，确认诊断车辆制动良好，变速杆置于驻车挡或空挡；应检查蓄电池电压，其电压值不应低于 11V；同时关闭所有辅助电器，适时关闭节气门（在暖机完成后，开始检测之前，应使节气门处于全关闭状态）。在读取故障码时，应注意控制合适冷却液温度

(在 85 ~95℃时读取故障码最为可靠),先静态读取故障码再动态读取故障码,同时注意区分历史故障码与当前故障码。

②在点火开关打开("ON"位置)的情况下,不要连接或断开任何插接器和部件,包括诊断仪电源线,诊断仪与 DLC 的连接等。

③如果计算机插接器要拆下,必须先拆下诊断仪插接器。

任务实施

下面以丰田花冠轿车发动机故障自诊断系统为例进行说明。

1 配置 OBD-Ⅱ系统前的发动机故障自诊断

1 通过发动机故障警告灯闪烁读取故障码

(1)发动机故障警告灯的检查。

①如图 1-4 所示,发动机处于静态诊断(KOEO)模式时,发动机故障警告灯(CHECK)应该点亮。如果警告灯不亮,需排除仪表的故障。

②发动机起动运转后,警告灯应熄灭。如果警告灯仍点亮,表示自诊断系统已监测到了故障。

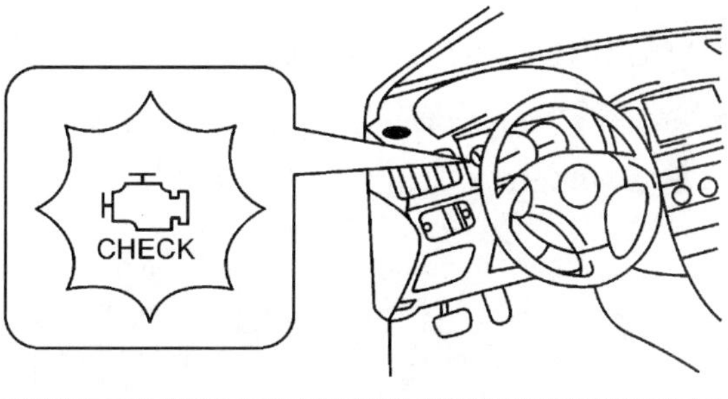

图 1-4　发动机故障警告灯

(2)故障自诊断前的准备。

确认诊断车辆制动良好,变速杆置于驻车挡或空挡;蓄电池电压高于 11V;节气门全闭;同时,确认已关闭所有辅助电器。

(3)读取故障码流程。

①静态诊断(KOEO)模式读取故障码。

a. 点火开关置于"ON"位置,不起动发动机。

b. 如图 1-2 所示,用 SST(专用跨接线)短接故障诊断座 TDCL(Trouble Diagnostic Communication Link)上的"TE_1"与"E_1"端子,仪表板上的故障警告灯"CHECK"即闪烁输出故障码。

c. 读取完毕,拆下 SST,装好诊断插座。

丰田花冠轿车故障诊断座类型如图 1-5 所示。

②动态诊断(KOER)模式读取故障码。

a. 先关闭点火开关,用 SST(专用跨接线)短接诊断座上的 TE2 与 E1 端子。

b. 再打开点火开关,起动发动机,模拟驾驶人所描述故障状态行驶,并以不低于 10km/h 的车速进行路试。

c. 路试后,再短接诊断座上的 TE1 与 E1 端子(即"TE1""TE2""E1"3 个端子同时短接),仪表板上 CHECK ENGINE 灯即闪烁输出故障码。

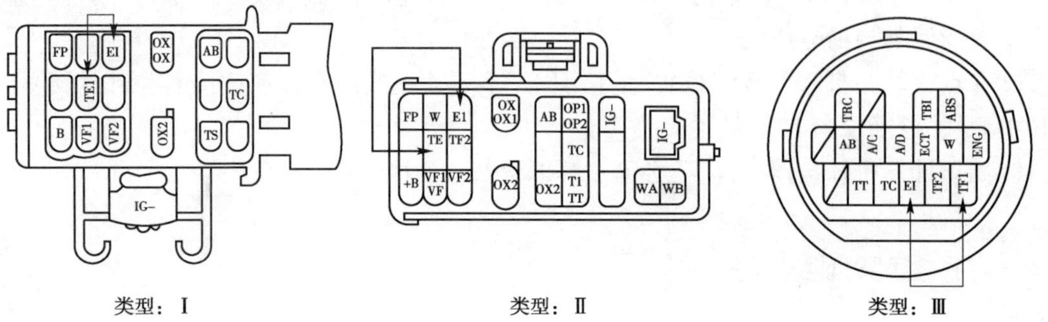

图 1-5　丰田花冠轿车故障诊断座类型

(4)故障码显示。

①正常码显示:警告灯每隔 0.25s 闪烁一次。

②故障码显示:故障码为两位数字代码。十位数字与个位数字间闪烁间隔时间为 1.5s;每一位数字大小表示闪烁间隔时间相等几次,间隔时间 0.5s。如果有多个故障码则每个代码间间隔闪烁时间为 2.5s。全部显示完毕后,再重复开始,间隔时间为 4.0s。

例如:故障码为“14”时(图 1-6),警告灯闪烁规律是:警告灯闪烁持续 0.5s 后熄灭(表示故障码“13”中的“1”);隔 1.5s 后又闪烁 4 下,亮、灭间隔都是 0.5s(表示故障码“14”中的“4”)。若紧跟其后有第二个故障码,则过 2.5s 后警告灯再作类似的闪烁。两个故障码输出后,警告灯灭 4.0s 后再重复上一过程。

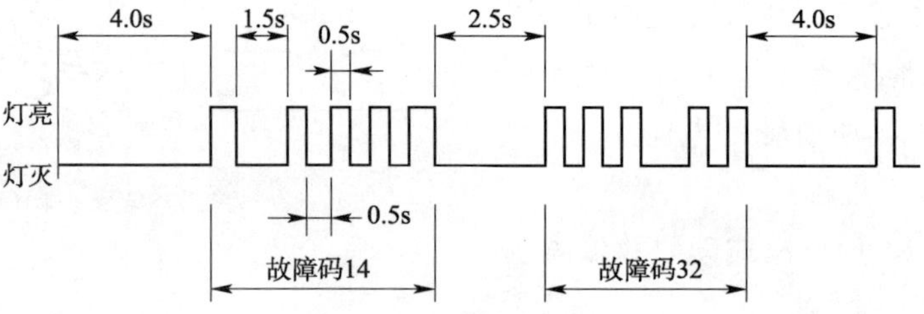

图 1-6　故障码的显示

③若记录有多个故障码,输出的故障码都是数字小的在前,数字大的在后。

❷ 用故障诊断仪检查故障码或监测 ECU 数据

(1)如图 1-7 所示,将故障诊断仪连接至故障诊断座 TDCL。

(2)根据故障诊断仪的提示读出故障码或监测 ECU 数据(端子值)。

❸ 故障码的清除

当故障被排除后,应将 ECU 中存储的故障码清除,清除方法主要有两种:一是关闭点火开关,从熔断丝盒中拔下 EFI 熔断丝(20A)10s 以上(图 1-8);二是将蓄电池负极电缆拆开 10s 以上,但此种方法同时使时钟、音响等有用的存储信息丢失,需重新解锁。

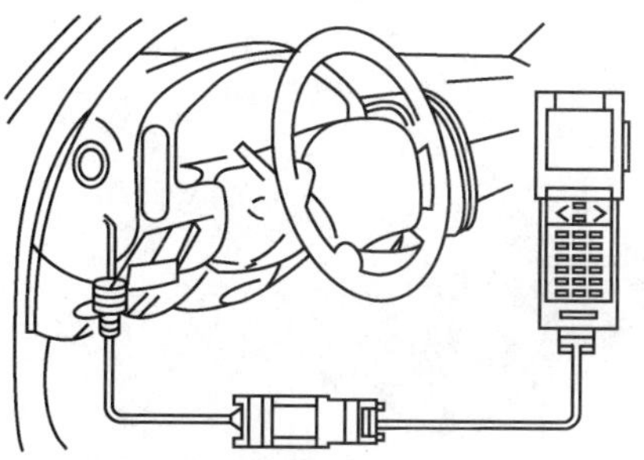

图 1-7　故障诊断仪的连接

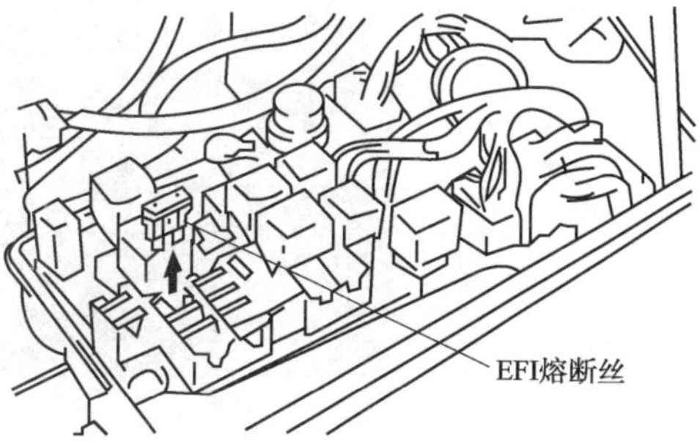

图 1-8　EFI 熔断丝

2 配置 OBD-Ⅱ系统的发动机故障自诊断

1 用故障诊断仪读取故障码

(1)打开点火开关,发动机不运转,发动机警告灯亮。

(2)图 1-9 所示为丰田花冠轿车配置的 3 号故障诊断连接器 DLC3,将丰田专用故障诊断仪 IT-Ⅱ(图 1-10)接至 DLC3(图 1-11)。

图 1-9　故障诊断座

(3)如图 1-12 所示,根据故障诊断仪 IT-Ⅱ的提示选择汽车诊断模式,选择相应车系(车型),进入发动机电控系统,即可读取故障码(DTC)(如空气流量计电路 OBD-Ⅱ故障码为 P0100)。根据故障码含义,维修技师可以知道故障发生的大致方向,推测出故障发生的可能部位,为故障诊断提供思路与方法。表 1-4 与表 1-5分别为一汽丰田花冠轿车发动机电控系统故障码及故障症状表。

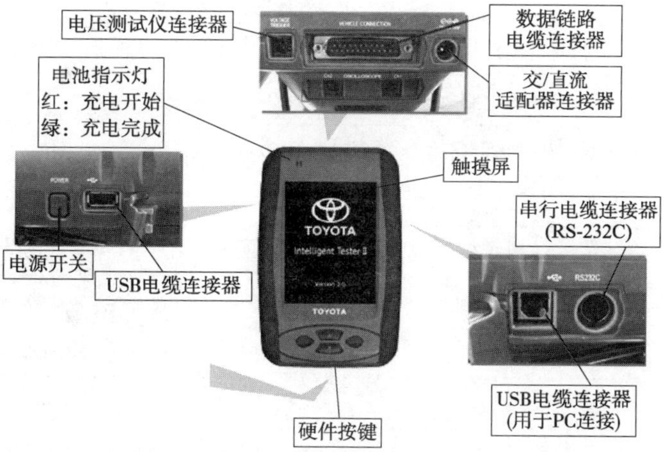

图 1-10　丰田专用诊断仪 IT-Ⅱ

图 1-11　丰田专用诊断仪 IT-Ⅱ与 DLC3 的配接

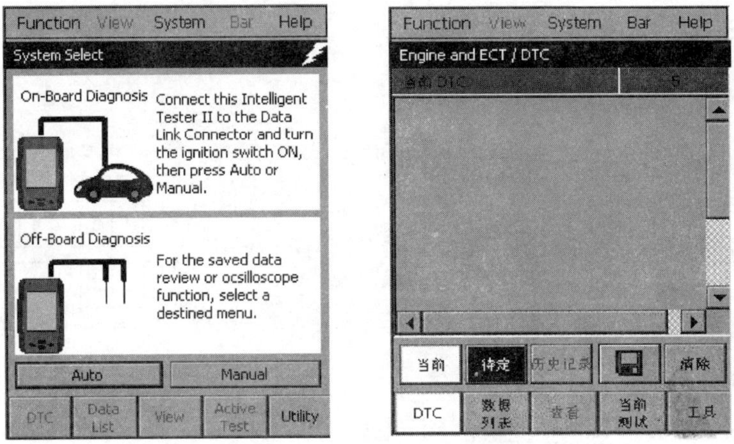

图 1-12　丰田专用诊断仪 IT-Ⅱ操作屏幕显示图

电控系统故障码表　　　　表 1-4

故障码	含　义	故障码	含　义
P0100/31	空气流量计电路故障	P0340/12	凸轮轴位置传感器电路故障（G 信号）
P0110/24	进气温度传感器电路故障	P0500/42	车速传感器故障
P0115/22	冷却液温度传感器电路故障	P0505/33	怠速控制系统故障（只限含铅汽油车辆）
P0120/41	节气门位置传感器电路故障	P1300/14	点火器电路故障（1 号）
P0130/21	第 1 氧传感器电路故障	P1305/15	点火器电路故障（2 号）
P0136/27	第 2 氧传感器电路故障	P1310/14	点火器电路故障（3 号）
P0141/27	氧传感器加热器电路故障	P1315/15	点火器电路故障（4 号）
P0325/52	爆震传感器 1 电路故障	P1346/18	传感器性能下降
P0335/12	曲轴位置传感器位置故障（NE 信号）	P1349/59	VVT 系统故障
P0335/13	曲轴位置传感器位置故障（NE 信号）	P1656/39	OCV 电路故障

故障症状表

表 1-5

故障症状	可能发生的部位
发动机不能转动(不能起动)	起动机和起动继电器;空挡起动开关电路
无初始燃烧(不能起动)	ECU 电源电路;点火线圈(带点火器)电路;燃油泵控制电路;喷油器
没有完全燃烧(不能起动)	燃油泵控制电路;点火线圈(带点火器)电路;喷油器
发动机起动困难(难以起动)	起动机信号电路;ISC 阀电路;燃油泵控制电路;点火线圈(带点火器);火花塞;汽缸压力;喷油器
冷发动机难以起动	起动机信号电路;ISC 阀电路;燃油泵控制电路;喷油器;点火线圈(带点火器);火花塞
热发动机难以起动	起动机信号电路;ISC 阀电路;燃油泵控制电路;喷油器;点火线圈(带点火器);火花塞
冷车怠速不正常(怠速情况差)	ISC 阀电路
发动机怠速高(怠速情况差)	ISC 阀电路;ECU 电源电路;空挡起动开关电路;备用电源电路
发动机怠速低(怠速情况差)	ISC 阀电路;燃油泵控制电路;喷油器;备用电源电路
怠速不稳(怠速情况差)	ISC 阀电路;喷油器;点火线圈(带点火器)电路;汽缸压力;燃油泵控制电路;喷油器
加速不稳(怠速情况差)	ISC 阀电路;ECU 电源电路;备用电源电路
喘抖/加速性能差(驾驶性能差)	喷油器;燃油泵控制电路;点火线圈(带点火器)电路;A/T 故障
起动后消声器内爆燃(驾驶性能差)	点火线圈(带点火器)电路;火花塞;喷油器
喘振(驾驶性能差)	燃油泵控制电路;火花塞;喷油器
发动机熄火(起动后不久)	燃油泵控制电路;ISC 阀电路
发动机熄火(松开加速踏板后)	喷油器;ISC 阀电路;发动机 ECU
发动机熄火(由 N 挡换入 D 挡时)	空挡起动开关电路;ISC 阀电路

2 清除故障码

(1)将故障诊断仪接至 3 号故障诊断连接器。

(2)按故障诊断仪的提示进行操作,即可清除故障码。

注:故障码有历史故障码与当前故障码两种类型,当故障码对应故障排除后必须清除故障码,否则就成为历史故障码。

考核评价

学生考核评价表见表1-6。

学生考核评价表　　表1-6

<table>
<tr><th>目标</th><th>评价要素</th><th>评 价 标 准</th><th>评 价 依 据</th><th colspan="2">考 核 方 式</th><th>权重</th><th>评分</th></tr>
<tr><td rowspan="3">知识</td><td rowspan="3">基本知识</td><td rowspan="3">知识的要求</td><td rowspan="3">个人作业、课堂笔记、课堂练习、小组作业、期末考试</td><td colspan="2">学生自评</td><td>10%</td><td></td></tr>
<tr><td colspan="2">教师评定</td><td>10%</td><td></td></tr>
<tr><td colspan="2">学生互评</td><td>10%</td><td></td></tr>
<tr><td rowspan="2">能力</td><td rowspan="2">基本技能</td><td rowspan="2">能正确找寻发动机故障诊断座,并能分辨出OBD-Ⅱ诊断座;能够在教师指导下进行发动机故障自诊断</td><td rowspan="2">实践练习、小组作业、学生作业单</td><td rowspan="2">教师评定</td><td>动手能力</td><td>15%</td><td></td></tr>
<tr><td>作业单的填写</td><td>15%</td><td></td></tr>
<tr><td rowspan="9">素养</td><td rowspan="3">学习态度</td><td rowspan="3">遵守纪律、积极参与课堂教学活动、按时完成作业、按要求完成准备</td><td rowspan="3">课堂表现记录、考勤表、同学及教师观察、课堂笔记</td><td colspan="2">学生自评</td><td rowspan="3">10%</td><td rowspan="3"></td></tr>
<tr><td colspan="2">小组互评</td></tr>
<tr><td colspan="2">教师评定</td></tr>
<tr><td rowspan="3">沟通协作管理</td><td rowspan="3">乐于请教和帮助同学、小组活动协调和谐、协助教师教学管理、做好教室值日工作、按要求做课前准备和课后整理</td><td rowspan="3">小组作业、小组活动记录、自评及互评记录、值日记录、同学及教师观察</td><td colspan="2">学生自评</td><td rowspan="3">15%</td><td rowspan="3"></td></tr>
<tr><td colspan="2">小组互评</td></tr>
<tr><td colspan="2">教师评定</td></tr>
<tr><td rowspan="3">创新精神</td><td rowspan="3">有自主学习计划、在作业练习中能提出问题和见解、对教学或管理提出意见和建议、积极参与小组活动方案设计</td><td rowspan="3">个人作业、自主学习计划、学习活动、个人口头或书面提议</td><td colspan="2">学生自评</td><td rowspan="3">15%</td><td rowspan="3"></td></tr>
<tr><td colspan="2">小组互评</td></tr>
<tr><td colspan="2">教师评定</td></tr>
</table>

拓展迁移

自诊断原理

1. 传感器的故障自诊断

ECU对传感器的故障自诊断不需要专门的线路,只需在软件中编制传感器输入信号识别程序,即可实现对传感器的故障自诊断。工作时,各种传感器的信号不断地进入到微机,ECU根据其内部设置的传感器信号,由监测软件判别输入的信号是否有异常。如果某一传感器信号的电压超出设定的范围或信号丢失,监测软件就判定该传感器有故障或有关线路有问题,驱动故障灯闪亮,并将该故障以代码形式储存到 ECU 内的 RAM 中。如冷却液温度传感器的正常输入信号电压变化范围为 0.3～4.7V,对应的发动机冷却液温度为 －30～120℃。ECU 检测到的信号电压长时间超出此范围时,则传感器信号识别监测软件即判定发动机冷却液温度传感器或其电路存在故障。ECU 将此故障以代码的形式存入 RAM 中,同时点亮仪表板上的故障灯。

2. ECU 系统的故障自诊断

ECU 内部如果发生故障,控制程序的例行程序就不可能正常运行,ECU 就处于异常工作状态,汽车将无法行驶。为了保证汽车在 ECU 本身出现故障时,仍能继续运行。采用后备回路系统,使汽车进入简易控制运行状态,使车辆行驶。在 ECU 内部出现异常情况时,ECU 自诊断系统也能显示其故障,并记录下故障码,将故障灯点亮。后备回路系统原理图如图 1-13 所示。

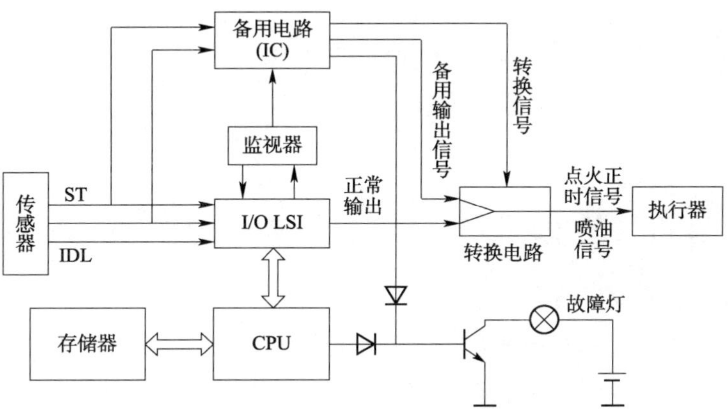

图 1-13　后备系统回路系统图

ECU 工作是否正常是由被称为监视回路的电路(监视器)进行监视的,监视器中安装有独立于 ECU 系统之外的计数器。ECU 正常运行时,由 ECU 的运行程序对计数器定时清零处理,这样,监视器中计数器的数值是永远不会出现计数满而溢出的现象;否则 ECU 便不能对这个计数器进行定时清零,致使监视计数器出现溢出现象。以电控发动机为例,当监视计数器溢出时,其输出端的电平由低电平变为高电平。计数器输出端电平的这一变化,将直接触发后备回路,后备回路根据起动信号和怠速触点闭合状态,分别按设定的喷油持续时间和点火提前角对喷油器和点火电子组件等执行元件进行控制。系统根据计数器溢出判定微机发生故障,显示其故障,储存故障码。后备系统是根据存储于只读存储器 ROM 中的基本设置对汽车进行简单控制的,基本设置固定值的大小取决于车型。

3. 执行器的故障自诊断

在电控系统工作时,ECU 对执行器进行的是控制操纵,ECU 向执行器输出控制信号,而执行器无信号返回 ECU。因此,对执行器的工作情况进行诊断,一般需要增设专用故障诊断电路,即 ECU 向执行器发出一个控制信号,执行器要有一条专用电路来向 ECU 反馈其控制信号的执行情况。图1-14是发动机点火系统中点火电子组件的故障诊断图。该系统中的点火监控信号IGf就是用来判定点火系统工作是否正常的监视信号。在点火系统正常情况下，当ECU对点火电子组件进行控制时，点火电子组件每进行一次点火，便由点火监视回路将点火执行情况以电信号的形式反馈给ECU。当点火线路或点火电子组件出现故障时，若ECU发出点火控制命令，却得不到反馈的点火监视信号IGf，此时ECU故障自诊断系统即判定点火系统有关部位有故障，显示故障，存储故障码。

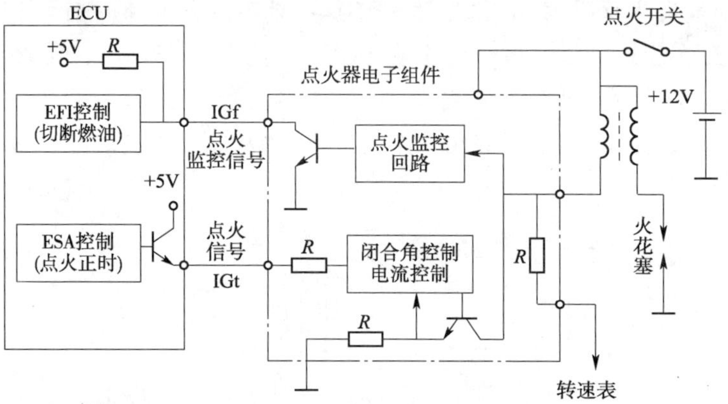

图1-14　电子点火组件故障监视电路图

4. 多路传输系统的故障自诊断

多路传输系统主要由电控模块(含有通信控制IC)、数据总线、网络、架构、通信协议、网关等组成。该系统的核心部分是含有通信控制IC的电控模块。引起该系统故障的原因有三种:①汽车电源系统(不能提供电控模块正常的工作电压);②数据总线故障(线路的短路、断路以及线路物理性质引起的通信信号衰减或失真);③电控模块本身故障(软件故障，即通信协议或软件程序有缺陷或冲突，通信出现混乱或无法工作;硬件故障，即通信控制IC或集成电路故障)。各电控模块的信息传递是通过两个二进制逻辑状态0(显性)和1(隐性)在数据总线上实现的，每个逻辑状态都对应于相应的电压值。电控模块利用两条线上(CAN-high和CAN-low)的电压差来确认数据信息。数据信息传送的方式及规则是由通信协议的信息格式决定的，信息格式中一般都有帧错误校验域。通信控制IC内部有硬件传输线路检测器和差错检测器等，通信控制IC具有检测通信故障和向CPU报告通信故障的能力。当总线上的数据临时产生错误(来自外部的干扰等)或总线上的数据连续产生错误(电控模块内部的故障，驱动方面的故障及总线线路故障等)时，通信协议中的错误检测措施(发送检测、循环冗余校验、位填充、报文格式检查等)检测到这些错误(位错误、填充错误、CRC错误、格式错误、应答错误等)，发出故障标志，而且对应的电控模块进行发送故障计数或接收故障计数，当计数超过CPU设定值时，该电控模块处于积极错误状态、消极错误状态或脱离总线，通信控制IC对CPU发出故障中断，该电控模块存储故障码。通常将传输信息反映在仪表板总成的显示屏上，应用CAN自诊断可同时对多个电控模块进行系统检测。

任务2 电控汽油机常见故障诊断

任务导入

一辆2003年款进口丰田威驰1.5AT GL-i轿车，已行驶11.5万km，发动机起动困难。当起动后，怠速不稳，加速不良。若保持一定的节气门开度，发动机基本能够平稳运转。

任务分析

由于电控发动机控制过程复杂，故障原因也多样。因此，要分析、诊断该电控发动机的故障，需要理清思路，按照故障诊断流程，借助维修资料并进行一些测试，一步一步缩小故障范围，最终确定故障原因和部位。

学习目标

能力目标	知识目标	素养目标
1. 能描述汽油机常见故障及其常见故障原因； 2. 能描述汽油机故障诊断的一般流程和常用方法； 3. 会正确使用故障检测与诊断设备、仪器	1. 具有汽油机常见故障及其常见故障原因分析的相关知识； 2. 具有汽油机常见故障诊断流程和诊断方法的相关知识； 3. 具有汽油机故障诊断设备、仪器使用的相关知识	1. 具有良好的工作责任心和职业道德； 2. 具有安全操作意识和环境保护意识； 3. 具有团队协作精神

建议学时

6学时。

学习资讯

1 汽油机故障诊断的基本方法

发动机电控系统的故障诊断，按其诊断的范围，可分为初步诊断和深入诊断。初步诊断是根据故障的现象，判断出故障产生原因的范围；深入诊断是根据初步诊断的结果对故障原因进行分析、查找，直到找出产生故障的具体部位。

按诊断故障采用的手段、检测诊断方法可分为直观诊断、利用故障自诊断系统诊断(随车诊断)、简单仪表诊断和专用诊断仪器诊断。一般在直观诊断之前需要向客户进行问询,这样有助于直观检查进行故障诊断。对于有故障无故障征兆的发动机还需要进行故障征兆的模拟与检测。随车故障自诊断系统诊断通常只能提供与本系统有关的电气装置或线路故障,一般只做出初步诊断结论,具体故障原因,还需要通过直观诊断和简单仪表进行深入诊断。

❶ 客户调查与直观诊断

(1)客户调查。为迅速地查找到故障源,首先必须了解故障出现时的条件、过程及是否已检修过等与故障相关的情况和信息,因此客户调查是发动机电控系统检测与诊断的一个重要环节。进行客户调查时,最好预先设计规范的客户调查表并如实填写。此表所含的项目是发动机电控系统故障现象的真实记录,与检测诊断结果一起构成查找故障源的依据。

(2)直观诊断。直观诊断是通过人的感觉器官对汽车故障现象进行看、问、听、试、嗅等,了解和掌握故障现象的特点,通过人的大脑进行分析、判断得出结论的检测诊断方法。直观诊断的目的是为了在进入更为细致的检测和诊断之前,能消除一些一般性的故障因素。

直观诊断检查的内容包括如下项目:

①拆除空气滤清器,检查滤芯及其周围是否有脏物,必要时更换。

②检查真空软管是否破裂、老化或挤坏;检查真空软管经过的途径和接头是否恰当。

③从 6 个方面检查电控系统电线束的连接状况。

a. 传感器或执行器的电连接器是否良好。

b. 线束间的连接器是否松动或断开。

c. 电线是否有断裂或断开现象。

d. 线束连接器是否插接到位。

e. 电线是否有磨破或线间短路现象。

f. 线束连接器的插座有无腐蚀现象等。

④检视每个传感器和执行器是否有明显的损伤。

⑤运转发动机(若可以)并检视进排气歧管及氧传感器处是否有泄漏现象。

⑥对检查发现的故障进行必要的排除,并重新装上空气滤清器。

❷ 故障征兆的模拟诊断

故障征兆的模拟诊断法是针对发动机电控系统隐性故障,即存在故障但没有明显的故障征兆时采用的方法。遇此情况,必须进行全面的故障分析,然后,模拟车辆出现故障时相同或相似的条件和环境进行试验,以便找出故障之所在。

在故障征兆的模拟试验中,不仅要对故障征兆进行验证,而且还应找出故障的部位或零部件。因此,在试验前必须把可能发生故障的电路范围尽可能缩小,然后进行故障征兆的模拟试验,判断被测试的电路是否正常,同时也验证了故障征兆。

故障征兆的模拟试验方法主要有以下四种:

(1)振动法。当振动可能是引起故障的原因时,即可用振动法进行试验。基本方法如下。

①连接器。在垂直和水平方向上轻轻摆动连接器。

②配线。在垂直和水平方向上轻轻摆动配线。连接器的接头、支架和穿过开口的连接器体等部位的配线都应仔细检查。

③零部件和传感器。用手轻拍装有传感器的零部件,检查是否失灵。但不可用力拍打继电器,否则易使继电器断路。

(2)加热法。如有些故障只是在热车时出现,可能是因零部件或传感器受热而引起的。可用电吹风或类似工具加热可能引起故障的零部件或传感器,加热后再检查是否出现故障。但必须注意:加热温度不得高于60℃(温度限制在不致损坏电子元器件的范围内);不可直接加热微机中的元器件。

(3)水淋法。当有些故障是在雨天或高湿度的环境下产生时,可以用水喷淋在车辆上,检查是否发生故障。但应注意:不可将水直接喷淋在发动机零部件上,只能喷淋在散热器前面或发动机罩上,间接改变温度和湿度;更不可以将水直接喷淋到电子器件上面,尤其应该防止水渗漏到电控单元(ECU)的内部。

(4)用电器全接通法。当怀疑故障可能是因用电负荷过大而引起时,可接通车上全部电气设备(包括加热器、鼓风机、前照灯、后窗除雾器等),检查是否发生故障。

(5)道路试验法。

❸ 利用简单仪表诊断

发动机电控系统的故障包括传感器、执行器、ECU 本身损坏和配线断路或短路几个方面。因此可以用万用表来检测发动机电控系统的技术状态。

用万用表检测诊断的一般原则如下:

(1)除在测试过程中有特殊指明者外,不能用指针式万用表测试 ECU 和传感器,应使用高阻抗数字式万用表(内阻应不小于 10kΩ)或汽车专用万用表。

(2)首先检测熔断丝、易熔线和接线端子(连接器)的状况,在排除这些部位的故障后再用万用表检测。

(3)在测量电压时,点火开关应处于“ON”位置,蓄电池电压应不小于 11V。

(4)在用万用表检查防水型连接器时,应小心取下防水套。表笔插入连接器检查时,不可对端子用力过大。检测时,表笔可以从带有配线的后端插入,也可以从没有配线的前端插入。

(5)测量电阻时要在垂直和水平方向上轻轻摇动导线,以提高准确性。

(6)检查线路断路故障时,应先脱开 ECU 和相应传感器的连接器,然后测量连接器相应端子间的电阻,以确定是否有断路或接触不良故障。

(7)检查线路搭铁短路故障时,应拆开线路两端的连接器,然后测量连接器被测端子与车身(搭铁)之间的电阻。电阻值大于 1MΩ 时表明无故障。

(8)在拆卸发动机电控系统线路之前,应首先切断电源,即将点火开关断开(OFF),拆下蓄电池负极搭铁线。

(9)测量两个端子或两条线路间的电压时,应将万用表的两个表笔与被测的两个端子或两根导线接触;测量某个端子或某条线路的电压时,应将万用表的正表笔与被测的端子或线路接触,而将万用表的负表笔与搭铁线接触。

(10)检查端子、触点或导线等的导通性,是指检查端子、触点或导线是否通路,可用万用表电阻挡测量电阻值的方法进行检查。

4 利用故障自诊断系统诊断

将故障诊断仪的检测插头与汽车上的诊断座连接,打开点火开关,从故障诊断仪的显示屏上读出所有储存在 ECU 中的故障码,并能解出故障码。通过读取故障码,能查找出电控系统中大部分传感器线路短路、断路及传感器损坏所导致的无输出信号故障。

2 检测诊断的一般程序

发动机电控系统故障的检测与诊断,可按图 1-15 所示的一般程序进行。

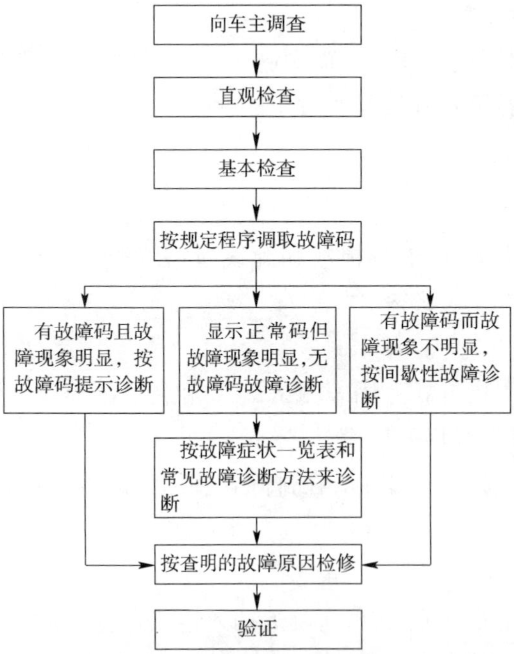

图 1-15　发动机电子控制系统故障诊断的一般程序

3 电控系统检修的注意事项

(1)注意检查搭铁线的状况,其电阻值应小于 1Ω。

(2)除在测试过程中特殊指明外,不能用指针式万用表测试 ECU 及传感器,应使用高阻抗数字式万用表(或车用专用万用表)进行测试。禁止"试火法"检查晶体管电路的通、断状况。不要用试灯去测试任何和 ECU 相连接的电气装置,以防止晶体管损坏,脉冲电路应采用 LED 灯或示波器检查。

(3)传感器电路应采用 LED 灯或高阻抗电表(如数字式万用表)检查。在拆卸或安装电感性传感器应将点火开关断开(OFF),以防止其自感电动势损伤 ECU 和产生新的故障。

(4)由于工作环境恶劣和磨损等原因,在电控系统中,电动燃油泵、怠速控制阀、节气门位置传感器、氧传感器和冷却液温度传感器的损坏率较高。

(5)电控系统中,故障多的不是 ECU、传感器和执行部件,而是连接器。连接器常会因松旷、脱焊、烧蚀、锈蚀和脏污而接触不良或瞬时短路。因此,当出现故障时不要轻易地更换电子元器件,而应首先检查连接器的状况。

（6）电控发动机检查的基本内容仍是油路、电路和密封性（特别是进气系统的密封性）的检验，故障码反映的是电控系统故障及其对工作有影响的部件故障，所以机理分析和有关的实际参数是判断故障的依据。

（7）出现氧传感器故障码的原因较多，通常有：电动燃油泵油压异常，喷油器、过滤器和空气滤清器脏堵，燃油品质差，碳化物和铅化物覆盖了氧传感器表面，排气管漏气，点火异常（缺火、断火、交叉点火）等。检修氧传感器时，要注意不要让氧传感器跌落碰撞其他物体，不要用水冷却。更换氧传感器时，一定要用专用的防黏胶液刷涂螺纹，以免下次拆卸困难。

（8）ECU 有学习功能，但 ECU 的电源电路一旦被切断后（如拆下蓄电池），它在发动机运行过程中存储的数据会消失，因此，蓄电池断开后要装复，如果出现发动机工作状况不如以前时，先不要随便更换零部件，因为这种情况可能是蓄电池断开后 ECU 中的学习修正记忆消除的缘故。因为 ECU 根据系统实际情况进行的学习修正与根据厂家存储在只读存储器（ROM）中的数据进行控制，相比起来发动机工作状况会有差异。如果是此种原因，待发动机运行一段时间后，ECU 会自动建立修正记忆。如果想让 ECU 完全“恢复记忆”，则需通过在不同工况下的路试让 ECU 重新学习，恢复学习基础，发动机工作的不良状况会自动消失。

（9）蓄电池搭铁极性切不可接错，必须负极搭铁。严禁在发动机高速转动时将蓄电池从电路中断开，以防产生瞬时过电压将 ECU 和传感器损坏。

（10）当诊断出故障原因，对电控系统进行检修时，应先将点火开关关掉，并将蓄电池搭铁线拆下。如果只检查电控系统，则只需关闭点火开关即可。跨接起动其他车辆或用其他车辆跨接本车时，须先断开点火开关，才能拆装跨接线。

（11）ECU 和传感器必须防止受潮。不允许将微机或传感器的密封装置损坏，更不允许用水冲洗。ECU 必须防止受剧烈振动。

（12）在车身上进行电弧焊时，应先断开 ECU 电源。在靠近 ECU 或传感器的地方进行车身修理作业时，更应特别注意。

（13）电控燃油喷射系统的电动燃油泵的工作，除了受点火开关控制外，还受空气流量传感器或 ECU 控制。在点火开关接通后，只有发动机处于正常工作或起动状态，且空气流量传感器检测到空气流量信号或 ECU 检测到转速和点火信号时燃油泵电路才能接通，检修时应注意上述特点。

（14）某些故障报警灯的功率不得随意改变，否则会出现异常情况。

（15）在点火开关接通的情况下，不要进行断开任何电气设备的操作，以免电路中产生的感应电动势损坏电子元件。当断开蓄电池时须注意以下几点：一是必须关闭点火开关，如果在点火开关接通的状态下断开蓄电池连接，电路中的自感电动势会对电子元器件有击穿的危险；二是检查自诊断故障码是否存在，若有故障码，应记下故障码后再断开蓄电池；三是断开蓄电池前，应牢记带防盗码的音响设备的编码，否则在下次使用中，音响系统自锁会影响使用。

（16）冷却液温度传感器的长期使用后，性能会发生变化，使冷却液温度信号发生错误，会对燃油喷射、点火时间及燃油泵的工作等造成不良影响，而冷却液温度传感器的这种性能参数的改变（并非短路或断路）往往不被自诊断系统所识别。因此，当发动机工作不正常（例如不能起动、怠速不稳、油耗增加等），而故障自诊断系统又未指示冷却液温度传感器故障码时，不要忽略对冷却液温度传感器的检查。

4 电控汽油机常见故障诊断

1 常见故障现象

电控汽油机常见故障类型与主要故障现象见表1-7，电控系统主要组成元器件故障对发动机工作的影响见表1-8。

电控汽油机常见故障　　表1-7

序号	故障类型	主要故障现象
1	发动机不能起动	起动发动机时，发动机不转或能转动但不着火
2	发动机起动困难	发动机不易起动，或起动着火后很快熄灭
3	发动机失速	发动机正常运转时，转速忽高忽低，不稳定
4	发动机怠速不良	(1)怠速过高：发动机在正常怠速工况下，其转速明显高于标准； (2)怠速不稳，易熄火：怠速转速过低，且不稳定，常熄火
5	发动机加速性能不良	发动机加速时，无力且有抖动现象，转速不易提高
6	发动机动力不足	(1)混合气过稀：进气管有回火现象； (2)混合气过浓：排气管有冒黑烟或放炮现象

主要组成元器件及配线故障对发动机工作影响一览表　　表1-8

序号	元器件名称	故障现象
1	电控单元(ECU)	(1)发动机不能起动； (2)发动机性能失常
2	点火线圈	(1)发动机不能起动； (2)无高压火花； (3)次级电压过低
3	点火控制器	(1)发动机不能起动； (2)无高压火花； (3)次级电压过低； (4)怠速时闭合角变化
4	空气流量计(L型)	(1)发动机起动困难； (2)发动机性能失常； (3)怠速不稳； (4)加速时回火、放炮； (5)油耗增大； (6)易爆震

续上表

序号	元器件名称	故障现象
5	进气压力传感器	(1)发动机起动困难； (2)发动机性能失常； (3)怠速不稳； (4)油耗增大
6	大气压力传感器	(1)发动机性能不佳； (2)怠速不稳
7	节气门位置传感器	(1)发动机起动困难； (2)怠速不稳； (3)发动机性能不佳； (4)容易熄火
8	进气温度传感器	(1)发动机性能不佳； (2)怠速不稳； (3)容易熄火； (4)油耗增大； (5)混合气浓度过浓
9	冷却液温度传感器	(1)发动机起动困难； (2)发动机性能不佳； (3)怠速不稳； (4)容易熄火
10	怠速控制步进电动机	(1)发动机起动困难； (2)怠速不稳； (3)容易熄火； (4)发动机失速
11	P/N、P/S、A/C 开关	(1)发动机不能起动； (2)怠速不稳； (3)发动机怠速时无法补偿； (4)怠速时易熄火
12	氧传感器	(1)发动机性能不佳； (2)怠速不稳； (3)发动机油耗增大； (4)排气污染增大； (5)空燃比不正确

续上表

序号	元器件名称	故障现象
13	曲轴箱通风阀(PCV)	(1)发动机不能起动或起动困难; (2)怠速不稳或无怠速; (3)加速困难; (4)油耗增大
14	EGR阀	(1)发动机温度过高; (2)发动机不能起动或起动困难; (3)发动机无力; (4)减速熄火; (5)爆震; (6)油耗增大
15	EGR阀位置传感器	(1)发动机性能不佳; (2)怠速不稳; (3)容易熄火; (4)排气污染增大
16	炭罐电磁阀	(1)发动机性能不佳; (2)怠速不稳; (3)空燃比不正确
17	爆震传感器	(1)发动机工作不稳; (2)加速时产生爆震; (3)点火正时不准
18	曲轴位置传感器	(1)发动机无法起动; (2)加速不良; (3)怠速不稳; (4)间歇性熄火
19	可变凸轮轴电磁阀	(1)发动机抖动; (2)产生爆震; (3)怠速不稳; (4)三效催化转化器损坏; (5)发动机动力下降、性能变坏
20	燃油泵	(1)发动机不能起动; (2)运转中熄火
21	燃油滤清器	(1)发动机不能起动; (2)发动机运转不稳; (3)喷油器堵塞

续上表

序号	元器件名称	故障现象
22	燃油压力调节器	(1)发动机起动困难； (2)发动机性能变坏； (3)怠速不稳定； (4)容易熄火
23	喷油器	(1)发动机起动困难； (2)发动机工作不稳； (3)容易熄火； (4)怠速不稳
24	温度时间开关	(1)发动机冷起动困难； (2)混合气浓度过浓； (3)怠速不稳

2 常见故障诊断分析

电控汽油机各常见故障诊断流程如图 1-16 ~ 图 1-22 所示。

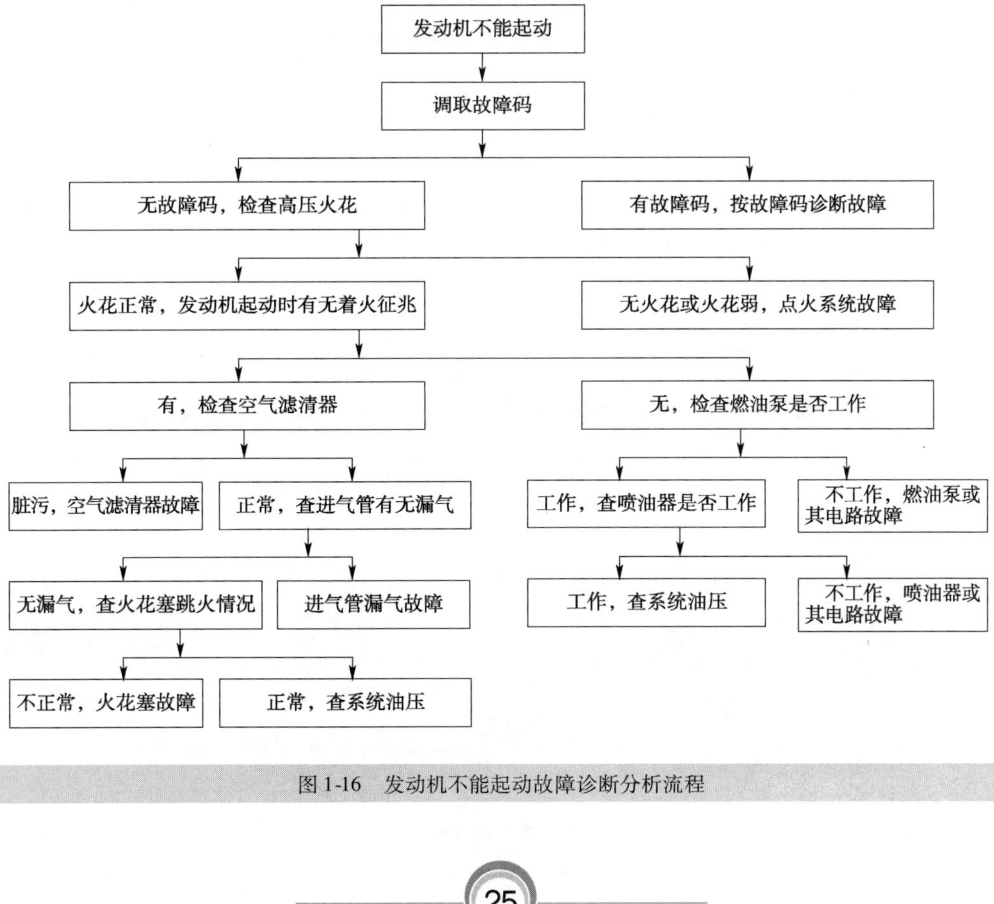

图 1-16　发动机不能起动故障诊断分析流程

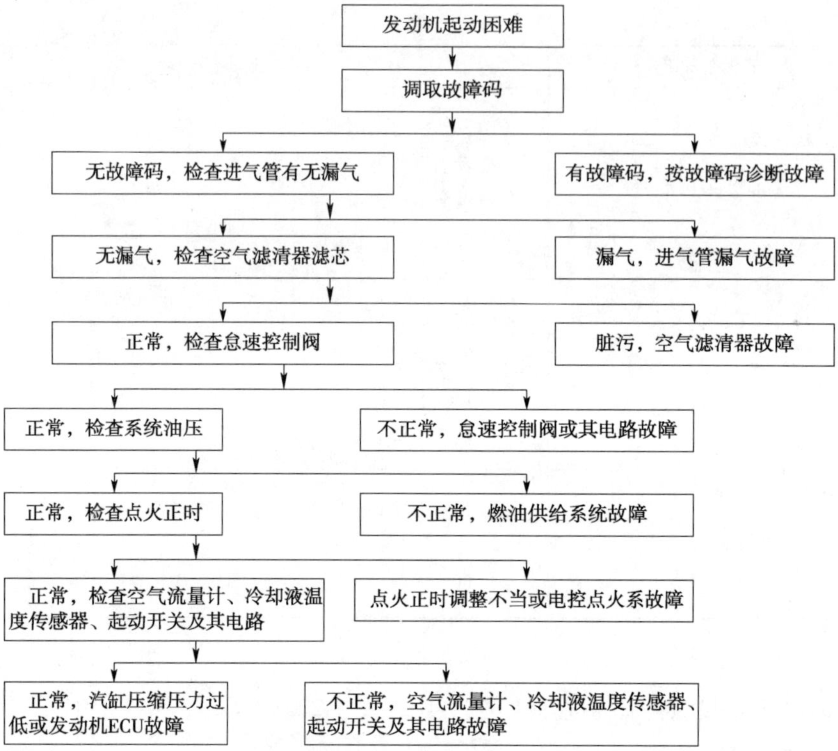

图 1-17　发动机起动困难故障诊断分析流程

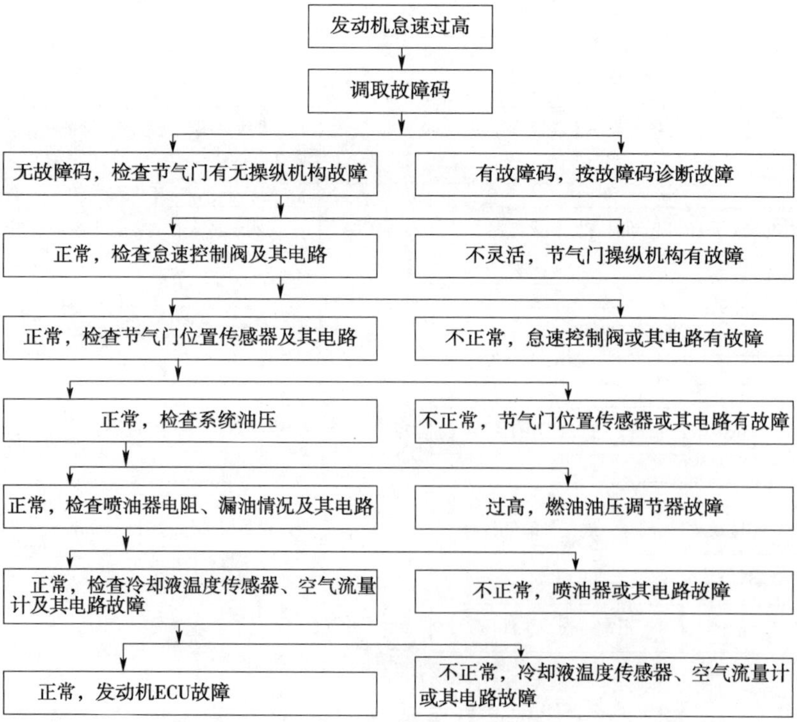

图 1-18　发动机怠速过高故障诊断分析流程

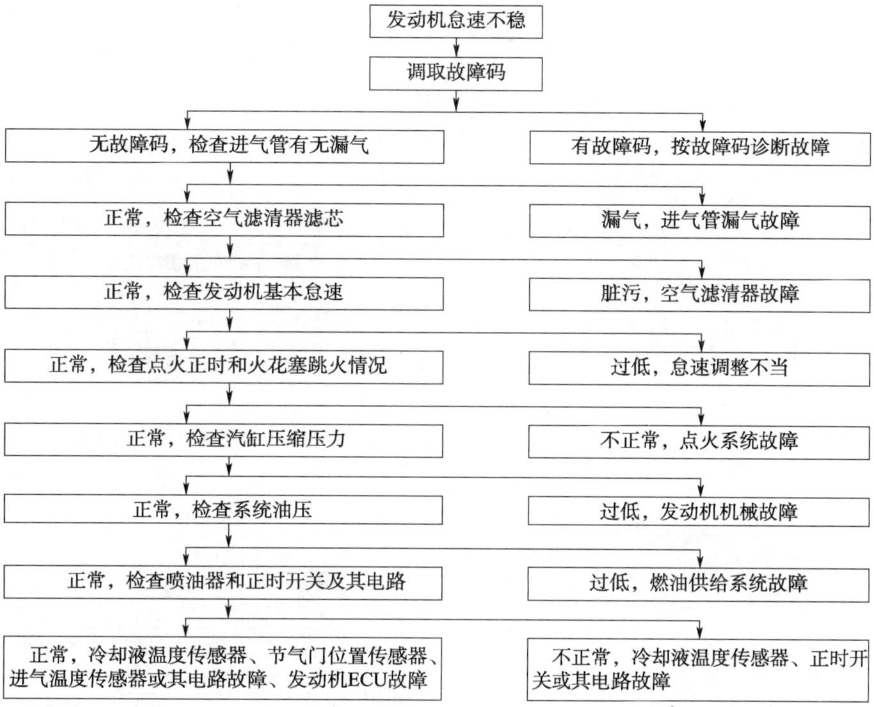

图 1-19　发动机怠速不稳故障诊断分析流程

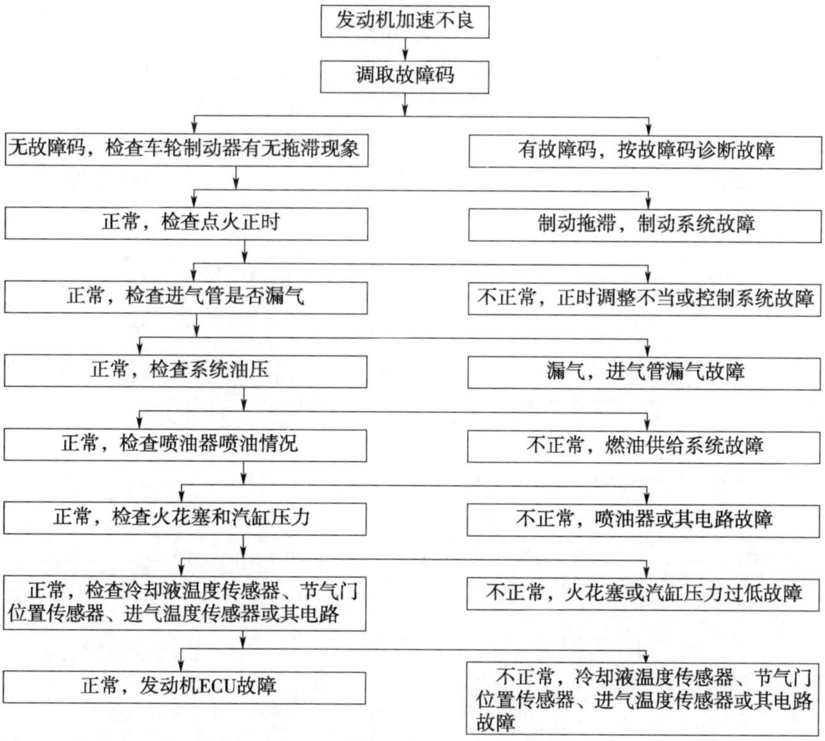

图 1-20　发动机加速不良故障诊断分析流程

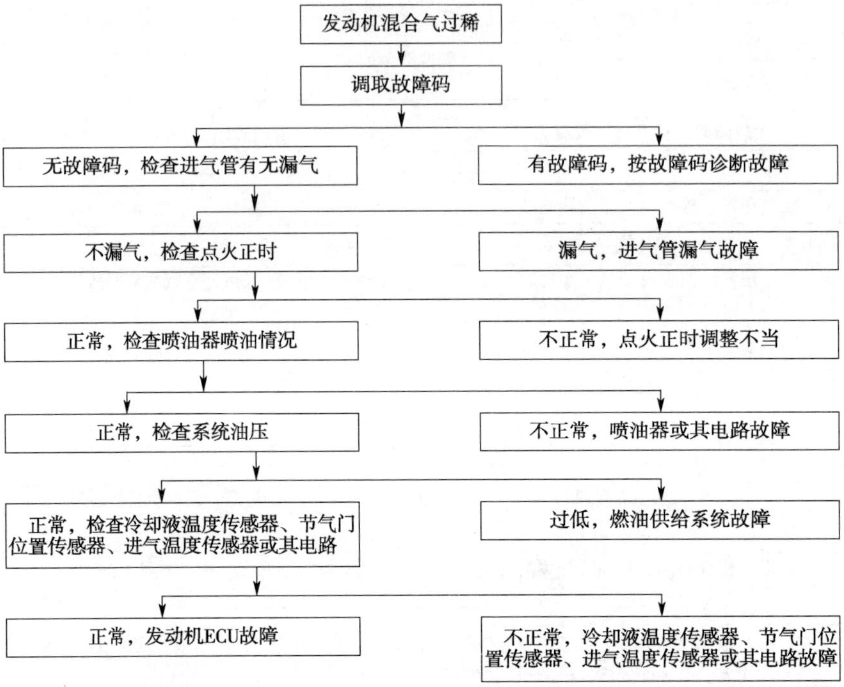

图 1-21　发动机混合气过稀故障诊断分析流程

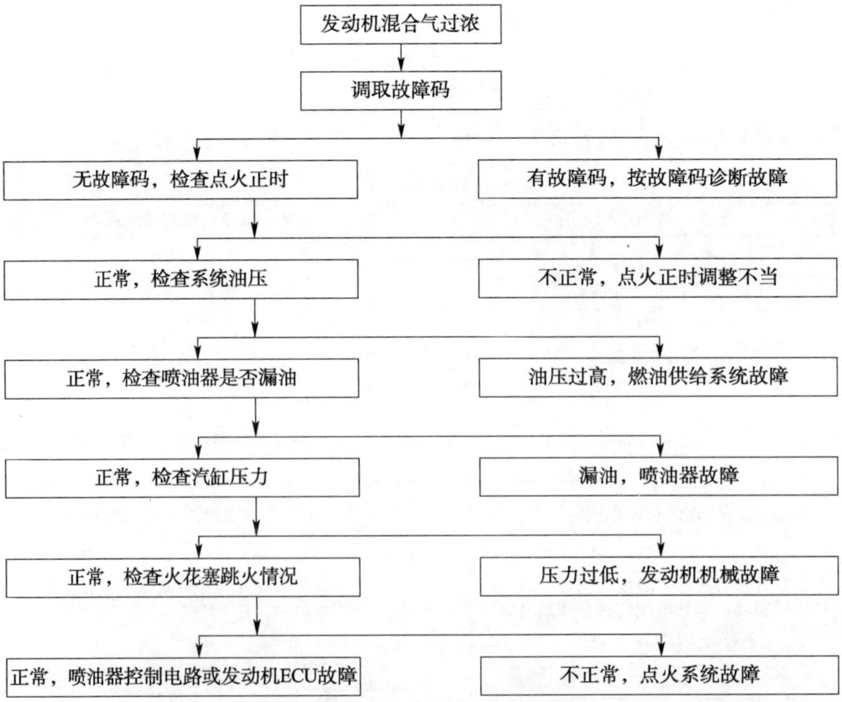

图 1-22　发动机混合气过浓故障诊断分析流程

任务实施

下面以丰田威驰轿车的故障案例为例进行说明。

1 故障现象

一辆2003年款进口丰田威驰1.5AT GL-i轿车,已行驶11.6万km,发动机起动困难。起动后,怠速不稳。若保持一定的节气门开度,发动机基本能够平稳运转。

2 故障诊断分析

1 故障自诊断

(1)进入自诊断模式。如图1-23所示,打开丰田专用诊断座,在KOEO故障诊断模式下,用专用跨接线短接故障诊断座上的"TE1"与"E1"端子。

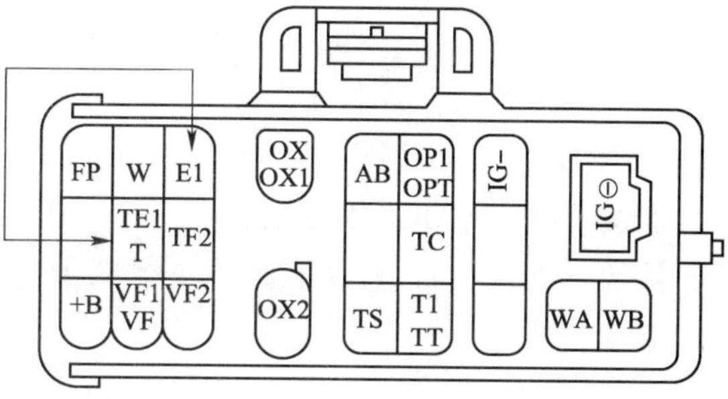

图1-23 丰田专用诊断座

(2)读取故障码并进行诊断分析。

①读取故障码。根据故障警告灯闪烁规律读取2个故障码,分别是:故障码11和13。故障码11的含义是ECU电源瞬间中断;故障码13的含义是车辆高速时ECU未收到Ne信号。这两个故障码可能是当前故障码,也可能是车辆以前出现过的故障,故障虽已排除但未清除故障码的历史故障码。为排除所读取故障码不是历史故障码,对车辆进行故障码清除。

②清除故障码。将点火开关置于"OFF",再将熔断器盒内EFI熔断器拆下至少10s后,车辆故障码清除。

注:也可采用拆除蓄电池负极桩电缆的方法来清除ECU内储存的故障码。

③重新自检获取故障码。清除故障码后试车,让ECU重新进行自检,重新调取故障码。为确保没有漏掉任何一个故障码,在KOEO模式调取故障码后再在KOER模式下,使发动机经历所有工况后再次调取故障码。无论在何种诊断模式下,故障灯均以间隔0.25s的时间有规律地快速闪烁(图1-24),这说明无故障码。

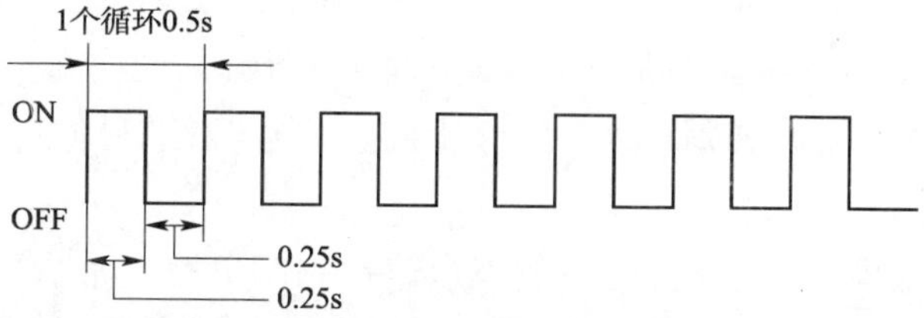

图1-24 无故障码时故障灯闪烁图

(3)诊断结论。故障码11和13为历史故障码。

2 元器件及电路检测诊断分析

(1)进气管检查。利用直观诊断法检查,进气管及进气道上安装的真空软管无破裂、老化或挤坏的现象,各配接接头牢固可靠,安装位置无拉扯等运动干涉现象,无漏气现象,正常。

(2)空气滤清器检查。拆下空气滤清器滤芯,检查正常,用气枪将滤清器周围进行清洁后装复。

(3)怠速控制阀检查。该车采用旋转滑阀式怠速控制阀,图 1-25 所示为其工作原理示意图。根据故障现象,初步判断可能是由于怠速控制阀有问题造成的。

①测量线圈电阻。如图 1-26 所示,拔下怠速控制阀插头,用汽车专用万用表电阻挡(200Ω 挡位)测量怠速控制阀 A 线圈与 B 线圈的电阻(图 1-25),阻值分别为 17.5Ω 和 18Ω,怠速控制阀线圈电阻标准值为 17.7 ~20.0Ω,测量值在正常范围内。

②测量电源电压。用万用表电压挡(20V 挡位),测量怠速控制阀电源(+B)端子电压值。接通点火开关时,怠速控制阀电源端子电压值为 12V,同时听到"嗒嗒"声,表示怠速供电线路正常。

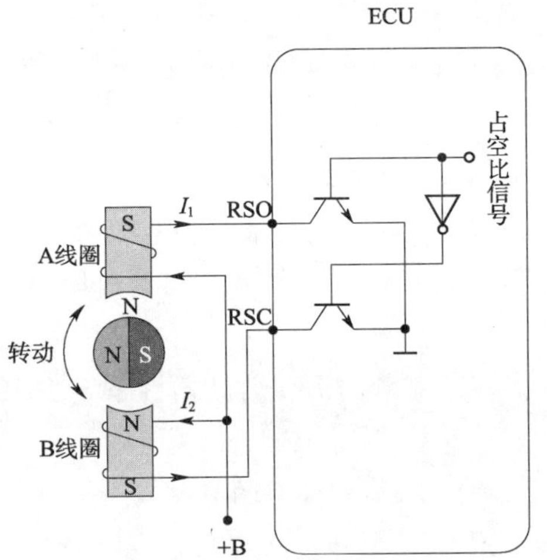

图 1-25 丰田威驰轿车怠速控制阀工作原理

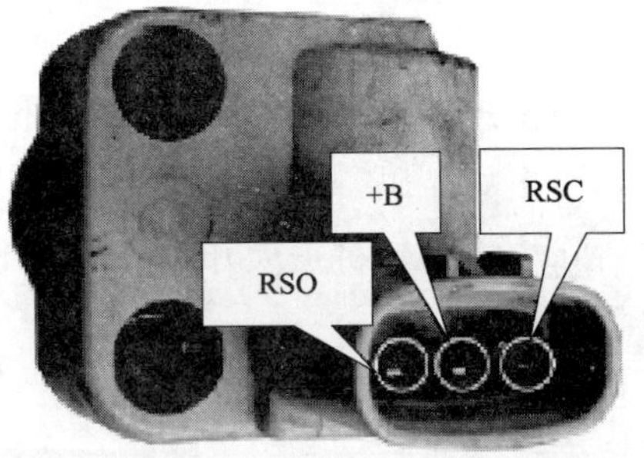

图 1-26 丰田威驰轿车怠速控制阀

③电路分析。如图 1-25 所示,ECU 根据发动机工况发出不同脉宽的 PWM 信号,控制双绕组电动机电枢上两组相互反向绕组,从而控制旋转滑阀的正反转,控制怠速的大小。当控制 A 线圈上的脉宽大于 B 线圈上的脉宽时,旋转滑阀打开,怠速增大;当控制 B 线圈上的脉宽大于 A 线圈上的脉宽时,旋转滑阀关闭,怠速减少;当两者的脉宽相等时,旋转滑阀停止转动。

通过对线圈与电源电压的检测,可判断该怠速控制阀电路正常。发动机冷起动时,ECU 控制怠速控制阀阀门全开,发动机转速应达到 2000r/min 左右;发动机起动后,ECU 控制发动机处于快怠速状态,转速应降为 1200 ~1600r/min;当冷却液达到一定温度后,ECU 控制发动机处于常规怠速状态,为 800r/min 左右,维持发动机克服自身阻力,应处于低转速状态。

发动机怠速运转时,节气门基本上处于关闭状态(但是不可能完全关闭),怠速控制阀控制旁通气道通道截面积大小来调节进气量。现怠速控制阀控制电路正常,故障推测可能发生在控制通道的机械故障上。

④怠速控制阀机械故障检查。拆下怠速控制阀,检查发现怠速控制阀进气道内沾满了一层薄薄的积炭,使通道变窄。用清洗剂对怠速阀进气道进行清洗,装复后试车,发动机怠速为 950r/min,且运转基本稳定,不再出现熄火现象。接通 A/C 开关,转速上升到 1050r/min,发动机难着车现象消除。

(4)节气门体检查。拆下节气门体检查,发现节气门翻板被积炭所覆盖,脏污比较严重(图 1-27),严重影响进气道进气。用清洗剂对节气门体进行清洗,特别是节气门旋转轴的灵活性调整,并拆下节气门位置传感器检查,修复节气门体达到较为理想状态后装复。试车,明显感觉发动机运转稳定,不再出现游车现象。但是发动机怠速仍然偏高,热车约 950r/min,接通 A/C 开关,转速上升到 1050r/min。

图 1-27 脏污节气门体图

对于电控发动机,清洗完节气门后,发动机怠速一般都会升高,这是因为电控发动机 ECU 有一个学习的自适应功能。当节气门清洗完后,节气门翻板回到原来的标准位置,但 ECU 还认为它在原来积炭增加的位置,需要慢慢地在日常行驶中不断适应调整后找到标准稳定怠速。如果清洗后,怠速稳定转速仍然超过 1300r/min,并且没有降低的趋势,则说明怠速控制系统还存在故障,需要使用丰田专用诊断设备进行数据分析。

3 诊断分析结论

该车经过清除 ECU 记忆后,怠速稳定转速恢复至正常位置,热车约 750r/min,接通 A/C 开关,转速上升到 900r/min。经过路试,一切正常,车辆故障排除。

综上所述,造成怠速不稳、加速不良故障的根本原因在于怠速控制阀和节气门体的脏污造成发动机进气量不足,影响发动机的正常运转,这种现象对于市区长期低速运转和缺少维护的车辆最常见。

考核评价

学生考核评价表见表 1-9。

学生考核评价表 表 1-9

目标	评价要素	评价标准	评价依据	考核方式	权重	评分
知识	基本知识	知识的要求	个人作业、课堂笔记、课堂练习、小组作业、期末考试	学生自评	10%	
				教师评定	10%	
				学生互评	10%	

续上表

目标	评价要素	评价标准	评价依据	考核方式		权重	评分
能力	基本技能	能够在教师指导下采用多种故障诊断方法对简单常见故障进行粗略的诊断与分析	实践练习、小组作业、学生作业单	教师评定	动手能力	15%	
					作业单的填写	15%	
素养	学习态度	遵守纪律、积极参与课堂教学活动、按时完成作业、按要求完成准备	课堂表现记录、考勤表、同学及教师观察、课堂笔记	学生自评		10%	
				小组互评			
				教师评定			
	沟通协作管理	乐于请教和帮助同学、小组活动协调和谐、协助教师教学管理、做好教室值日工作、按要求做课前准备和课后整理	小组作业、小组活动记录、自评及互评记录、值日记录、同学及教师观察	学生自评		15%	
				小组互评			
				教师评定			
	创新精神	有自主学习计划、在作业练习中能提出问题和见解、对教学或管理提出意见和建议、积极参与小组活动方案设计	个人作业、自主学习计划、学习活动、个人口头或书面提议	学生自评		15%	
				小组互评			
				教师评定			

拓展迁移

汽油机电控系统故障诊断的基本原则

(1)先外后内。在发动机出现故障时,应先对电子控制系统以外的可能故障部位予以检查。这样可避免本来是一个与电子控制系统无关的故障,却对系统的传感器、控制器、执行器及线路等进行复杂且费时、费力的检查,即真正的故障可能是较容易查找却未能找到。

(2)先简后繁。能以简单方法检查的可能故障部位先予以检查,比如直观诊断最为简单,可以用看、摸、听等直观检查方法将一些较为显露的故障迅速地找出来。直观诊断未找出故障,需借助仪器或其他专用工具来进行诊断时,也应对较容易检查的部位先予以检查。

(3)先熟后生。由于结构和使用环境等原因,发动机的某一故障现象可能是以某些总成或部件的故障出现,应先对这些常见故障部位进行检查。若未找出故障,再对其他不常见的可能故障部位予以检查。这样做,往往可以迅速地找到故障,省时、省力。

(4)代码优先。电子控制系统一般都有故障自诊断功能,当电控发动机运行时,故障自诊断系统监测到故障后,以代码的方式将该故障储存到ECU存储器内,同时通过故障警告灯报警。这时,应先读取故障码,并检查和排除故障。待故障码所指的故障消除后,如果发动机故障现象仍未消除,或者开始就无故障码输出,再对发动机可能的机械故障部位进行检查。

(5)先思后行。根据发动机的故障现象,首先进行故障分析,了解可能的故障原因有哪些,然后再进行故障检查。这样可避免故障检查的盲目性,既不会对与故障现象无关的部位做无效的检查,又可避免对一些有关部位漏检。

(6)先备后用。电子控制系统的一些部件性能好坏、电气线路正常与否,常以其电压或电阻等参数来判断。如果没有这些数据资料,系统的故障检查将会很困难。因此,在检修该型车辆时,应准备好维修车型的有关检修数据资料。除了从维修手册、专业书刊上收集整理这些检修数据资料外,另一个有效的途径是利用无故障车辆对其系统的有关参数进行测量,并记录下来,作为日后检修同类型车辆的检测比较参数。如果平时注意做好这项工作,会给车辆的故障检查带来很大方便。

项目二 Project 2

电控汽油喷射系统故障检测与诊断

任务1 空气供给系统故障检测与诊断

任务导入

一辆2009年款1.6L卡罗拉轿车,行驶8.1万km之后,出现发动机起动困难,怠速抖动厉害,加速无力,油耗明显提高,到4S店要求给予维修。

任务分析

发动机怠速时发抖的主要原因之一是气门、节气门积炭所致。要维修该故障,维修技师需要对空气供给系统进行故障检测与诊断。

学习目标

能力目标	知识目标	素养目标
1.能描述空气供给系统的基本组成与性能特点; 2.能描述空气供给系统主要组成构件的结构原理; 3.能正确利用设备进行空气供给系统故障的检测与诊断	1.具有空气供给系统基本组成的相关知识; 2.具有空气供给系统主要部件结构原理的相关知识; 3.具有空气供给系统故障检测与诊断的相关知识	1.具有良好的工作责任心和职业道德; 2.具有安全操作意识和良好的环境保护意识; 3.培养学生的团队协作精神

建议学时

6 学时。

学习资讯

1 电控汽油喷射系统的概述

电控汽油喷射(EFI)系统,以 ECU 为控制中心,利用安装在发动机不同部位上的各种传感器来检测发动机的各种工作参数,根据这些参数选择 ECU 中设定的程序,通过控制喷油器,精确地控制喷油量,使发动机在各种工况下都能获得最佳空燃比的混合气。

1 电控汽油喷射系统的类型

根据不同的分类标准,电控汽油喷射系统可以分为不同的类型。

(1)按照汽油喷射部位不同来分,可分为缸外喷射和缸内直喷两类。缸外喷射是将汽油喷射到进气门前,属于低压喷射,喷射压力一般为 250 ~ 300kPa,目前大多数车型都采用缸外喷射系统。缸内喷射是将汽油直接喷射到汽缸内,属于高压喷射,喷射压力一般为 12 ~ 20MPa,比较典型的缸内直喷技术有福特的 PROCO 技术、丰田的 D-4 技术、三菱的 GDI 技术和大众的 FSI 技术。

(2)按照空气流量的测量方式不同来分,可分为 D 型和 L 型两类。D 型电控汽油喷射系统是通过检测进气歧管的压力(真空度)和发动机的转速,推算发动机吸入的空气量,由于空气在进气管内的压力波动,该方法的测量精度稍差,并且响应性较慢,目前在汽车上已很少使用。L 型电控汽油喷射系统是利用空气流量传感器直接测量发动机吸入的空气量,在汽车上比较常见。

(3)对于多点间歇喷射系统,按照各缸喷油器之间的喷油时序不同来分,可分为同时喷射、分组喷射和顺序喷射三类。同时喷射是指曲轴每转一圈,各缸喷油器同时喷射一次,发动机的一个工作循环中喷射两次,两次喷射的燃油,在进气门打开时一起进入汽缸。早期生产的间歇燃油喷射发动机多采用同时喷射。分组喷射是指把所有汽缸的喷油器分成 2 ~ 4 组。例如,4 缸发动机把喷油器分为两组,发动机每转一圈,只有一组喷射,两组喷油器轮流交替喷射,一个工作循环中,各喷油器均喷射一次或两次。顺序喷射是指按照发动机的做功顺序依次进行喷射,一个工作循环中,各缸喷油器都轮流喷射一次。顺序喷射可以设立在最佳时间喷油,对混合气的形成非常有利,因此它对提高燃油经济性和降低有害物的排放有所改善。目前汽车基本上都采用这种喷射方式,它既适合缸外喷射,也适用于缸内喷射。

2 电控汽油喷射系统的优点

电控燃油喷射系统具有如下优点。

(1)能实现空燃比的高精度控制。其一,采用多点喷射(MPI)独立向各缸喷油,使各缸空燃比偏差减小；其二，通过闭环控制系统中的氧传感器反馈机能，可进一步精确控制空燃比；其三，在汽车运行地区的气压、气温、空气密度变化时或加速行驶过渡运行阶段，空燃比均可及时地得到适当的修正；其四，点火控制、怠速控制等辅助系统的采用，使各种工况都有最佳空燃比。

(2)充气效率高。在进气系统中，由于没有像化油器那样的喉管部位，进气压力损失小。只要合理设计进气管道，就可充分利用吸入空气的惯性增压作用，增大充气量，提高输出功率，增加发动机的动力。

(3)瞬时响应快。当汽车处于加减速行驶的过渡运行阶段，空燃比控制系统能够迅速响应，使汽车加减速反应灵敏；当汽车在不同地区行驶时，对大气压力或外界环境温度变化引起的空气密度变化，可以进行快速的空燃比修正。

(4)起动容易，暖机性能好。在发动机起动时，可以用 ECU 计算出起动供油量，并且能使发动机顺利经过暖机运转。

(5)节油和排放净化效果明显。能提供各种运行工况下最适当的混合气空燃比，且燃油雾化好，各缸分配均匀，使燃烧效率提高，有害气体排放量降低。

(6)减速、限速断油功能，能降低废气排放量、节省燃油。当节气门关闭而发动机转速超过预定转速时，喷油就会停止，使排气中 HC 的含量减少，并可降低燃油消耗。

(7)便于安装。不存在机械驱动等问题的分散型系统，有利于在发动机上安装。

3 电控汽油喷射系统的组成

电控燃油喷射系统一般由空气供给系统、燃油供给系统和电子控制系统三个子系统组成。图 2-1 所示为目前汽车上应用最广泛的电控燃油喷射系统的组成示意图。

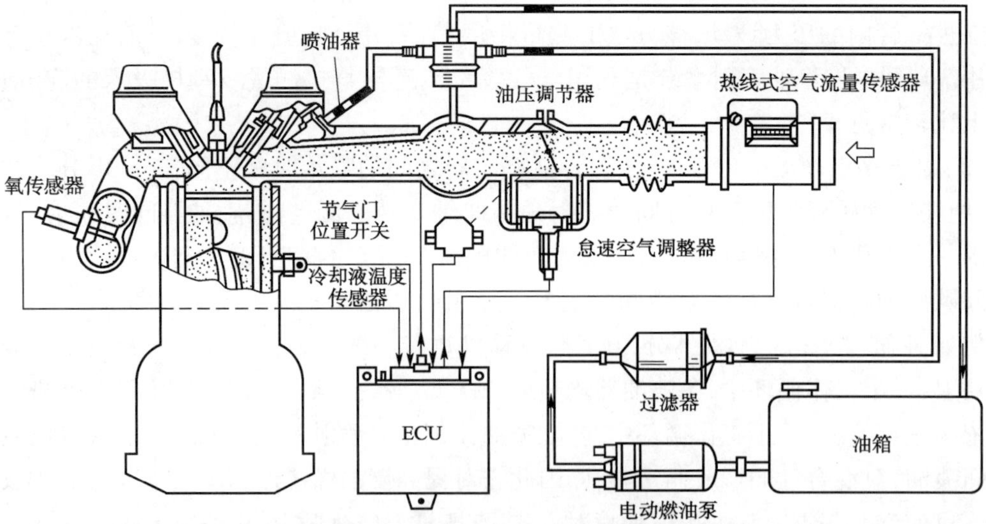

图 2-1　电控燃油喷射系统的组成及工作原理图

(1)空气供给系统为发动机可燃混合气的形成提供必需的空气量，同时对进入发动机汽缸的空气量进行直接(L 型)或间接(D 型)计量，它主要由空气滤清器、空气流量传感器、节气门体、进气室、各种连接管和真空管等组成。此外还包括节气门位置传感器和用于发动机怠速控制的怠速控制阀。

(2)燃油供给系统是电控汽油喷射系统最重要的系统之一,它的作用是向发动机精确地提供所需要的燃油量,它主要由油箱、电动燃油泵、燃油滤清器、燃油压力调节器和供油总管等组成。

(3)电子控制系统的作用是根据发动机运转状况和车辆运行状况确定喷油器的最佳喷射量,由传感器、ECU 和执行器三部分组成。用于检测发动机工况的传感器有空气流量传感器、进气压力传感器、冷却液温度传感器、进气温度传感器、曲轴位置传感器、节气门位置传感器、车速传感器、氧传感器、爆震传感器、空调开关等。执行器包括各缸喷油器和电动燃油泵。

4 电控燃油喷射系统的工作原理

如图 2-1 所示,电控燃油喷射系统的工作情况如下所述。

(1)燃油压力的建立与燃油喷射方式。电控燃油喷射系统的燃油压力都是由燃油泵提供的。油箱内的燃油被燃油泵吸出并加压至 350kPa 左右。经燃油滤清器除去杂质后,被送至发动机上方的供油总管。供油总管与安装在各缸进气道上的喷油器相通。喷油器是一种电磁阀,由 ECU 控制。通电时电磁阀开启,压力燃油以雾状喷入进气歧管内,与空气混合,在进气行程中被吸进汽缸。供油总管末端装有燃油压力调节器,用来调整供油总管中汽油压力,使油压值保持在一定范围(200 ~ 350kPa)。多余的燃油从燃油压力调节器的回油口经回油管流回油箱。

(2)进气量的控制与测量。进气量由驾驶人通过加速踏板操纵节气门来控制。空气流量传感器可将发动机进气量直接转变成电信号,并传送给 ECU,ECU 根据空气流量传感器电信号直接计算出发动机进气量。

(3)喷油量与喷油时刻。喷油量由 ECU 控制,ECU 根据空气流量传感器测量的信号计算出进气量,再根据曲轴位置传感器测量的信号计算出发动机的转速,根据进气量和转速计算出相应的基本喷油量;ECU 控制各缸喷油器,并通过控制每次喷油的持续时间来控制喷油量。喷油持续时间越长,喷油量就越大。一般每次喷油的持续时间为 2 ~ 10ms。各缸喷油器每次喷油的开始时刻则由 ECU 根据曲轴位置传感器测得一缸上止点的位置来控制,每个喷油器在发动机一个工作循环中只喷射一次。

(4)不同工况下的控制模式。电控燃油喷射系统能根据各个传感器测得的发动机各种运转参数,判断发动机所处的工况,选择不同模式的程序控制发动机的运转,实现起动加浓、暖机加浓、加速加浓、全负荷加浓、减速调稀、强制怠速断油、自动怠速控制等功能。

2 空气供给系统的工作原理

如图 2-2 所示,空气经过空气滤清器、空气流量传感器(D 型系统无此装置)、节气门体、进气总管和进气歧管进入各汽缸。

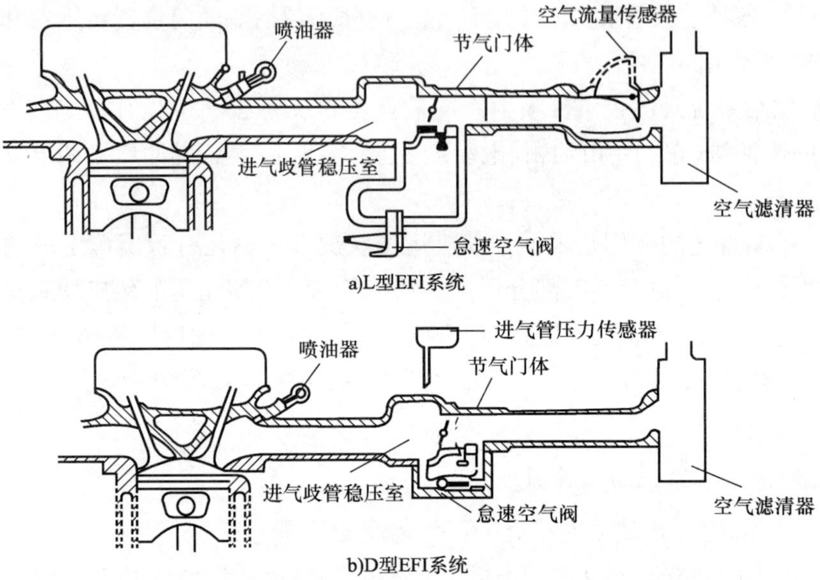

图 2-2　空气供给系统工作原理示意图

以 L 型电控燃油喷射系统为例，空气经过空气滤清器过滤后，用空气流量传感器测量，通过节气门体进入进气总管，再分配到各进气歧管。在进气歧管内，从喷油器喷出的汽油与空气混合后被吸入汽缸内燃烧。

在冷却液温度较低时，为加快发动机暖机过程，设置了快怠速装置，由怠速控制阀控制快怠速时所需要的空气量。这时经空气流量传感器计量后的空气，绕过节气门经过空气阀或怠速控制阀直接进入进气总管。

可以通过怠速调整螺钉调节怠速时的转速，如图 2-3a）所示；也可用空气阀（AAC）控制快怠速时发动机转速，如图 2-3a）所示；还可由 ECU 操纵怠速控制阀（ISC）控制怠速与快怠速，如图 2-3b）所示。上述三种控制方式可以在一台发动机上同时存在。

现代汽车发动机的进气系统除了要完成进气量的控制之外，还要尽量地提高进气效果。因此，现代汽车发动机空气供给系统还运用各种进气控制技术，它包括进气惯性增压控制、废气涡轮增压控制、可变气门正时控制等。

3 空气供给系统主要部件的结构与工作原理

1 空气滤清器

空气滤清器的作用是净化空气。电控燃油喷射发动机采用的空气滤清器与一般发动机的空气滤清器相同，在此不再详述。

2 空气流量传感器和进气压力传感器

空气流量传感器或进气压力传感器的作用是把测得的空气流量转换为电压信号，并把此电压信号送至 ECU，ECU 根据此信号和转速等信号来决定基本喷油量。空气流量传感器或进气压力传感器的具体结构与工作原理在任务3:电子控制系统故障检测与诊断中将详细介绍。

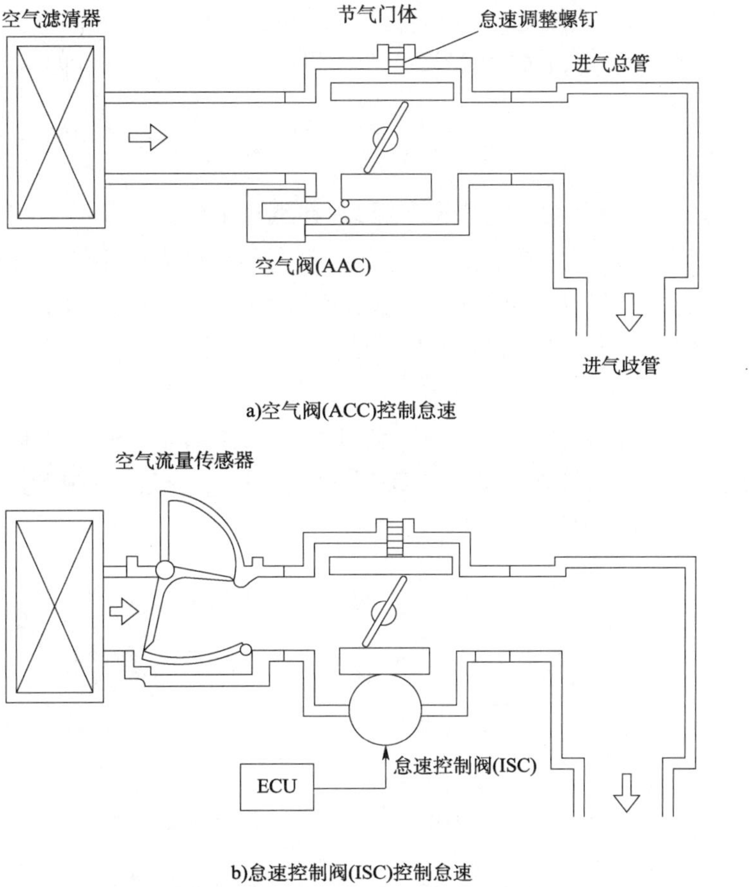

图2-3　怠速与快怠速的控制

❸ 节气门体

节气门体安装在空气流量传感器与进气总管之间,它由节气门、节气门位置传感器和怠速空气调整阀等组成。节气门用来控制发动机正常运行工况下的进气量。由于电控燃油喷射系统在发动机怠速时通常将节气门全关,故设一旁通气道,在发动机怠速时供给少量空气,如图2-4所示。

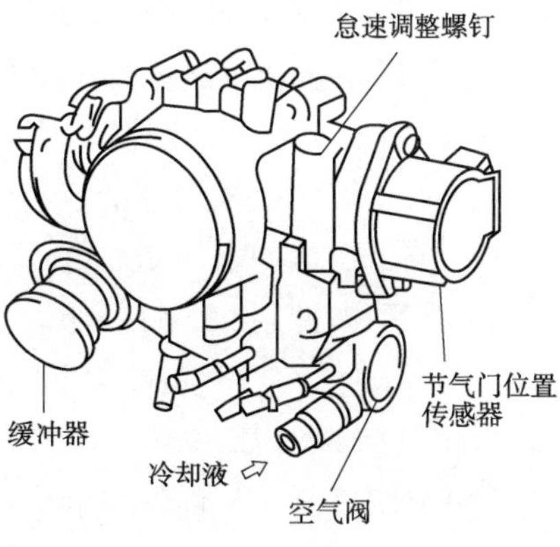

图2-4　节气门体

节气门位置传感器装在节气门轴上,用以检测节气门开启角度。为防止减速时节气门由开到全闭时,导致发动机不良冲击和熄火,有的节气门体上装有节气门缓冲器。为防止寒冷季节流经节气门体的空气中水分在节气门体上冻结,有些节气门体上设有冷却水管来对节气门体进行预热。

发动机怠速空气阀用来调节怠速时发动机进气量，从而实现对怠速时转速的控制。怠速空气调整阀包括怠速空气阀（AAC）与怠速控制阀（ISCV）两类。怠速空气阀目前在汽车已经很少采用；怠速控制阀目前在拉索式节气门中常见，它在项目四的任务 1 中将详细介绍。

4 电子节气门

随着电子技术在汽车上运用越来越广泛，现在汽车上使用电子节气门取代拉索式节气门。电子节气门与加速踏板无机械式连接装置，节气门开度大小不通过加速踏板拉索直接控制。当发动机运行时，发动机电控单元根据加速踏板踩下的程度和不同驾驶条件的要求来计算节气门的开度，控制节气门驱动电动机，将节气门定位，达到优化节气门开度控制的目的。

电子节气门工作原理如图 2-5 所示，发动机 ECU 根据加速踏板位置传感器、节气门位置传感器、驾驶模式等输入信号确定最佳的节气门开度，驱动节气门控制电动机实现节气门开度的优化控制。优化控制内容主要有：

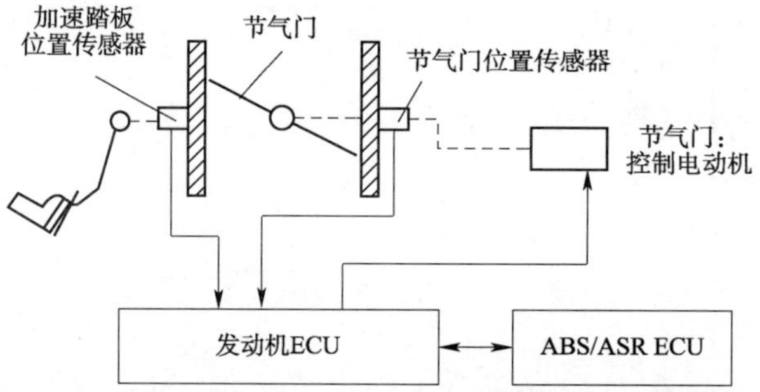

图 2-5　电子节气门工作原理示意图

（1）非线性控制。拉索式节气门由加速踏板直接控制节气门开度，来调节发动机转速或输出功率，此时发动机转速或功率的变化取决于加速踏板踏下的规律，这种调控方法在许多工况下对汽车驾驶性能和乘车舒适性等不利。而电子节气门由发动机 ECU 根据加速踏板位置、节气门位置和车速等行车信号，通过节气门电动机来调节节气门的开度，可实现所有工况下节气门开度的优化控制，如减速控制等，从而可改善行驶性能，提高乘坐舒适性。

（2）怠速控制。采用电子节气门后，怠速可直接由节气门驱动电动机来控制。

（3）减小换挡冲击控制。电子节气门与自动变速器同步，在变速器换挡时减小冲击。

（4）驱动力控制（ASR）。作为 ASR 系统的一部分，节气门接受从 ABS/ASR ECU 的输出指令。如果驱动轮打滑超过预定范围，节气门就会按照指令减小开启程度，从而保证车辆行驶的稳定性与驱动力。

（5）巡航控制。从前的车辆由巡航控制执行器控制车速，巡航控制执行器控制节气门开度。采用电子节气门后，车速由节气门驱动电动机来控制。

节气门驱动电动机一般为直流电动机。发动机 ECU 通过调节脉冲信号的占空比来控制直流电动机转角的大小，电动机方向则是由和节气门相连的复位弹簧控制的。电动机输出转矩与脉宽调制信号的占空比成正比。

4 空气供给系统的检测及诊断

空气供给系统常见的故障主要是空气滤清器堵塞导致动力不足，进气管接头及衬垫处漏气导致混合气过稀，这都可以利用真空表测量进气管的真空度来判断；另外，节气门的脏污导致节气门开闭不灵活影响怠速和正常工作，可以通过清洗消除；至于相应传感器的故障和与进气系统有关的怠速控制系统、VTEC、动力阀控制、增压控制、二次空气喷射控制、EGR、PCV、EVAP 等系统故障，将在后面任务中逐一分析。

任务实施

下面以丰田卡罗拉轿车和长安福特轿车的空气供给系统为例，说明空气供给系统故障检测与诊断的方法与步骤。

1 丰田卡罗拉轿车空气供给系统故障的检测与诊断

1 整体认识

卡罗拉 1ZR-FE 发动机采用电子节气门，节气门驱动电动机线路图如图 2-6 所示。

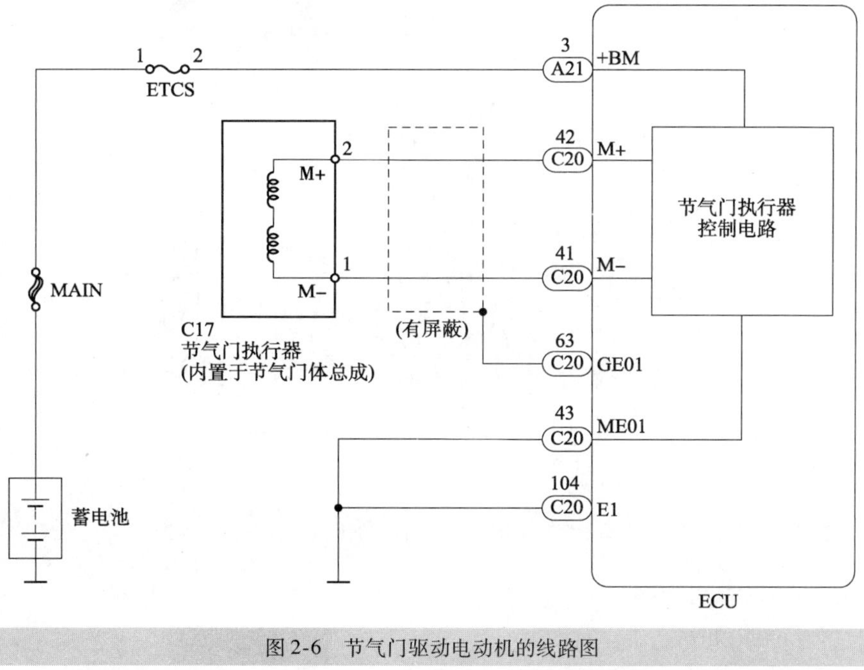

图 2-6　节气门驱动电动机的线路图

ECU 根据加速踏板位置传感器的信号，以占空比的形式控制电动机的转角，并通过减速齿轮带动节气门转过相应的角度。节气门的实际开启角度由节气门位置传感器检测并反馈给发动机 ECU,从而 ECU 可以在响应驾驶人输入时正确地控制节气门驱动电动机,进而控制节气门。在发动机暖机后怠速运转时,用故障检测仪分别测量节气门总成的端子 M + 与 ECU 的端子(B31-43)之间、节气门总成的端子 M − 与 ECU 的端子(B31-43)之间的波形,标准波形如图 2-7 所示。

当没有电流流向电动机时,节气门复位弹簧使节气门开启到一定固定角度位置(大概 6°)。当 ECU 检测到故障发生时,将点亮组合仪表上的故障指示灯并同时切断电动机电源。

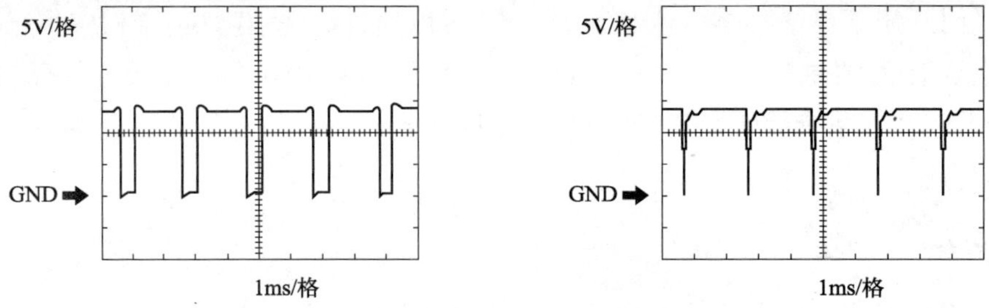

a)节气门驱动电动机端子M+与ECU端子　b)节气门驱动电动机端子M−与ECU端子

图 2-7　节气门驱动电动机端子的占空比信号标准波形

2 操作步骤

(1)空气供给系统的车上检查。按照图 2-8 所示检查各检测点有无漏气。

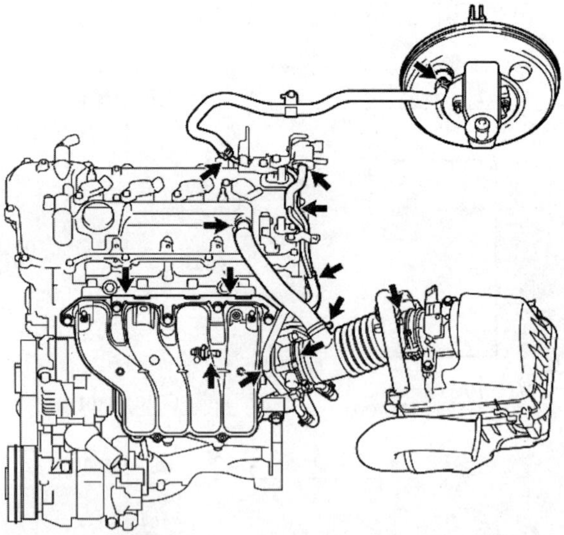

图 2-8　丰田卡罗拉 1ZR-FE 发动机空气供给系统的车上检查

(2)节气门体总成的检修。

①检查节气门驱动电动机工作情况。

a. 将点火开关转到“ON”位置。

b. 踩下加速踏板时,检查驱动电动机是否有工作响声。确认驱动电动机没有发出摩擦噪声,如果存在摩擦噪声,应更换节气门体。

②检查节气门位置传感器。

a. 将智能检测仪(IT-Ⅱ)连接到 DLC3。

b. 将点火开关置于 ON 位置并开启检测仪。

c. 选择以下菜单项:Powertrain/Engine and ECT/Data List/Throttle Position。

d. 节气门全开时,检查并确认“Throttle Position”值在规定范围内。标准节气门开度百分比:60%或更高,若百分比小于60%,则更换节气门体。

注意:检查标准节气门开度百分比时,换挡杆应在 N 位。

③检查节气门驱动电动机的电阻。

a. 断开节气门体总成插接器。

b. 在20℃条件下,用万用表检查节气门体总成线束侧的端子2(M+)与端子1(M-)之间的电阻,如图2-9所示。其标准电阻值为0.3~100Ω,如果结果不符合规定,应更换节气门体总成。

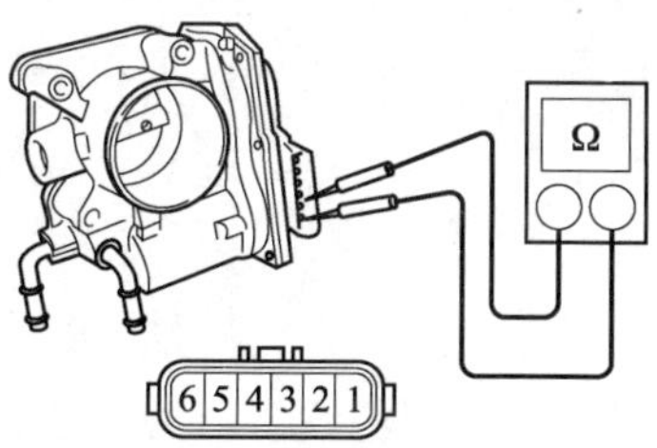

图2-9　检查节气门驱动电动机的电阻

④检查节气门驱动电动机与发动机控制单元之间的线束和插接器。

a. 检查线束断路。

第一步:断开节气门体总成线束插接器。

第二步:断开发动机控制单元插接器,发动机控制单元端子如图2-10所示。

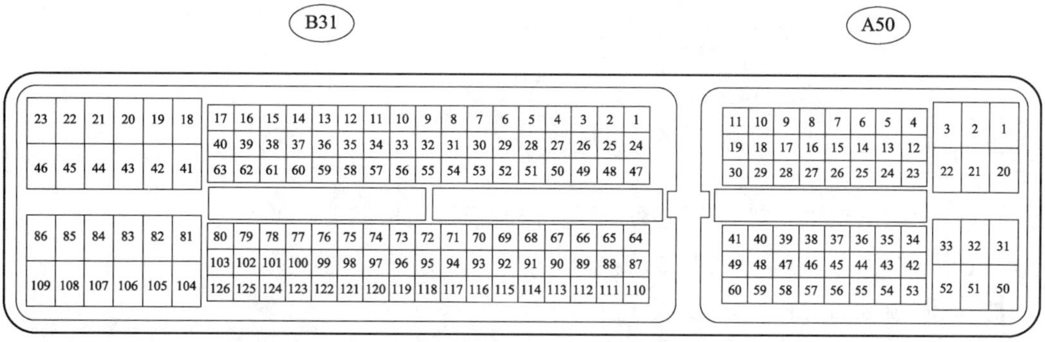

图2-10　1ZR—FE 发动机电控单元端子

第三步:用万用表检查节气门体总成的端子2(M+)与发动机控制单元的端子(B31-42)之间的电阻;检查节气门体总成端子1(M-)与发动机控制单元的端子(B31-42)之间的电阻。其标准电阻必须低于1Ω,否则说明线束断路。

b. 检查线束短路。

第一步:断开节气门体总成线束插接器。

第二步:断开发动机控制单元插接器。

第三步:用万用表检查节气门体总成的端子2(M+)或发动机控制单元的端子(B31-42)与车身搭铁之间的电阻;检查节气门体总成端子1(M-)或发动机控制单元的端子

(B31-42)与车身搭铁之间的电阻。其标准电阻必须高于 10kΩ 或更高,否则说明线束短路。

2 长安福特福克斯轿车空气供给系统故障的检测与诊断

1 整体认识

电子节气门工作原理如图 2-11 所示,电子节气门控制系统主要由加速踏板、踏板位置传感器、节气门位置传感器、发动机 ECU、节气门电动机等组成。驾驶人操纵加速踏板,加速踏板位置传感器产生相应的电压信号输入发动机 ECU。发动机 ECU 根据当前的工作模式、踏板移动量和变化率解析驾驶人意图,计算出对发动机转矩的基本需求,得到相应的节气门转角的基本期望值。然后再经过 CAN 总线和整车控制模块进行通信,获取其他工况信息以及发动机转速、挡位、节气门位置、空调能耗等传感器信息,由此计算出整车所需求的全部转矩,通过对节气门转角期望值进行补偿,得到节气门的最佳开度,控制驱动电动机使节气门达到最佳的开度位置。节气门位置传感器则把节气门的开度信号反馈给电控模块,实现反馈控制。

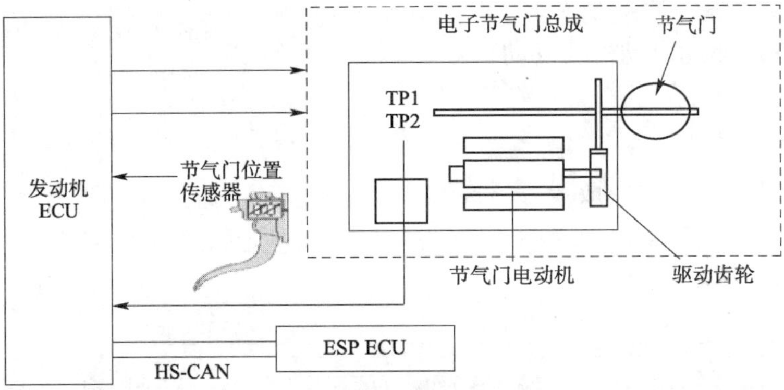

图 2-11　电子节气门工作原理

节气门驱动电动机一般为直流电动机。控制模块通过调节脉冲信号的占空比来控制直流电动机转角的大小,电动机方向则是由和节气门相连的复位弹簧控制的。电动机输出转矩和脉宽调制信号的占空比成正比。

电子节气门的安装位置和电子节气门实物图如图 2-12 和图 2-13 所示。

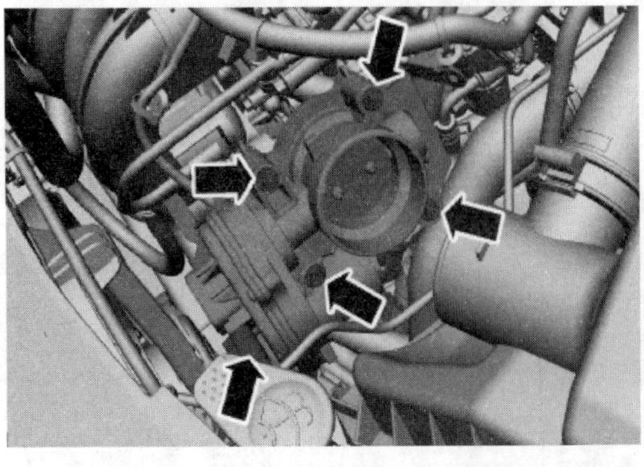

图 2-12　电子节气门的安装位置

图 2-13　电子节气门实物图

❷ 操作步骤

（1）利用综合诊断软件 IDS 识别车型后，查看表 2-1 与图 2-14 所示电子节气门控制的相关参数，对电子节气门进行诊断。

电子节气门控制的相关参数　　表 2-1

参数	参数描述	参数	参数描述
APP	加速踏板开度，用% 表示	TP	怠速 CT、部门开度 PT、全开 WOT 模式
APP1	APP1 电压	TP1	TP1 电压
APP2	APP2 电压	TP2	TP2 电压
ETC-ACT	节气门实际开度	ETC-DSD	节气门目标开度

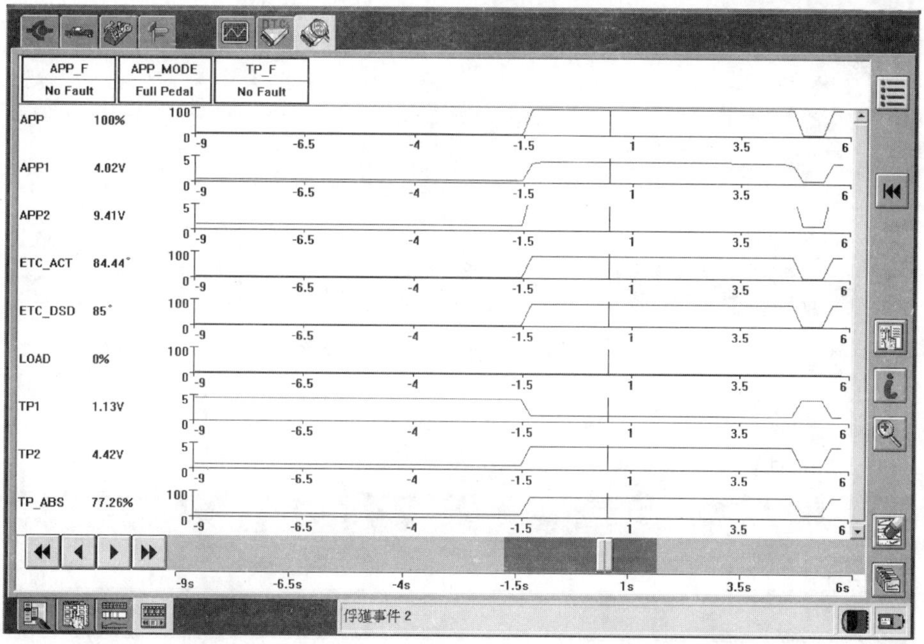

图 2-14　IDS 查看电子节气门的参数

（2）电子节气门的故障模式。

①当 2 个 APP 传感器信号中，有任一信号有故障时，处于加速限制模式。PCM 控制发动机降低动力输出，发动机仍可达到最高转速，但加速的速度明显降低，旅程电脑上会显示“ACCELERATION REDUCED”。

②当 2 个 APP 传感器都有故障时，处于速度限制模式。PCM 会将发动机转速控制在 1500 ~ 4000r/min 之间，从而车速最高控制在 56km/h 以下。踩下制动踏板时，转速降到怠速附近，放开制动踏板转速再增加。旅程电脑上会显示“SPEED LIMITED MODE”，发动机故障灯点亮。

③当 2 个节气门位置传感器中任一个有故障时，发动机能正常运行。

④当 2 个节气门位置传感器都有故障时，发动机运行抖动，1 缸和 4 缸断油。

(3)利用综合诊断软件 IDS 在不同条件下查看的电子节气门相关参数。

①不踩加速踏板时的电气节气门相关参数如图 2-15 所示。

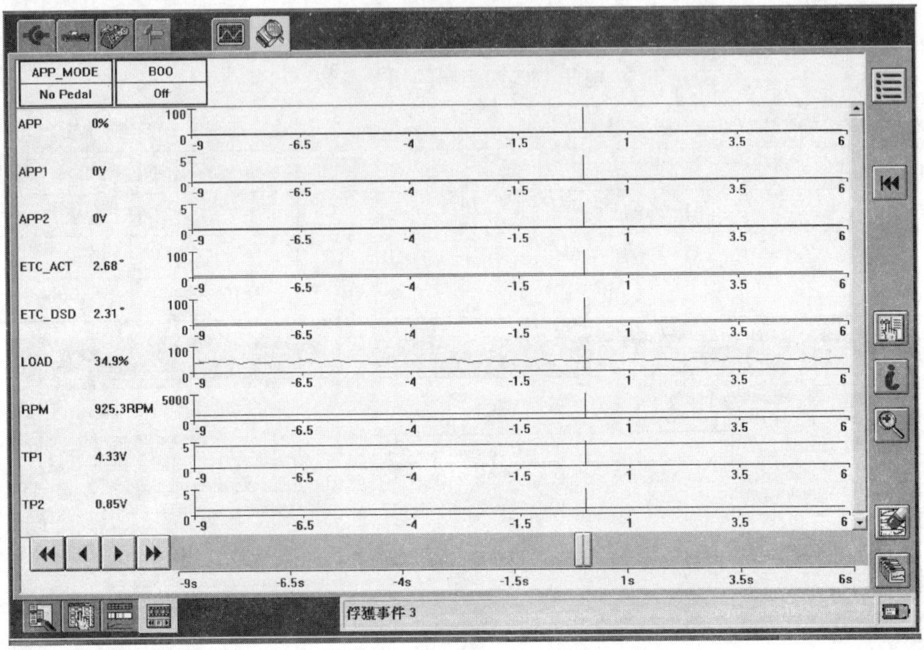

图 2-15　IDS 查看的电子节气门相关参数

②踩下制动踏板后释放,发动机转速无控制上升,可上升到 4500r/min;如果挂挡,则可上升到 2500r/min,如图 2-16 所示。

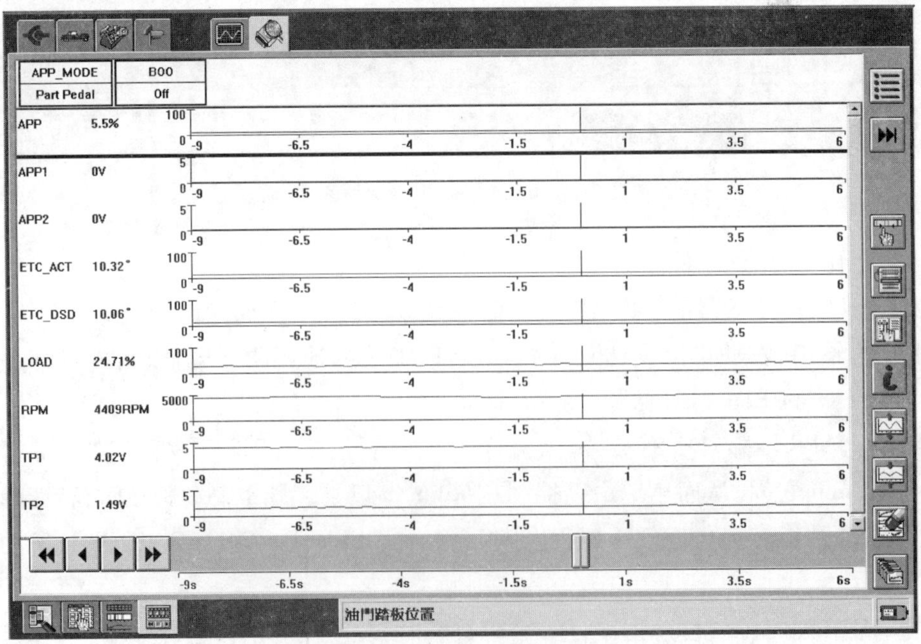

图 2-16　IDS 查看的电子节气门相关参数

③踩下制动踏板并保持，发动机转速下降到怠速附近，如图 2-17 所示。

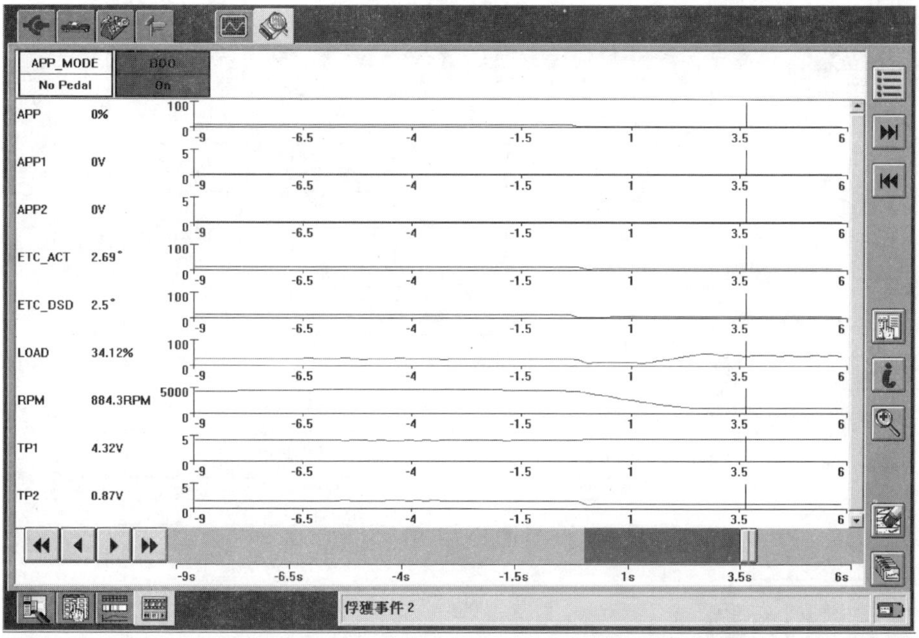

图 2-17　IDS 查看的电子节气门相关参数

④直接把 TPS 的接头拔掉，踏下加速踏板可起动发动机，起动后发动机抖动厉害，加速时发动机转速可到达 3500r/min（不挂挡），如图 2-18 所示。

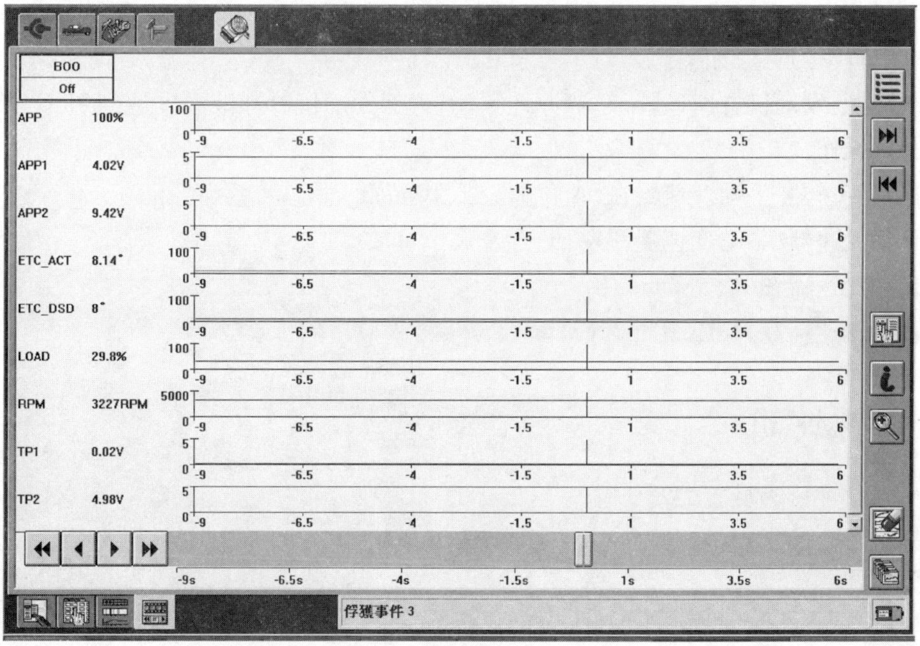

图 2-18　IDS 查看的电子节气门相关参数

⑤踩下制动踏板，发动机转速降到怠速附近，如图 2-19 所示。

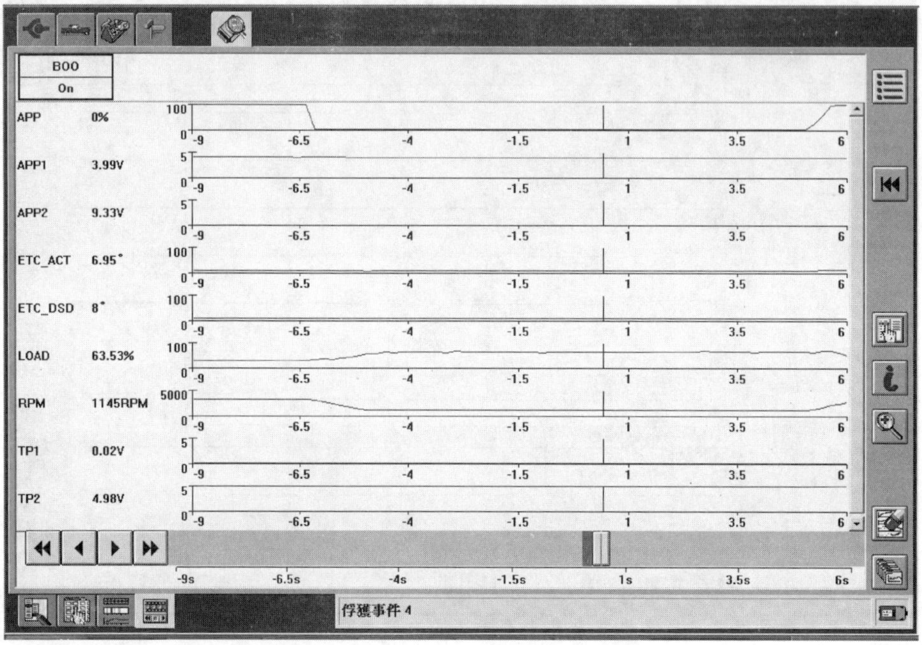

图 2-19 IDS 查看的电子节气门相关参数

(4)电子节气门的学习。

在清洗节气门积炭或更换新的节气门体，需要对节气门进行学习，否则怠速可能不正确。节气门自学习方法如下。

起动车辆，发动机怠速运转，车辆原地不动，确保发动机冷却液温度达到 85℃，然后按下列步骤进行操作：

①自动变速器/手动变速器在(N 位)空挡(10min)。

②自动变速器/手动变速器在空挡、开空调(2min)。

③自动变速器在 D 位(2min)。

④自动变速器在 D 位，开空调(2min)。

考核评价

学生考核评价表见表 2-2。

学生考核评价表　　表 2-2

目标	评价要素	评价标准	评价依据	考核方式	权重	评分
知识	基本知识	知识的要求	个人作业、课堂笔记、课堂练习、小组作业、期末考试	学生自评	10%	
				教师评定	10%	
				学生互评	10%	

续上表

目标	评价要素	评价标准	评价依据	考核方式		权重	评分
能力	基本技能	能够在教师指导下利用设备对空气供给系统常见故障进行检测与诊断	实践练习、小组作业、学生作业单	教师评定	动手能力	15%	
					作业单的填写	15%	
素养	学习态度	遵守纪律、积极参与课堂教学活动、按时完成作业、按要求完成准备	课堂表现记录、考勤表、同学及教师观察、课堂笔记	学生自评		10%	
				小组互评			
				教师评定			
	沟通协作管理	乐于请教和帮助同学、小组活动协调和谐、协助教师教学管理、做好教室值日工作、按要求做课前准备和课后整理	小组作业、小组活动记录、自评及互评记录、值日记录、同学及教师观察	学生自评		15%	
				小组互评			
				教师评定			
	创新精神	有自主学习计划、在作业练习中能提出问题和见解、对教学或管理提出意见和建议、积极参与小组活动方案设计	个人作业、自主学习计划、学习活动、个人口头或书面提议	学生自评		15%	
				小组互评			
				教师评定			

拓展迁移

丰田的 D—4S 技术

丰田 D—4S 技术是指缸内喷射与缸外喷射相结合的双喷射系统，与常规的缸内直喷相比，增加了一组歧管喷射喷油嘴，相当于拥有两套喷油系统。两套喷油系统，就可以互补不足，发挥各自所长。歧管喷射则在高负荷高转速下雾化及混合效率不及缸内直喷，而缸内直喷系统在冷起动时的油气混合效果却不如歧管喷射，热机速度慢。D—4S 双喷射系统根据缸内喷射和歧管喷射两种供油方式的优缺点，扬长避短。冷起动/怠速/低负荷使用单歧管喷射，中等负荷两套喷射系统协同工作，高负荷下则由缸内喷射完全接管。

D—4S 发挥了缸内直喷优点的同时，保留了歧管喷射喷油嘴，在缸内直喷工作效果不良的工况下由歧管喷射介入，较好地解决进气道积炭、热机慢、减少 NO_x 排放等问题，并且在中低负荷下通过双喷射实现了分层燃烧，进一步提升燃油利用效率。

任务2 燃油供给系统故障检测与诊断

任务导入

一辆丰田卡罗拉 1.8 GLX MT 轿车，已行驶 9 万 km。该车加满油后在车库停放 3 天，起动发动机时出现起动困难、有时不能起动、起动后怠速不稳定又很快熄火的现象。在开往4S店途中等红灯时熄火，再也无法起动，最后拖到4S店待修。

任务分析

根据该车的维修记录以及初步检查，判断为燃油供给系统故障，维修技师需要对燃油供给系统进行故障检测与诊断。

学习目标

能力目标	知识目标	素养目标
1. 能描述燃油供给系统的基本组成与性能特点； 2. 能描述燃油供给系统主要组成构件的结构原理； 3. 能正确利用设备进行燃油供油系统故障的检测与诊断	1. 具有燃油供给系统基本组成的相关知识； 2. 具有燃油供给系统主要部件结构原理的相关知识； 3. 具有燃油供给系统故障检测与诊断的相关知识	1. 具有良好的工作责任心和职业道德； 2. 具有安全操作意识和良好的环境保护意识； 3. 培养团队协作精神

建议学时

12学时。

学习资讯

1 燃油供给系统的工作原理

如图2-20所示，燃油由燃油泵从油箱中泵出，经过燃油滤清器，除去杂质及水分后，送至燃油分配管，再经燃油分配管送至各缸喷油器。喷油器根据ECU的喷油指令，开启喷油阀，将适量的燃油喷于进气门前，待进气行程时，再将燃油混合气吸入汽缸中。装在燃油分配管上的燃油压力调节器用于调节系统油压，目的在于保持油路内的油压略高于进气管负压300kPa左右。

2 燃油供给系统主要部件的结构与工作原理

1 电动燃油泵

电动燃油泵的作用是从油箱中吸入燃油，将油压提高到规定值，然后通过供给系统送到喷油器。电动燃油泵为了能利用汽油进行冷却，通常将永磁式驱动电动机、泵体和外壳三部分制成一体。

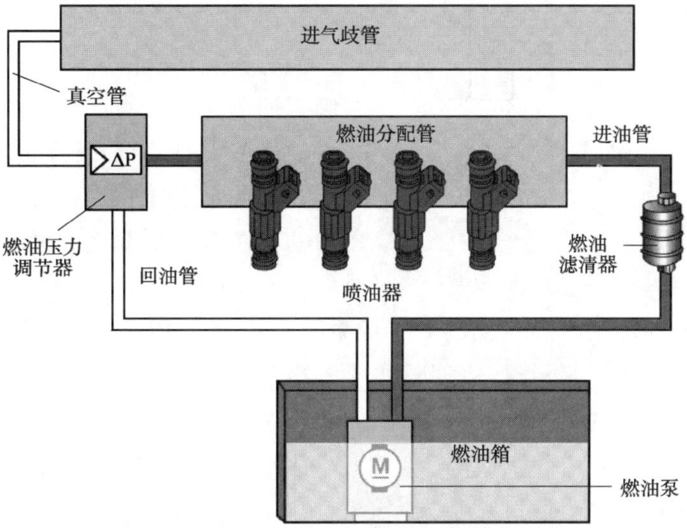

图 2-20　燃油供给系统工作原理图

按机械泵体结构的不同,电动燃油泵可分为滚柱式、涡轮式、齿轮式和叶片式等;按安装位置的不同,它又可分为内装式和外装式。内装式电动燃油泵安装在油箱内部,其优点是不易产生气阻和泄漏,有利于热油输送,且工作噪声小和安全性高。外装式电动燃油泵串接在油箱外部的输送管路中,容易布置,但噪声大,且易产生气泡形成气阻,外装式一般采用滚柱式电动燃油泵。

(1)电动燃油泵的构造与工作原理。

①滚柱式电动燃油泵。滚柱式电动燃油泵结构示意图如图 2-21 所示,它主要由驱动电动机、滚柱泵、安全阀、止回阀和阻尼减振器等组成,滚柱式电动燃油泵的工作原理如图 2-22 所示。

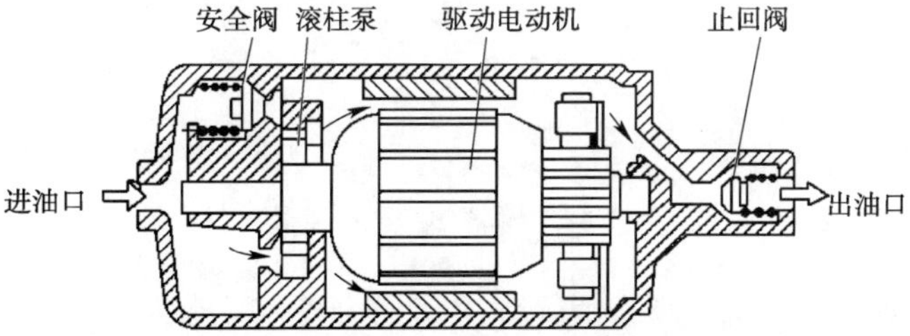

图 2-21　滚柱式电动燃油泵结构示意图

装有滚柱的转子与泵体之间偏心安装。转子凹槽内的滚柱在旋转惯性力的作用下紧压在泵体的内表面。相邻两滚柱与泵体内表面形成一个油腔。在转子转动过程中,油腔的容积不断发生变化,在转向进油腔时容积增大,吸入燃油;在转向出油腔时,容积减小,压力升高并泵出燃油。

为安全起见,在燃油泵中设有安全阀。当燃油泵工作压力升高到一定压力值时,安全阀

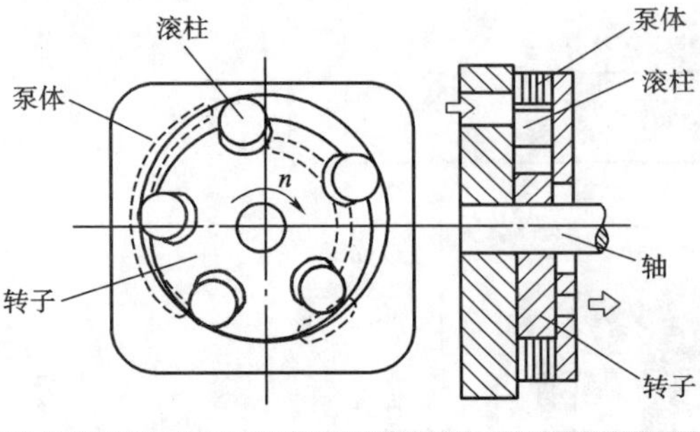

图 2-22　滚柱式电动燃油泵的工作原理

打开，燃油泵出油腔与吸油腔相通，燃油在泵内循环，避免供油压力过高。

为防止发动机停转时，供油压力突然下降而引起燃油倒流，在燃油泵出油口安装了止回阀。当发动机熄火时，燃油泵停止转动，止回阀关闭，这样在供油系统中仍有残余压力。油路中残余压力的存在有利于发动机再起动，并能避免高温时气阻现象的发生。

②涡轮式电动燃油泵。涡轮式电动燃油泵属于内装泵，主要由驱动电动机、涡轮泵、止回阀和安全阀等组成，结构与工作原理图如图 2-23 所示。

涡轮式电动燃油泵的驱动电动机、止回阀和安全阀等的工作过程与滚柱式电动燃油泵相似。燃油泵体部分主要由一个或两个叶轮、外壳和泵盖组成。当叶轮旋转时，叶轮边缘的叶片把汽油从进油口压向出油口。

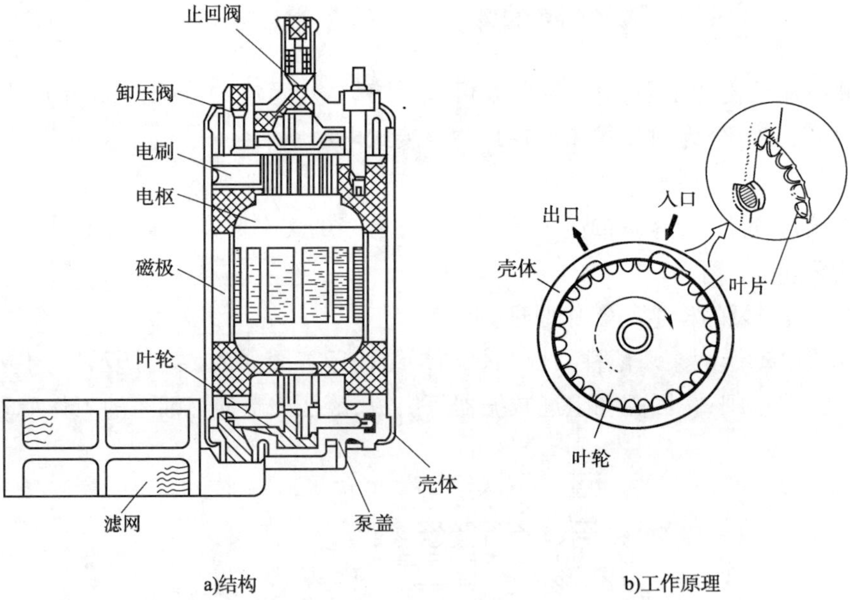

图 2-23　涡轮式电动燃油泵

③齿轮式和叶片式电动燃油泵。齿轮式电动燃油泵（又称为转子泵）工作原理与滚柱式类似，主要是利用内外齿啮合过程中腔室容积大小的变化，将汽油以一定的压力泵出。由于泵腔数目较多，因而出油压力的波动较滚柱式小。

叶片式电动燃油泵的工作原理则类似于涡轮式，主要利用液体之间的动能转换来实现燃油的输送和压力升高。叶片式和涡轮式的主要区别在于叶轮的形状、数目和滚道布置。其优点是两者都能以蒸气和燃油的混合物运转，并能通过适当的放气口分离蒸气，防止气阻。

图 2-24a)、b)分别为齿轮式和叶片式电动燃油泵的工作原理图。

④双级油泵。由于汽油极易汽化而形成气泡，引起泵油量明显减少，并导致汽油输送压力的波动。为此，电动汽油泵采用双级泵的结构形式。图 2-25 所示为由一个永磁电动机驱动的双级泵。

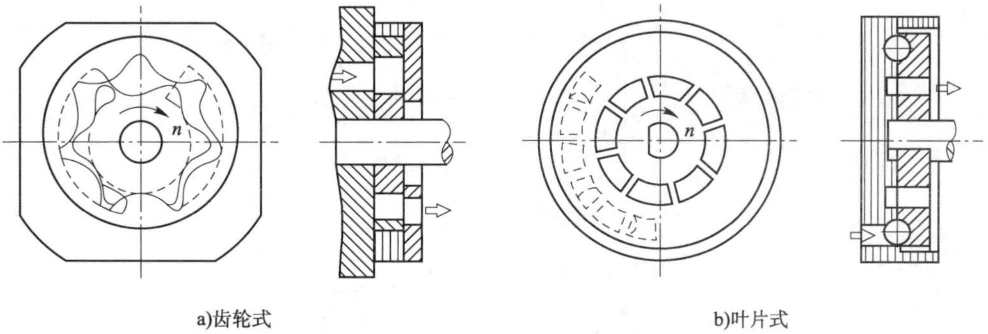

图 2-24　齿轮式和叶片式电动燃油泵的工作原理图

双级泵由初级泵和主输油泵组成。初级泵(一般为叶片泵)分离蒸气并以较低的压力输送到主输油泵。主输油泵一般为齿轮式或涡轮式汽油泵，用以提高压力。双级泵具有良好的热输油性能。

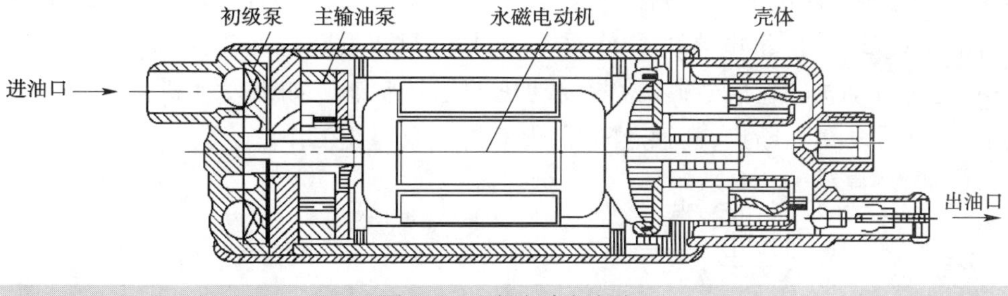

图 2-25　双级电动汽油泵

⑤带引射泵的新式油箱。在传统的汽油供给油路中，压力调节器常安装在汽油滤清器之后。一部分燃油通过喷油嘴喷入进气歧管，多余的燃油则通过压力调节器经回油管流回到油箱。丰田 1996 年款的 RAV4 车将压力调节器和回油管路均安装在油箱内，如图 2-26 所示，并加装回油滤清器和引射泵。

这主要考虑到马鞍形油箱位于后排座下方、传动轴的上方。当油箱液面较低时，油箱便分成 A、B 两腔，为了将 B 腔燃油吸到 A 腔，它利用从压力调节器流回的燃油在引射泵处产生的真空吸力，从而将 B 腔油吸到 A 腔。

(2)电动燃油泵的控制。电动燃油泵的控制主要包括油泵的开关控制和油泵的转速控制两方面。电动燃油泵的控制电路应具有下列功能。

第一，在发动机起动及运转过程中，电动燃油泵应始终工作，以保证足够的燃油压力。

第二，当点火开关由“OFF”位置转到“ON”位置而未起动发动机时，电动燃油泵应能运转 3 ~5s,使油路中充满压力燃油,以利于起动。

第三,当发动机熄火后,即使点火开关仍处于"ON"位置,电动燃油泵也应停止运转。

第四,有的发动机为了控制泵油量,还根据发动机的负荷和转速等情况,对电动燃油泵的转速进行控制。

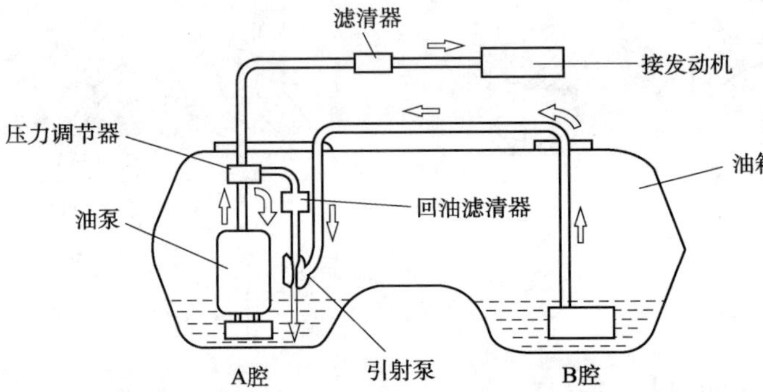

图 2-26　丰田 RAV4 带引射泵的新式油箱

①电动燃油泵的开关控制。由点火开关和 ECU 共同控制的电动汽油泵控制电路如图 2-27 所示。电动汽油泵继电器由点火开关和 ECU 共同控制。继电器中也有两组线圈:一组线圈 L_2 直接由点火开关起动挡控制,在起动发动机时使油泵运转;另一组线圈 L_1 由 ECU 控制,在发动机起动后使汽油泵保持运转。发动机运转时,发动机转速信号(Ne)输入 ECU,ECU 内晶体管 VT 导通,继电器线圈 L_1 通电。因此,只要发动机运转,继电器触点总是闭合的。ECU 通过发动机转速信号,来检测发动机的运转状态。如果发动机停止转动,晶体管 VT 截止,继电器线圈 L_1 断点,其触点断开,电动燃油泵停止工作。

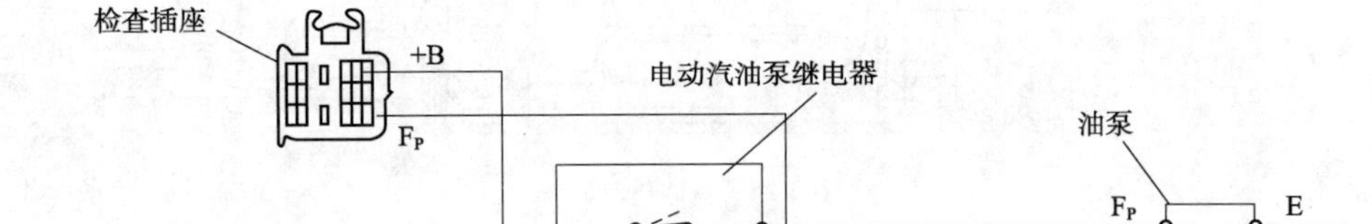

图 2-27　点火开关和 ECU 共同控制的电动汽油泵电路

在发动机起动之前,若将点火开关由"OFF"位置转至"ON"位置,ECU 会使电动汽油泵运转 3 ~5s,使油路中油压升高,以利起动。这种类型的油泵检查插座位于发动机故障检测插座内。将油泵检查插座上的插孔与电源插孔连接,不要起动发动机,只要将点火开关转至

“ON”位置,就可使电动汽油泵运转。丰田 HIACE 小客车 2RZ-E 发动机就是采用这种控制电路。

电动燃油泵控制电路除了由点火开关与 ECU 共同控制这种方式外,有些汽车还采用了由 ECU 控制的电动汽油泵控制电路。图 2-28 所示是一种完全由 ECU 控制的电动汽油泵控制电路。它的油泵继电器只有一组线圈。线圈的一端接点火开关,另一端由 ECU 控制。ECU 根据起动信号及曲轴位置传感器测得的发动机转速信号,控制电动汽油泵的工作。在发动机起动及运转时,使油泵继电器线圈通电,产生磁力,继电器触点闭合,电动汽油泵运转;在发动机未起动时,若将点火开关由“OFF”位置转到“ON”位置,ECU 会让电动汽油泵运转 3 ~5s,以提高油路压力。目前,大部分欧美车型采用这种控制电路。

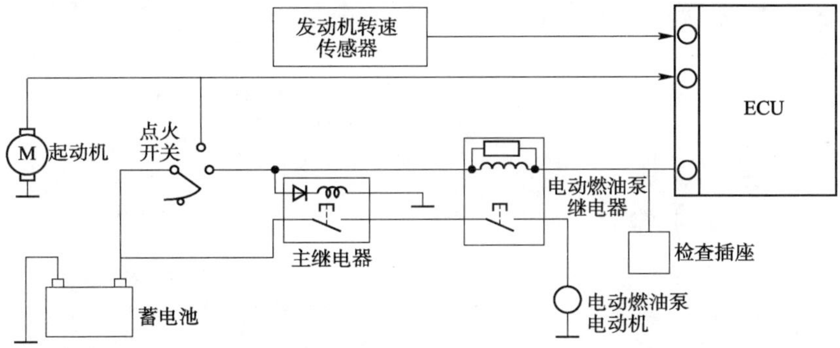

图 2-28 ECU 控制的电动燃油泵控制电路

②电动汽油泵转速的控制。发动机在低速或中小负荷下工作时,供油量相对较小,此时,需要油泵低速运转,以减少油泵的磨损、噪声以及不必要的电能消耗;发动机在高转速或大负荷下工作时,供油量较大,此时,需要油泵高速运转,以增加油泵的泵油量。一般油泵转速控制分低速和高速两级。目前常见的油泵转速控制方式有以下几种。

a. 用电阻器控制的方式。图 2-29 所示为电阻器式油泵转速控制电路。它在油泵控制电

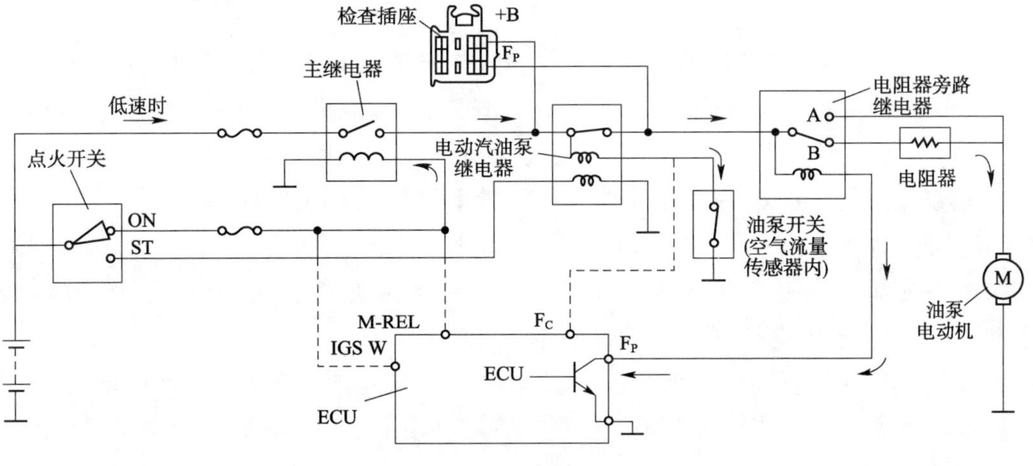

图 2-29 油泵转速控制电路(电阻器式)

路中，增设了一个电阻器（降压电阻）和电阻器旁路继电器。发动机工作时，ECU 根据转速和负荷，对电阻器旁路继电器进行控制。电阻器旁路继电器是否串入油泵电路，就可达到控制油泵电动机上的不同电压，从而实现油泵转速的变化。

发动机在低速或中小负荷下工作时，电阻器旁路继电器触点 B 闭合，电阻器串入油泵电路中，油泵低速运转；当发动机处于高速或大负荷下工作时，ECU 输出信号，切断电阻器旁路继电器线圈的电路，使继电器触点 A 闭合，此时电阻器被短路，油泵电动机直接与电源相通，油泵处于高速运转状态。

b. 由专用 ECU 控制的方式。采用这种控制方式时，为了对油泵进行控制，特别是对转速进行控制，专设一个油泵 ECU，如图 2-30 所示。油泵 ECU 对油泵转速（泵油量）的控制，也是通过控制加到油泵电动机上的不同电压来实现的。

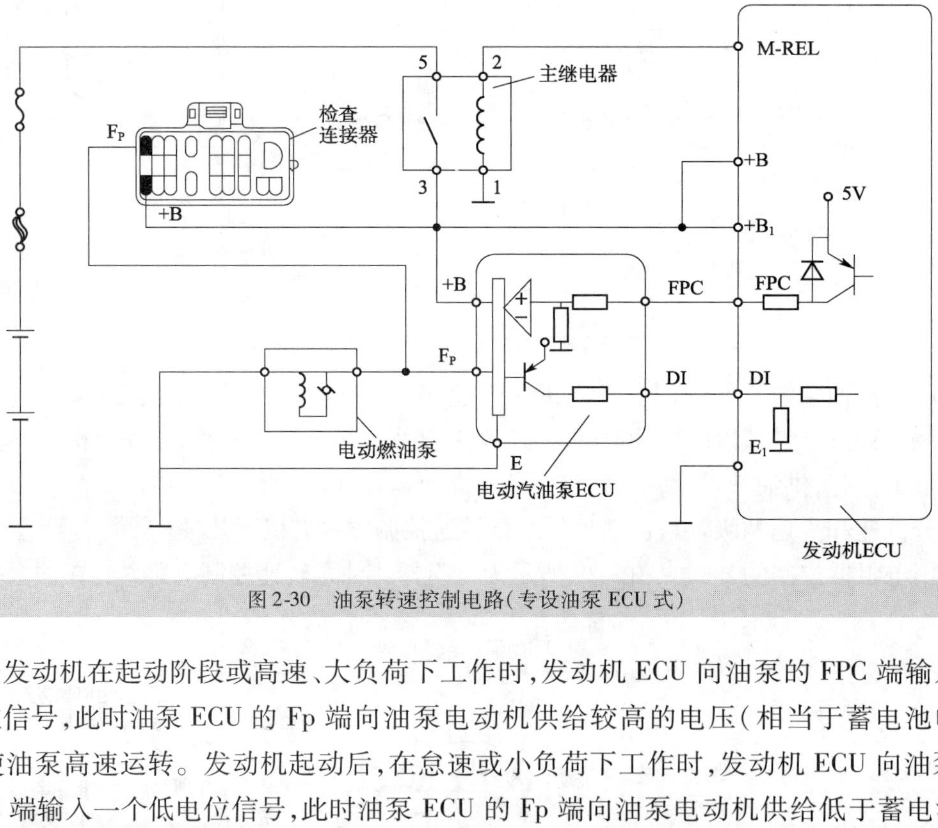

图 2-30 油泵转速控制电路（专设油泵 ECU 式）

当发动机在起动阶段或高速、大负荷下工作时，发动机 ECU 向油泵的 FPC 端输入一个高电位信号，此时油泵 ECU 的 Fp 端向油泵电动机供给较高的电压（相当于蓄电池电源电压），使油泵高速运转。发动机起动后，在怠速或小负荷下工作时，发动机 ECU 向油泵 ECU 的 FPC 端输入一个低电位信号，此时油泵 ECU 的 Fp 端向油泵电动机供给低于蓄电池的电压（约 9V），使油泵低速运转。当发动机的转速低于最低转速（如 120r/min）时，油泵 ECU 断开油泵电路，使油泵停止工作，此时尽管点火开关处于接通状态，油泵也不工作。皇冠 3.0 轿车和雷克萨斯 LS400 轿车采用的就是这种控制方式。

c. 由发动机 ECU 直接控制油泵工作电压的控制方式。随着发动机功率的增大，油泵的泵油量也必然增大，因而导致油泵消耗的电功率和油泵的噪声都比较大。为了尽可能减少电能的消耗和噪声污染，近年来研制成功一种由 ECU 直接控制油泵工作电压（驱动电压）的方式，如图 2-31 所示。

发动机工作时，发动机 ECU 原则上根据燃油消耗量、需要的回油量和供油装置的温度等通过内部的控制回路 IC，控制功率晶体管 VT 进行高频率（约 20kHz）的导通和截止，以控制 A 点的平均压降值（分压值），使油泵保持在所需的工作电压。油泵工作电压与发动机负荷成正比变化。ECU 在进行实际控制时，油泵的工作电压主要随发动机转速和喷油脉宽变化。

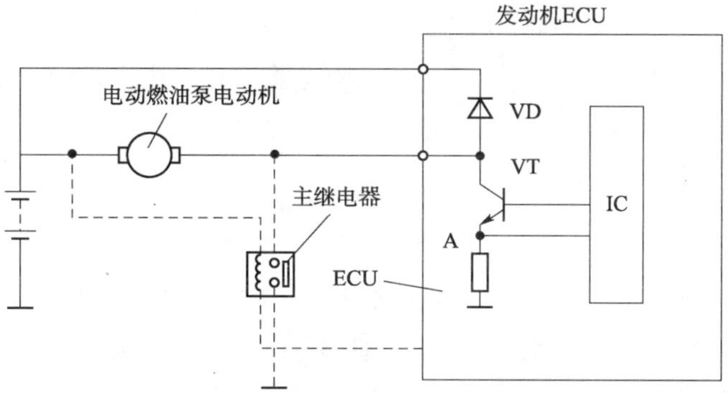

图 2-31　油泵工作电压控制电路（ECU 直接控制式）

2 汽油滤清器

汽油滤清器安装在燃油泵之后的油路中，其作用是过滤燃油中的氧化铁、粉尘等固体夹杂物，防止燃料系统堵塞，减小系统的机械磨损，确保发动机稳定运转，提高工作可靠性。

汽油滤清器应具有过滤好、寿命长、压力损失小、耐压性能好、体积小、质量轻等性能。汽油滤清器的结构如图 2-32 所示。常见滤芯元件的结构如图 2-33 所示。滤芯阻塞时，将使油压下降，起动困难、发动机功率降低，此时应按规定更换汽油滤清器。

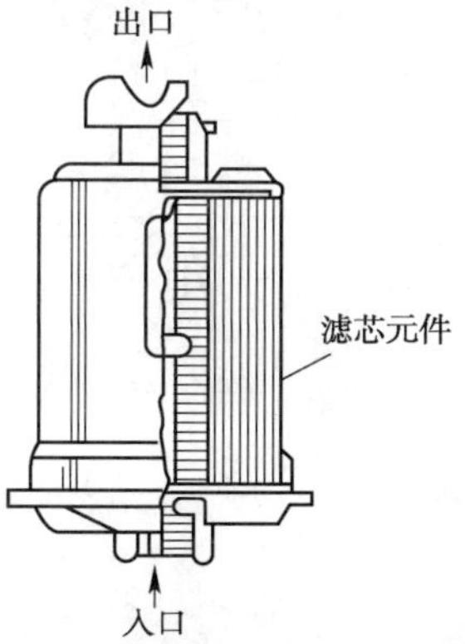

图 2-32　汽油滤清器的结构

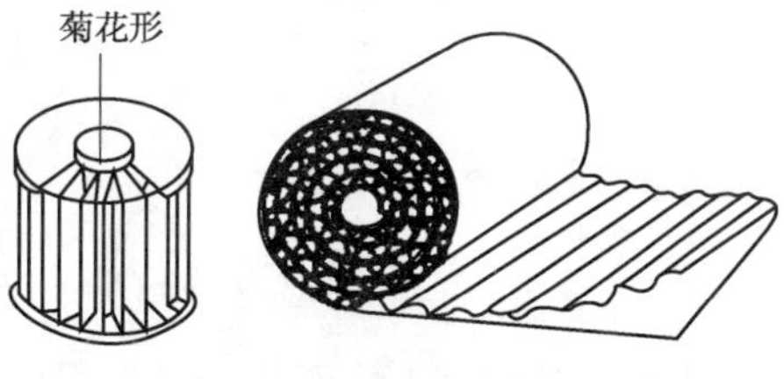

图 2-33　汽油滤清器滤芯元件的结构

3 燃油压力调节器

为了保证喷油器喷油量只与喷油器通电时间的长短有关，汽车上设置燃油压力调节器。燃油压力调节器可以使燃油压力相对于大气压力或进气歧管负压保持一定，即保持喷油压力与喷油环境压力的差值一定，约为 250kPa，如图 2-34 所示。

燃油压力调节器通常置于输油总管的一端，膜片将金属壳体内部分为弹簧室和燃料室两部分，弹簧室一侧通过管路与进气歧管相通。膜片朝向燃料室的一侧承受油压。另一端所受压力为进气歧管负压与弹簧压力之和。当进气歧管的真空度增大时，膜片进一步移向弹簧室方向，使阀门开度增大，回油量增加，从而使输油管压力略降，保持与变化了的进气歧管压力差值恒定。同理，当进气歧管的真空度减小时，膜片移向燃料室一侧，使阀门开度减小，回油量减少，管路油压略升，维持与进气歧管的压差不变。

电动燃油泵停止工作时（发动机停转），在弹簧张力的作用下，阀门关闭，使电动燃油泵止回阀与调压器阀门间的油路内保持一定的残余压力。

4 喷油器

喷油器的作用是根据 ECU 提供的电信号，控制燃油喷射。喷油器的结构如图 2-35 所示，它由滤网、电接头、电磁线圈、复位弹簧、衔铁和针阀等组成。轴针式喷油器针阀下部还有一段探入喷口的轴针。不喷油时，弹簧将针阀压紧在阀座上，防止滴漏；停喷瞬时，弹簧使针阀迅速回位，断油干脆。

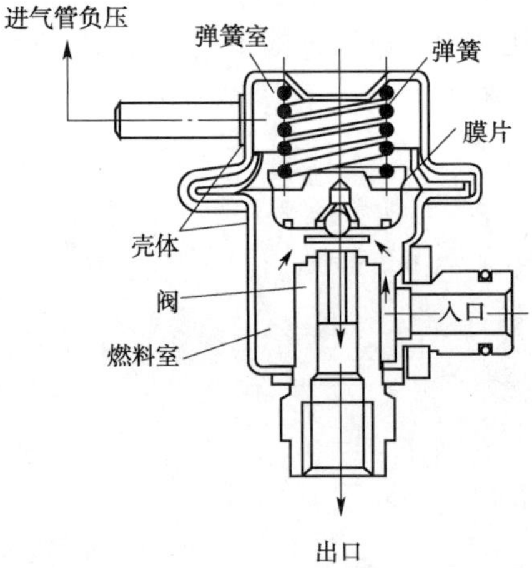

图 2-34　燃油压力调节器的结构

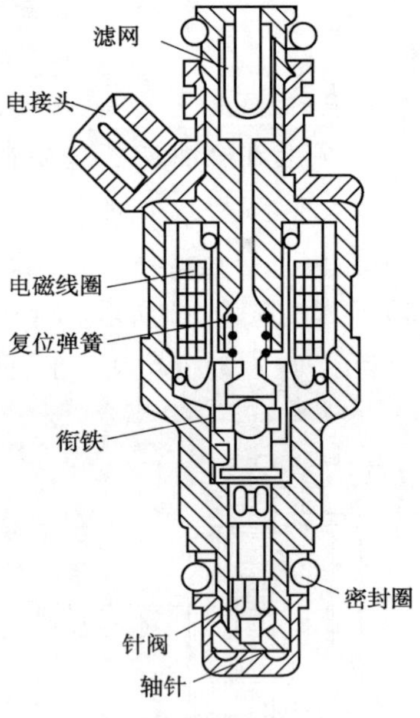

图 2-35　喷油器的结构

喷油器按电磁线圈阻值不同，可分为低阻式和高阻式两种。低阻式喷油器是指电磁线圈电阻值为 2 ~ 5Ω 的喷油器，高阻式喷油器是指电磁线圈电阻值为 12 ~ 17Ω 的喷油器。

ECU 的喷油控制信号将喷油器与电源回路接通时，电磁线圈通电并在周围产生磁场，吸引衔铁移动，而衔铁与针阀一体，针阀克服弹簧张力而打开，燃油开始喷射。当 ECU 将电路切断时，吸力消失，弹簧使针阀关闭，燃油停止喷射。喷油量的多少取决于针阀行程、喷口截面积、喷射环境压力与燃油压力的压差及喷油时间。当各因素确定时，喷油量就取决于针阀的开启时间，即电磁线圈的通电时间。

喷油器的驱动方式分为电流驱动与电压驱动两种。电流驱动只适用于低阻式喷油器，电压驱动既可用于低阻式喷油器，又可用于高阻式喷油器，如图 2-36 所示。

电流驱动方式只适用于低阻式喷油器。刚开始时，电流很大，可达 8A，使喷油器针阀迅速打开；然后，ECU 控制喷油器的电流降低至 2A，以保持并稳定喷油器针阀的打开。电流驱动方式的特点是无附加电阻，回路阻抗小，针阀开启速度快，喷油器喷油迟滞时间缩短，响应性好。

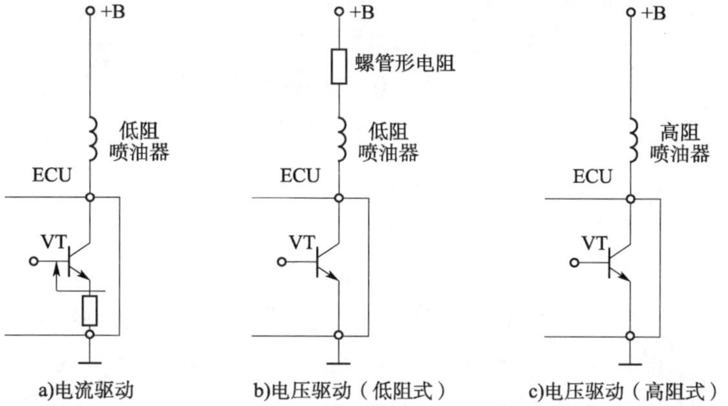

图 2-36　喷油器驱动方式

低阻式喷油器采用电压驱动时，必须加入附加电阻，以降低流过线圈的电流，防止线圈发热而损坏，电压驱动方式的特点是喷油滞后时间较长。

3 燃油供给系统的检测与诊断

燃油供给系统性能的好坏及故障诊断，主要借助于燃油压力检测来判断。检测发动机运转时燃油管路内的油压，可以判断电动燃油泵或调节器有无故障，汽油滤清器是否堵塞。检测燃油压力时，应准备一个量程为 1MPa 左右的油压表及专用的油管接头，可按下列步骤进行检测。

1 油压表的安装

（1）先将燃油供给系统卸压。卸压有三种方法：一是起动发动机，在发动机运转中拔下电动燃油泵继电器（或拔下电动燃油泵电源插头），待发动机自行熄灭后，再打开点火开关，起动发动机 2 ~3 次，燃油压力即可完全释放，然后关闭点火开关，装上电动燃油泵继电器（或插上电动燃油泵电源插头）；二是利用卸压孔卸压（切诺基等车型）；三是静态时对喷油器通电卸压，但这种方法不适合用于带有三元催化转化器的汽车。

（2）拆下蓄电池负极搭铁线。

（3）拆卸汽油滤清器油管接头或供油总管接头，拆卸时要用一块棉布包住油管接头，以防汽油喷溅。将三通接头油压表接在燃油管路上便于安装和观察的部位，如图 2-37 所示。

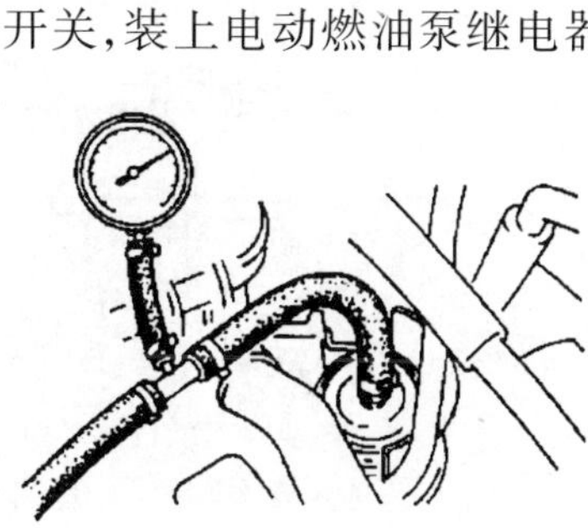

图 2-37　油压表的安装

（4）擦干溅出的燃油。

（5）重新装上蓄电池负极搭铁线。

❷ 油压的检测

检测油压项目包括燃油供给系统静态油压、燃油供给系统保持油压、油压调节器保持油压、发动机运转时燃油供给系统动态油压、电动汽油泵的最大泵油压力和保持压力。

（1）燃油供给系统静态油压的测量。

①用一根短导线将电动燃油泵的两个检测孔短接。

②打开点火开关（但不要起动发动机），让电动燃油泵运转。

③测量燃油压力。其正常油压应为300kPa左右。若油压过高，应检查油压调节器；若油压过低，应检查电动燃油泵、汽油滤清器和油压调节器。

④拔掉电动燃油泵检测插孔的短接线，关闭点火开关。

（2）燃油供给系统保持油压的测量。测量静态油压结束5min后，再观察油压表指示的油压。此时的压力称为燃油供给系统保持压力。其值应不小于147kPa。若油压过低，应进一步检查电动燃油泵保持压力、油压调节器保持油压及喷油器有无泄漏。

（3）油压调节器保持压油的测量：当燃油供给系统保持压力不符合标准值（小于147kPa）时，应进行此项检查，以便找出故障原因。其检查方法如下。

①将油压表接入燃油管路。

②用一根短导线将电动燃油泵的两个检测孔短接。

③打开点火开关（旋至“ON”位置），并保持10s，让电动燃油泵运转。

④关闭点火开关（旋至“OFF”位置），拔去电动燃油泵检测插孔短接线。

⑤用包上软布的钳子将油压调节器的回油管夹紧。

⑥5min后观察燃油压力，该压力称为油压调节器保持油压。如果该压力仍然低于燃油供给系统保持压力的标准值（147kPa），则说明燃油供给系统保持油压过低的故障不在油压调节器；相反，若此时压力大于147kPa，则说明油压调节器有泄漏，应更换。

（4）发动机运转时燃油供给系统动态油压的测量。

①起动发动机。

②让发动机怠速运转，测量此时的燃油压力，如图2-38a）所示。

③缓慢开大节气门（踩下加速踏板），测量在节气门接近全开时的燃油压力。

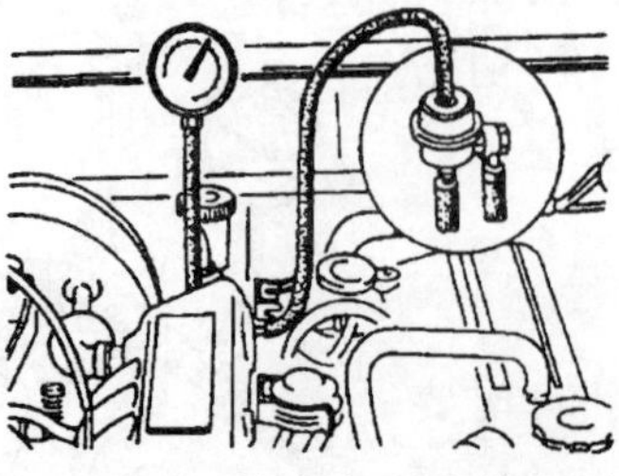

a)测量怠速及节气门全开时的燃油压力

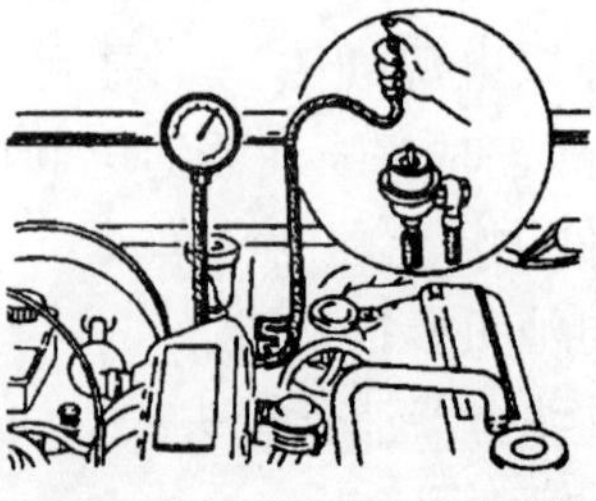

b)测量拔下油压调压器真空软管时的燃油压力

图2-38　燃油压力的测量

④拔下油压调节器的真空软管，并用手堵住，如图2-38b）所示，让发动机怠速运转，测量此时的动态油压。该压力应和节气门全开时的燃油压力基本相等。

不同车型燃油供给系统的动态油压各不相同。几种常见车型的动态油压的标准，见表2-3。若测得的油压过高，应检查油压调节器及其真空软管；若测得的油压过低，则应检查电动燃油泵、汽油滤清器及油压调节器。

几种常见车型的燃油压力标准　　表2-3

厂　　牌	机型（车型）	怠速运转时的燃油压力（kPa）	节气门全开（或拔掉油压调节器真空软管）时的燃油压力（kPa）
GM（通用）	1.6L，L4	207～276	241～310
	1.8L，L4	165～255	207～276
	2.0L，L4	172～207	241～261
	2.3L，L4	210～303	279～324
	2.8L，V6	210～303	279～324
	3.0L，V6	214～276	255～296
	3.0L，V6	200～234	234～296
	3.0L，V6	214～290	276～324
	3.1L，V6	210～303	279～324
	3.3L，V6	214～303	276～324
	3.4L，V6	214～303	283～324
	3.8L，V6	165～255	234～296
	3.8L，V6	214～290	276～324
	4.3L，V6	303～414	372～441
	4.5L，V8	220～262	276～345
	5.0L，V8	210～303	279～324
	5.7L，V8（除LT5）	210～303	279～324
FORD（福特）	3.8L	172	241
CHRYSLER（克莱斯勒）	所有TBI	100	100
	所示TBI	200	270
	所有3.0L，V6	260	330
	所有3.3L～3.8L，V6	260	330
	PRV，道奇，鹰3.0L，V6	200	270
	3.9L，5.2L	220	270
TOYOTA（丰田）LEXUS	3S-CE，3S-GET	186～214	228～262
	LANDCRUISER	228～255	255～317
	SUPRA TURBO	158～207	228～276
	MR2，COROLLA，VAN	193～207	262～303

续上表

厂　牌	机型(车型)	怠速运转时的燃油压力(kPa)	节气门全开(或拔掉油压调节器真空软管)时的燃油压力(kPa)
(雷克萨斯)	LS 400	193~234	262~303
ACURA(讴歌)	—	200~241	241~283
HONDA(本田)	Civic	234~317	276~345
	Prelude	214~276	276~345
	其他	200~255	241~283
HYUNDAI(现代)		269	317~338
ISUZU(五十铃)	MPI	248	293~310
	2.8L,3.1L,V6,TBI	62~90	62~90
	3.2L,V6	172~207	241~317
MAZDA(马自达)	323	179~241	234~276
	626	186~228	234~276
	其他	214~262	262~317
MITSUBISHI(三菱)	1.8L,2.0L 2.4L,3.0L	234~262	303~331
NISSAN(尼桑)	MAXIMA	248	303
SUBARU(富士重工)	TBI	138~165	138~165
	MPI	179~207	250
一汽红旗	CA 488	250	300

(5)电动燃油泵的最大泵油压力和保持压力的测量。

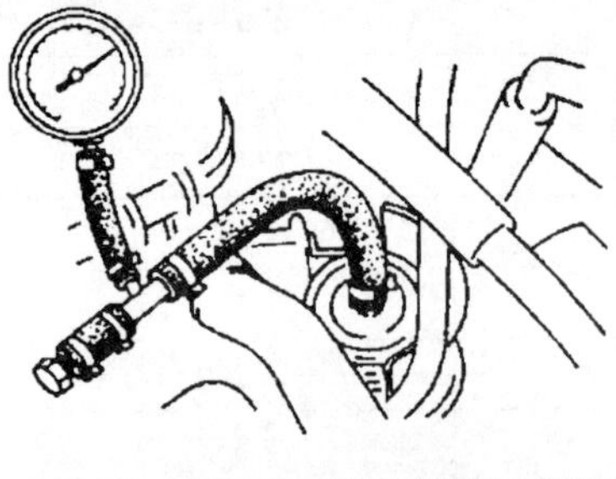

图2-39　电动汽油泵最大泵油压力和保持压力的测量

①将燃油供给系统卸压。

②拆下蓄电池负极搭铁线。

③将油压表接在燃油管路上,并将出油口塞住,如图2-39所示。

④接上蓄电池负极搭铁线。

⑤使用一根导线将电动燃油泵的两个检测插孔短接。

⑥打开点火开关,持续10s左右(不要起动发动机),使电动燃油泵工作,同时读出油压表的压力,该压力称为电动燃油泵的最大泵油压力。它应当比发动机运转时燃油供给系统的动态油压高200~300kPa,通常可达490~640kPa。如不符合标准值,应更换电动燃油泵。

⑦关闭点火开关,5min后再观察油压表的压力,此时的压力值称为电动燃油泵的保持压力。其值应大于340kPa,如不符合标准值,应更换电动燃油泵。

3 油压表的拆卸

测量好燃油压力后，按下列步骤拆卸油压表。

(1)释放燃油供给系统的油压。

(2)拆下蓄电池搭铁线。

(3)拆下油压表。

(4)重新装好油管接头。

(5)接好蓄电池负极搭铁线。

(6)预置燃油供给系统的油压。

(7)检查油管各处有无漏油。

任务实施

下面以丰田卡罗拉 1ZR-FE 发动机的燃油供给系统为例，说明燃油供给系统故障检测与诊断的方法与步骤。

1 整体认识

如图 2-40 所示，丰田卡罗拉 1ZR-FE 发动机采用无回油油路的燃油供给系统，将燃油滤清器和燃油压力调节器内置于燃油箱中。汽油滤清器采用改进型燃油滤清器，通过能力强、

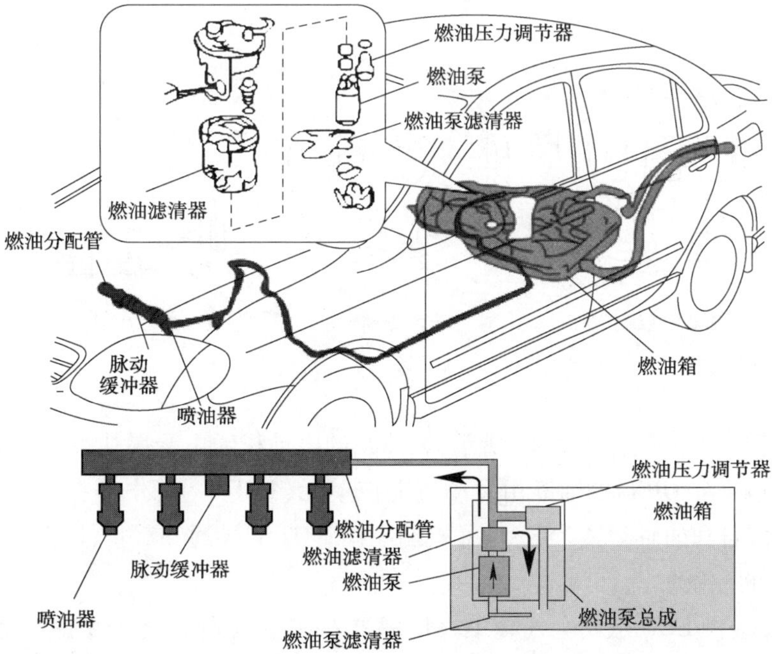

图 2-40 1ZR-FE 发动机的无回油管道的缸外喷射系统

使用寿命长，滤芯的更换周期大大延长，从以前的 2 万 km 延长到 4 万 km。燃油压力调节器内置于燃油箱中，且淹没在燃油中，这样可避免燃油回油导致的燃油箱内燃油温度上升，减少油路中“气阻”现象，还减少了外露燃油管路和油管接头漏油故障。

❶ 燃油泵总成

燃油泵安装于燃油箱中，与燃油压力调节器、燃油滤清器与燃油表传感器等集成为一整体，如图 2-41 所示，燃油表传感器总成如图 2-42 所示，燃油泵总成端子如图 2-43 所示。燃油泵采用涡轮式，主要由驱动电动机、泵体和壳体组成。

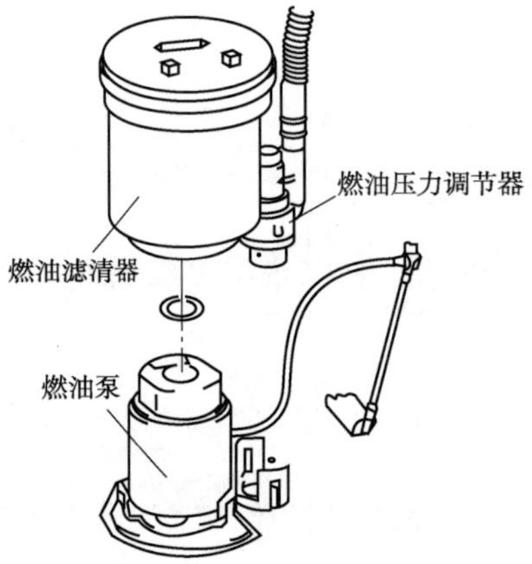

图 2-41 燃油泵总成结构图

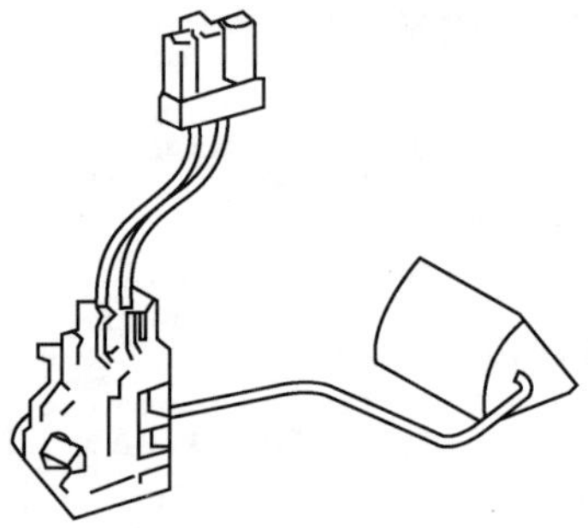

图 2-42 燃油表传感器总成

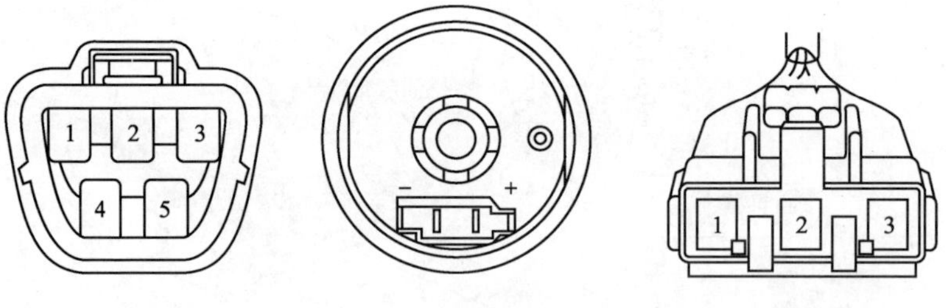

a)燃油泵总成线束端子 b)燃油泵端子 c)燃油表传感器线束端子

图 2-43 燃油泵总成端子

燃油泵的控制电路图如图 2-44 所示，燃油泵的电动机通电受燃油泵继电器(C/OPN)控制，燃油泵继电器(C/OPN)的通断由发动机电控单元(ECU)内部电路控制，发动机 ECU 根据起动(STA)信号和曲轴位置(NE)信号控制晶体管 Tr 的导通和截止，进而实现对燃油泵继电器(C/OPN)的控制。

另外，当发动机 ECU 从安全气囊中央传感器总成检测到安全气囊展开信号时，发动机 ECU 便会断开电路开路继电器，使燃油泵停止工作。当燃油断开控制开始时，也可通过关闭点火开关而取消，使燃油泵重新开始运转。

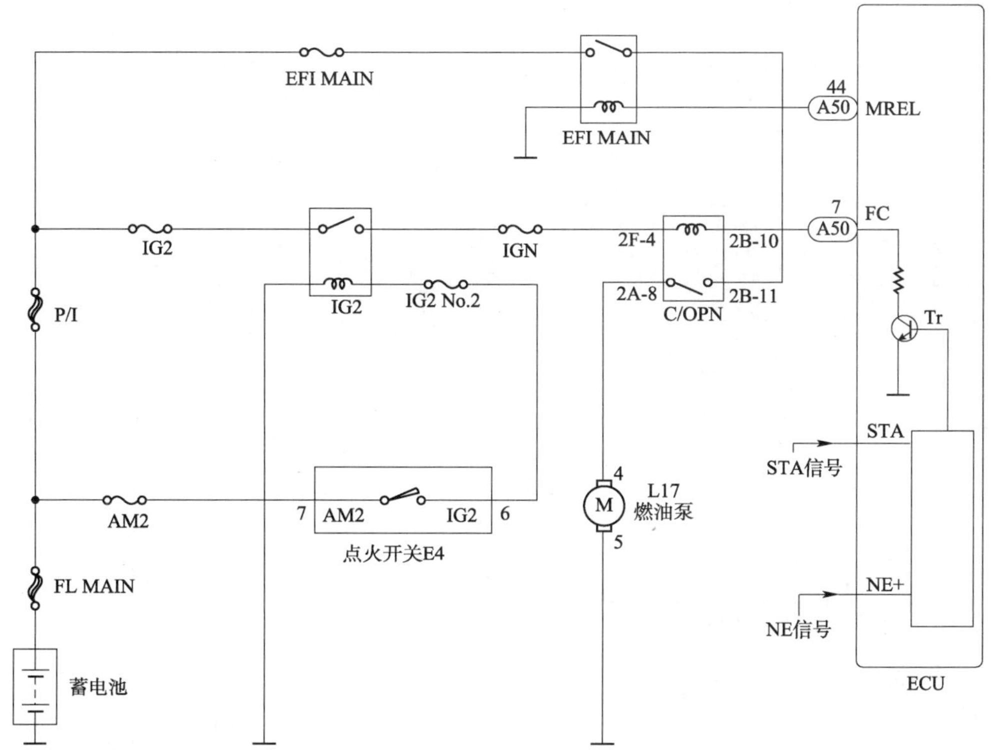

图 2-44　燃油泵控制电路图

❷ 喷油器

如图 2-45 所示，卡罗拉 1ZR-FE 发动机采用长嘴形、12 孔喷油器，这有利于提高汽油的雾化。喷油器安装在进气歧管上。喷油器为电磁式，它根据发动机 ECU 发出的喷油脉冲信号，将燃油喷入汽缸，其电路图如图 2-46 所示。

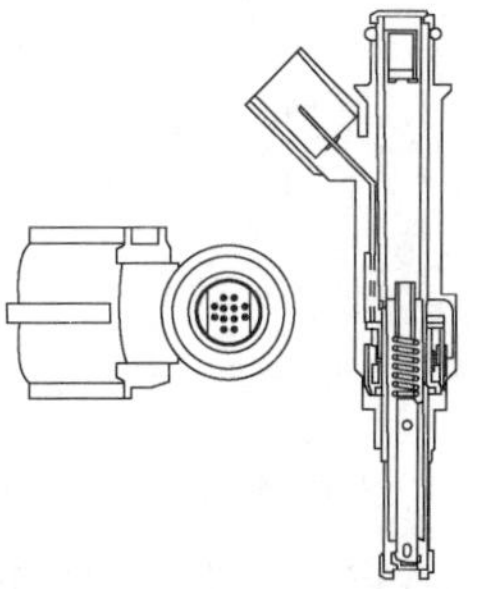

图 2-45　喷油器的结构图

2 操作步骤

❶ 油压的检测

(1)检查燃油泵的工作情况及燃油泄漏。

①检查燃油泵的工作情况。

a. 将 IT-Ⅱ连接到 DLC3 上。

b. 将点火开关转到 ON，然后打开 IT-Ⅱ主开关。

注意：不要起动发动机。

c. 进入下列菜单：Powertrain / Engine / Active Test / Control the Fuel Pump / Speed。

d. 检查燃油进油管内来自燃油管路的压力。检查并确认能听到燃油箱中燃油流动的声音。如果听不到声音，检查集成继电路、燃油泵、ECU 和导线插接器。

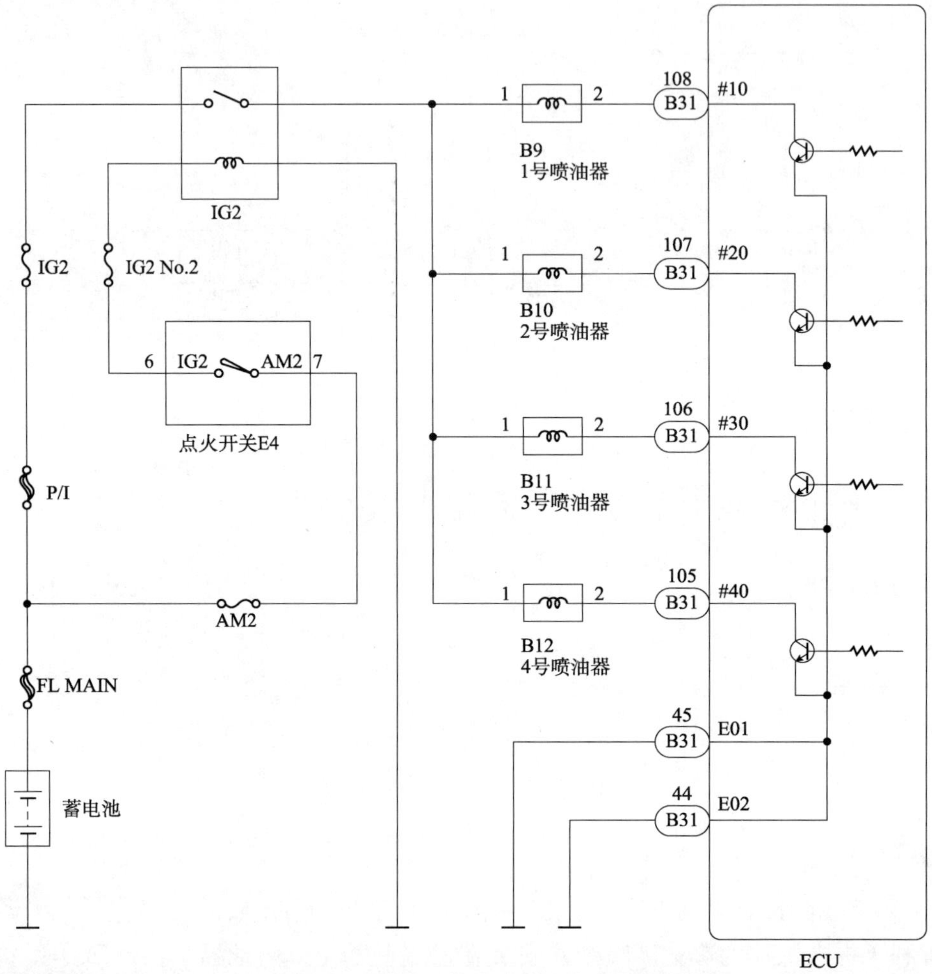

图 2-46　喷油器电路图

②检查是否存在燃油泄漏。检查并确认燃油供给系统进行维护后各处均无燃油泄漏。如果有燃油泄漏,根据需要修理或更换零部件。

③将点火开关转到 OFF。

④从 DLC3 上断开 IT-Ⅱ。

(2)检查燃油压力。

①释放燃油系统压力。

a. 从燃油泵总成上断开线束插接器。

b. 起动发动机。发动机自然停机后,将点火开关转到 OFF。

提示:DTC P0171 可能会被设定。

c. 再次使发动机转动,但不要将其起动。

d. 拆下加油口盖,释放燃油箱内的压力。

e. 从蓄电池负极端子上断开电缆。

f. 将连接器连接到燃油泵总成上。

注意：拆下任何燃油系统部件前，注意防止汽油飞溅；由于燃油管路内存留有剩余压力，即使已经注意防止汽油飞溅，在断开燃油管路时，还是要用一块布来防止汽油飞溅。

②安装燃油压力表。

a. 从蓄电池负极（－）端子上断开电缆。注意：蓄电池电压符合规定条件 11～14V。

b. 从主燃油管上断开燃油软管，如图 2-47 所示。

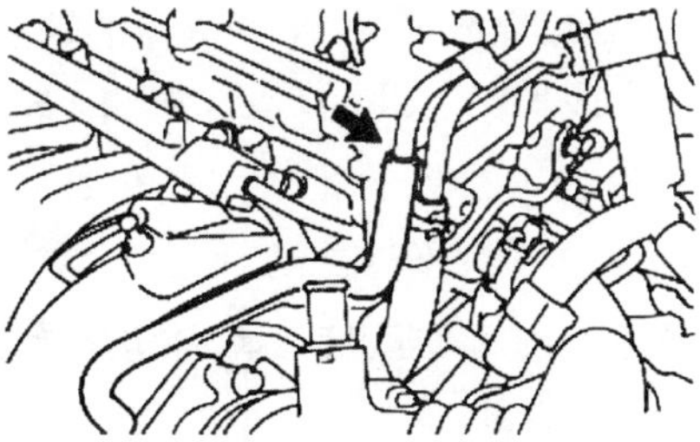

图 2-47 断开燃油软管

c. 安装燃油压力表，并擦净汽油。

d. 将电缆连接到蓄电池负极（－）端子上。

③用 IT-Ⅱ 主动测量燃油压力。

a. 将 IT-Ⅱ 连接到 DLC3 上。

b. 进入下列菜单：Powertrain / Engine / Active Test / Control the Fuel Pump / Speed。

c. 测量燃油压力。燃油压力规定值：304～343 kPa。如果燃油压力大于标准值，则更换燃油压力调节器。如果燃油压力小于标准值，则检查燃油软管和连接器、燃油泵、燃油滤清器和燃油压力调节器。

d. 从 DLC3 上断开 IT-Ⅱ。

④检查发动机怠速运转时的燃油压力。

a. 起动发动机。

b. 测量怠速时的燃油压力。燃油压力规定值：304～343kPa。

⑤检查发动机停机时燃油供给系统内的残余压力。

a. 使发动机停机。

b. 检查并确认发动机停机后，燃油压力可以保持为规定值达 5min。燃油压力规定值：147kPa 或更高。如果燃油压力不符合规定，则检查燃油泵或喷油器。

⑥拆卸燃油压力表。

a. 检查燃油压力后，从蓄电池负极（－）端子上断开电缆，并小心拆下燃油压力表，以防止汽油溅出。

b. 将燃油管重新连接到主燃油管上（燃油管连接器）。

c. 检查是否存在燃油泄漏。

2 燃油泵总成及其控制电路的检修

（1）检查燃油泵的实际工作情况。在点火开关位于 ON 时，拧下加油口盖，在加油口上就可以听到一些器械声。在初级接通点火开关时，电动燃油泵应该运转 2s。

（2）检查燃油泵。

①检查燃油泵电阻。

a. 断开燃油泵总成插接器。

b. 在 20℃ 的条件下，用万用表检查燃油泵总成的端子 4 和 5 之间的电阻，标准电阻：

0.2 ~3.0Ω。

②检查燃油泵的工作情况。

将蓄电池正极(+)引线连接到燃油泵总成的端子1,负极(-)引线连接到燃油泵总成端子2,检查并确认燃油泵工作。

注意:这些连接蓄电池的测试必须在10s内完成,以防止线圈烧坏;使燃油泵尽可能远离蓄电池;在蓄电池侧接通和切断电压,而不要在燃油泵侧。

(3)检查C/OPN继电器的输入电压

①将点火开关转到OFF,用万用表检查主车身ECU的端子(2B-11)与车身搭铁之间电压,检查主车身ECU的端子(2F-4)与车身搭铁之间电压,如图2-48所示。标准电压:低于1V。

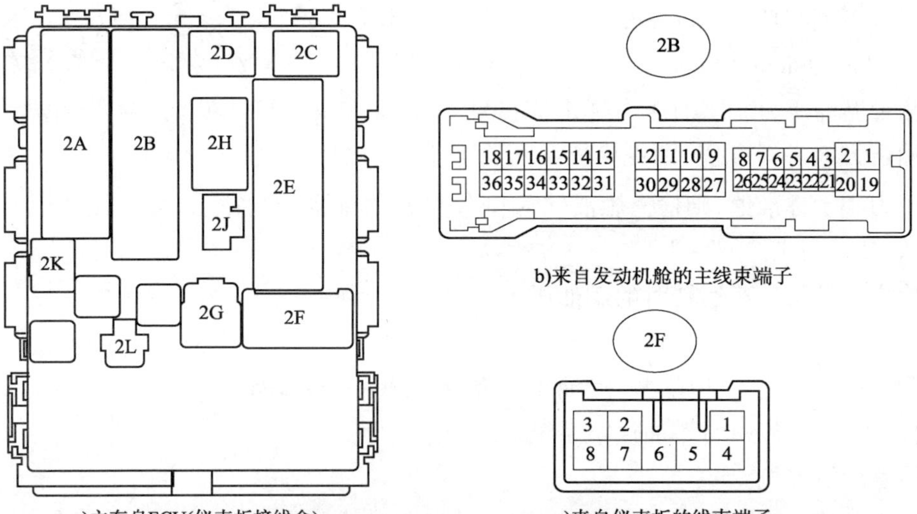

a)主车身ECU(仪表板接线盒)　b)来自发动机舱的主线束端子　c)来自仪表板的线束端子

图2-48　主车身ECU(仪表板接线盒)

②将点火开关转到ON,用万用表检查主车身ECU的端子(2B-11)与车身搭铁之间电压,检查主车身ECU的端子(2F-4)与车身搭铁之间电压。标准电压:11 ~14V。

(4)检查C/OPN继电器。

①拆下主车身ECU(仪表板接线盒)。

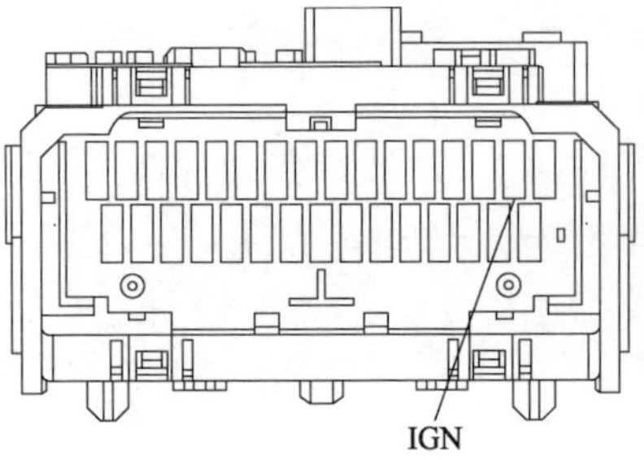

图2-49　主车身ECU(仪表板接线盒)

②将蓄电池正极端子连接到主车身ECU的端子(2F-4),蓄电池负极端子连接到主车身ECU的端子(2B-10)。

③用万用表检查主车身ECU的端子(2A-8)与端子(2B-11)之间的电阻。标准电阻:不施加蓄电池电压时,10kΩ或更高;施加蓄电池电压时,低于1Ω。

(5)检查IGN熔断丝。

①从主车身ECU(仪表板接线盒)上拆下IGN熔断丝,如图2-49所示。

②任意条件下测量熔断丝的电阻。标准电阻:低于1Ω。

(6)检查主车身ECU(仪表板接线盒)与集成继电器之间的线束。

①检查线束开路。

a.断开主车身ECU插接器,如图2-50所示。

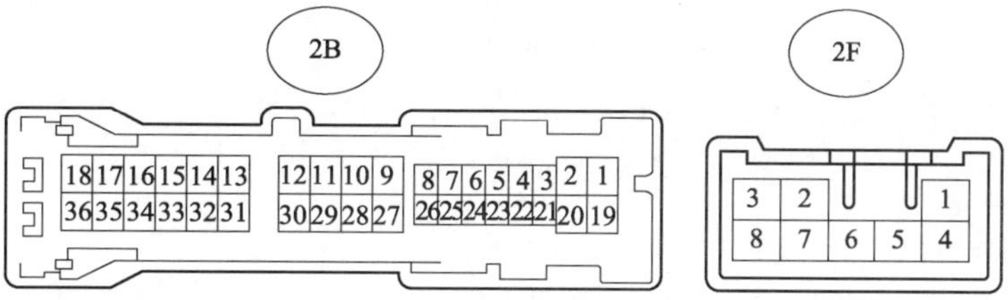

图2-50　主车身ECU的端子

b.从发动机舱继电器盒上拆下集成继电器。

c.断开集成继电器插接器,如图2-51所示。

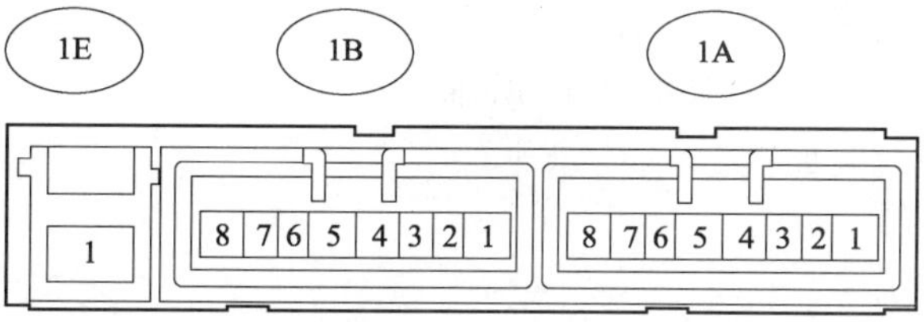

图2-51　集成继电器的端子

d.用万用表检查主车身ECU线束侧的端子(2F-4)与集成继电器线束侧的端子(1A-4)之间的电阻;检查主车身ECU线束侧的端子(2B-11)与集成继电器线束侧的端子(1B-4)之间的电阻。标准电阻:低于1Ω。

②检查线束短路。

a.断开主车身ECU插接器。

b.从发动机舱继电器盒上拆下集成继电器。

c.断开集成继电器插接器。

d.用万用表检查主车身ECU线束侧的端子(2F-4)或集成继电器线束侧的端子(1A-4)与车身搭铁之间的电阻;检查主车身ECU线束侧的端子(2B-11)或集成继电器线束侧的端子(1B-4)与车身搭铁之间的电阻。标准电阻:10kΩ或更高。

(7)检查主车身ECU(仪表板接线盒)与ECU之间的线束和插接器。

①检查线束开路。

a.断开主车身ECU插接器,如图2-52所示。

b.断开ECU插接器,如图2-53所示。

c.用万用表检查主车身ECU线束侧的端子(2B-10)或ECU线束侧的端子(A50-7)之间的电阻。标准电阻:低于1Ω。

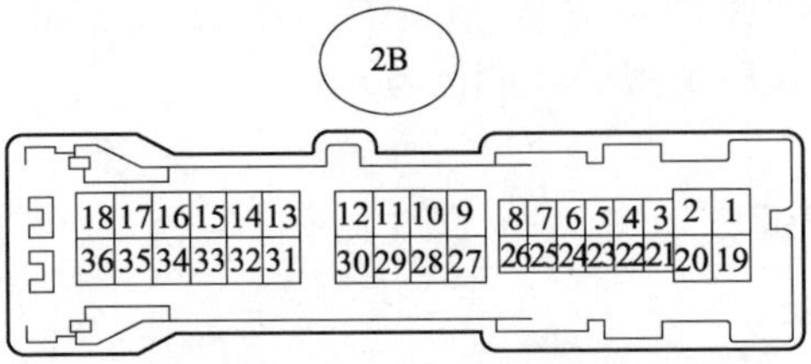

图 2-52 主车身 ECU 的端子

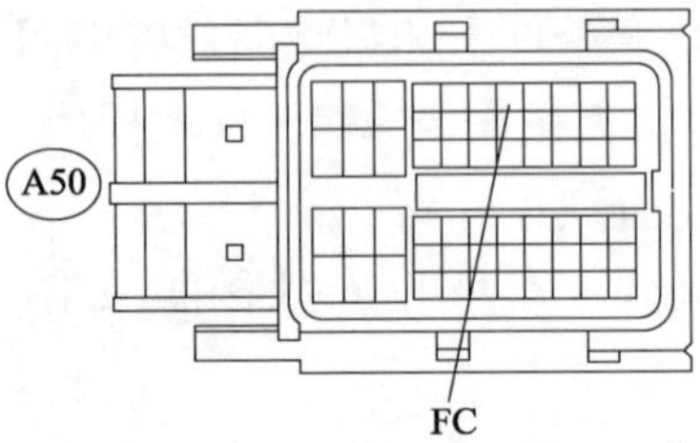

图 2-53 ECU 线束侧的端子

②检查线束短路。

a. 断开主车身 ECU 插接器。

b. 断开 ECU 插接器。

c. 用万用表检查主车身 ECU 线束侧的端子(2B-10)或 ECU 线束侧的端子(A50-7)与车身搭铁之间的电阻。标准电阻:10kΩ 或更高。

(8)检查主车身 ECU(仪表板接线盒)和燃油泵之间的线束和插接器。

①检查线束开路。

a. 断开主车身 ECU 插接器,如图 2-54 所示。

b. 断开燃油泵插接器,如图 2-55 所示。

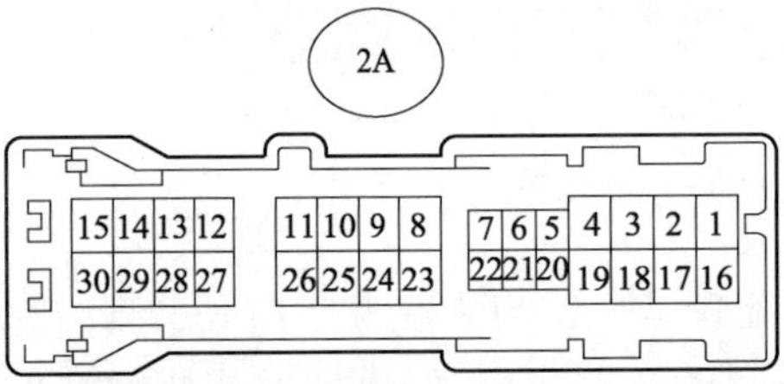

图 2-54 主车身 ECU 的端子

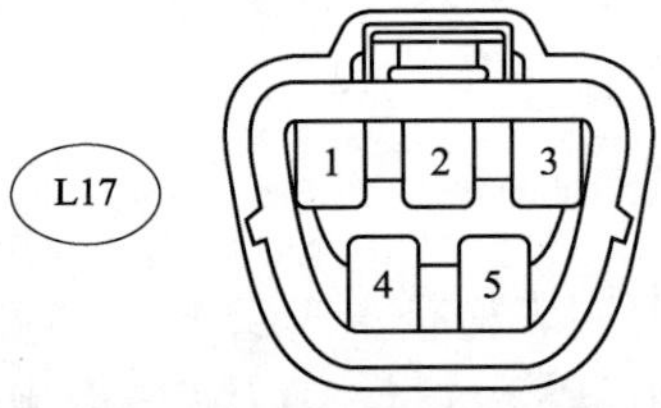

图 2-55 燃油泵线束侧的端子

c. 用万用表检查主车身 ECU 线束侧的端子 2A-8 与燃油泵 L17 线束侧的端子 4 之间的电阻。标准电阻:低于 1Ω。

②检查线束短路。

a. 断开主车身 ECU 插接器和燃油泵插接器。

b. 用万用表检查主车身 ECU 线束侧的端子 2A-8 或燃油泵 L17 线束侧的端子 4 与车身搭铁之间的电阻。标准电阻:10kΩ 或更高。

(9)检查燃油泵和车身搭铁之间的线束是否开路。

①断开燃油泵插接器。

②用智能检测仪检查燃油泵 L17 端子 5 与车身搭铁之间的电阻。标准电阻:低于 1Ω。

(10)检查燃油表传感器的电阻。

①检查并确认浮子在 F(上端)和 E(下端)之间的平稳移动,如图 2-56 所示。

②用万用表检查燃油表传感器端子 2 和 3 之间的电阻。标准电阻:F(上端)为 13.5 ~ 16.5Ω;E(下端)为 405.5 ~414.5Ω。若测量电阻值不符合规定,应更换燃油表传感器总成。

❸ 喷油器及其控制电路的检修

(1)检查喷油器的电源电压。

①断开喷油器插接器。

②将点火开关转到 ON。

③用万用表电压挡测量喷油器线束侧端子 1 与车身搭铁之间的电压,如图 2-57 所示。标准电压:11 ~ 14V。

④如测量结果不符合规定条件,则检查喷油器的电源电路是否有断路或短路。

图 2-56　检查燃油表传感器

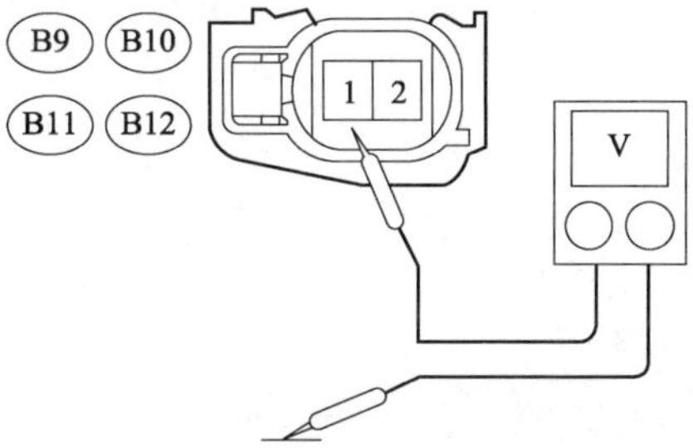

图 2-57　检查喷油器的电源电压

(2)检查 AM2 熔断丝。

①从发动机舱继电器盒上拆下 AM2 熔断丝。

②任意条件下测量熔断丝的电阻。标准电阻:低于 1Ω。

(3)检查集成继电器。

①从发动机舱继电器盒上拆下集成继电器(IG2 继电器),如图 2-58 所示。

②将蓄电池正极端子连接到 IG2 继电器端子(1A-2),负极端子连接到端子(1A-3),如图 2-59 所示。

③用万用表测量 IG2 继电器端子(1E-1)与端子(1A-4)之间的电阻。标准电阻:不施加蓄电池电压时,10kΩ 或更高;施加蓄电池电压时,低于 1Ω。

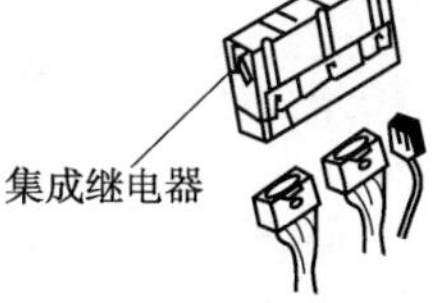

图 2-58　集成继电器

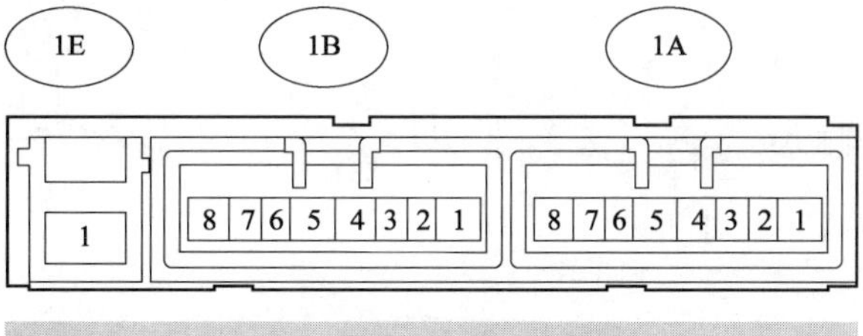

图 2-59　集成继电器线束侧端子

(4)检查喷油器总成。

①检查喷油器电磁线圈的电阻。

a. 断开喷油器插接器。

b. 在 20℃的条件下,用电阻表测量喷油器侧端子 1 和 2 之间的电阻,如图 2-60 所示。标准电阻:11.6 ~ 12.4Ω。

c. 若测量结果不符合规定，则更换喷油器。

②检查喷油器工作情况（喷油器喷射情况和喷油量）。

注意：在通风良好的地方进行检查；不要在明火附近进行检查；必须在蓄电池侧进行切换。

a. 将专用维修工具SST（燃油管连接器）连接到SST（软管），然后将其连接到燃油管（车辆侧），如图2-61所示。

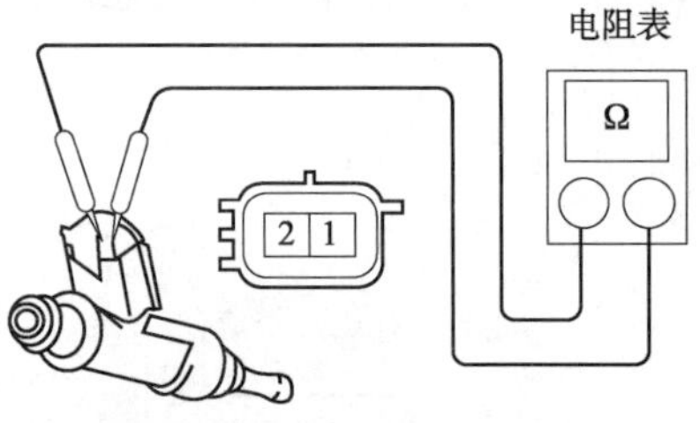

图2-60　检查喷油器电磁线圈的电阻

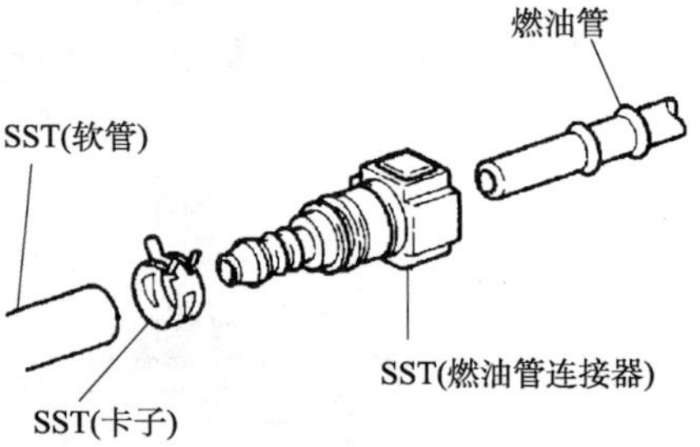

图2-61　连接燃油管连接器

b. 将O形密封圈安装到喷油器上。

c. 将SST（接头和软管）连接到喷油器上，并用SST（卡子）夹住喷油器和接头，如图2-62所示。

d. 将喷油器放置在量筒内。

注意：在喷油器总成上安装合适的乙烯管以防止汽油飞溅。

e. 操作燃油泵。

f. 将SST（导线）连接到喷油器和蓄电池上，并持续15s，然后用量筒测量喷射量，如图2-63所示。

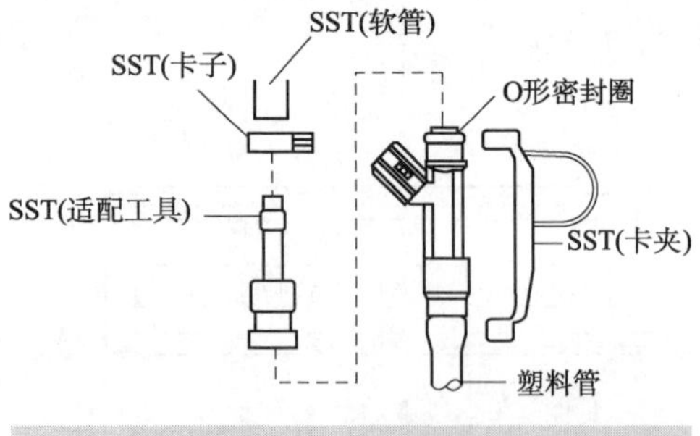

图2-62　连接喷油器

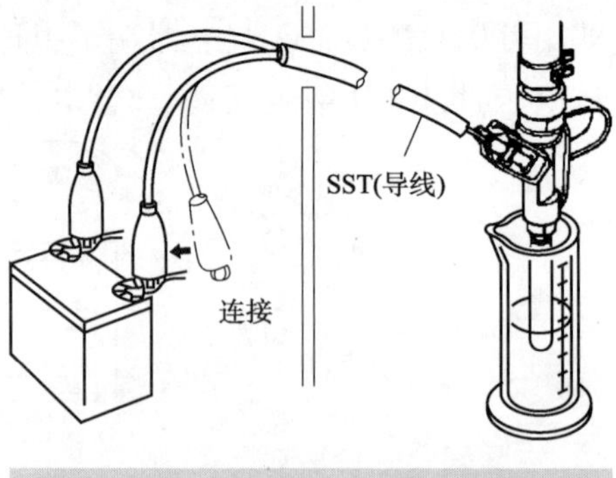

图2-63　将喷油器连接到蓄电池上

g. 每个喷油器检测2~3次。喷射量规定值：每15s喷射量60~73cm^3。各喷油器之间的差值：13cm^{3}或更少。若喷射量不符合规定，则更换喷油器。

③检查喷油器的泄漏。在上述条件下，从蓄电池上断开SST（导线）的测试探头，并检查喷油器是否存在燃油泄漏。标准燃油滴漏：每12min滴漏1滴或更少。

（5）检查喷油器与ECU之间的线束和插接器（以B9为例）。

①检查线束开路。

a. 断开 ECU 插接器。

b. 断开喷油器插接器。

c. 用万用表测量喷油器线束侧端子 2 与 ECU 线束侧端子(B31-108)之间的电阻,如图 2-64 所示。标准电阻:低于 1Ω。

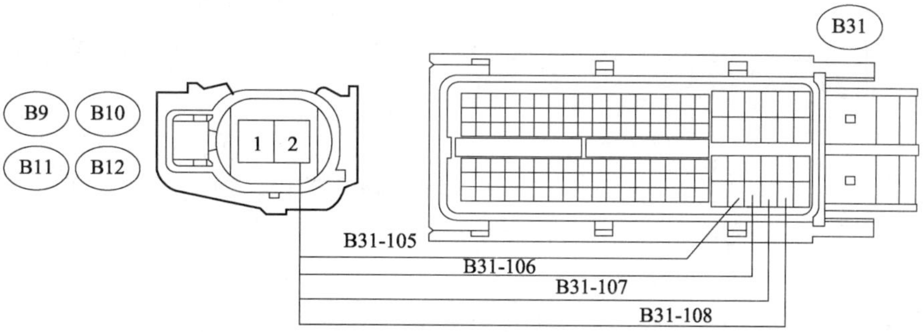

图 2-64　检查喷油器与 ECU 之间的线束和插接器(检查开路)

②检查线束短路。

a. 断开 ECU 插接器。

b. 断开喷油器插接器。

c. 用万用表测量喷油器线束侧端子 2 或 ECU 线束侧端子(B31-108)与车身搭铁之间的电阻。标准电阻:10kΩ 或更高。

(6)检查喷油器与集成继电器之间的线束和插接器(以 B10 为例)。

①检查线束开路。

a. 从发动机舱继电器盒上拆下集成继电器。

b. 断开喷油器总成插接器。

c. 用电阻表测量喷油器线束侧端子 1 与集成继电器端子(1A-4)之间的电阻,如图 2-65 所示。标准电阻值:低于 1Ω。

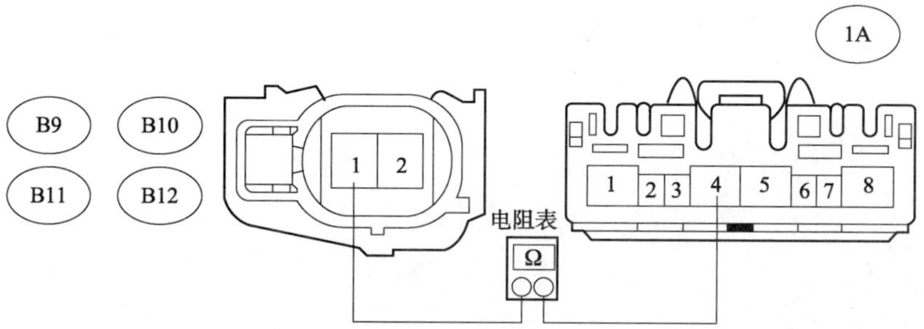

图 2-65　检查喷油器与集成继电器之间的线束和插接器(检查开路)

②检查线束短路。

a. 从发动机舱继电器盒上拆下集成继电器。

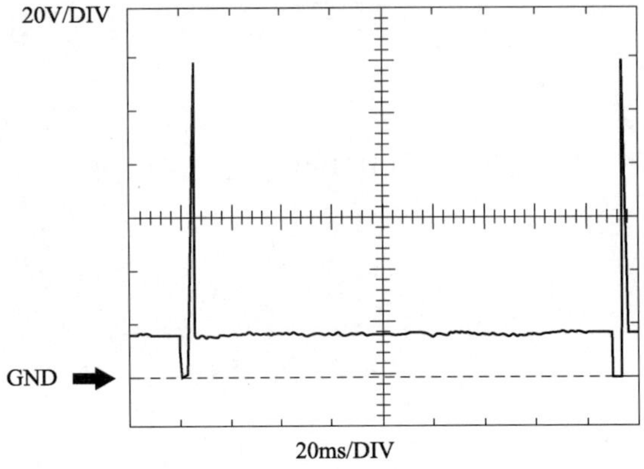

图 2-66 喷油脉宽波形

b. 断开喷油器总成插接器。

c. 用万用表测量喷油器线束侧端子 1 或集成继电器端子(1A-4)与车身搭铁之间的电阻。标准电阻:10kΩ 或更高。

(7)检查喷油脉宽波形。

①点火开关转到 OFF。

②用示波器连接喷油器的端子 2 与车身搭铁。

③发动机怠速运转,观察示波器波形。波长随发动机转速的增加而变短。规定波形如图 2-66 所示。

考核评价

学生考核评价表见表 2-4。

学生考核评价表 表 2-4

<table>
<tr><th>目标</th><th>评价要素</th><th>评 价 标 准</th><th>评 价 依 据</th><th colspan="2">考 核 方 式</th><th>权重</th><th>评分</th></tr>
<tr><td rowspan="3">知识</td><td rowspan="3">基本知识</td><td rowspan="3">知识的要求</td><td rowspan="3">个人作业、课堂笔记、课堂练习、小组作业、期末考试</td><td colspan="2">学生自评</td><td>10%</td><td></td></tr>
<tr><td colspan="2">教师评定</td><td>10%</td><td></td></tr>
<tr><td colspan="2">学生互评</td><td>10%</td><td></td></tr>
<tr><td rowspan="2">能力</td><td rowspan="2">基本技能</td><td rowspan="2">能描述燃油供给系统的组成与工作原理;
能描述燃油供给系统主要构件结构原理;
能对燃油供给系统故障进行检测与诊断</td><td rowspan="2">实践练习、小组作业、学生作业单</td><td rowspan="2">教师评定</td><td>动手能力</td><td>15%</td><td></td></tr>
<tr><td>作业单的填写</td><td>15%</td><td></td></tr>
<tr><td rowspan="6">素养</td><td rowspan="3">学习态度</td><td rowspan="3">遵守纪律、积极参与课堂教学活动、按时完成作业、按要求完成准备</td><td rowspan="3">课堂表现记录、考勤表、同学及教师观察、课堂笔记</td><td colspan="2">学生自评</td><td rowspan="2">10%</td><td rowspan="2"></td></tr>
<tr><td colspan="2">小组互评</td></tr>
<tr><td colspan="2">教师评定</td><td rowspan="4">15%</td><td rowspan="4"></td></tr>
<tr><td rowspan="3">沟通协作管理</td><td rowspan="3">乐于请教和帮助同学、小组活动协调和谐、协助教师教学管理、做好教室值日工作、按要求做课前准备和课后整理</td><td rowspan="3">小组作业、小组活动记录、自评及互评记录、值日记录、同学及教师观察</td><td colspan="2">学生自评</td></tr>
<tr><td colspan="2">小组互评</td></tr>
<tr><td colspan="2">教师评定</td></tr>
</table>

续上表

目标	评价要素	评价标准	评价依据	考核方式	权重	评分
素养	创新精神	有自主学习计划、在作业练习中能提出问题和见解、对教学或管理提出意见和建议、积极参与小组活动方案设计	个人作业、自主学习计划、学习活动、个人口头或书面提议	学生自评	15%	
				小组互评		
				教师评定		

拓展迁移

奥迪3.2 FSI型发动机燃油供给系统

FSI即为带有分层充气的直接喷射技术。3.2 FSI型发动机燃油供给系统可分为低压和高压两个系统，如图2-67所示。低压系统是一种按需要来调节的系统，电动燃油泵的功率由功率电气装置通过PWM（脉冲宽度调制）信号来调节。从发动机ECU到功率电气装置的信号也是通过PWM信号进行传递的，没有燃油回油管。低压传感器用来监控不同压力的保持状况。高压系统主要由高压燃油分配板（该板集成在进气歧管凸缘上，带有压力传感器和压力限制阀）、高压燃油分配泵、高压燃油管和高压喷油器等部件组成。

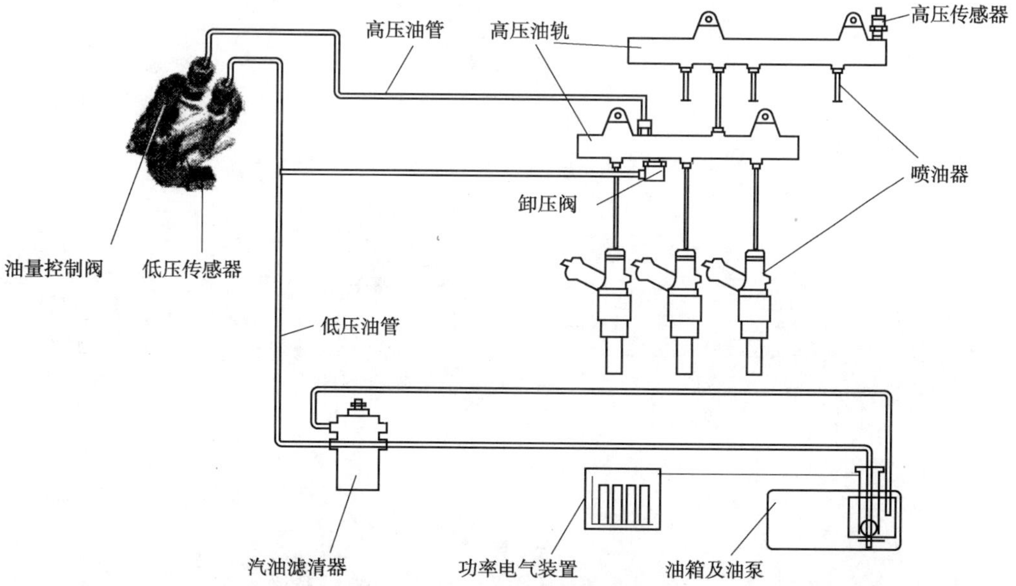

图2-67　奥迪3.2 FSI型发动机的燃油供给系统

1. 单活塞高压泵

单活塞高压泵位于右侧缸体的进气凸轮轴端部，由一个三联凸轮驱动。该泵可产生3～12MPa的燃油压力，油量控制阀根据规定值的大小来调节这个压力。燃油压力传感器可监控该压力的大小。单活塞高压泵没有回油管，它将受控的燃油送回到供油端，该泵内集成有燃油低压传感器。该系统是一个根据需要来进行调节的高压泵。也就是说，该高压泵只将发动机 ECU 内存储的特性曲线所规定的燃油量送入高压油轨。与连续供油的高压泵相比，该系统的优点是消耗的驱动功率降低了，且只是输送实际需要的燃油量。

单活塞高压泵工作时，在进气行程(图 2-68)，凸轮的形状和活塞弹簧力使得活塞向下运动。泵内的空间加大，燃油流入，流量控制阀将低压阀保持在打开位置，油量控制阀被切断电流；在做功行程(图 2-69)，凸轮使得泵活塞向上运动，这时还无法建立起压力，因为油量控制阀还处于无电流状态，这可以防止低压进油阀关闭；在压缩行程(图 2-70)，发动机 ECU 会接通油量控制阀的电源，磁铁被吸紧。泵内的压力将低压进油阀压入到其座内。如果泵内压力超过油轨内的压力，那么止回阀就会被推开，燃油就会进入油轨。

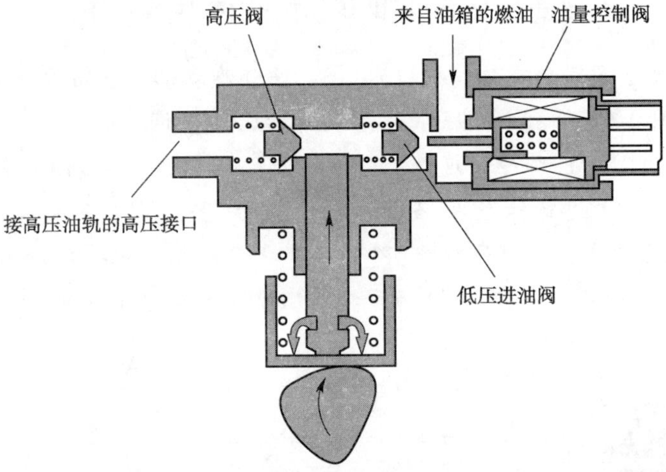

图 2-68　单活塞高压泵在进气行程的工作状态

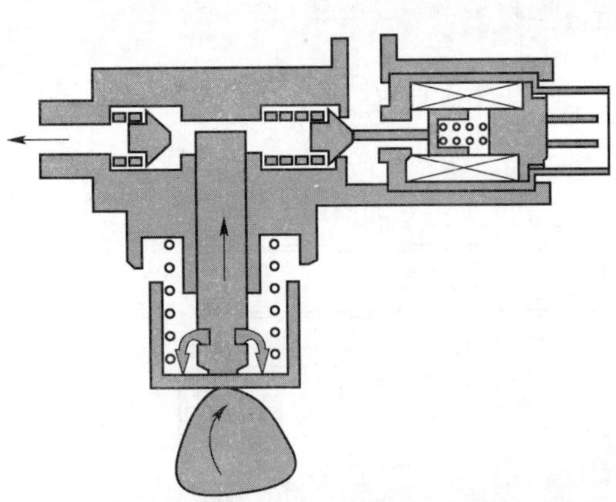

图 2-69　单活塞高压泵在做功行程的工作状态

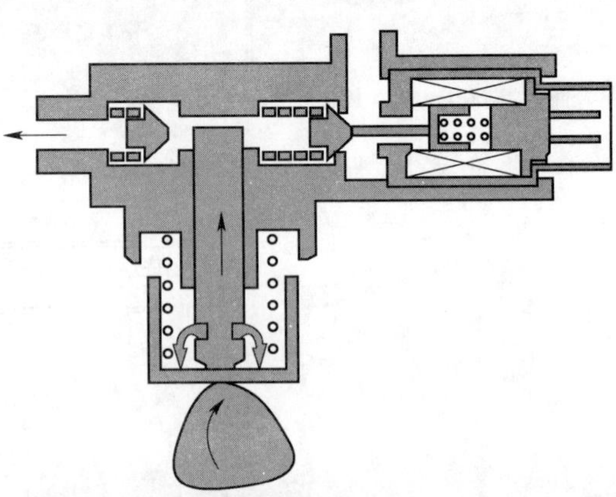

图 2-70　单活塞高压泵在压缩行程的工作状态

2. 高压喷油器

高压喷油器(图 2-71)的任务就是在精确的时刻将精确的燃油量喷入燃烧室。喷油器的控制由发动机 ECU 来完成，工作电压约为 6.5V。喷射出的燃油量由电磁阀开启时间和燃油压力来决定，喷油器与燃烧室之间通过密封圈密封，每次拆卸后必须更换新密封圈。

3. FSI 工作状态

FSI 燃烧方式基本只限于均匀燃烧，无法实现“分层充气”的运行工况。“均匀燃烧”工况可分为以下两种状态：

（1）进气歧管翻板关闭时的均匀燃烧。在发动机转速低于 3750r/min 或发动权负荷低于 40% 时，进气歧管翻板是关闭的（由发动机特性曲线决定）。下部进气道被封闭，被吸入的空气就会通过上部进气道加速后呈紊流状流入燃烧室。燃油喷射发生在进气行程中。

（2）进气歧管翻板打开时的均匀燃烧。在发动机转速高于 3750r/min 或发动机负荷高于 40% 时，进气歧管翻板是打开的，这样就可保证发动机在高转速、大负荷时获得更多的进气量。这个过程通过一个大容量的双级进气管来实现，该进气管这时切换到功率工况（短进气管），燃油喷射也是发生在进气行程中。

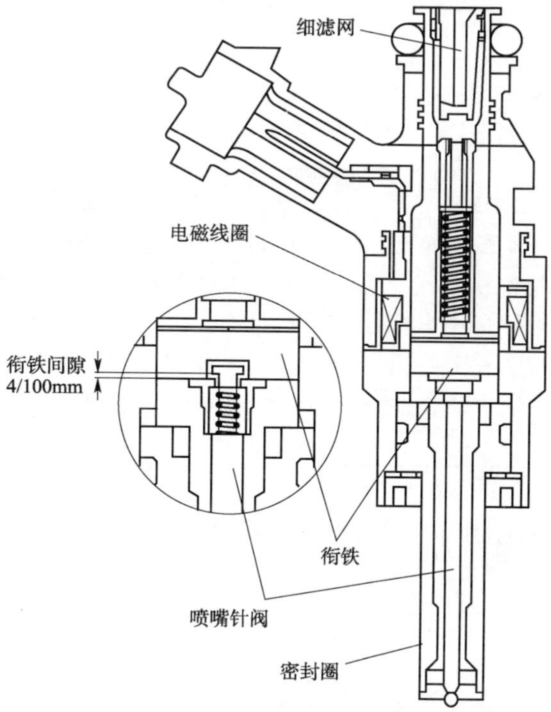

图 2-71　高压喷油器的结构

任务 3　电子控制系统故障检测与诊断

任务导入

一辆丰田卡罗拉 1.6L GL 自动挡轿车，行驶里程 4 万 km。起动时无法起动，起动机能正常运转但不能着车，发动机无初始燃烧，故障指示灯（MIL）常亮。

任务分析

连接检测仪（解码器）读取故障码，故障码说明该故障产生的原因有：

①曲轴位置传感器电路断路或短路；

②曲轴位置传感器；

③曲轴位置传感器信号盘；

④ECU。要维修该故障，维修技师需要对电子控制系统故障进行检测与诊断。

学习目标

能力目标	知识目标	素养目标
1. 能描述电控系统的基本组成与性能特点； 2. 能描述电控系统主要组成构件的结构原理； 3. 能正确利用设备进行电子控制系统故障进行检测与诊断	1. 具有电控系统基本组成的相关知识； 2. 掌握电控系统主要部件结构原理的相关知识； 3. 掌握电子控制系统故障检测与诊断的相关知识	1. 具有良好的工作责任心和职业道德； 2. 具有安全操作意识和良好的环境保护意识； 3. 培养学生的团队协作精神

建议学时

12 学时。

学习资讯

1 电子控制系统控制原理和控制功能

1 电子控制系统的控制原理

如图 2-72 所示，首先 ECU 接收安装在发动机不同部位上的传感器信号，然后计算确定发动机运转状态的燃油喷射量和喷射时间，最后控制各缸喷油器喷油和电动燃油泵泵油。

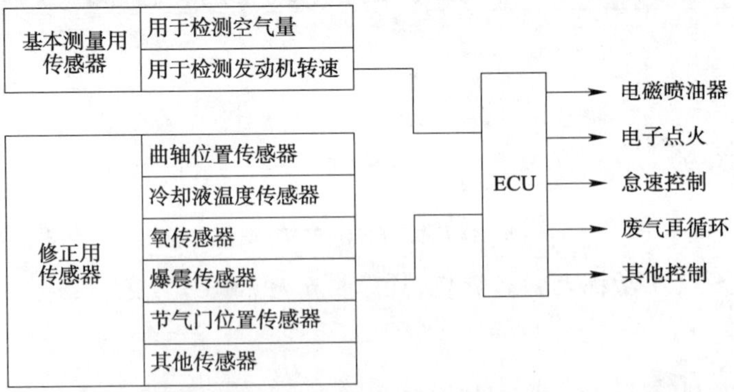

图 2-72　电子控制系统控制原理示意图

2 电子控制系统的控制功能

电控汽油喷射系统的电控系统可以实现喷油量控制、喷油正时控制、燃油停供控制和电动燃油泵控制。

(1)喷油量的控制。

喷油量的大小决定于喷油器喷油持续时间的长短,因此,喷油量控制就是喷油器喷油持续时间的控制。要使发动机在各种工况下都处于良好的工作状态,必须精确地计算出基本喷油持续时间和各种参数的修正喷油持续时间。尽管发动机型号不同,基本喷油持续时间和各种修正量的值不同,但其确定方式和对发动机的影响却是相同的。下面分别予以介绍。

①起动时的喷油时间控制。起动时的基本喷油时间不是根据进气量(或进气压力)和发动机转速来计算确定的,而是ECU根据起动信号和当时的冷却液温度,由内存的冷却液温度—喷油时间图(图2-73)找出相应的喷油时间 T_P,然后加上进气温度修正喷油时间 T_A 和蓄电池电压修正喷油时间 T_B,计算出起动时的喷油持续时间,如图2-74所示。

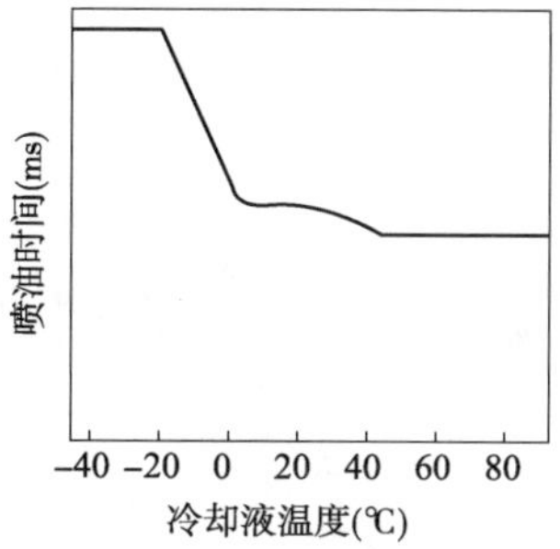

图2-73 冷却液温度—喷油时间图

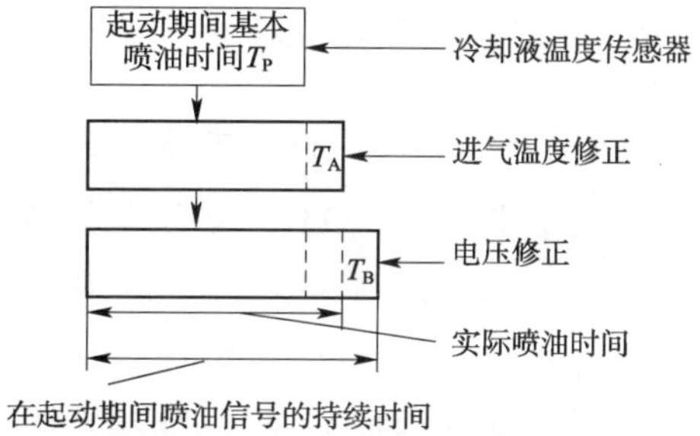

图2-74 喷油时间的确定

②起动后的喷油时间控制。发动机转速超过预定值时,ECU确定的喷油持续时间满足公式:喷油持续时间=基本喷油持续时间×喷油修正系数+电压修正值。式中,喷油修正系数是各种修正系数的总和。

D型EFI系统的基本喷油时间可由发动机转速信号(Ne)和进气管绝对压力信号(PIM)确定。L型EFI系统的基本喷油时间由发动机转速和空气量信号(VS)确定,这个基本喷油时间是实现理论空燃比的喷射时间。

③起动后各工况下喷油量的修正。在确定基本喷油时间的同时,ECU由各种传感器获得发动机运行工况信息,对基本喷油时间进行修正,主要包括起动后加浓、暖机加浓、进气温度修正、大负荷加浓、过渡工况空燃比控制和怠速稳定性修正等多项。

(2)喷油正时控制。

在多数发动机中,其喷油正时是不变的,但在电子控制间歇喷射系统中采用顺序喷射时,电子控制单元还要有燃油喷射系统的汽缸辨别信号,根据发动机各缸的点火顺序和发动机工况的不同而将喷油正时控制在最佳时刻。

(3)燃油停供控制。

①减速断油控制。汽车减速行驶时,驾驶人松开加速踏板,节气门关闭,此时电子控制单元会断开燃油喷射控制电路,停止喷油以降低排放和燃油消耗。

②限速断油控制。当发动机转速超过安全转速或汽车车速超过设定的最高车速时,电子控制单元将会在发动机临界转速或减速时断开燃油喷射控制电路,以停止喷油,防止超速。

③溢油消除控制。起动时，若将加速踏板踩到底，电子控制系统将进行断油控制。

(4)燃油泵的控制。

装有电控燃油喷射系统的汽车上，电子控制单元对油泵的控制有两种形式：一种是当点火开关打开后电子控制单元指令汽油泵运转 2～3s，以产生必需的油压，若发动机没起动，电子控制单元将油泵控制电路断开，使油泵停止工作，在发动机起动和运转过程中，电子控制单元控制汽油泵正常工作；另一种形式是只有发动机运转时，油泵才工作。

多数发动机例如丰田 7M-GE、7M-GTE，其油泵的泵油量是随发动机负荷的变化而变化的，即发动机在起动、高转速、大负荷工况时，油泵提高转速以增加泵油量；当发动机在低转速、中小负荷工作时，油泵低速运转，以减少电能消耗和油泵的磨损。

2 传感器的结构与工作原理

1 空气流量传感器的结构与工作原理

空气流量传感器(MAF、AFS)又称空气流量计，它将吸入的空气量转换成电信号送至 ECU，作为决定喷油量的基本信号之一，主要用于 L 型 EFI 系统。

根据测量原理不同，空气流量传感器有叶片式、卡门旋涡式、热线式及热膜式几种类型，目前热线式和热膜式这两种空气流量传感器应用最为广泛。

(1)热线式空气流量传感器。热线式空气流量传感器结构与工作原理示意图如图 2-75 所示。

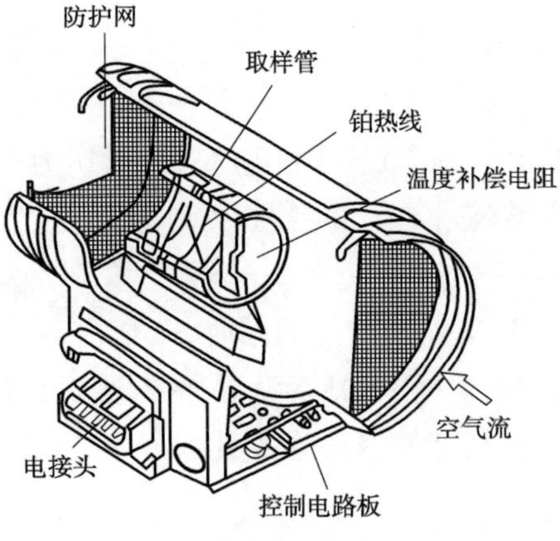

a)结构

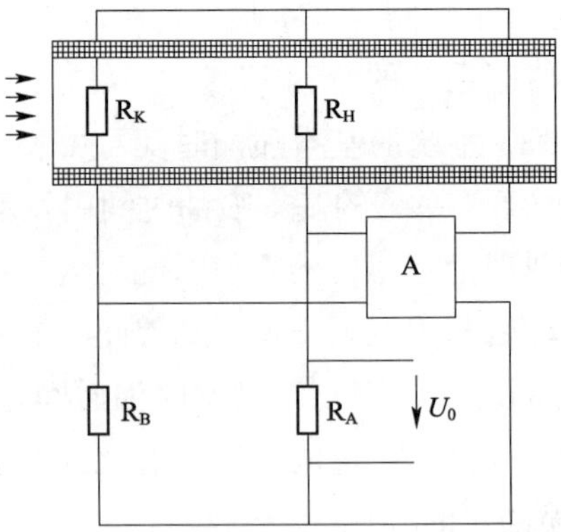

b)工作原理

图 2-75 热线式空气流量传感器结构与工作原理示意图

如图 2-75a)所示，在空气通路中放置一根直径很小的铂丝，工作时经通电后发热，所以这铂丝也称为热线或热丝。传感器的前后端均装有金属防护网，前面的用于进气整流，后面的用于防止发动机回火时把铂丝烧坏。防护网用卡箍固定在壳体上。

如图 2-75b)所示，热线式空气流量传感器的工作原理是，当发动机起动后，空气流经铂丝周围时带走其热量，使其温度下降，热线电阻变化导致电桥失去平衡，此时与铂丝相连的桥式电路将改变电流，以保持铂丝温度恒定。即当空气流量变化时，流过铂丝的电流也随之发生变化。将这种变化的信号输入 ECU，即可测得空气的质量流量。

热线式空气流量传感器在使用一段时间后，由于铂丝表面受空气尘埃脏污，造成热辐射能力降低而影响传感器的测量精度，因此控制电路中设计有“自洁电路”来实现自洁功能。每当 ECU 接收到发动机熄火的信号时，ECU 将控制自洁电路接通，将铂丝加热到 1000℃左右，并持续 1s 时间，使黏附在铂丝上的尘埃烧掉。另一种防止铂丝脏污的方法是提高其表面温度，一般将表面温度设定在 200℃以上，以便烧掉脏污物。

热线式空气流量传感器大多是模拟电压信号传感器，多数热线式空气流量传感器在空气流量增大时，输出电压也随之升高。热线式空气流量传感器内部温度补偿电路比较复杂，输出电压信号被送到 ECU，ECU 根据这个信号来计算发动机负荷、判定燃油供给量和点火正时等。

图 2-76 所示为发动机怠速稳定时的热线式空气流量传感器输出电压信号波形图，做加速和减速试验应有类似图 2-76 中的波形出现。发动机运转时，波形的幅值在不断地跳动，这是正常的。由于热丝式空气流量传感器中没有任何机械运动部件，所以它的测量值不会受到运动部件惯性因素的影响，因此它能快速地对空气流量的变化做出反应。在图 2-76 中发动机加速时波形中的杂波，是由各缸进气口上的空气流脉动引起的，这是正常的，一般 ECU 中的处理电路会清除这些杂波信号。

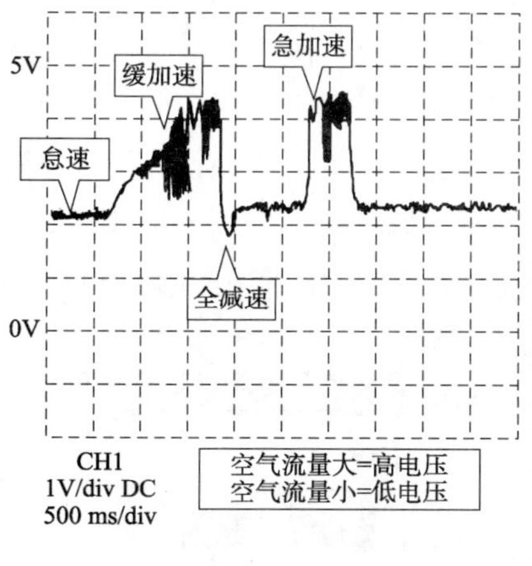

汽车测试数据

测试项目：热线式空气流量传感器（BOSCH）系统（欧款）
说　　明：好的热线式空气流量传感器
厂　　牌：VOLVO
车　　型：240GL
发动机排量：2.3L
燃油系统：多点喷射
车辆识别代号：YVIAX8848K13×××××
PCM 管脚颜色：7 红/白线
测试方法：发动机运转
转　　速：加速、减速
发动机温度：正常工作温度
真　　空：20～80kPa
发动机型号：FI-HOS-TWC KV23V5 F885
燃油蒸气污染控制系统：E_2
行驶里程：116212km

图 2-76　热线式空气流量传感器输出电压信号波形

不同车型其传感器输出电压有一定的差异。根据怠速时输出电压是否为 0.25V，可以判断空气流量传感器的好坏。许多坏的空气流量传感器会出现在怠速时输出电压太高，而节气门全开时输出电压又不到 4V 的现象。另外，当其他系统正常时，根据混合气是否正常或发动机冒黑烟也可以判断空气流量传感器的好坏。

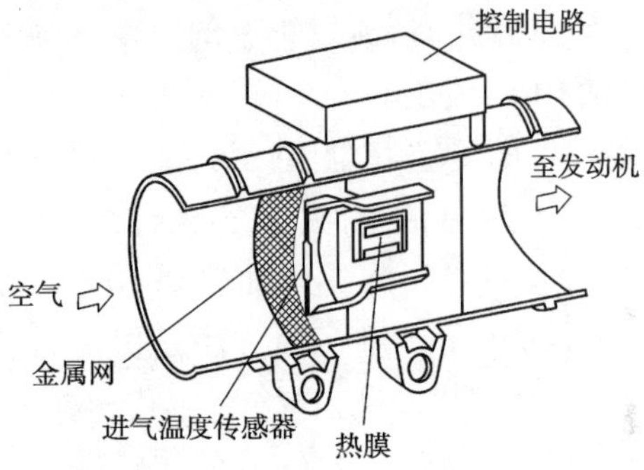

图 2-77 热膜式空气流量传感器结构

(2)热膜式空气流量传感器。热膜式空气流量传感器结构如图 2-77 所示。

热膜式空气流量传感器的结构与工作原理与热线式的基本相同,只是把发热体由热线改为热膜。热膜是把发热金属铂固定在树脂薄膜上构成的。这种结构可使发热体不直接承受空气流动所产生的作用力,增加了发热体的强度,提高了空气流量传感器的可靠性。

热膜式空气流量传感器的工作原理与热线式空气流量传感器的工作原理基本相同。其产生的信号多为模拟信号。

热线式和热膜式空气流量传感器的响应速度很快,能在数毫秒内反映出空气流量的变化,因此其测量精度不会受到进气脉动的影响(气流脉动在发动机大负荷、低转速时最为明显),测量精度高。因其测量的是质量流量,避免了海拔不同引起的误差。此外,还具有进气阻力小、无磨损部件、使用寿命长等优点。

2 进气压力传感器的结构与工作原理

进气压力传感器(MAP、APS)用于 D 型电控汽油喷射系统中。进气压力传感器根据发动机的负荷状态测出进气歧管内的绝对压力(真空度),并转换成电压信号,与转速信号一起输送到 ECU,作为确定基本喷油量的依据。在当今发动机电子控制系统中,应用较广泛的有半导体压敏电阻式、真空膜盒式两种,另外电容式、表面弹性波式应用很少。

半导体压敏电阻式进气歧管绝对压力传感器,如图 2-78 所示,由压力转换元件(硅膜片)和把转换元件输出信号进行放大的混合集成电路组成。压力转换元件是利用半导体的压阻效应制成的硅膜片。硅膜片的一侧是真空室,另一侧导入进气歧管压力,所以进气歧管内绝对压力越高,硅膜片的变形越大,其变形量与压力成正比。附着在薄膜上的应变电阻的阻值则产生与其变形量成正比的变化。利用这种原理,可把进气歧管内压力的变化变换成电信号。

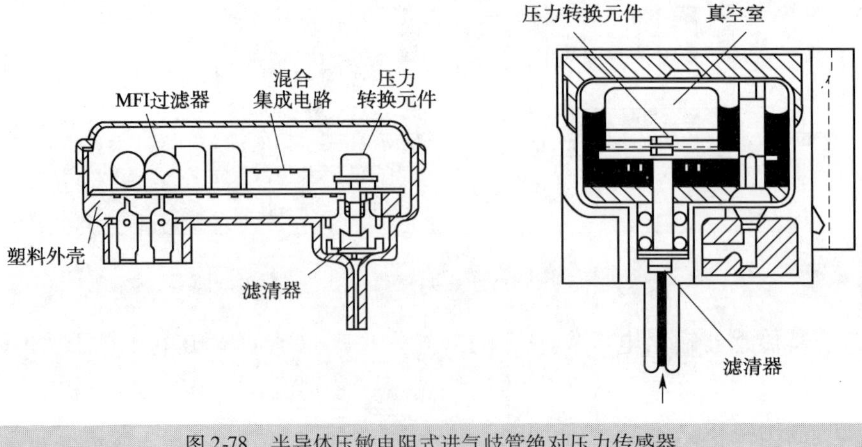

图 2-78 半导体压敏电阻式进气歧管绝对压力传感器

图 2-79 所示为发动机怠速稳定时的模拟量输出进气压力传感器输出电压信号波形图，做加速和减速试验应有类似图 2-79 中的波形出现。测量步骤是，先将发动机转速从怠速缓慢加速到节气门全开，并保持约 2s，不应超速；再减速回到怠速状况，持续约 2s；再急加速到节气门全开，然后再回到怠速状态；然后定住波形，仔细观察其波形，并与波形参考图比较。

也可以用手动真空泵代替节气门处的真空，对进气压力传感器进行抽真空测试，即观察真空表读数值与输出电压信号的对应关系。

模拟量输出进气压力传感器(GM)	汽车测试数据
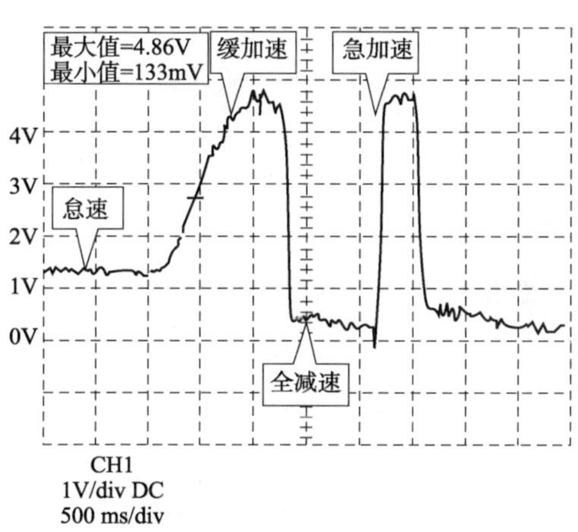	测试项目：模拟量输出进气压力传感器 说　　明：完全暖车时且 w/A/C 关闭，进行测试记录 厂　　牌：Chevrolet 车　　型：Suburban 1500 发动机排量：5.7L 燃油系统：单点喷射 车辆识别代号：IGNEC16K8PJ3 × × × × × PCM 管脚颜色：B13 浅绿线是进气压力传感器信号线 测试方法：发动机运转 转　　速：加速、减速 发动机温度：正常工作温度 真　　空：10 ~ 80kPa 发动机型号：P3G57T5TYAB TYC-HOS-F1 燃油蒸气污染控制系统：PFO 3C 行驶里程：88568km

图 2-79　模拟量输出进气压力传感器输出电压信号波形

通常进气压力传感器的输出电压在怠速时为 1.25V，当节气门全开时则略低于 5V，全减速时则接近 0V。大多数进气压力传感器在发动机全减速(80kPa)时，产生对搭铁电压信号接近 0V；而在发动机全负荷(10kPa)时，产生的电压信号接近 5V。有些进气压力传感器设计成相反方式，即当真空度增高时输出电压增高，真空度降低时输出电压也降低。

进气压力传感器工作时，波形的幅度应保持在接近特定的真空度范围内，波形幅度的变化亦不应有较大的偏差。当传感器的输出电压不能随发动机真空度变化时，从波形图中能明显地看出来，这时发动机运转也会不正常。

❸ 节气门位置传感器的结构与工作原理

节气门位置传感器(TPS)安装在节气门体上，用以检测节气门的开度，它通过杠杆机构与节气门联动，反映发动机节气门的开度及怠速、加速、减速和全负荷等不同工况。

节气门位置传感器结构如图 2-80 所示，它有两个与节气门轴同轴的触点，一个触点可在可变电阻器上滑动，将节气门开度值转化为电压值；另一个专门用于确定节气门完全关闭时的位置，提供准确的怠速信号。设置怠速触点，不但可以精确地确定怠速工况，而且可以用怠速时的电压值对反映节气门开度的电压值进行修正，以提高控制精度。节气门位置传感器与 ECU 的连接线路如图 2-81 所示。

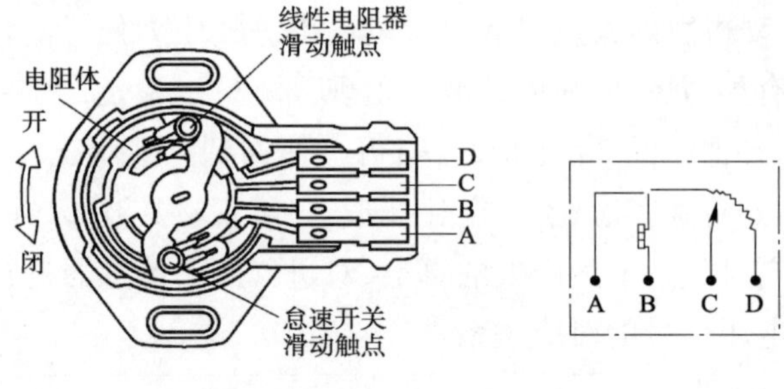

a)结构　　　　b)电路

图 2-80　节气门位置传感器的结构和内部电路

A-基准电压；B-节气门开度信号；C-怠速信号；D-搭铁

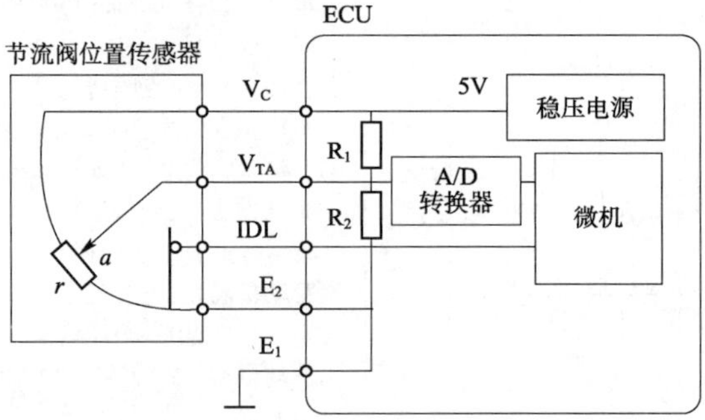

图 2-81　节气门位置传感器的连接电路

典型的线性节气门位置传感器信号波形如图 2-82 所示。准确的节气门位置传感器电压范围应通过厂家资料获取。其波形上不应有任何断点、对地尖峰或大波折，特别应注意在前 1/4 节气门运动中的波形，因为这段通常是在驾驶中最常用到的传感器碳膜电位计上的部分，因此前 1/8 ~ 1/3 的碳膜往往最先磨损，从而使得波形出现异常输出信号。

节气门位置传感器(好)	汽车测试数据
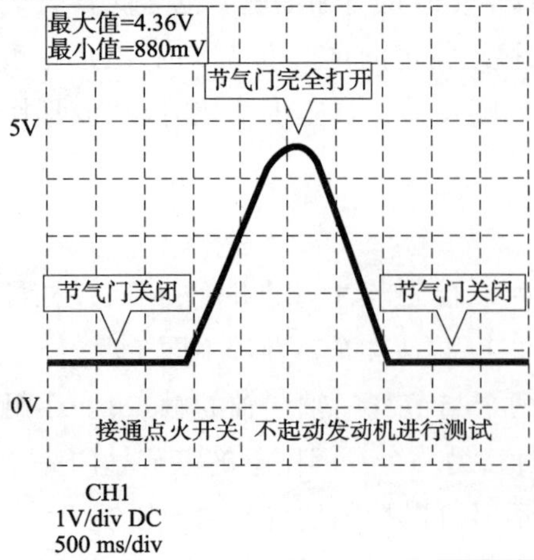	测试项目：节气门位置传感器(好) 说　明：好的节气门位置传感器测试 厂　牌：Chevrolet 车　型：1500Seroes Trick 发动机排量：5.0L 燃油系统：单点喷射 车辆识别代号：2GGEC19H5K11 × × × × × PCM 管脚颜色：C13 深蓝线 测试方法：发动机运转 转　速：0 发动机温度：正常工作温度 真　空：0 发动机型号：K3G57T5TYA3 KFO-3C BPEGR-ORC 燃油蒸气污染控制系统：CP 行驶里程：175017km

图 2-82　线性节气门位置传感器信号波形

4 曲轴位置传感器与凸轮轴位置传感器的结构与工作原理

曲轴位置传感器(CKP)又称为发动机转速与曲轴转角传感器,安装在曲轴的前部、中部或飞轮上,其作用是采集曲轴转动角度信号、曲轴位置信号和发动机转速信号,并输入控制单元,以便确定点火时刻和喷油时刻。

凸轮轴位置传感器(CMP)又称为判缸传感器(CIS)安装在凸轮轴的前部、后部,其作用是采集进气凸轮轴的位置信号,并输入控制单元(ECU),以便控制单元(ECU)识别1缸压缩上止点,从而进行顺序喷油控制、点火时刻控制和爆震选择控制。此外,凸轮轴位置信号还用于发动机起动时识别出第一次点火时刻。

凸轮轴位置传感器与曲轴位置传感器的结构原理完全相同,检测方式也相同。由于它们的作用不尽相同,一般来说,有了曲轴位置传感器还应装有凸轮轴位置传感器;相反有了凸轮轴位置传感器可以不装曲轴位置传感器。

常用的曲轴位置传感器与凸轮轴位置传感器有霍尔式、磁感应式和光电式三种。

(1)磁感应式曲轴位置传感器。

捷达GT、GTX,桑塔纳2000GSi型轿车的磁感应式曲轴位置传感器安装在曲轴箱内靠近离合器一侧的缸体上,结构及安装部位如图2-83所示,主要由磁感应式传感器和信号转子组成。

磁感应式传感器用螺钉固定在发动机缸体上,由永久磁铁、传感线圈和线束插头组成。永久磁铁上带有一个传感器磁头,传感器磁头正对安装在曲轴上的齿盘式信号转子,传感器磁头与磁轭(导磁板)连接而构成导磁回路。在齿盘式信号转子的圆周上间隔均匀地制有58个凸齿、57个小齿缺和一个大齿缺输出基准信号,对应于1缸或4缸上止点前一定角度。每个凸齿和小齿缺所占的曲轴转角均为3°,大齿缺所占的曲轴转角为15°。

曲轴位置传感器G28与控制单元J220的连接关系如图2-84所示。端子1为转速与转角信号正极,与控制单元56端子连接;端子2为转速与转角信号负极,与控制单元63端子连接;端子3为屏蔽线端子,与控制单元67端子连接。

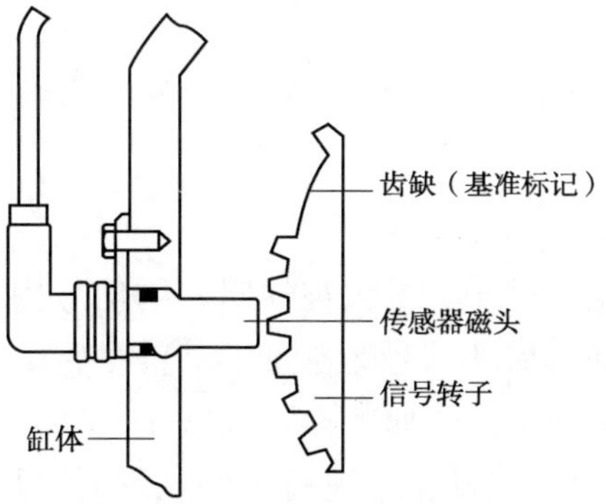

图2-83　曲轴位置传感器CPS的结构

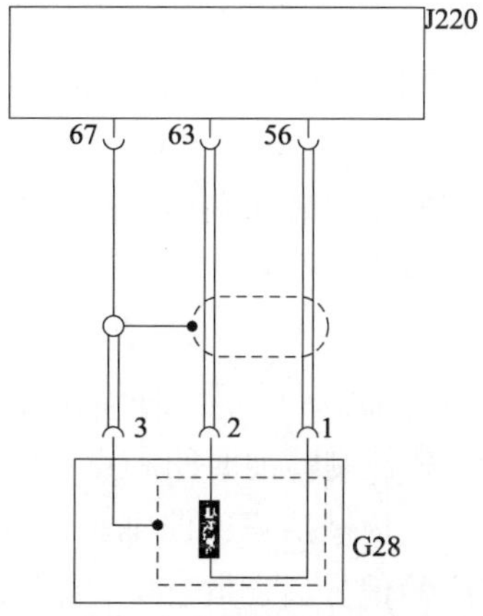

图2-84　曲轴位置传感器CPS的连接

1、2、3-端子;J220-控制单元;G28-曲轴位置传感器磁感应式传感器的工作原理是：当信号转子的凸齿接近磁头时，凸齿与磁头间的气隙减小，磁路磁阻减小，磁通量增多，磁通变化率增大，所以感应电动势 E 为正（$E>0$）。当信号转子凸齿的中心线与磁头的中心线对齐时，虽然信号转子凸齿与磁头间的气隙最小，磁路的磁阻最小，磁通量最多，但是由于磁通量不可能继续增加，因此磁通变化率为零，感应电动势 E 为零。

信号转子每转过一个凸齿，传感线圈中就会产生一个周期的交变电动势（即电动势出现一次最大值和一次最小值），传感线圈相应地输出一个交变电压信号。因此信号转子每转一圈（发动机曲轴转一圈），传感线圈就会产生 58 个交变电压信号，如图 2-85 所示，并输入给 ECU。

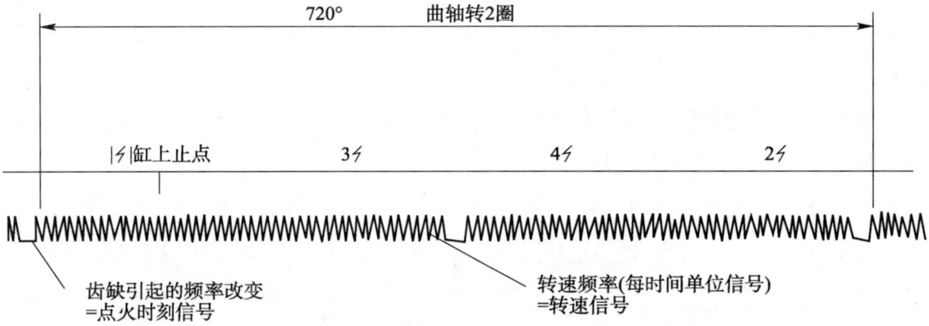

图 2-85　曲轴位置传感器输出信号

磁感应式传感器的突出优点是不需要外加电源，当发动机转速变化时，转子凸齿转动的速度将发生变化，铁芯中的磁通变化率也将随之发生变化。转速越高，磁通变化率就越大，传感线圈中的感应电动势也就越高。

①曲轴转速的检测。每当信号转子随发动机曲轴转动一圈，传感线圈就会向 ECU 输入 58 个脉冲信号。因此，ECU 每接收到曲轴位置传感器 58 个信号，就可知道发动机曲轴旋转了一圈。这样，ECU 根据每分钟接收输出电压脉冲信号的数量，便能迅速计算出发动机曲轴旋转的转速。例如，每 1min 内 ECU 接收到曲轴位置传感器 116000 个信号，ECU 便可计算出曲轴转速为 2000r/min（$n=116000/58=2000$）。

发动机转速信号和负荷信号是电控系统最重要、最基本的控制信号，ECU 根据这两个信号就能计算出以下三个基本控制参数：基本喷油时间、基本点火提前角、点火闭合角（导通角）。

②曲轴转角的检测。因为曲轴位置传感器输出信号转子上的大齿缺对应的信号为基准信号，所以 ECU 控制喷油时间和点火时间是以大齿缺对应的信号为基准的。信号转子上每个凸齿和每个小齿缺所占的曲轴转角均为 3°，大齿缺所占的曲轴转角为 15°，所以 ECU 接收到大齿缺对应的信号后，其内部分频电路将凸齿信号和小齿缺信号进行分频处理，便可得到曲轴转角信号。如将 3°分成 3 等份，则每等份所占曲轴转角即为 1°。从而便可精确控制点火时间、喷油时间和点火线圈初级绕组导通角。

③曲轴转角的控制。在电控系统中，ECU 控制喷油时间、点火线圈初级绕组导通角等参

数都是通过控制时间来进行控制的,因此需要知道曲轴转角与时间的对应关系。例如,当发动机工作在 2000r/min 转速时,曲轴位置传感器输入 ECU 的信号为 116000 个凸齿信号(2000 ×58 =116000 个高电平信号)、114000 个小齿缺信号(2000 ×57 =114 000 个低电平信号)和 2000 个大齿缺信号(2000 ×1 =2000 个低电平信号),曲轴每转一圈所占的时间为:60000/2000 =30ms,58 个凸齿和 57 个齿缺所占的时间为:30/120 ×(58 +57) =28.75ms,一个大齿缺相当于 5 个凸齿或小齿缺,所占的时间为:30/120 ×5 =1.25ms,每个凸齿信号或小齿缺信号所占时间为:28.75/115 =0.25ms,因为一个凸齿或一个小齿缺信号所占曲轴转角为 3°,所以每 1°曲轴转角所占时间为:0.25 ×1°/3° ≈0.083ms。设大齿缺信号后第一个凸齿信号对应于上止点前 60°(相当于提前 0.083 ×60 ≈5.0ms),1 缸点火提前角为上止点前 20°(相当于提前 0.083 ×20 ≈1.67ms),那么 ECU 接收到 1 缸上止点前的基准信号(大齿缺信号)后 3.33ms(5.0 -1.67 =3.33ms)时刻,向点火控制器发出指令,切断初级绕组电流,使次级绕组产生高压电,在火花塞电极之间跳火点燃可燃混合气,从而实现提前 20°点火。

(2)霍尔式曲轴位置传感器。

切诺基 2.5L(四缸)、4.0L(六缸)发动机采用了差动霍尔式曲轴位置传感器,其安装在变速器壳体上。该传感器向计算机提供的发动机转速与曲轴位置(转角)信号,作为计算喷油时间和点火时刻的重要依据之一。

2.5L 四缸电控发动机的飞轮上制有 8 个凹槽,如图 2-86a)所示。8 个凹槽分成两组,每 4 个槽为一组,两组之间相隔角度为 180°,同一组中相邻两个凹槽之间间隔角度为 20°。4.0L六缸电控发动机的飞轮上制有 12 个凹槽,如图 2-86b)所示。12 个凹槽分成三组,每 4 个槽为一组,相邻两组之间间隔角度为 120°,同一组中相邻两个凹槽之间间隔角度也为 20°。

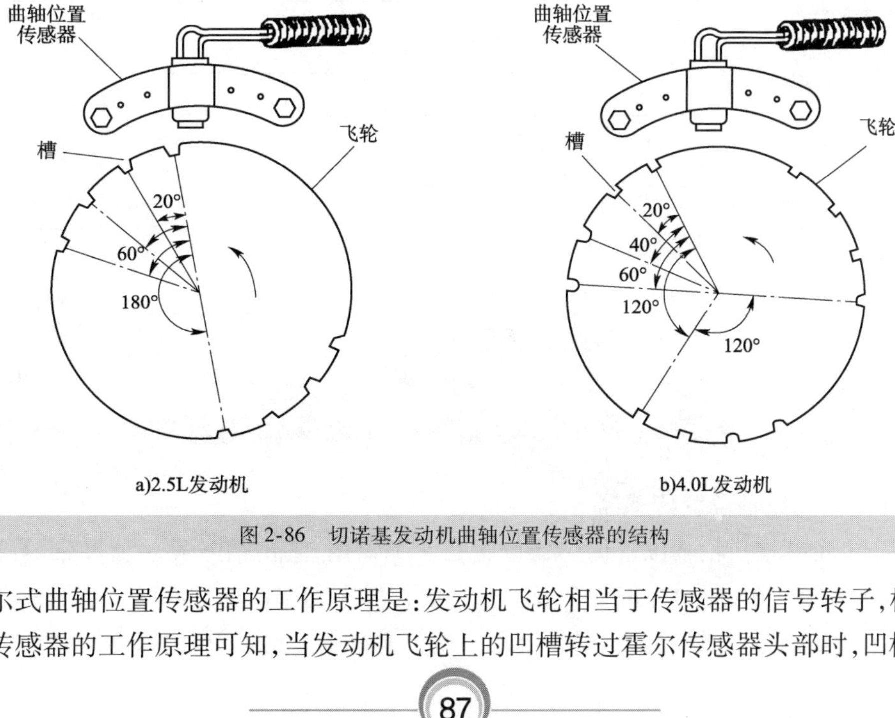

图 2-86　切诺基发动机曲轴位置传感器的结构

霍尔式曲轴位置传感器的工作原理是:发动机飞轮相当于传感器的信号转子,根据差动霍尔式传感器的工作原理可知,当发动机飞轮上的凹槽转过霍尔传感器头部时,凹槽与磁头之间的气隙就会发生变化，在传感器的信号电路中就会产生霍尔电压。传感器输出的信号电压高电平为5V，低电平为0.3V。

①曲轴转速的检测。飞轮上的每一组槽转过霍尔传感器头部时，传感器信号电路中就会产生一组共4个脉冲信号。其中，四缸发动机每转一圈产生两组共8个脉冲信号；六缸发动机每转一圈产生三组共12个脉冲信号。对于四缸发动机，计算机每接收到8个信号，即可知道曲轴旋转了一圈，再根据接收8个信号所占用的时间，就可计算出曲轴转速。对于六缸发动机，计算机每接收到12个信号，即可知道曲轴旋转了一圈，再根据接收12个信号所占用的时间，就可计算出曲轴转速。

②曲轴转角的检测。电子控制系统控制喷油和点火时，都有一定的提前角，因此需要知道活塞接近上止点的位置。切诺基吉普车在每组信号输入计算机时，可以知道有两个汽缸的活塞即将到达上止点位置。例如：在四缸发动机控制系统中，利用一组信号，计算机可知1、4缸活塞接近上止点；利用另一组信号，可知2、3缸活塞接近上止点。在六缸发动机控制系统中，利用一组信号，可知1与6缸、2与5缸、3与4缸活塞接近上止点。由于第4个槽产生的脉冲下降沿对应于活塞上止点前4°(4°BTDC)，因此第1个槽产生的脉冲信号下降沿对应于上止点前64°(64°BTDC)，如图2-87所示。当1、4缸对应的第1个脉冲下降沿到来时，计算机即可知道此时1、4缸活塞位于上止点前64°，从而便可控制喷油提前角和点火提前角。但是，仅有曲轴转角信号，计算机还不能确定是哪一缸位于压缩行程，哪一缸位于排气行程，为此还需要一个汽缸判别信号，即需要一个凸轮轴位置传感器。

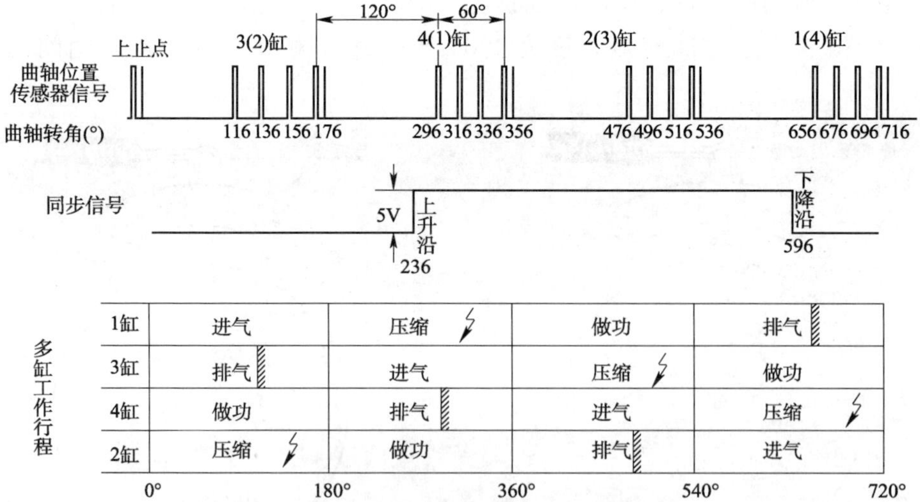

图2-87 切诺基发动机曲轴位置输出电压信号与正时关系

(3)光电式凸轮轴位置传感器。

日产公司光电式凸轮轴位置传感器设置在分电器内，它由信号发生器和带缝隙光孔的信号盘组成，如图2-88所示。信号盘安装在分电器轴上，其外围有360条缝隙，每条缝隙产生1°凸轮轴转角信号；外围稍靠内侧分布着6个光孔，间隔60°，产生120°凸轮轴转角信号，其中有一个较宽的光孔是产生对应第1缸上止点120°信号的,如图2-89所示。

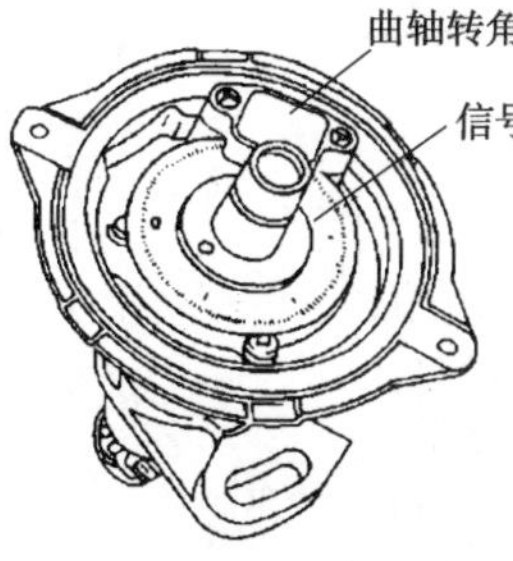

图2-88 光电式凸轮轴位置传感器

信号发生器安装在分电器壳体上,主要由两只发光二极管、两只光敏二极管和电子电路组成。两只发光二极管分别正对着光敏二极管,发光二极管以光敏二极管为照射目标。信号盘位于发光二极管和光敏二极管之间,当信号盘随发动机凸轮轴运转时,因信号盘上有光孔,产生透光和遮光的交替变化,造成信号发生器输出表示凸轮轴位置和转角的脉冲信号。图2-90所示为光电式信号发生器的作用原理。

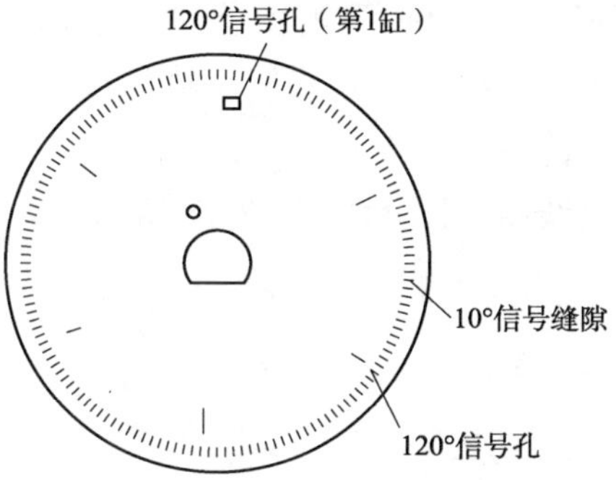

图2-89 信号盘的结构

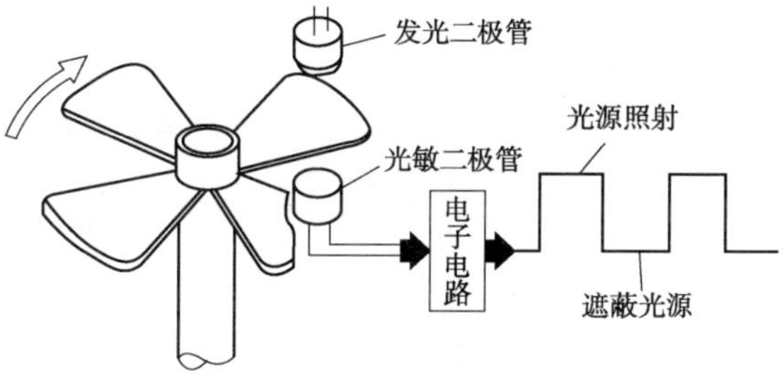

图2-90 光电式信号发生器的作用原理

当发光二极管的光束照射到光敏二极管上时,光敏二极管感光而导通;当发光二极管的光束被遮挡时,光敏二极管截止。信号发生器输出的脉冲电压信号经过电子电路放大整形后,即向电控单元输送曲轴转角1°信号和120°信号。因信号发生器安装位置的关系,120°信号在活塞上止点前70°输出。发动机曲轴每转2圈,分电器轴转1圈,则1°信号发生器输出360个脉冲,每个脉冲周期高电位对应1°,低电压亦对应1°,共表征曲轴转角720°。与此同时,120°信号发生器共产生6个脉冲信号。

5 温度传感器的结构与工作原理

温度传感器包括冷却液温度传感器、进气温度传感器、燃油温度传感器、排气温度传感器等。它有热敏电阻式、半导体晶体管式、扩散电阻式、热电偶式等多种形式。不过在汽车上广泛采用的是热敏电阻式。

(1)冷却液温度传感器结构与工作原理。

冷却液温度传感器(CTS、ECT)用于检测发动机冷却液的温度,其结构如图2-91所示。通常采用热敏电阻检测冷却液温度,传感器安装在发动机冷却水通路上,冷却液温度的变化将引起电阻值的变化,冷却液温度升高,电阻值下降。

ECU中的电阻与冷却液温度传感器的热敏电阻串联,热敏电阻的阻值发生变化时,所得THW处的分压值随之改变。冷却液温度低时,燃油蒸发性比较差,应供给浓的混合气。由于冷却液温度低,热敏电阻阻值大,ECU检测到的THW处的分压值就高,根据该信号,ECU

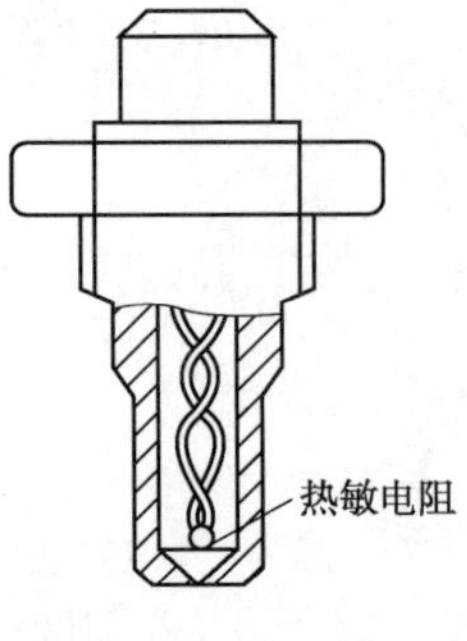

图2-91 热敏电阻式冷却液温度传感器

增加燃油喷射量,使发动机的冷机运转性能得以改善。冷却液温度高时,发动机已经达到了正常工作温度,混合气形成条件比较好,可用较稀混合气,要求少喷油。这时,由于热敏电阻阻值随冷却液温度上升而降低,则ECU检测到了相应的小分压值,并依此信号减少喷油量。

(2)进气温度传感器结构及工作原理。

进气温度传感器(ATS、IAT)的结构与工作原理与冷却液温度传感器相同,也是采用热敏电阻检测进气的温度。空气密度是随空气的温度和压力的变化而变化的。进气温度传感器的作用就是检测进气温度,并将检测结果送给ECU,以便根据温度变化进行喷油量修正,获得最佳空燃比。D型EFI系统中进气温度传感器安装在空气滤清器壳体内或进气总管内。L型EFI系统中的进气温度传感器装在空气流量传感器内或者进气总管内。

冷却液温度传感器、进气温度传感器与ECU的连接线路如图2-92、图2-93所示。

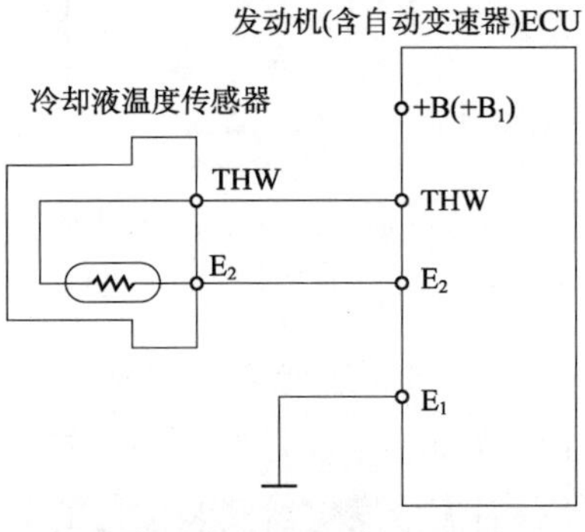

图2-92 冷却液温度传感器连接电路图

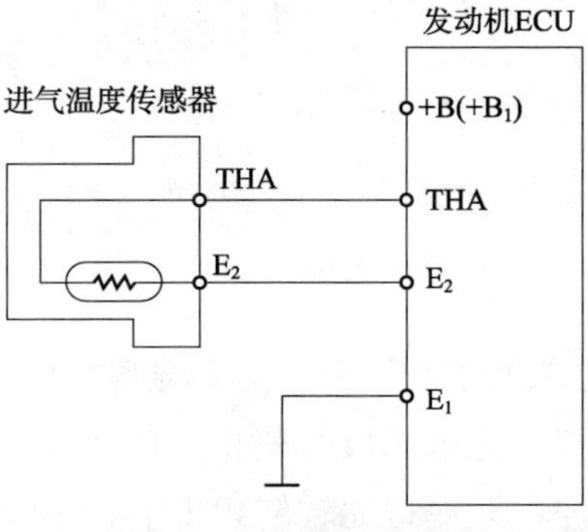

图2-93 进气温度传感器连接电路图

6 氧传感器的结构与工作原理

氧传感器是排气氧传感器(EGO、HO_2S)的简称,其作用是通过检测排气中氧离子的含量来获得混合气的空燃比信号,并将该信号转变为电信号输入ECU。ECU根据氧传感器的信号,对喷油时间进行修正,实现空燃比反馈控制(闭环控制)。利用氧传感器对混合气的空燃比进行闭环控制后,能将过量空气系数控制在0.98~1.02之间的范围内(空燃比A/F约为14.7),使发动机能够得到最佳浓度的混合气,从而降低有害气体的排放量。目前汽车上广泛采用的加热型氧化锆式氧传感器。

加热型氧化锆式氧传感器的结构如图2-94所示,氧化锆陶瓷管称为锆管,锆管内外表面都喷涂有一层铂膜作为电极,并与传感器信号输出引线相连接。锆管内表面通大气,外表面通排气。

二氧化锆固体电解质属于多孔性材料,氧离子在其内部能够扩散和渗透。当氧离子在锆管中扩散时,锆管内外表面之间的电位差将随氧离子浓度差的变化而变化,因此,锆管相当于一个微电池,如图2-95所示,传感器的信号源相当于一个可变电源。

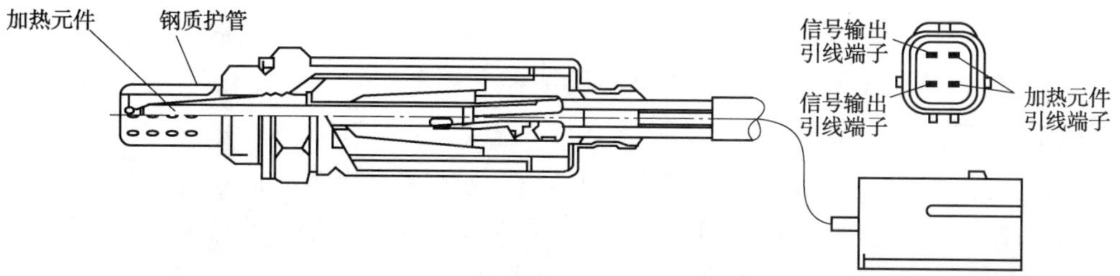

图 2-94 加热型氧化锆式氧传感器的结构

当供给发动机的可燃混合气很浓(即空燃比小于 14.7)时,排气中氧离子含量较少,此外,排气中尚未完全燃烧的 HC 和 CO 等成分,在锆管外表面催化剂铂的催化作用下,HC 和 CO 等将与氧离子发生氧化反应,生成无害的 H_2O 和 CO_2,这将使锆管外表面的氧离子浓度进一步降低。由于锆管内表面与大气相通,因此锆管内外表面的氧离子浓度差较大,锆管两个铂膜电极之间的电位差较高,约为 0.9V;当供给发动机的可燃混合气浓度较稀时,由于排气中氧离子含量较高,锆管外表面上氧离子浓度较大,因此锆管内外表面之间的氧离子浓度差较小,锆管两个铂膜电极之间的电位差较低,约为 0.1V。氧传感器的输出特性如图 2-96 所示。

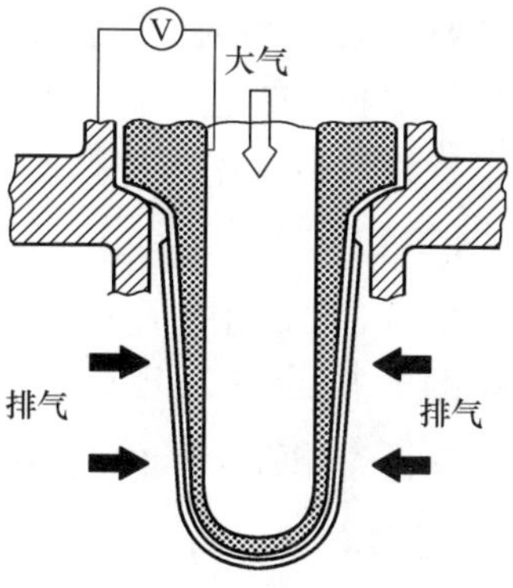

图 2-95 氧传感器工作原理

为了使氧传感器迅速到达工作温度(600℃)而投入工作,必须采用加热元件对锆管进行加热。加热元件采用热敏电阻,其上绕有钨丝并引出两个电极直接与汽车电源(12 ~ 14V)相通。

图 2-97 所示为发动机起动后氧传感器输出的信号波形。从氧传感器的信号波形可以看出汽车燃油反馈控制系统的状况。

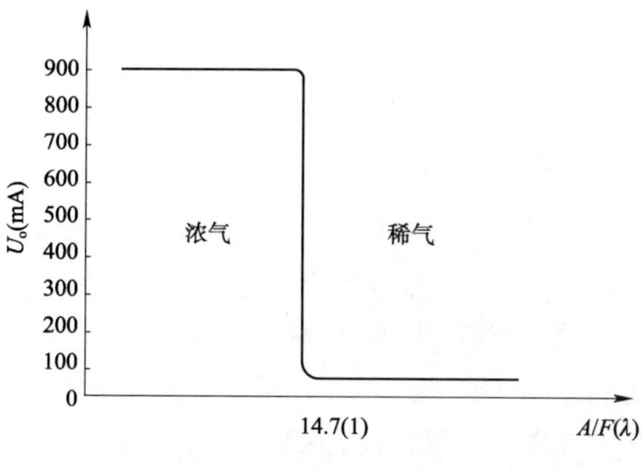

图 2-96 氧传感器输出特性

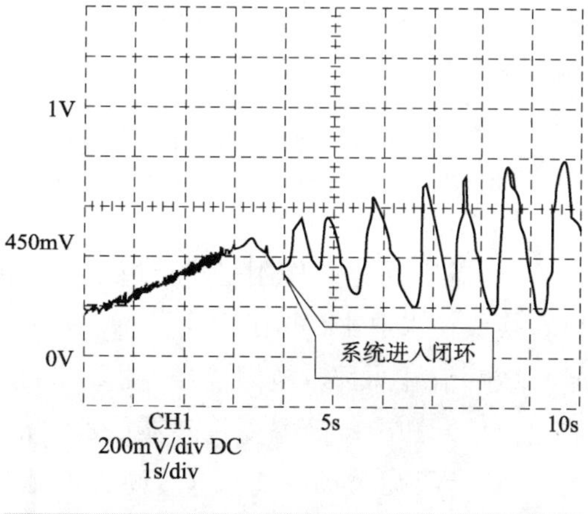

图 2-97 燃油反馈控制系统进入闭环时氧传感器输出的信号波形

由图 2-97 可知,波形先逐渐升高到 450mV,然后进入下降和升高(混合气变浓或变稀)

的循环阶段。后面波形的波动表示燃油反馈控制系统进入了闭环状态。当然,只有当氧传感器在无故障时,其电压波形才能反映燃油反馈控制系统的状况;如果氧传感器出现故障,其波形就不能真实地反映燃油反馈控制系统的状况。

由于氧传感器所处的工作环境比较差,所以在观察氧传感器波形前必须先测试氧传感器本身的性能,在确认其本身正常后,才能对氧传感器的信号波形进行诊断分析。

3 电子控制单元(ECU)的结构与工作原理

ECU是一种电子综合控制装置,使用中也常称其为“电脑”。其主要功能是根据发动机运转状况和车辆运行状态确定燃油的最佳喷射量,以此控制发动机的最佳空燃比。ECU首先根据进气歧管压力传感器(D型)或空气流量传感器(L型)的进气信号及发动机的转速信号,计算基本喷油时间,然后再根据发动机的冷却液温度、进气门开度等工作参数信号对其进行修正,确定当前工况下的最佳喷油持续时间,从而控制发动机的空燃比。此外,根据发动机的要求,ECU还具有点火提前角的控制、怠速控制、排放控制、进气控制、增压控制、故障自诊断及备用控制系统等多项控制功能。

1 组成

发动机集中控制系统ECU的外观和构造如图2-98所示,它主要由输入回路、A/D转换器、微机和输出回路四部分组成。

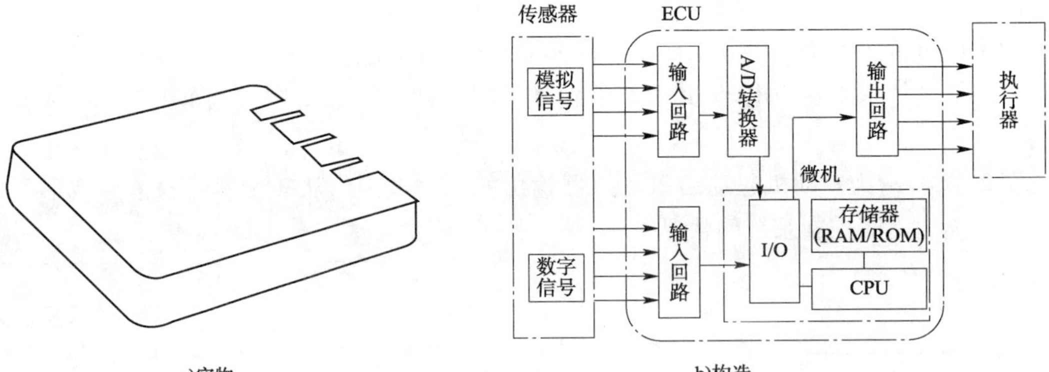

a)实物　　b)构造

图2-98　ECU的外观和构造

(1)输入回路的作用是将传感器输入的信号,在除去杂波并把正弦波转变为矩形波后,再转换成输入电平,如图2-99所示。在输入回路当中,传感器输给ECU的信号包括模拟信号和数字信号两种。模拟信号[图2-99a)]强弱表示被测量大小,如热线式空气流量传感器的输出信号和冷却液温度传感器的输出信号等;数字信号[图2-99b)]频率快慢表示被测量大小,如卡门旋涡式空气流量传感器的输出信号和曲轴位置传感器的输出信号等。数字信号可直接输入微机,模拟信号则需转换成数字信号后再输入微机。

(2)A/D转换器能将传感器输入的模拟信号转换成数字信号后,输入微机。图2-100所示为空气流量传感器输出的模拟信号由A/D转换器处理的示意图。

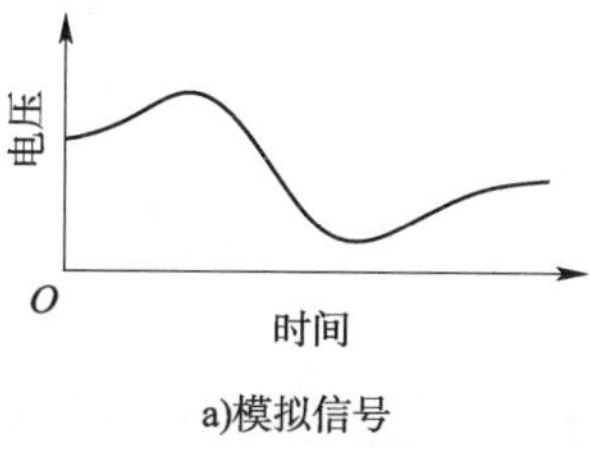

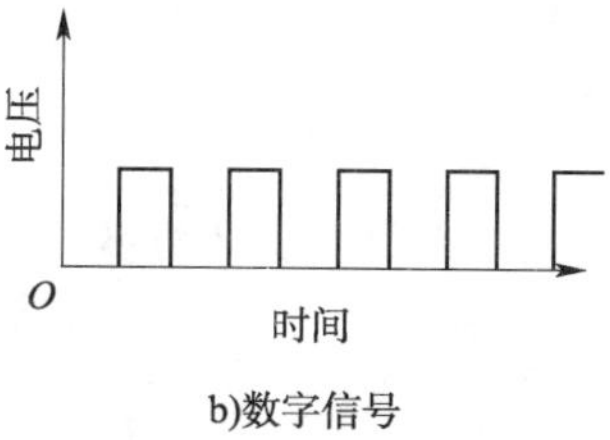

图 2-99　传感器输入信号的种类

(3)微机的功用是根据发动机工作的需要,把各种传感器送来的信号用内存中的程序进行运算处理,并把处理结果(如燃油喷射控制信号、点火控制信号)送往输出回路。微机的内部结构如图 2-101 所示,是由中央处理器(CPU)、存储器(RAM/ROM)、输入/输出回路等组成。

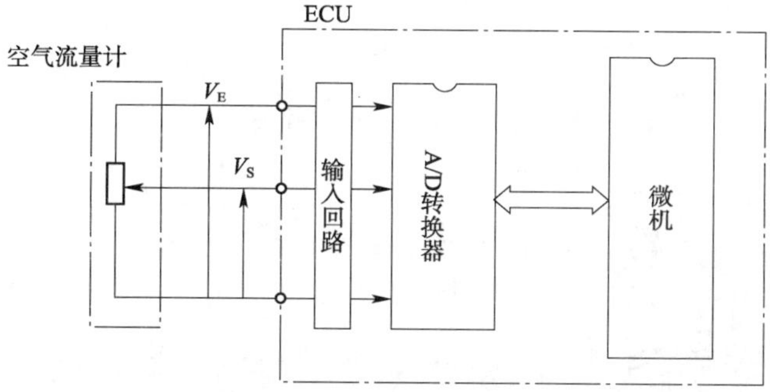

图 2-100　模拟信号转换处理

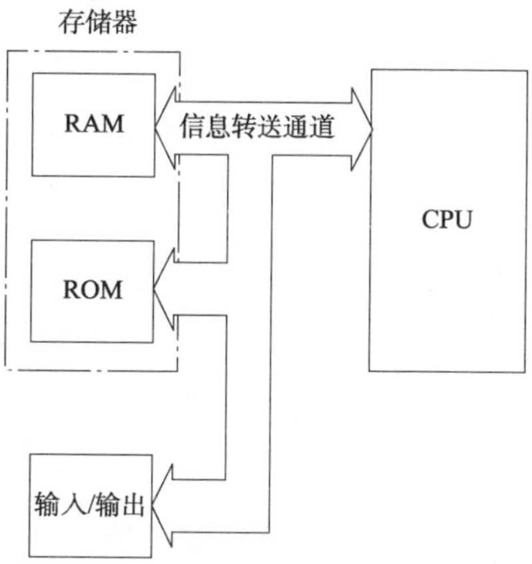

图 2-101　计算机的内部结构

2 工作过程

发动机工作时,ECU 的运行速度是相当快的,如点火时每秒可以修正百次以上,因此其控制精度是相当高的。ECU 的工作过程简介如下:发动机起动时,ECU 进入工作状态,某些程序或步骤从 ROM 中取出进入 CPU。这些程序可以用来控制点火时刻、燃油喷射、怠速等。通过 CPU 的控制,一个个指令逐个地进行循环执行。执行程序过程中所需的发动机信息来自于各个传感器。从传感器来的信号首先进入输入回路进行处理,如果是数字信号,根据 CPU 的安排,经 I/O 接口直接进入微机;如果是模拟信号,还要经过 A/D 转换器,将其转换成数字信号后,才能经 I/O 接口进入微机。大多数信息暂时存储在 RAM 内,根据指令再从 RAM 送至 CPU。有时需将存储在 ROM 中的参考数据引入 CPU,将输入的传感器信息与之进行比较。对来自有关传感器的每一个信号依次取样,并与参考数据进行比较。CPU 对这些数据进行比较运算、做出处理,最后经输出回路去控制执行器动作。如果是喷油器驱动信号,则控制喷油正时和喷油脉宽,完成控制喷油功能。

任务实施

下面以丰田卡罗拉 1ZR-FE 发动机的电子控制系统为例，说明电子控制系统故障检测与诊断的方法与步骤。

1 整体认识

卡罗拉 1ZR-FE 发动机电子控制系统如图 2-102 所示，主要包括空气流量传感器、进气温度传感器、冷却液温度传感器、节气门位置传感器、曲轴位置传感器、凸轮轴位置传感器、加速踏板位置传感器、氧传感器、爆震传感器和发动机 ECU 等部件。ECU 根据各传感器的输入信号，经处理后，发出指令控制各执行机构的动作，实现喷油量、喷油正时等控制。

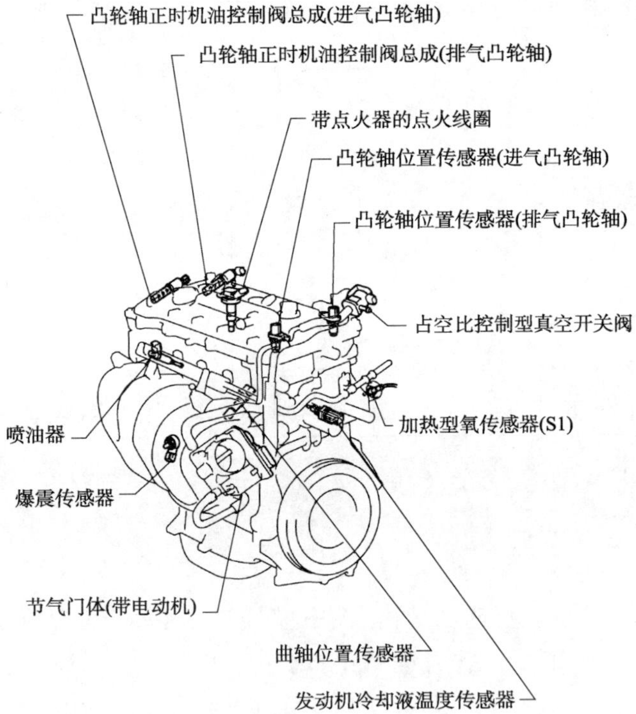

图 2-102　丰田卡罗拉 1ZR-FE 发动机电子控制系统组成示意图

2 操作步骤

对于所有传感器的检测都应包括信号、传感器外部线路、内部电路、机械部分四个方面，按先后顺序进行检测。对于信号可以测量数值、状态或者是波形，其他几个方面可以采用就车法，也可以采用人工模拟测试法进行检测，只要传感器信号正常，后面三个方面就不需要检查了，否则应一一检查；相反若后面三个方面正常，那么信号肯定正常，也就不需要进行信号测量了。传感器检测时可以根据具体情况灵活掌握。

❶ 空气流量传感器检修

空气流量传感器线束端子含义如图 2-103 所示，电路图如图 2-104 所示。

空气流量传感器检修方法如下。

(1)使用 IT-Ⅱ读取 DTC。

①将 IT-Ⅱ连接到 DLC3 上。

②将点火开关转到 ON 位置。

③打开 IT-Ⅱ。

④进入下列菜单：Powertrain/Engine and ECT/DLC。

⑤读取 DLC。

(2)使用 IT-Ⅱ 读取空气流量值。

①将 IT-Ⅱ连接到 DLC3 上。

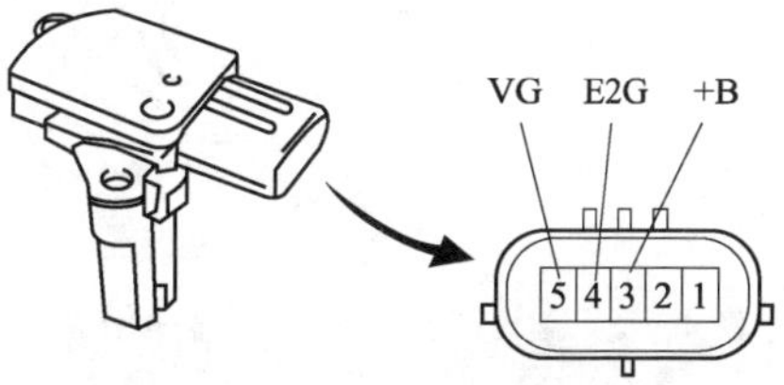

图 2-103　空气流量传感器的线束端子
1-进气温度信号线；2-进气温度搭铁线；3-空气流量传感器电源线；4-空气流量传感器搭铁线；5-空气流量传感器信号线

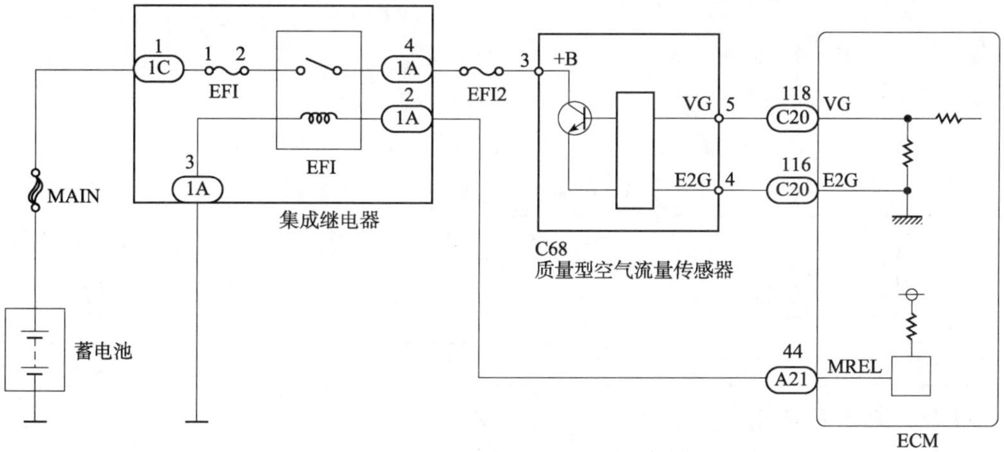

图 2-104　空气流量传感器的电路图

②起动发动机。

③打开 IT-Ⅱ。

④进入下列菜单：Powertrain / Engine and ECT / Data List / MAF。

⑤读取数值。

⑥分析测量结果，结果见表 2-5。

读取空气流量数据分析　　　表 2-5

空气流量(g/s)	故　障
约 0	空气流量传感器电源电路开路、VG 电路中开路或短路
271.0 或更大	E_2G 电路开路
1.0～271.0	检查间歇性故障

(3)检查空气流量传感器的电源电压。

①断开空气流量传感器插接器。

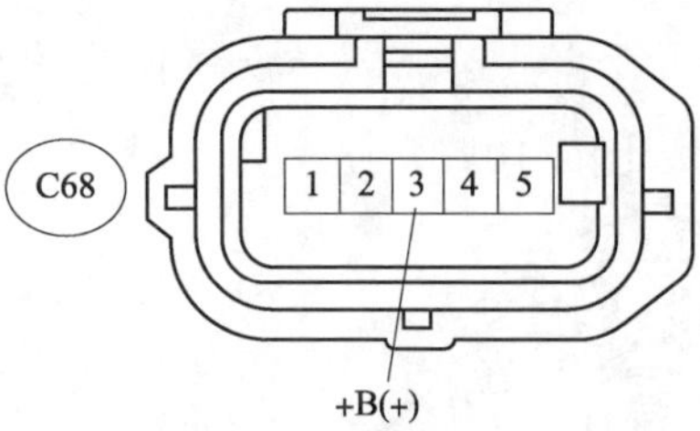

图 2-105　空气流量传感器线束插接器的前视图

②将点火开关转到 ON。

③用万用表检查传感器 C68 线束侧的端子 3(+B)与车身搭铁之间的电压,如图 2-105 所示,标准电压为 11 ~14V。

④重新连接空气流量传感器插接器。

(4)检查空气流量传感器的信号电压。

①断开空气流量传感器插接器。

②在端子 3(+B)和端子 4(E2G)之间施加蓄电池电压。

③用万用表检查传感器的端子 5 与端子 4 之间的电压。标准电压为 0.2 ~4.9V。

④重新连接空气流量传感器插接器。

(5)检查空气流量传感器与 ECM 之间的线束和插接器。

①断开空气流量传感器插接器。

②断开 ECM 插接器。

③根据表 2-6 中的值测量电阻,端子含义如图 2-105、图 2-106 所示。

空气流量传感器与 ECM 之间电阻的测量　　表 2-6

万用表连接	条件	规定条件
C68-5(VG)—C20-118(VG)	始终	低于 1 Ω
C68-4(E_2G)—C20-116(E_2G)	始终	低于 1 Ω
C68-5(VG)或 C20-118(VG)—车身搭铁	始终	10 kΩ 或更高

④重新连接空气流量传感器插接器。

⑤重新连接 ECM 插接器。

⑥检查熔断丝 EFI2。

a. 从发动机舱继电器盒上拆下 EFI2 熔断丝,如图 2-107 所示。

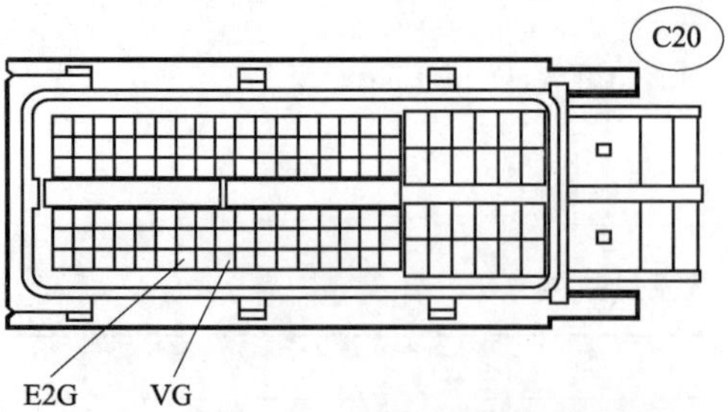

图 2-106　ECM 线束插接器前视图

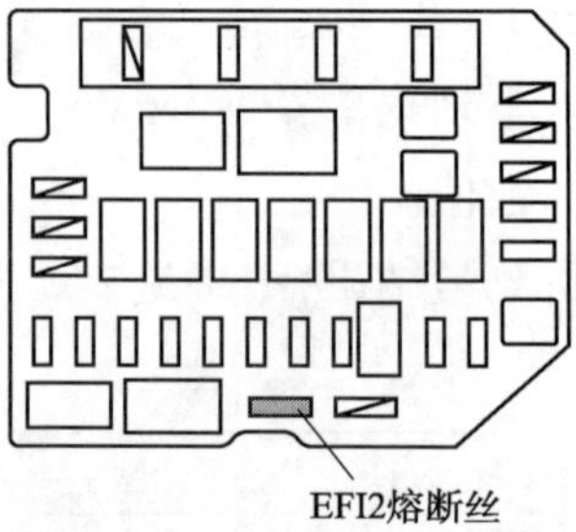

图 2-107　发动机舱继电器盒

b. 用万用表检查熔断丝的电阻。标准电阻:低于 1Ω。

c. 重新安装 EFI2 熔断丝。

⑦检查空气流量传感器与集成继电器之间的线束和插接器。

a. 断开空气流量传感器插接器。

b. 从发动机舱继电器盒上拆下集成继电器(EFI 继电器),如图 2-108 所示。

c. 根据表 2-7 中的值测量电阻,端子含义如图 2-106、图 2-108 所示。

空气流量传感器与集成继电器之间电阻的测量　　表 2-7

万用表连接	条件	规定条件
C68-3(+B)—1A-4	始终	低于 1 Ω
C68-3(+B)或 1A-4—车身搭铁	始终	10 kΩ 或更高

d. 重新连接空气流量传感器插接器。

e. 重新安装集成继电器。

⑧检查空气流量传感器的搭铁情况。

a. 断开空气流量传感器插接器。

b. 用万用表检查传感器端子 4(E_2G)与车身搭铁之间的电阻。标准电阻:低于 1Ω。

c. 重新连接空气流量传感器插接器。

2 进气温度传感器检修

进气温度传感器的输出特性如图 2-109 所示,进气温度传感器的电路图如图 2-110 所示。

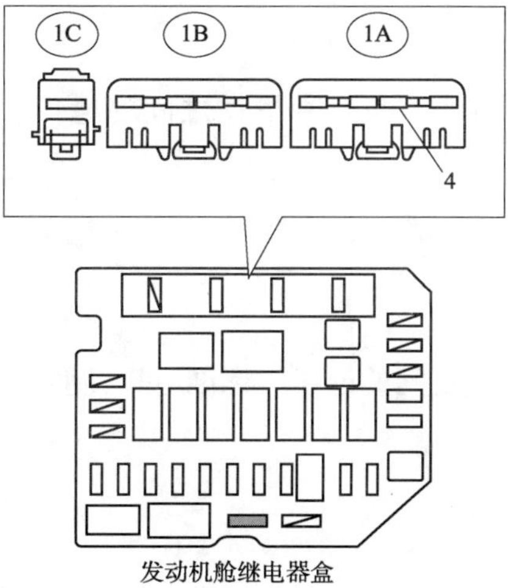

图 2-108　集成继电器线束插接器前视图

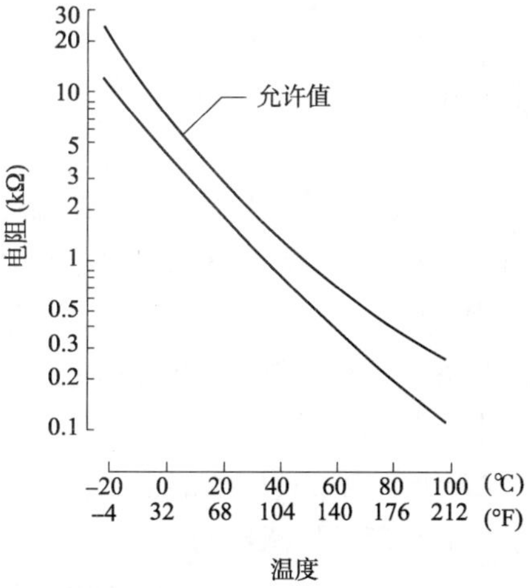

图 2-109　进气温度传感器的工作特性

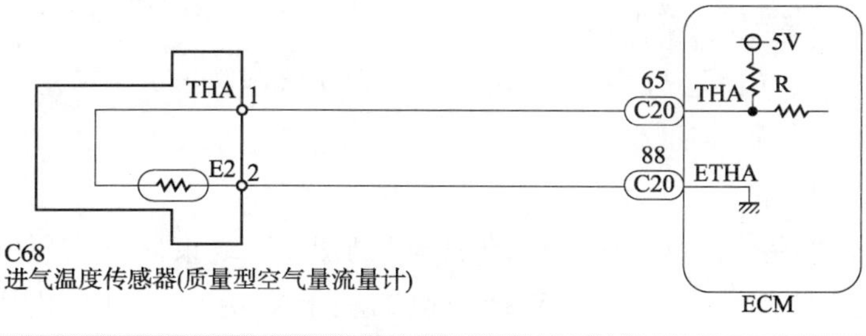

图 2-110　进气温度传感器的电路图

进气温度传感器检修方法如下。

(1)使用IT-Ⅱ读取DTC。

①将IT-Ⅱ连接到DLC3上。

②将点火开关转到ON位置。

③打开IT-Ⅱ。

④进入下列菜单:Powertrain/Engine and ECT/DLC。

⑤读取DLC。

(2)使用IT-Ⅱ读取进气温度值。

①将IT-Ⅱ连接到DLC3上。

②起动发动机。

③打开IT-Ⅱ。

④进入下列菜单:Powertrain / Engine and ECT / Data List / Intake Air。

⑤读取数值。

⑥标准:与实际进气温度相同。如果IT-Ⅱ显示-40℃,则传感器线路存在开路;如果IT-Ⅱ显示140℃,则传感器线路存在短路。

(3)检查进气温度传感器的电源电压。

①断开空气流量传感器的插接器。

②将点火开关转到"ON"位置。

③用万用表检查传感器线束C68线束侧的端子1与车身搭铁之间的电压。标准电压:5V。

④重新连接空气流量传感器的插接器。

(4)检查进气温度传感器的信号电压。

①起动发动机。

②用万用表检查传感器C68的端子1与端子2之间的电压。标准电压:随进气温度的变化而变化。

(5)检查进气温度传感器的电阻。

①断开空气流量传感器的插接器。

②用万用表检查传感器C68的端子1与端子2之间的电阻。标准电阻:电阻随温度的变化而变化,如图2-110所示。

③重新连接空气流量传感器插接器。

(6)检查进气温度传感器与ECM之间的线束和插接器。

①断开空气流量传感器插接器。

②断开ECM插接器。

③用万用表检查传感器C68线束侧的端子1与ECM线束侧的端子C20-65之间的电阻,传感器C68线束侧的端子2与ECM线束侧的端子C20-88之间的电阻。标准电阻:低于1Ω。

④用万用表检查传感器 C68 线束侧的端子 1 或 ECM 线束侧的端子 C20-65 与车身搭铁之间的电阻。标准电阻：10kΩ 或更高。

❸ 冷却液温度传感器检修

冷却液温度传感器电路图如图 2-111 所示，其插接器端子如图 2-112 所示。

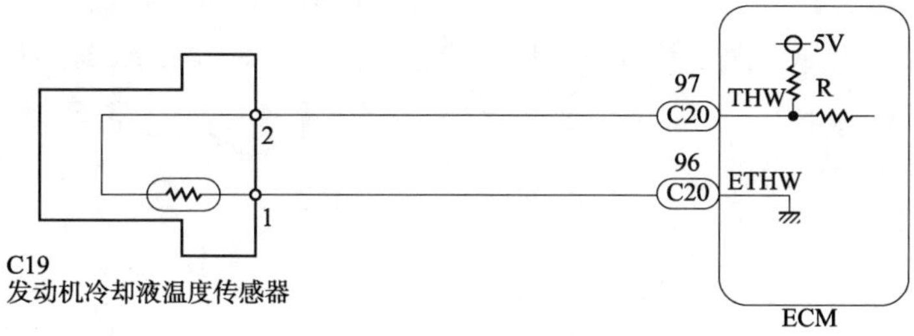

图 2-111　冷却液温度传感器的电路图

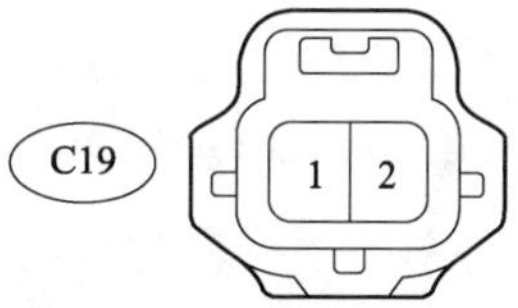

图 2-112　冷却液温度传感器的线束端子

冷却液温度传感器检修方法如下。

(1)使用 IT-Ⅱ 读取 DTC。

①将 IT-Ⅱ 连接到 DLC3 上。

②将点火开关转到 ON 位置。

③打开 IT-Ⅱ。

④进入下列菜单：Powertrain/Engine and ECT/DLC。

⑤读取 DLC。

(2)使用 IT-Ⅱ 读取冷却液温度值。

①将 IT-Ⅱ 连接到 DLC3 上。

②起动发动机。

③打开 IT-Ⅱ。

④进入下列菜单：Powertrain / Engine and ECT / Data List / Coolant Temp。

⑤读取数值。

⑥规定条件。正常：发动机暖机状态下，在 80～100℃(176 ～212°F)。如果 IT-Ⅱ 显示 -40℃，则传感器线路存在开路；如果 IT-Ⅱ 显示 140℃，则传感器线路存在短路。

(3)检查冷却液温度传感器的电源电压。

①断开冷却液温度传感器的插接器。

②将点火开关转到“ON”位置。

③用万用表检查传感器线束 C19 线束侧的端子 1 与车身搭铁之间的电压。标准电压：5V。

④重新连接冷却液温度传感器的插接器。

(4)检查冷却液温度传感器的信号电压。

①起动发动机。

②用万用表检查传感器 C19 的端子 1 与端子 2 之间的电压。标准电压:随冷却液温度的变化而变化。

(5)检查冷却液温度传感器的电阻。

①断开冷却液温度传感器的插接器。

②用万用表检查传感器 C19 的端子 1 与端子 2 之间的电阻。标准电阻:冷却液温度为 20℃时,规定电阻为 2.32 ~2.59kΩ;冷却液温度为 80℃时,规定电阻为 0.310 ~0.326Ω。

注意:在水中检查冷却液温度传感器时,要保持端子的干燥,检查后,将传感器擦干。如果电阻不符合规定,则更换冷却液温度传感器。

③重新连接冷却液温度传感器插接器。

(6)检查冷却液温度传感器与 ECM 之间的线束和插接器。

①断开冷却液温度传感器插接器。

②断开 ECM 插接器。

③用万用表检查传感器 C19 线束侧的端子 1 与 ECM 线束侧的端子 C20-96 之间的电阻,传感器 C19 线束侧的端子 2 与 ECM 线束侧的端子 C20-97 之间的电阻。标准电阻:低于 1Ω。

④用万用表检查传感器 C19 线束侧的端子 2 或 ECM 线束侧的端子 C20-97 与车身搭铁之间的电阻。标准电阻:10kΩ 或更高。

4 节气门位置传感器检修

节气门位置传感器电路如图 2-113 所示,传感器有 VTA1 和 VTA2 两个信号。VTA1 用于检测节气门开度,VTA2 用于检测 VTA1 的故障。传感器信号电压在 0 ~5V 之间变化,其变化幅度与节气门的开度成比例,并被发送到 ECM 的端子 VTA。如图 2-114 所示,节气门关闭时,传感器输出电压降低。节气门打开时,传感器输出电压升高。ECM 根据这些信号计算节气门开度,并控制节气门执行器来适应驾驶情况。这些信号还会用在空燃比校正、供电增加校正和燃油切断控制等计算中。

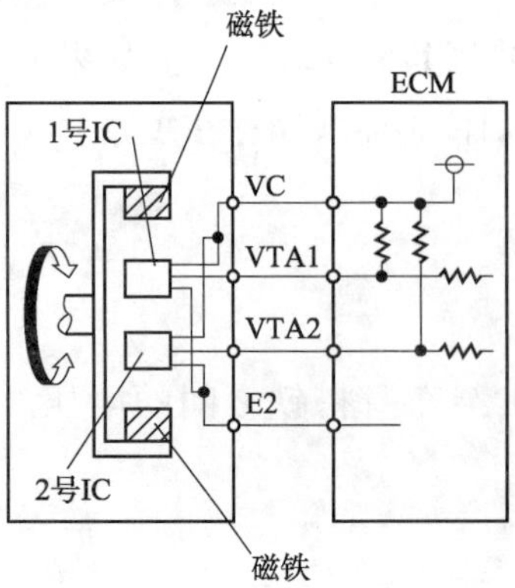

图 2-113 节气门位置传感器的电路图

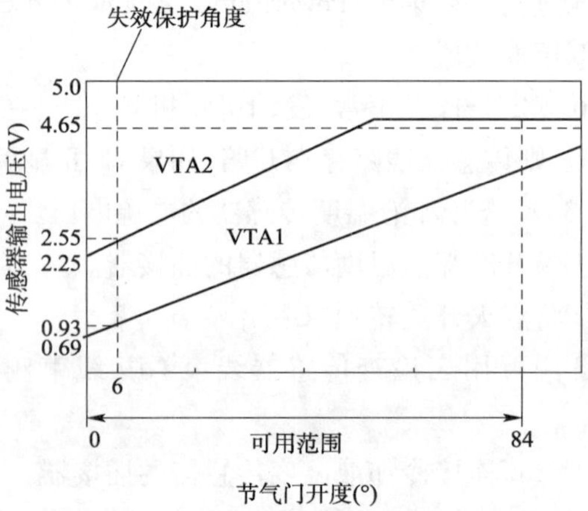

图 2-114 节气门位置传感器的输出特性

节气门位置传感器的任何一个 DTC 和与 ETCS(电子节气门控制系统)故障相关的 DTC 一同存储时,ECM 进入失效保护模式。在失效保护模式下,ECM 切断流入节气门执行器的电流,并且通过复位弹簧使节气门回位到 6°。然后,根据加速踏板开度,ECM 通过控制燃油喷射(间歇式燃油切断)和点火正时来调整发动机输出功率,使车辆以最低速度继续行驶。如果轻轻踩下加速踏板,车辆可缓慢行驶。失效保护模式持续至检测到合格条件,然后将点火开关转到 OFF。

节气门位置传感器检修方法如下。

(1)使用 IT-Ⅱ读取 DTC。

①将 IT-Ⅱ连接到 DLC3 上。

②将点火开关转到 ON 位置。

③打开 IT-Ⅱ。

④进入下列菜单:Powertrain/Engine and ECT/DLC。

⑤读取 DTC。

(2)使用 IT-Ⅱ 读取 1 号节气门位置和 2 号节气门位置。

①将 IT-Ⅱ连接到 DLC3 上。

②起动发动机。

③打开 IT-Ⅱ。

④进入下列菜单:Powertrain / Engine and ECT / Data List /Throttle Position NO. 1 and NO. 2。

⑤读取数值。

⑥规定条件,见表 2-8。

节气门位置传感器的规定条件　　表 2-8

完全松开加速踏板时		完全踩下加速踏板时		故障部位
1 号节气门位置(VTA1)	2 号节气门位置(VTA2)	1 号节气门位置(VTA1)	2 号节气门位置(VTA2)	
0~0.2V	0~0.2V	0~0.2V	0~0.2V	VC 电路开路
4.5~5.0V	4.5~5.0V	4.5~5.0V	4.5~5.0V	E2 电路开路
0~0.2V 或 4.5~5.0V	2.4~3.4V(失效保护)	0~0.2V 或 4.5~5.0V	2.4~3.4V(失效保护)	VTA1 电路开路或搭铁短路
0.7~1.3V(失效保护)	0~0.2V 或 4.5~5.0V	0.7~1.3V(失效保护)	0~0.2V 或 4.5~5.0V	VTA2 电路开路或搭铁短路
0.5~1.1V	2.1~3.1V	3.3~4.9V(无失效保护)	4.6~5.0V(无失效保护)	节气门位置传感器电路正常

(3)检查节气门位置传感器的电源电压(VC 电压)。

①断开节气门总成插接器。

②将点火开关转到 ON 位置。

③用万用表检查传感器 C17 线束侧的端子 5(VC)与端子 3(E2)之间的电压。标准电压:4.5～5.0V

④重新连接节气门总成插接器。

(4)检查节气门位置传感器与 ECM 之间的线束和插接器。

①断开节气门总成插接器。

②断开 ECM 插接器。

③用万用表检查传感器 C17 线束侧的端子 5(VC)与 ECM 线束侧的端子 C20-67(VCTA)之间的电阻;传感器 C17 线束侧的端子 6(VTA)与 ECM 线束侧的端子 C20-115(VTA1)之间的电阻;传感器 C17 线束侧的端子 4(VTA2)与 ECM 线束侧的端子 C20-114(VTA2)之间的电阻;传感器 C17 线束侧的端子 3(E2)与 ECM 线束侧的端子 C20-91(ETA)之间的电阻。标准电阻:低于 1Ω。

④用万用表检查传感器 C17 线束侧的端子 5(VC)或 ECM 线束侧的端子 C20-67(VCTA)与车身搭铁之间的电阻;传感器 C17 线束侧的端子 6(VTA)或 ECM 线束侧的端子 C20-115(VTA1)与车身搭铁之间的电阻;传感器 C17 线束侧的端子 4(VTA2)或 ECM 线束侧的端子 C20-114(VTA2)与车身搭铁之间的电阻。标准电阻:10kΩ 或更高。

⑤重新连接节气门总成插接器。

⑥重新连接 ECM 插接器。

5 曲轴位置传感器检修

曲轴位置传感器与 ECM 的连接电路图如图 2-115 所示,曲轴位置传感器插接器的端子含义如图 2-116 所示。

曲轴位置传感器检修方法如下。

(1)使用 IT-Ⅱ读取 DTC。

①将 IT-Ⅱ连接到 DLC3 上。

②将点火开关转到 ON 位置。

③打开 IT-Ⅱ。

④进入下列菜单:Powertrain/Engine and ECT/DTC。

⑤读取 DTC。

(2)使用 IT-Ⅱ读取数据流检查发动机转速。

①将 IT-Ⅱ连接到 DLC3 上。

②将点火开关转到 ON 位置。

③打开 IT-Ⅱ。

④进入下列菜单:Powertrain / Engine and ECT / Data List /Engine Speed。

⑤起动发动机。

⑥发动机运转时读取 IT-Ⅱ所显示的数值。

⑦检查结果。OK:显示正确值。如果 IT-Ⅱ上所显示的发动机转速为零,则曲轴位置传

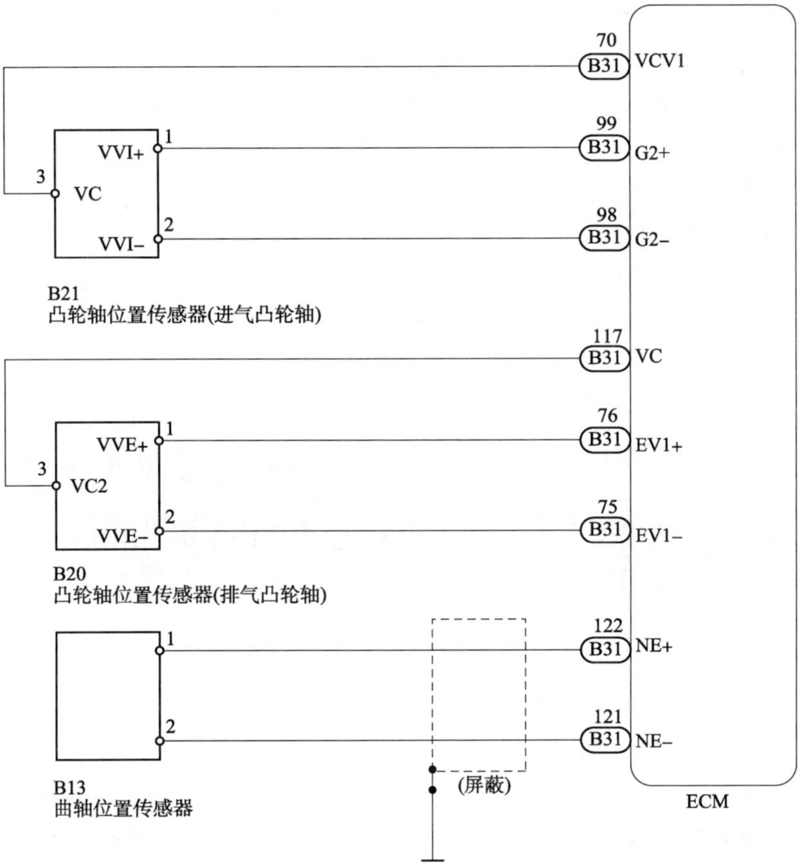

图 2-115　曲轴位置传感器和进(排)气凸轮轴位置传感器的电路图

感器电路可能开路或短路;如果 IT-Ⅱ上显示的发动机转速低于实际转速,则曲轴位置传感器可能输出电压不足。

(3)检查曲轴位置传感器的电阻。

①断开曲轴位置传感器的插接器。

②用万用表检查传感器 C2 的端子 1 与端子 2 之间的电阻。标准电阻:在 20℃时为 1.85 ~2.45kΩ。

③重新连接曲轴位置传感器的插接器。

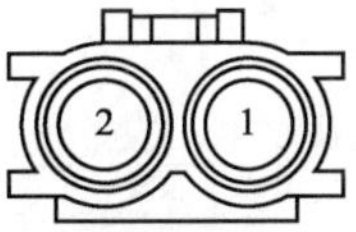

图 2-116　曲轴位置传感器的线束端子
1-正信号端子;2-负信号端子

(4)检查曲轴位置传感器与 ECM 之间的线束和插接器。

①断开曲轴位置传感器插接器。

②断开 ECM 插接器。

③用万用表检查传感器 C2 线束侧的端子 1 与 ECM 线束侧的端子 C20-122 之间的电阻,传感器 C2 线束侧的端子 2 与 ECM 线束侧的端子 C20-121 之间的电阻。标准电阻:低于 1Ω。

④用万用表检查传感器 C2 线束侧的端子 1 或 ECM 线束侧的端子 C20-122 与车身搭铁

之间的电阻;传感器 C2 线束侧的端子 2 或 ECM 线束侧的端子 C20-121 与车身搭铁之间的电阻。标准电阻:10kΩ 或更高。

⑤重新连接曲轴位置传感器插接器。

⑥重新连接 ECM 插接器。

(5)检查曲轴位置传感器的脉冲信号波形。

①将点火开关转到 OFF 位置。

②用示波器连接传感器的端子 1 和端子 2。

③发动机暖机后怠速运转,观察示波器波形。规定波形如图 2-117 所示。

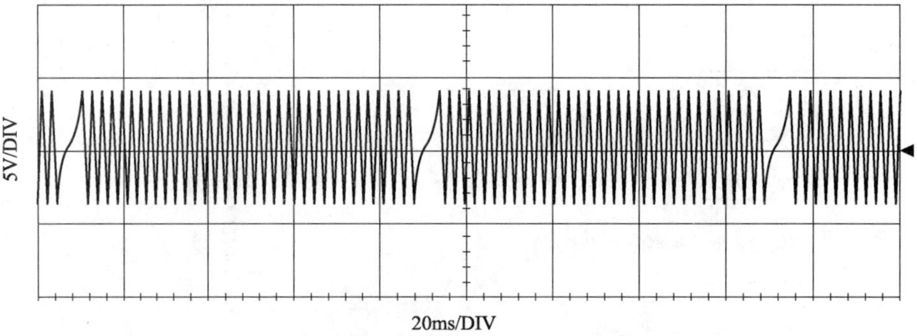

图 2-117 曲轴位置传感器的脉冲波形

(6)检查曲轴位置传感器的安装。检查曲轴位置传感器的安装状态,如图 2-118 所示。

(7)检查曲轴位置传感器齿板(传感器齿板上的齿)。检查传感器齿板上的齿,传感器齿板没有任何破裂或变形。

6 进(排)气凸轮轴位置传感器检修

进(排)气凸轮轴位置传感器与 ECM 之间的连接电路如图 2-115 所示,进(排)气凸轮轴位置传感器插接器端子含义如图 2-119 所示。

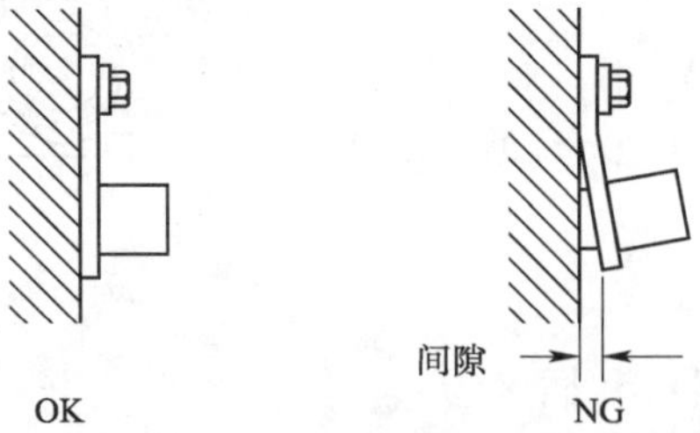

图 2-118 检查曲轴位置传感器的安装状态

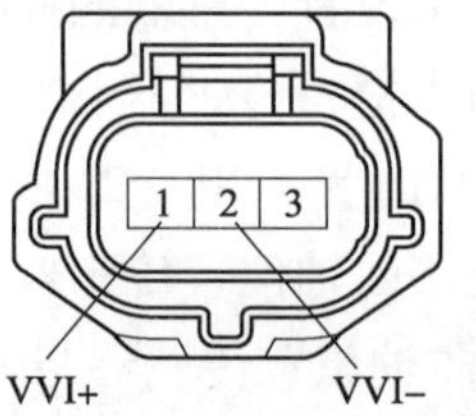

图 2-119 进(排)气凸轮轴位置传感器的线束端子

进(排)气凸轮轴位置传感器检修方法如下。

(1)使用 IT-Ⅱ读取 DTC。

①将 IT-Ⅱ连接到 DLC3 上。

②将点火开关转到 ON 位置。

③打开 IT-Ⅱ。

④进入下列菜单:Powertrain/Engine and ECT/DTC。

⑤读取 DTC。

(2)检查进(排)气凸轮轴位置传感器的电源电压。

①断开进(排)气凸轮轴位置传感器的插接器。

②将点火开关转到 ON 位置。

③用万用表检查传感器线束 C71(或 C70)线束侧的端子 3(VC)与车身搭铁之间的电压。标准电压:4.5~5.0V。

④重新连接进(排)气凸轮轴位置传感器的插接器。

(3)检查进(排)气凸轮轴位置传感器与 ECM 之间的线束和插接器。

①断开进(排)气凸轮轴位置传感器插接器。

②断开 ECM 插接器。

③用万用表检查传感器 C70(或 C71)线束侧的端子 1 与 ECM 线束侧的端子 C20-76(或 C20-99)之间的电阻,传感器 C70(或 C71)线束侧的端子 2 与 ECM 线束侧的端子 C20-75(或 C20-98)之间的电阻。标准电阻:低于 1Ω。

④用万用表检查传感器 C70(或 C71)线束侧的端子 1 或 ECM 线束侧的端子 C20-76(或 C20-99)与车身搭铁之间的电阻;传感器 C70(或 C71)线束侧的端子 2 或 ECM 线束侧的端子 C20-75(或 C20-98)与车身搭铁之间的电阻。标准电阻:10kΩ 或更高。

⑤重新连接进(排)气凸轮轴位置传感器插接器。

⑥重新连接 ECM 插接器。

(4)检查进(排)气凸轮轴位置传感器的脉冲信号波形。

①将点火开关转到 OFF 位置。

②用示波器分别连接进(排)气凸轮轴位置传感器的端子 1 和端子 2。

③发动机暖机后怠速运转,观察示波器波形。规定波形如图 2-120 所示。

(5)检查进(排)气凸轮轴位置传感器的安装。检查进(排)气凸轮轴位置传感器的安装状态,如图 2-121 所示。

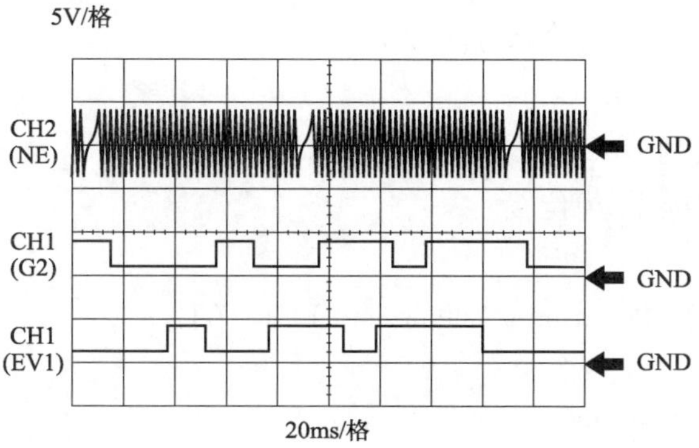

图 2-120　进(排)气凸轮轴位置传感器的输出标准波形

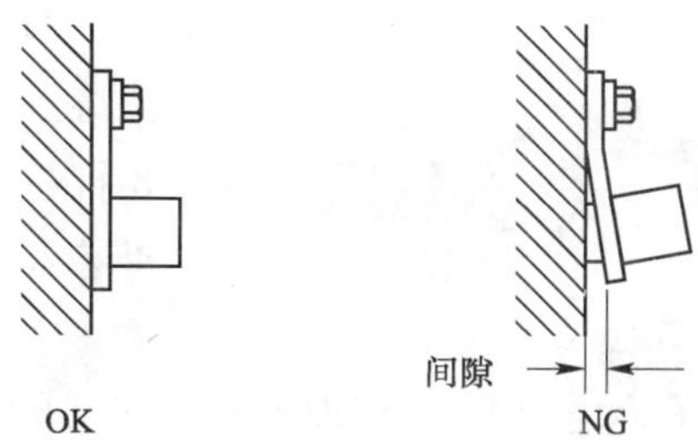

图 2-121　检查进(排)气凸轮轴位置传感器的安装

（6）检查进（排）气凸轮轴位置传感器齿板（传感器齿板上的齿）。检查传感器齿板上的齿，传感器齿板没有任何破裂或变形。

7 1 号加热式氧传感器的检修

1 号加热式氧传感器是指安装在三元催化转换器前面并靠近发动机总成附近的传感器。1 号加热式氧传感器与 ECM 之间的连接电路如图 2-122 所示，1 号加热式氧传感器插接器端子含义如图 2-123 所示。

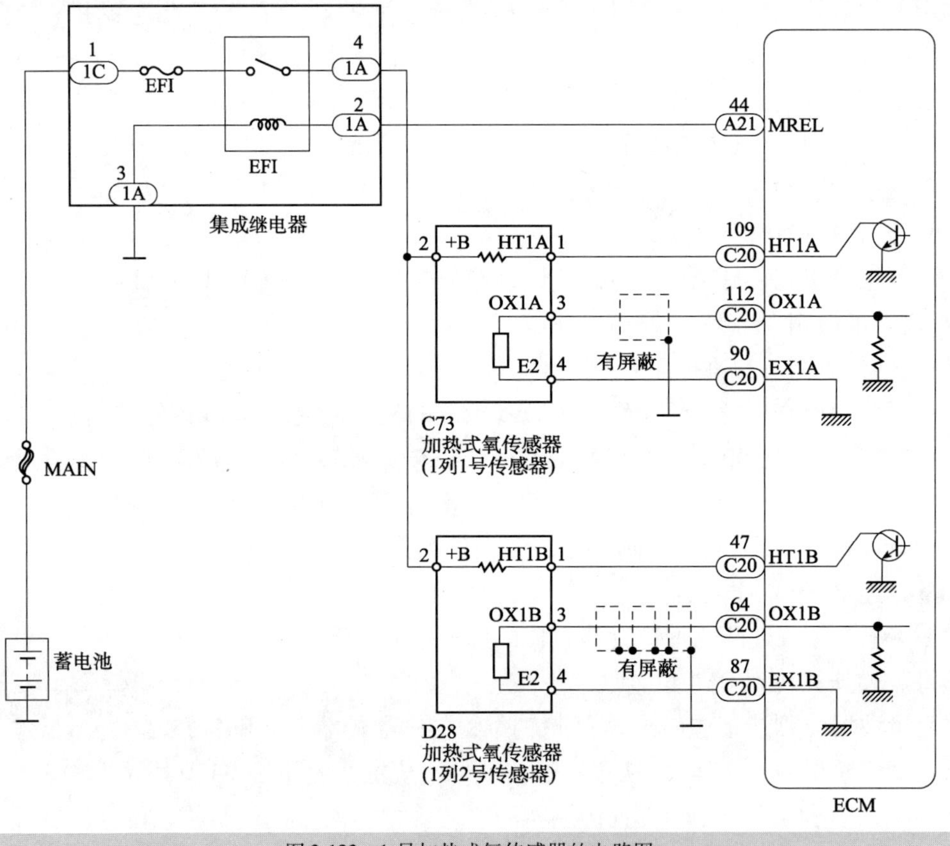

图 2-122　1 号加热式氧传感器的电路图

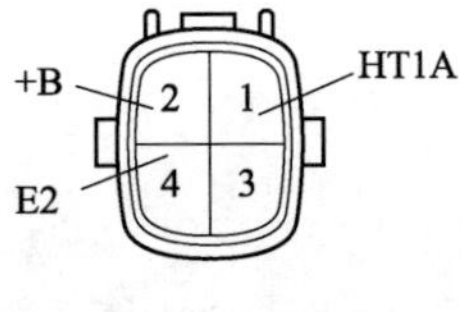

图 2-123　1 号加热式氧传感器的端子含义

1 号加热式氧传感器的检修方法如下。

（1）使用 IT-Ⅱ读取 DTC。

①将 IT-Ⅱ连接到 DLC3 上。

②将点火开关转到 ON 位置。

③打开 IT-Ⅱ。

④进入下列菜单：Powertrain/Engine and ECT/DTC。

⑤读取 DTC。

（2）使用 IT-Ⅱ读取 1 号加热式氧传感器的测试值。

①将 IT-Ⅱ连接到 DLC3 上。

②将点火开关转到 ON 位置。

③打开 IT-Ⅱ。

④进入下列菜单：Powertrain / Engine and ECT / Data List /O_2S B1 S1。

⑤使动发动机以 2500r/min 的转速运转 90s。

⑥发动机怠速运转时，读取氧传感器的电压。标准电压：氧传感器的电压在低于 0.4V 和高于 0.5V 之间交替，t 周期小于 1s，见表 2-9。

1 号加热式氧传感器的测试值　　表 2-9

电压	OK	NG	NG	NG
1V 0.5V 0.4V 0V	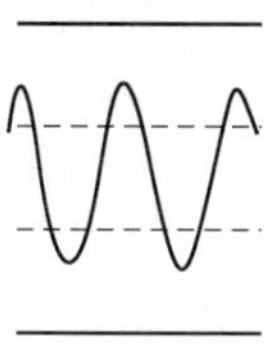			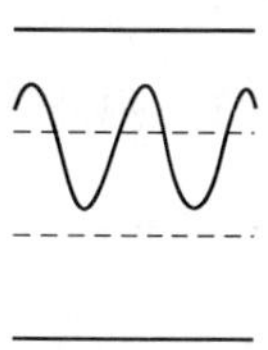

(3)检查 1 号氧传感器加热器的电阻。

①断开 1 号氧传感器的插接器。

②用万用表检查传感器 C73 线束侧的端子 1 与端子 2 之间的电阻。标准电阻：在 20℃ 时为 5～10Ω。

③用万用表检查传感器 C73 线束侧的端子 1 与端子 4 之间的电阻。标准电阻：10kΩ 或更高。

④重新连接氧传感器的插接器。

(4)检查 1 号氧传感器的电源电压。

①断开 1 号氧传感器的插接器。

②将点火开关转到 ON 位置。

③用万用表检查传感器 C73 线束侧的端子 2(VC)与车身搭铁之间的电压。标准电压：9～14V。

④重新连接 1 号氧传感器的插接器。

(5)检查 1 号氧传感器与 ECM 之间的线束和插接器。

①断开 1 号氧传感器插接器。

②断开 ECM 插接器。

③用万用表检查传感器 C73 线束侧的端子 1 与 ECM 线束侧的端子 C20-109 之间的电阻、传感器 C73 线束侧的端子 3 与 ECM 线束侧的端子 C20-112 之间的电阻、传感器 C73 线束侧的端子 4 与 ECM 线束侧的端子 C20-90 之间的电阻。标准电阻：低于 1Ω。

④用万用表检查传感器 C73 线束侧的端子 1 或 ECM 线束侧的端子 C20-109 与车身搭铁之间的电阻、传感器 C73 线束侧的端子 3 或 ECM 线束侧的端子 C20-112 与车身搭铁之间的电阻、传感器 C73 线束侧的端子 4 或 ECM 线束侧的端子 C20-90 与车身搭铁之间的电阻。标准电阻：10kΩ 或更高。

⑤重新连接1号氧传感器插接器。

⑥重新连接 ECM 插接器。

考核评价

学生考核评价表见表2-10。

学生考核评价表 表2-10

<table>
<tr><th>目标</th><th>评价要素</th><th>评价标准</th><th>评价依据</th><th colspan="2">考核方式</th><th>权重</th><th>评分</th></tr>
<tr><td rowspan="3">知识</td><td rowspan="3">基本知识</td><td rowspan="3">知识的要求</td><td rowspan="3">个人作业、课堂笔记、课堂练习、小组作业、期末考试</td><td colspan="2">学生自评</td><td>10%</td><td></td></tr>
<tr><td colspan="2">教师评定</td><td>10%</td><td></td></tr>
<tr><td colspan="2">学生互评</td><td>10%</td><td></td></tr>
<tr><td rowspan="2">能力</td><td rowspan="2">基本技能</td><td rowspan="2">能描述电子控制系统的组成与工作原理;能描述电子控制系统主要部件结构原理;能对电子控制故障进行检测与诊断</td><td rowspan="2">实践练习、小组作业、学生作业单</td><td rowspan="2">教师评定</td><td>动手能力</td><td>15%</td><td></td></tr>
<tr><td>作业单的填写</td><td>15%</td><td></td></tr>
<tr><td rowspan="9">素养</td><td rowspan="3">学习态度</td><td rowspan="3">遵守纪律、积极参与课堂教学活动、按时完成作业、按要求完成准备</td><td rowspan="3">课堂表现记录、考勤表、同学及教师观察、课堂笔记</td><td colspan="2">学生自评</td><td rowspan="3">10%</td><td rowspan="3"></td></tr>
<tr><td colspan="2">小组互评</td></tr>
<tr><td colspan="2">教师评定</td></tr>
<tr><td rowspan="3">沟通协作管理</td><td rowspan="3">乐于请教和帮助同学、小组活动协调和谐、协助教师教学管理、做好教室值日工作、按要求做课前准备和课后整理</td><td rowspan="3">小组作业、小组活动记录、自评及互评记录、值日记录、同学及教师观察</td><td colspan="2">学生自评</td><td rowspan="3">15%</td><td rowspan="3"></td></tr>
<tr><td colspan="2">小组互评</td></tr>
<tr><td colspan="2">教师评定</td></tr>
<tr><td rowspan="3">创新精神</td><td rowspan="3">有自主学习计划、在作业练习中能提出问题和见解、对教学或管理提出意见和建议、积极参与小组活动方案设计</td><td rowspan="3">个人作业、自主学习计划、学习活动、个人口头或书面提议</td><td colspan="2">学生自评</td><td rowspan="3">15%</td><td rowspan="3"></td></tr>
<tr><td colspan="2">小组互评</td></tr>
<tr><td colspan="2">教师评定</td></tr>
</table>

拓展迁移

磁阻效应式凸轮轴位置传感器

丰田卡罗拉1ZR—FE发动机的进(排)气凸轮轴位置传感器利用磁阻效应原理制成。进(排)气凸轮轴位置传感器(G信号传感器)由正时转子和MRE传感器组成,如图2-124所示。MRE传感器由永久磁铁、MRE元件和信号处理集成电路模块组成(用树脂封装)。正时转子安装在进(排)气凸轮轴上,正时转子的外圆周上有3个齿。

凸轮轴旋转时,正时转子和MRE元件之间的空气间隙随之变化,从而影响磁场方向。因此,MRE元件的电阻上下浮动,从而通过MRE元件的电流发生改变。这种电流的改变由信号放大电路、滤波电路和整形电路转换成数字信号，输送给ECM，如图2-125所示。

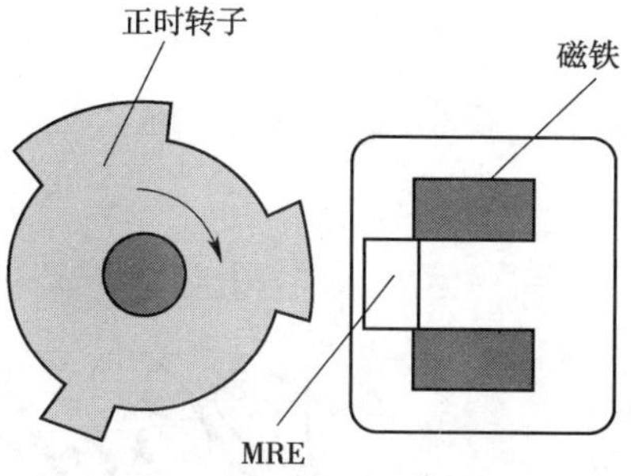

图2-124 进(排)气凸轮轴位置传感器结构图

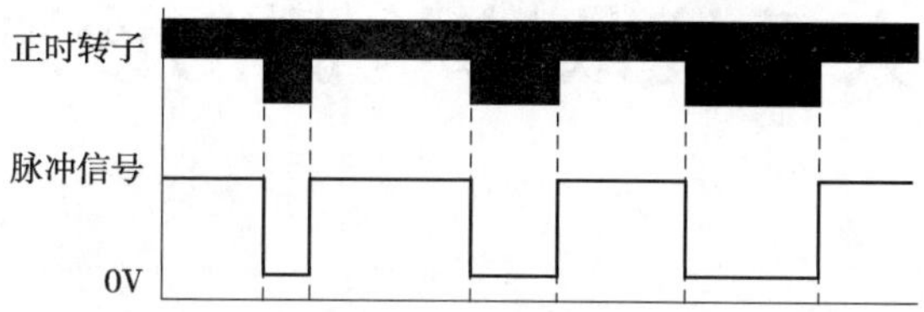

图2-125 MRE传感器的信号波形

项目三 Project 3

电控点火系统故障检测与诊断

任务1　有分电器电控点火系统故障检测与诊断

任务导入

一辆本田雅阁轿车,已行驶10万km。打开点火开关,起动发动机,无起动迹象,高压试火,无火花。

任务分析

根据该车的维修记录以及初步检查,判断为低压电路故障和高压电路故障,维修技师需要对电控点火系统进行故障检测与诊断。

学习目标

能力目标	知识目标	素养目标
1. 能描述有分电器电控点火系统的基本组成与工作过程; 2. 能描述有分电器电控点火系统主要构件的结构原理; 3. 能正确利用设备进行有分电器电控点火系统故障的检测与诊断	1. 具有电控点火系统功能与基本组成等相关知识; 2. 具有有分电器电控点火系统主要部件结构原理的相关知识; 3. 具有有分电器电控点火系统故障检测与诊断的相关知识	1. 具有良好的工作责任心和职业道德; 2. 具有安全操作意识和良好的环境保护意识; 3. 培养学生的团队协作精神

建议学时

4 学时。

学习资讯

1 电控点火系统的概述

❶ 电控点火系统的类型

根据不同的分类标准，电控点火系统可以分为不同的类型。

(1)按照有无分电器来分，可以分为带分电器电控点火系统和无分电器电控点火系统两类。带分电器电控点火系统保留了分电器，点火线圈产生的高压电是经过分电器中的配电器分配至各缸，使各缸火花塞按点火顺序依次点火。无分电器电控点火系统(直接点火系统)取消了分电器，点火线圈上的高压线直接与火花塞相连。工作时，点火线圈产生的高压电直接送至各火花塞，由 ECU 根据各传感器输入的信息，按发动机各缸的工作顺序，适时控制各缸火花塞点火。

无分电器点火系统又可分为单缸独立点火方式和同时点火方式。单缸独立点火即每一个汽缸配一个点火线圈，单独对本缸点火，如图 3-1a)所示；同时点火即两个汽缸合用一个点火线圈，对两个汽缸同时点火，如图 3-1b)所示。

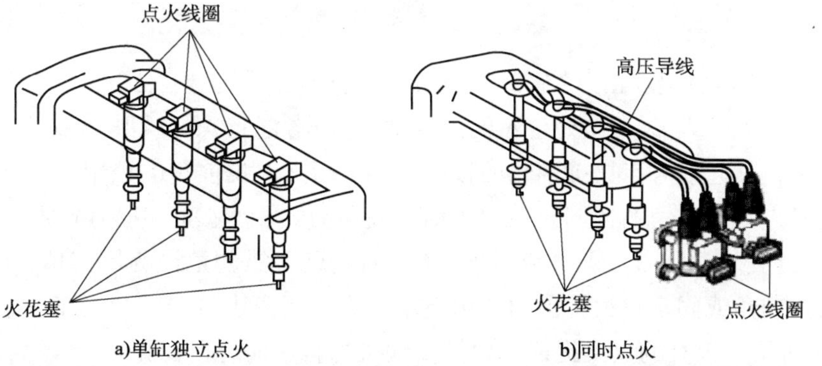

图 3-1　无分电器点火系统

(2)按照控制元件不同来分，可以分为点火模块(ICM)控制型点火系统、主电脑控制型点火系统和独立点火控制型点火系统三种类型。点火模块控制型点火系统如图 3-2 所示。主电脑控制型点火系统如图 3-3 所示，独立点火控制型点火系统如图 3-4 所示。

❷ 电控点火系统的控制功能

汽油机电控点火系统的功能主要包括点火提前角控制、通电时间控制及爆震控制三个方面。

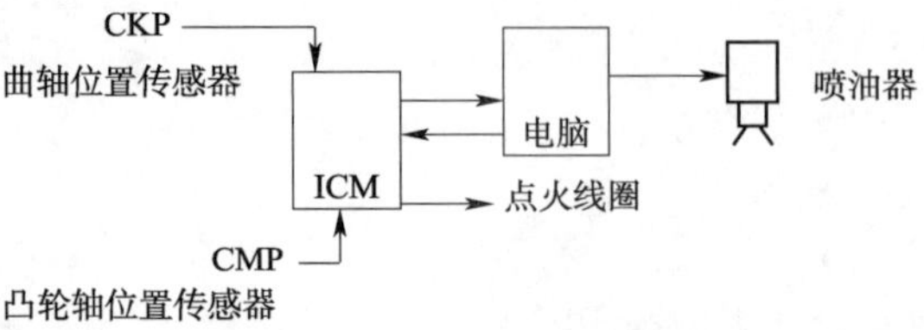

图 3-2　点火模块控制型示意图

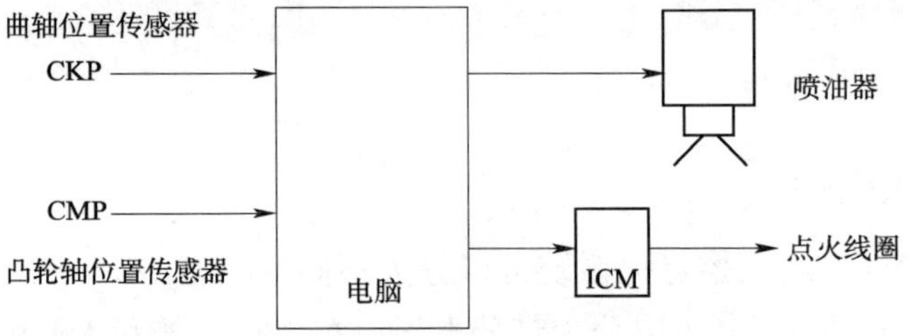

图 3-3　主电脑控制型示意图

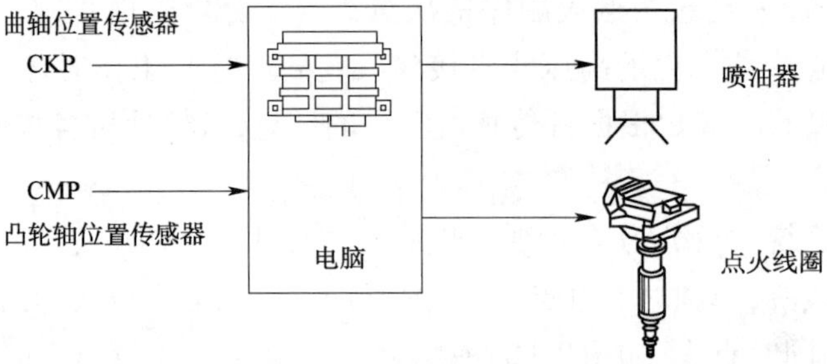

图 3-4　独立点火控制型示意图

(1)点火提前角控制。在电控点火系统中,对于各发动机运行工况,基本点火正时作为一个三维图储存在点火 ECU 微处理器的内存中,然后考虑特殊的驾驶环境进行修正。点火提前角的控制包括起动时点火提前角的控制和起动后点火提前角的控制两个方面。

①起动时点火提前角的控制。在起动期间或发动机转速在规定转速(通常为500r/min)以下时,由于进气歧管压力或进气流量不稳定,因此点火提前角设为固定值,通常将此值定为初始点火提前角或固定点火提前角。由备用点火控制模块(IC)输出固定的参考点火提前角,如图 3-5 所示。也有的点火提前角根据发动机的转速而有所变化。

②起动后点火提前角的控制。发动机起动后,ECU 对最佳点火提前角的计算和控制一般按照如下步骤进行:首先根据基准(G)信号与转速(Ne)信号确定初始点火提前角,然后根据发动机转速和负荷确定基本点火提前角,最后根据有关传感器的信号确定修正点火提前角(图 3-6)。这三项点火提前角的代数和即为实际的点火提前角,即

实际点火提前角 = 初始点火提前角 + 基本点火提前角 + 修正点火提前角

a. 初始点火提前角大小随发动机不同而不同。有些发动机电子控制单元把 G1 或 G2 信号出现后第一个 Ne 信号过零点定位压缩行程上止点前 10°,以这个角度作为点火正时计算

的基准点,其点火提前角即为初始点火提前角。

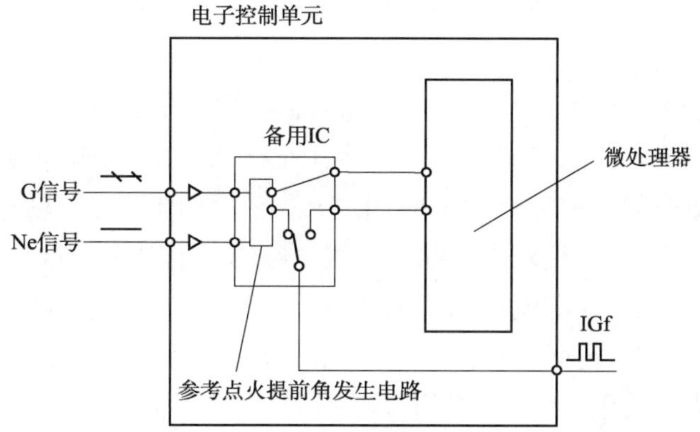

图 3-5 起动时点火提前角的控制图

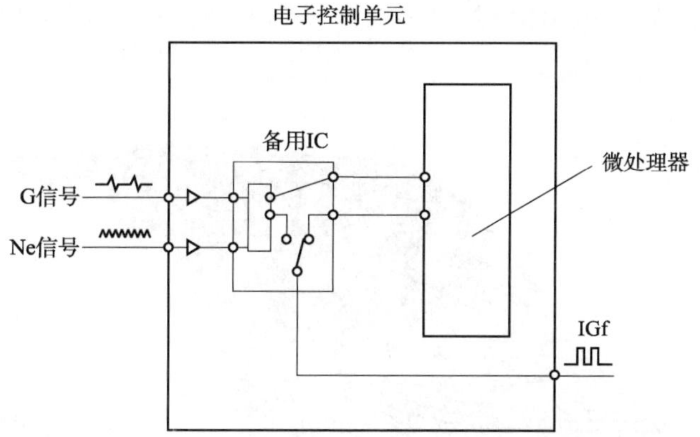

图 3-6 起动后点火提前角的控制图

b. 怠速工况时,ECU 根据发动机转速、空调开关和动力转向开关是否接通确定基本点火提前角(图 3-7);非怠速工况时,ECU 根据发动机转速和进气歧管压力信号(或进气流量信号),从 ECU 存储器中(图 3-8)查出相应工况基本点火提前角。

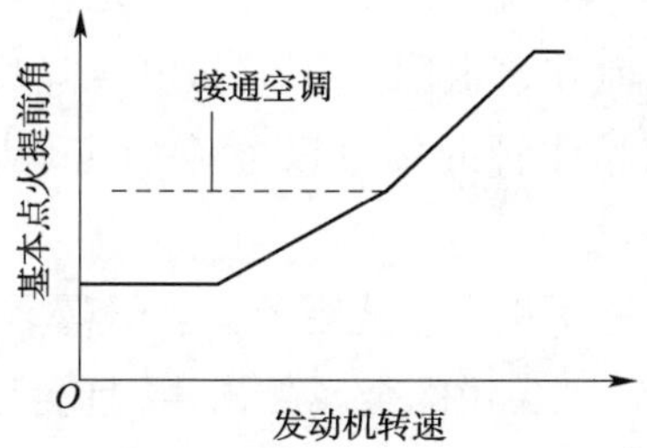

图 3-7 怠速工况基本点火提前角

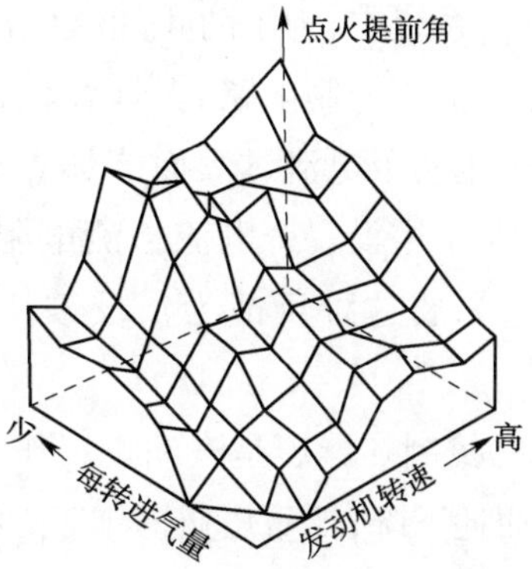

图 3-8 基本点火提前角三维图

c. 电子控制单元根据有关传感器的信号,分别求出对应的修正值,它们的代数和就是修正点火提前角。修正点火提前角包括暖机修正值、过热修正值、怠速稳定性修正值、空燃比反馈修正值和最大和最小提前角控制等多项。

(2)通电时间的控制。由于断开初级电流会影响次级电压最大值(成正比关系),次级电压的高低又直接影响点火系统工作的可靠性,所以在发动机工作时,必须保证点火线圈初级电路有足够的通电时间。但如果通电时间过长,点火线圈又会发热并增大电能消耗。要兼顾上述两方面的要求,就必须对点火线圈初级电路的通电时间进行控制。此外,当蓄电池的电压变化时,也将影响初级电流。如蓄电池电压下降时,在相同的通电时间里初级电流所达到的值将会减小。因此,还必须根据蓄电池电压对通电时间进行修正。

在现代电控点火系统中,点火线圈初级电路的通电时间由 ECU 控制,其控制模型如图 3-9 所示。闭合角(通电时间)控制模型存储在 ECU 内,发动机工作时,ECU 根据发动机转速信号(Ne 信号)和电源电压信号确定最佳的闭合角(通电时间),并向点火器输出指令信号(IGt 信号),以控制点火器中晶体管的导通时间。随发动机转速提高和电源电压下降,闭合角(通电时间)增长。

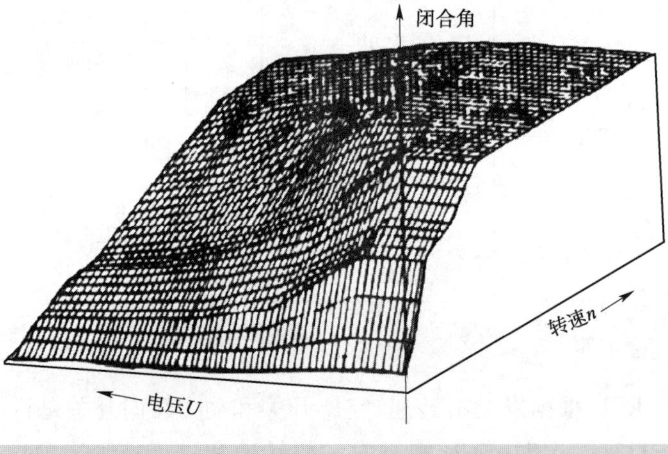

图 3-9　电控点火系统通电时间数据图

在电控点火系统中,为了防止初级电流过大烧坏点火线圈,部分电控点火系统的点火控制电路中增加了恒流控制电路,保证在任何转速下初级电流均为规定值(7A),既改善了点火性能,又能防止初级电流过大而烧坏点火线圈。恒流控制的基本方法是在点火器功率晶体管的输出回路中增设一个电流检测电阻,用电流在该电阻上形成的电压降反馈控制晶体管的基极电流,只要这种反馈为负反馈,就可使晶体管的集电极电流稳定,从而实现恒流控制。

(3)爆震的控制。爆震是汽油机工作时的一种不正常燃烧现象。轻微爆震时,可使发动机功率上升,油耗下降;严重爆震时,汽缸内发出特别尖锐的金属敲击声,且会导致冷却液过热,功率下降,耗油率上升,成为汽油机运行中最有害的一种故障现象。因此,汽油机工作时,应对爆震加以控制。

点火提前角是影响爆震的主要因素之一，推迟点火（即减小点火提前角）是消除爆震的最有效措施。在电控点火系统中，ECU 根据爆震传感器信号，判定有无发生爆震及爆震的强度，并根据其判定结果对点火提前角进行反馈控制，使发动机处于爆震的边缘工作，既能防止爆震发生，又能有效地提高发动机动力性和经济性。爆震控制实际是点火提前角控制中的追加功能。

ECU 根据爆震传感器信号判断有无发生爆震及爆震的强度。有爆震时，则逐渐减小点火提前角（推迟点火），直到爆震消失为止。无爆震时，则逐渐增大点火提前角（提前点火），当再次出现爆震时，ECU 又开始逐渐减小点火提前角，爆震控制过程就是对点火提前角进行反复调整的过程。

爆震时点火提前角的反馈控制如图 3-10 所示，电控点火系统采用闭环控制，并以固定的角度使点火提前角减小，若仍有爆震存在，则再以固定的角度减小点火提前角，直到爆震消失为止。爆震消失后的一段时间内，电控点火系统使发动机维持在当前的点火提前角下工作，此时间内若无爆震发生，则以一个固定的角度逐渐增大点火提前角，直到爆震再次发生，然后又重复上述过程。

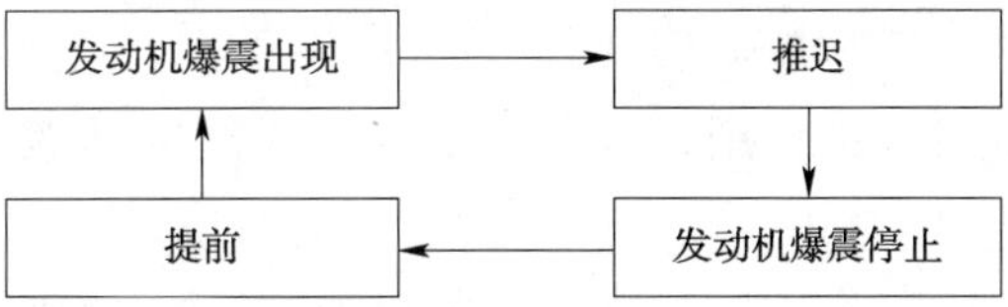

图 3-10　爆震控制过程

发动机负荷很小时，发生爆震的可能性为零，所以电控点火系统在此负荷范围内采用开环控制模式。而当发动机的负荷超过一定值时，电控点火系统自动转入闭环控制模式。发动机工作时，ECU 根据节气门位置传感器信号判断发动机负荷大小，从而决定电控点火系统采用闭环控制或开环控制。

2 带分电器电控点火系统的组成与工作原理

1 带分电器电控点火系统的组成

带分电器电控点火系统由电源、传感器、ECU、点火器、点火线圈、分电器、火花塞等组成，如图 3-11 所示。

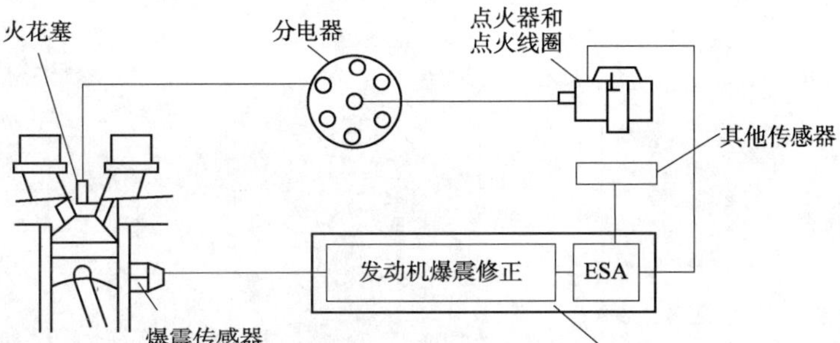

图 3-11　有分电器电控点火系统组成

(1)电源。电源一般由蓄电池和交流发电机共同组成,主要是给点火系统提供所需的电能。

(2)传感器。传感器的作用是检测与点火提前角有关的发动机工况信息,并将信息输入到电控单元,作为运算和控制点火时刻的依据,主要有曲轴位置传感器、进气压力传感器、空气流量传感器、进气温度传感器、冷却液温度传感器、节气门位置传感器、爆震传感器等。

(3)ECU。ECU是电控点火系统的中枢。在发动机工作时,它不断接收各传感器输入的信息,按照特定的程序进行判断、运算后,向点火器输出最佳点火提前角和点火线圈初级电路导通的时间控制信号。

(4)点火器。点火器是电控点火系统的执行元件,它可将电子控制系统输出的点火信号进行功率放大后,驱动点火线圈工作。点火器的内部结构和电路各不相同,有的点火器单纯起开关的作用,接通、切断点火线圈的初级电路;有的点火器除起开关作用外,还有电流控制、闭合角控制、判别缸位、点火监视等功能。

(5)点火线圈。点火线圈可将火花塞跳火所需的能量储存在线圈的磁场中,并将电源提供的低压电转变为足以在电极间产生击穿点火的15~20kV高压电。在有分电器的电控点火系统中,只有一个点火线圈,而在无分电器的电控点火系统中则有多个点火线圈。

(6)分电器。在带分电器的电控点火系统中,分电器根据发动机的点火顺序,将点火线圈产生的高压电依次输送给各缸火花塞。

(7)火花塞。火花塞主要是利用点火线圈产生的高压电产生电火花,点燃汽缸内的混合气。

2 带分电器电控点火系统的工作原理

在发动机工作过程中,各个传感器将检测到反映发动机运行状况的信号输送至ECU。ECU根据各传感器输送的信号确定出最佳点火提前角,并在适当时刻向点火控制器发出点火信号。点火控制器通过其内部的功率晶体管控制点火系初级电路周期性通断,点火线圈产生高电压,使火花塞跳火,点燃汽缸内的可燃混合气。在电控点火系统中,用凸轮轴位置传感器产生G信号,以G信号为基准,按1°曲轴转角分频,用既定的曲轴角度产生点火控制信号(IGt信号),如图3-12所示。

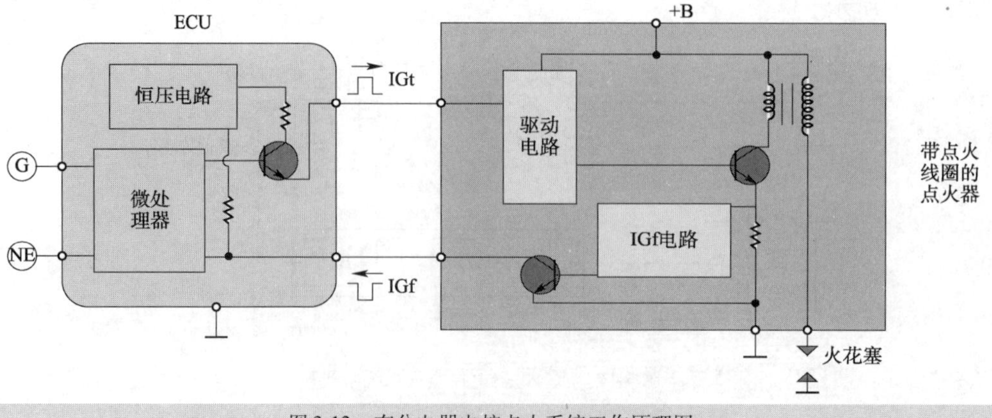

图3-12 有分电器电控点火系统工作原理图

(1)G信号(上止点参考位置信号)。G信号周期对应的曲轴转角等于发动机各缸工作间隔所对应的曲轴转角(四缸发动机为180°,六缸发动机为120°),G信号的相位所对应的曲轴位置与各组活塞的上止点位置有一定的角度,一般为上止点前10°。

根据G信号,ECU可能准确地计算出曲轴每转1°及360°所用时间和发动机转速。由转速和其他传感器输入的参数,ECU可查表,得到点火提前角和点火线圈通电时间。根据计算的1°信号所用时间,可计算出G信号后点火器的通电和断电时刻,最后输出点火控制信号。

(2)Ne信号(发动机曲轴转速信号)。Ne信号的每一个脉冲,表示发动机曲轴转过一个固定的角度。一般的系统中,Ne信号周期为转轴转过30°所对应的时间,在较精密的系统中,Ne信号周期为曲轴转过1°所对应的时间。

(3)IGt信号,ECU向点火器中功率晶体管发出的通断控制信号,如图3-13所示。它是ECU输出到点火组件的点火命令信号,也是点火组件计算闭合角的基准信号。IGt信号输出后,在活塞位置达到存储器所记忆的最佳点火时间时,IGt信号消失,也就是发出了点火指令。

(4)IGf信号。完成点火后,点火器向ECU输送的点火确认信号,如图3-14所示。

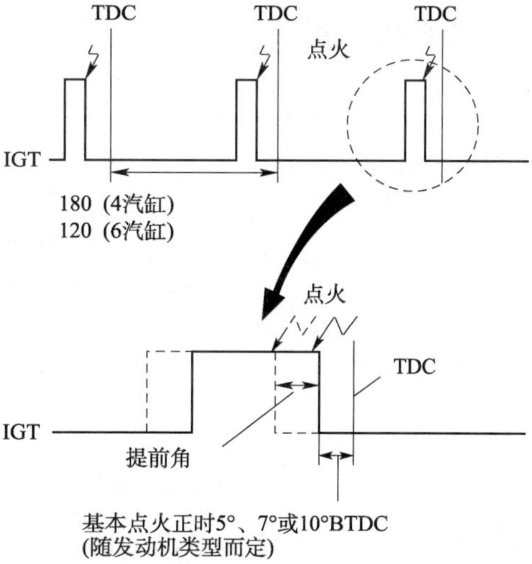

图3-13　IGt信号

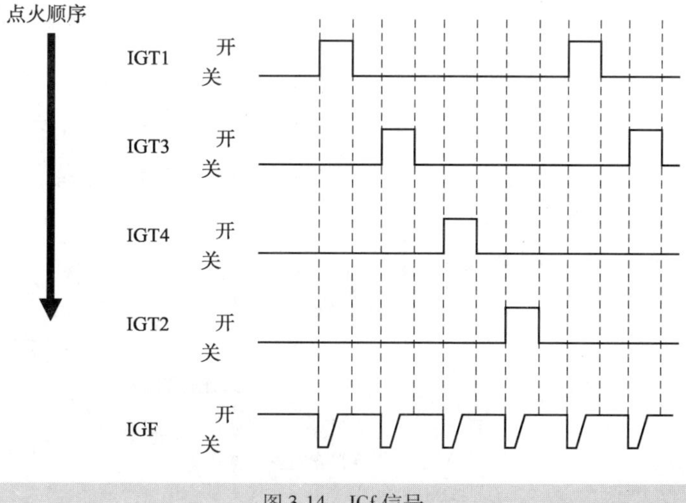

图3-14　IGf信号

3 带分电器电控点火系统故障的检测与诊断

带分电器电控点火系统常见的故障主要是发动机不能起动或起动困难、个别缸不点火、点火时间不当、点火错乱等,常见部位为火花塞、分电器、点火器、点火线圈等。

具体的故障检修及诊断方法将在任务实施中进行分析。

任务实施

下面以广汽本田雅阁轿车 CG5 发动机电控点火系统为例,说明带分电器电控点火系统故障检测与诊断的方法与步骤。

1 整体认识

广汽本田雅阁轿车 CG5 发动机电控点火系统采用带分电器电控点火系统。雅阁 CG5 发动机电控点火系统的电路图如图 3-15 所示。

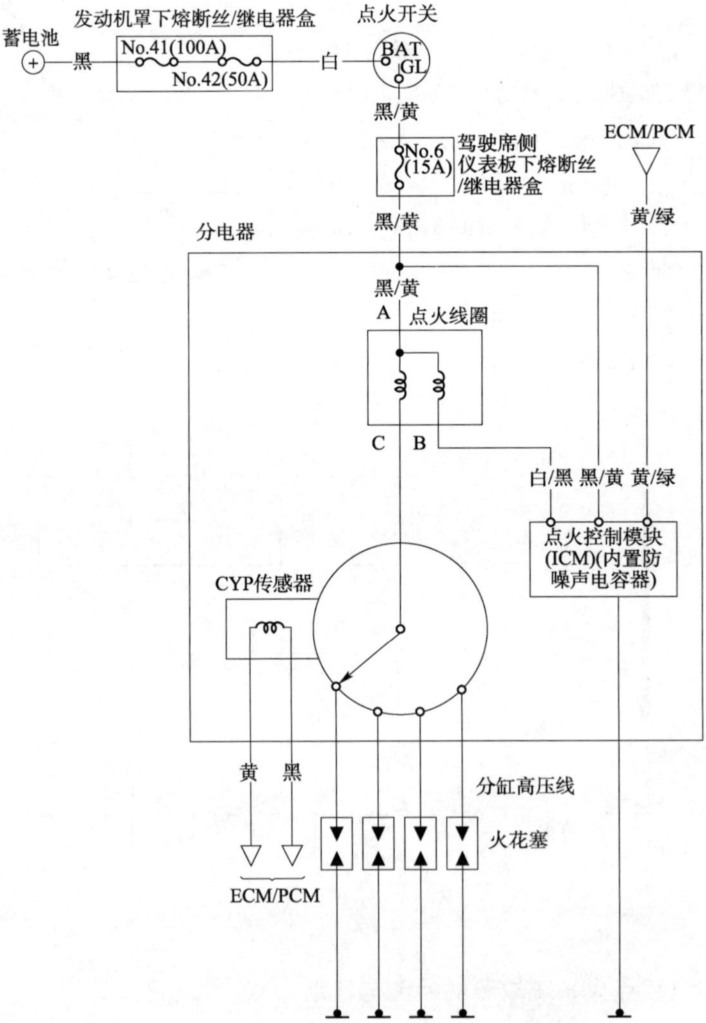

图 3-15 广州本田雅阁轿车带分电器电控点火系统的电路图

2 操作步骤

1 主要部件的检修

(1)点火线圈的检测。点火线圈的检测方法与步骤如下。

①关闭点火开关(OFF),拆下分电器点火(DI)盖。

②如图3-16所示,分别拆开点火线圈的正、负极端子上的黑/黄与白/黑导线。

③用万用表分别测量正极端子A(参见图3-15所示的电路图)与端子B(初级绕组)以及正极端子A与端子C(次级绕组)之间的电阻值。标准值为:端子A和端子B之间的电阻为0.45~0.55Ω;端子A和端子C之间的电阻为16.8~25.2kΩ。若检测值不符合要求,则应更换点火线圈。

(2)分电器的更换与拆卸。

①分电器的拆卸。分电器的拆卸步骤如下:

a.断开分电器上的导线连接器。

b.拆开分电器点火(DI)盖上的分缸高压线。

c.拆下分电器点火(DI)盖。

d.拧出分电器固定螺栓,从发动机汽缸盖上拆下分电器总成。

②分电器的安装。分电器的安装步骤如下。

a.使第1缸活塞处于压缩行程上止点位置。

b.更换新的分电器O形密封圈(图3-17),并在新O形密封圈上涂以发动机润滑油。使分电器端部凸片与凸轮轴端部的凹槽按偏心方向对正,然后将分电器滑动安装到位。

注意:分电器端部凸片与凸轮轴端部的凹槽都可能偏移,一定要避免安装分电器时超出点火正时180°的可能性。

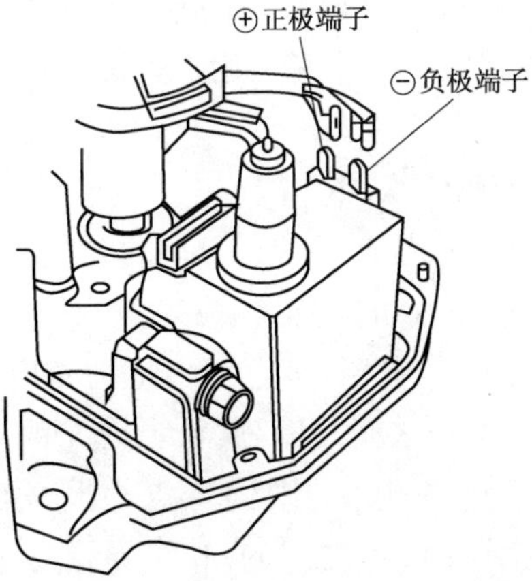

图3-16 点火线圈的正、负极端子

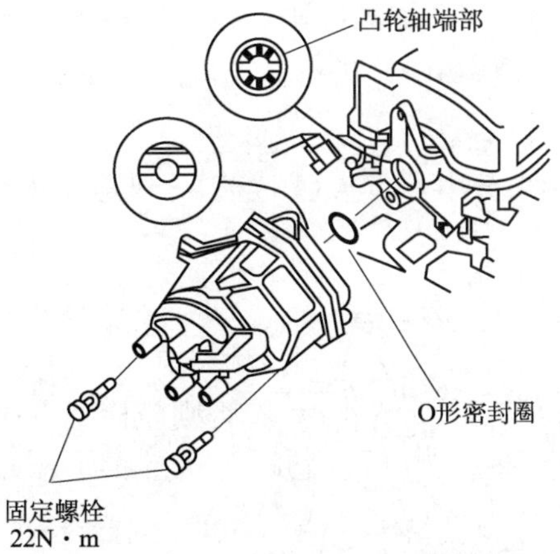

图3-17 更换分电器O形密封圈

c.安装固定螺栓并将其轻微拧紧。

d.将第1缸分缸高压线安装于图3-18所示分电器点火(DI)盖上的标记处,然后按顺时针方向插好第 2、3、4 缸的分缸高压线。

e. 将各分缸高压线与火花塞插接好后,连好分电器导线连接器。

f. 按照“点火正时的检查与调整”再设置点火正时。

g. 最后以 22N · m 的拧紧力矩拧紧分电器固定螺栓。

(3)分缸高压线的检查。分缸高压线的检查方法与步骤如下:

①拉下橡皮套,小心地拆下分缸高压线。

注意:*切勿弯曲分缸高压线,否则可能会将导线内部折断。*

②外观检查分缸高压线有无锈蚀、弯曲(两端头)和破裂现象,并视情予以更换。

③如图 3-19 所示,用万用表检测各分缸高压线的电阻值。电阻值应不大于 25kΩ(在 20℃时),否则应予以更换分缸高压线。

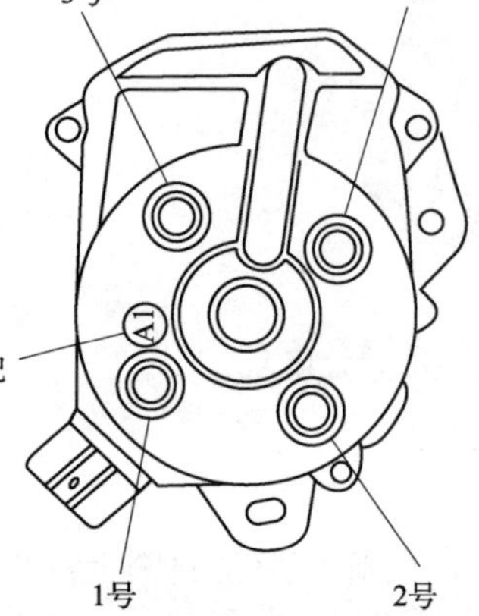

图 3-18 分电器点火(DI)盖上的标记

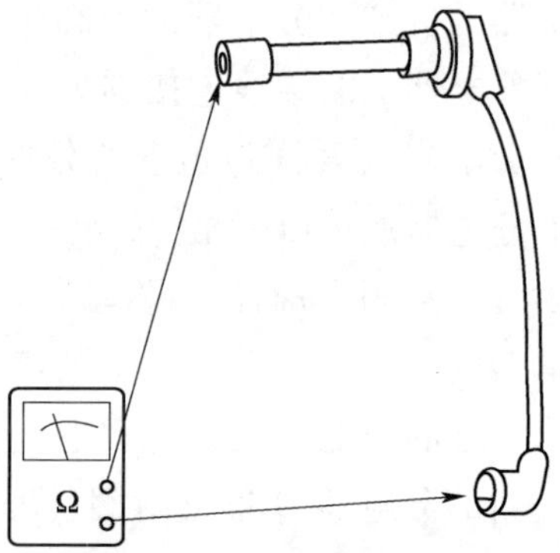

图 3-19 检测分缸高压线的电阻值

(4)点火控制模块(ICM)输入检测。如果行车过程中点火控制模块的故障指示灯(MIL)点亮,应读取故障码。在完成点火系统及燃油和废气排放系统的基本检测后,必须对点火控制模块(ICM)进行输入检测。确认为 ICM 及其电路有故障,则应采取以下检测来判断故障部位。

①拆下分电器点火(DI)盖、分电器点火(DI)转子和绝缘盖。

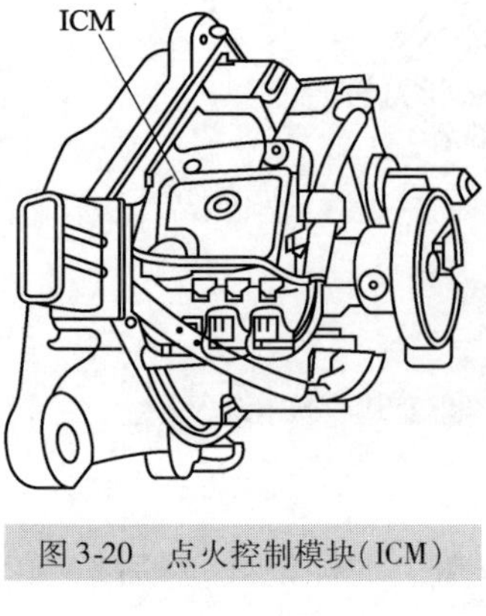

图 3-20 点火控制模块(ICM)

②拆开图 3-20 所示点火控制模块(ICM)的导线。

③将点火开关转至 ON(Ⅱ)位置,检查点火开关与 ICM 黑/黄导线与车体搭铁之间的电压,其电压值应为蓄电池电压,否则应检查点火开关与 ICM 之间的黑/黄导线是否断路。

④若上述检测为蓄电池电压,则仍将点火开关转至 ON(Ⅱ)位置,检查点火线圈与 ICM 之间的白/黑导线与车体搭铁之间的电压,其电压值也应为蓄电池电压,否则应检查点火线圈、点火线圈与 ICM 之间的白/黑导线是否正常。

⑤若上述检测均正常,则从 ECM/PCM 上拆开 25 芯插头,

并检查 ICM 与 ECM/PCM 之间的黄/绿导线的导通情况，应为导通。

⑥ICM 与 ECM/PCM 之间的黄/绿导线与车体搭铁之间应不导通。

⑦如果上述检测均正常，则重新插接上 ECM/PCM 的 25 芯导线连接器，并更换点火控制模块 ICM。

(5)火花塞的检查与安装。火花塞的检查与安装方法与步骤如下：

①检查火花塞电极脏污、磨损与烧蚀情况以及陶瓷绝缘柱上是否有裂纹(图 3-21)。如其中心电极已磨圆(图 3-22)，则应更换火花塞。火花塞型号为：NGK：ZFR5F-11、ZFR6F-11(KA、KV、KY)；DENSO：KJ16CR-L11、KJ20CR-L11(KS、KV、KY)。电极烧损与磨损的可能原因为：点火正时提前、火花塞松旷、火花塞热值过高或火花塞冷却不充分等。火花塞脏污的可能原因为：点火正时迟缓、燃烧室存有油污、火花塞电极间隙不符合要求、发动机怠速过高或过低、空气滤清器堵塞、点火线圈或导线老化等。

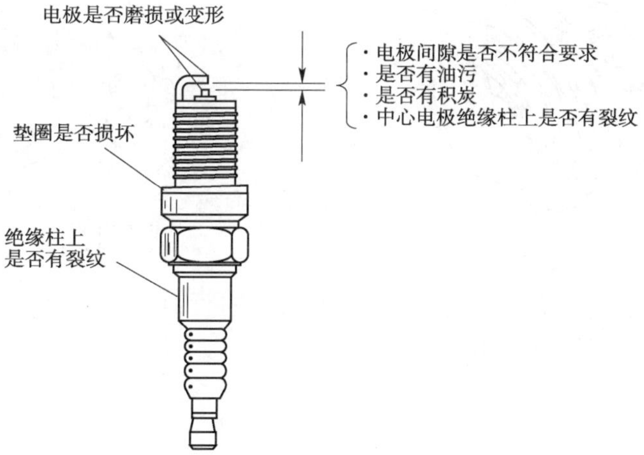

图 3-21　检查火花塞电极脏污、磨损与烧蚀情况以及陶瓷绝缘柱上是否有裂纹

②检查火花塞电极间隙。用塞尺检查火花塞电极间隙，其值应为 1.0～1.1mm。如不符合要求，可扳动侧电极进行调整。

③安装火花塞。将少量密封胶涂抹在火花塞的螺纹部分，并用手将其拧入火花塞孔，然后将其以 18N · m 的拧紧力矩拧紧。

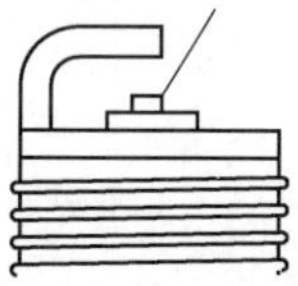

图 3-22　中心电极已磨圆

❷ 点火正时的检查与调整

点火正时的检查与调整方法与步骤如下。

(1)检查并视情调整发动机怠速。

(2)从前乘客席侧仪表板下的插头支架上拔出 2 芯维修检查插头(绿/黑及红/白导线)，然后接上专用工具 SCS 短路插头(T/N O7PAZ-0010100)。

(3)起动发动机，并让发动机在 3000r/min 下进行无负荷运转(换挡操纵手柄置于 N 或 P 位)，直到发动机达正常工作温度(即散热器风扇运转)为止，然后将发动机转速降至怠速。

(4)将正时灯连接到第 1 缸分缸高压线上，然后将灯光对准同步带下罩上的检查标记。

在前照灯、鼓风机、后窗除雾器和空调器等用电器均不工作的情况下，检查点火正时。

(5)如果图3-23所示曲轴皮带轮上的上止点前(BTDC)标记与同步带下罩上的检查标记对正，则表示点火正时值正确，其值为上止点前12°±2°。

(6)如果上述正时标记末对正，则应松开分电器固定螺栓(图3-24)，并顺时针（或逆时针)转动分电器壳体以推迟（或提前)点火正时。

(7)拧紧分电器固定螺栓，再次检查点火正时。

(8)拆下SCS短路插头。

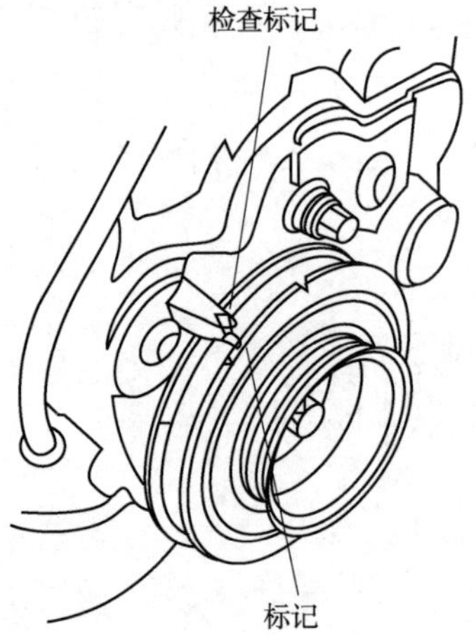

图3-23　将曲轴皮带轮上的上止点前(BTDC)标记与同步带下罩上的检查标记对正

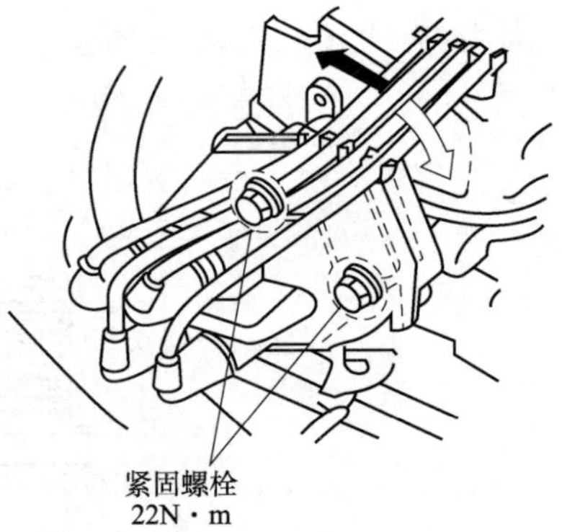

图3-24　松开分电器固定螺栓

考核评价

学生考核评价表见表3-1。

学生考核评价表　　表3-1

<table>
<tr><th>目标</th><th>评价要素</th><th>评价标准</th><th>评价依据</th><th colspan="2">考核方式</th><th>权重</th><th>评分</th></tr>
<tr><td rowspan="3">知识</td><td rowspan="3">基本知识</td><td rowspan="3">知识的要求</td><td rowspan="3">个人作业、课堂笔记、课堂练习、小组作业、期末考试</td><td colspan="2">学生自评</td><td>10%</td><td></td></tr>
<tr><td colspan="2">教师评定</td><td>10%</td><td></td></tr>
<tr><td colspan="2">学生互评</td><td>10%</td><td></td></tr>
<tr><td rowspan="2">能力</td><td rowspan="2">基本技能</td><td rowspan="2">能描述有分电器电控点火系统的组成与工作原理；能描述有分电器电控点火系统主要构件结构原理；能对有分电器电控点火系统故障进行检测与诊断</td><td rowspan="2">实践练习、小组作业、学生作业单</td><td rowspan="2">教师评定</td><td>动手能力</td><td>15%</td><td></td></tr>
<tr><td>作业单的填写</td><td>15%</td><td></td></tr>
</table>

续上表

目标	评价要素	评价标准	评价依据	考核方式	权重	评分
素养	学习态度	遵守纪律、积极参与课堂教学活动、按时完成作业、按要求完成准备	课堂表现记录、考勤表、同学及教师观察、课堂笔记	学生自评	10%	
				小组互评		
				教师评定		
	沟通协作管理	乐于请教和帮助同学、小组活动协调和谐、协助教师教学管理、做好教室值日工作、按要求做课前准备和课后整理	小组作业、小组活动记录、自评及互评记录、值日记录、同学及教师观察	学生自评	15%	
				小组互评		
				教师评定		
	创新精神	有自主学习计划、在作业练习中能提出问题和见解、对教学或管理提出意见和建议、积极参与小组活动方案设计	个人作业、自主学习计划、学习活动、个人口头或书面提议	学生自评	15%	
				小组互评		
				教师评定		

拓展迁移

双火花塞点火技术

复合火花点火发动机一般指发动机每个汽缸采用两个或两个以上火花塞，一般常见的是每缸采用两个火花塞。目前，最为常见的就是本田飞度1.3L i-DSI发动机。i-DSI是Intelligent Dual Sequential Ignition的缩写，中文意思是智能双火花塞顺序点火系统。如图3-25所示，在每个汽缸上装用两个火花塞，分别装入进气侧和排气侧，该系统引用了相位差燃烧概念，从易发生爆震的方向开始逐个点火，降低了爆震倾向。

i-DSI系统根据发动机转速及进气歧管压力来控制进、排气侧火花塞的点火相位。具体工作原理如下：

①怠速时，两个火花塞同时点火，通过加快燃烧速度降低油耗；

②低速时，进气侧火花塞先点火，且点火提前，排气侧火花塞后点火，且点火滞后转矩增大，防止爆震；

③中速时，进气侧火花塞先点火，排气侧火花塞后点火，防止膨胀压力下降；

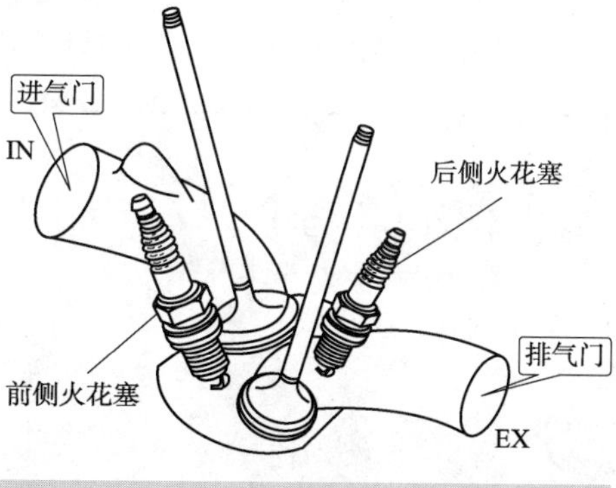

图3-25　i-DSI系统的结构

④中、高速时，进气侧和排气侧两个火花塞同时点火，通过加快燃烧速度提高功率。

本田飞度1.3L i-DSI发动机这种设计可以使发动机在全程范围内实现速燃，使其在中低转速下转矩达到一个很高的水平。同时，i-DSI发动机结构很紧凑，减少发动机在整车上布置所占用的空间。

任务2　无分电器电控点火系统故障检测与诊断

任务导入

一辆丰田卡罗拉轿车，已行驶9万km。该车在行驶过程中，急加速时出现发动机无力、加速不灵敏的现象，且发动机冷却液温度迅速升高。

任务分析

根据该车的维修记录以及初步检查，判断为爆震传感器故障，维修技师需要对电控点火系统进行故障的检测与诊断。

学习目标

能力目标	知识目标	素养目标
1. 能描述无分电器电控点火系统的基本组成与工作过程； 2. 能描述无分电器电控点火系统主要构件的结构原理； 3. 能正确利用设备进行无分电器电控点火系统故障的检测与诊断	1. 无分电器电控点火系统主要元件的构造等相关知识； 2. 无分电器电控点火系统的工作过程； 3. 掌握无分电器电控点火系统检修的相关知识	1. 具有良好的工作责任心和职业道德； 2. 具有安全操作意识和良好的环境保护意识； 3. 培养学生的团队协作精神

建议学时

4学时。

学习资讯

1 无分电器电控点火系统的组成与工作原理

1 组成

无分电器电控点火系统主要由电源、传感器、ECU、点火器、点火线圈、火花塞等组成。无分电器电控点火系统又简称直接点火或全电子化点火系统。主要特点是：利用电子分火控制技术将点火线圈产生的高压电直接送给火花塞进行点火,点火线圈的数量比有分电器电控点火系统的多。

❷ 无分电器电控点火系统的工作原理

(1)双缸同时点火系统。

①结构性能特点。同时点火方式是指两个汽缸合用一个点火线圈,即一个点火线圈有两个高压输出端,分别与火花塞相连,负极对两个汽缸点火,电路图如图3-26所示。两个汽缸组合的原则是:一个汽缸处于压缩行程的终了,另一个汽缸处于排气行程的终了,即同步缸。

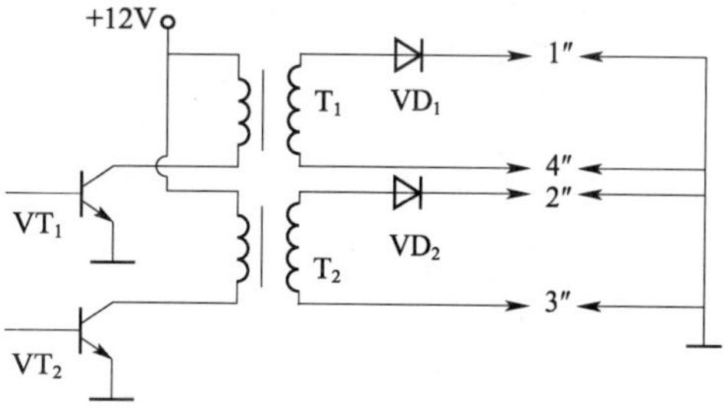

图3-26 双缸同时点火方式

同时点火方式的一个点火线圈上有两个火花塞串联,当产生高压电时,它对两个火花塞同时点火。对于压缩行程的汽缸,由于汽缸压力较高,放电较困难,所需的击穿电压较高;而处于排气行程的汽缸,压力接近于大气压,放电容易,所需的击穿电压低,很容易击穿。因此当两个汽缸的火花塞同时跳火时,其阻抗几乎都在压缩汽缸的火花塞上,它承受了绝大部分电压降,与普遍的只有一只火花塞跳火的点火系统相比较,其击穿电压相差不大,而在排气汽缸火花塞上的电能损失也很小。因此当初级电流突然切断后,在次级线圈上会感应出上万伏的高压电动势,加到火花塞电极之间,跳出高压火花,点燃汽缸内的可燃混合气。

当大功率晶体管导通瞬间,初级电流也会发生突变,这将在次级线圈中产生约1000V的电压,如图3-27所示。在一般的分电器式点火系统中,由于分电器中的分火头与旁电极之间的间隙较大,必须要有较高的电压才足以跳过这么大的间隙,所以1000V的高压电不足以击穿火花塞产生跳火。而在无分电器点火系统中,这样的电压很有可能点燃处于进气行程中汽缸内的混合气。特别是火花塞间隙较小时,火花塞误跳火的可能性就更大。这将会引起回火等现象的发生,使发动机无法正常运转。为防止产生这种现象的出现,在点火线圈的次级绕组中串联一个高压二极管,如图3-28所示。当功率晶体管导通时,产生的感应电动势反向加在高压二极管上,由于二极管的反向截止功能,1000V的高压电就无法使用火花塞跳火。而当功率晶体管截止时,次级绕组产生的高压电与前相反,二极管导通,使火花塞顺利跳火。

②控制特点。在无分电器双缸同时点火系统中,ECU输出的指令除控制通电时刻和通电时间的IGt外,还需要输出能够辨别是哪一组汽缸的指令,即辨缸指令IGd。

在图3-29所示的无分电器双缸同时点火系统中,曲轴位置传感器采用了磁感应式传感器,该传感器可以向ECU提供曲轴转角信号Ne、活塞上止点位置信号G1、G2。发动机ECU根据G1、G2信号判断出下次进行点火的汽缸组,并输送给点火器辨缸指令IGdA和IGdB。ECU根据G1、G2信号及Ne信号查表选择IGdA和IGdB的信号状态(表3-2),以确定各缸的点火顺序。

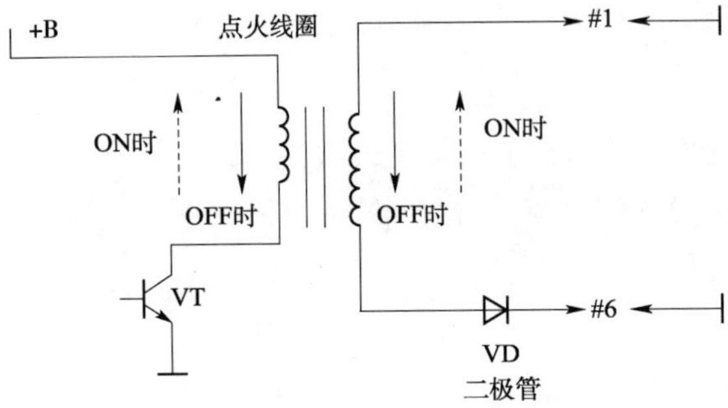

图 3-27　功率晶体管导通时反电动势

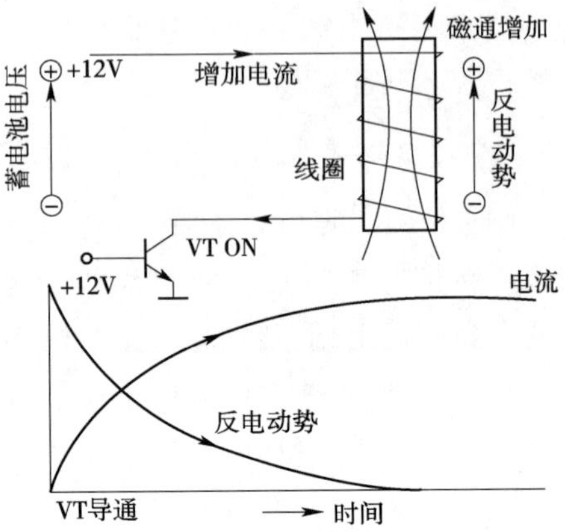

图 3-28　高压二极管的作用

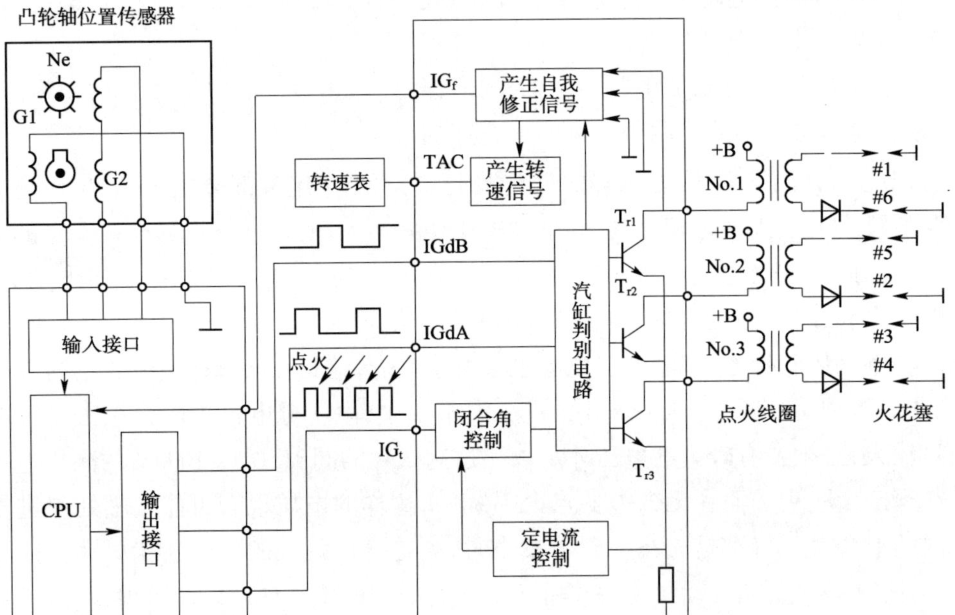

图 3-29　无分器双缸同时点火系统

辨缸指令与发动机点火汽缸之间的关系　　表 3-2

IGdA 状态	IGdB 状态	点火线圈	点火汽缸	结果
低电平 0	高电平 1	1	1 缸、6 缸	点火
低电平 0	低电平 0	2	5 缸、2 缸	点火
高电平 1	低电平 0	3	3 缸、4 缸	点火

G1 信号的作用是判别六缸压缩行程上止点的位置。其信号线圈产生电压波形的时刻设定在六缸压缩行程上止点的附近，只要 G1 信号出现，发动机电控单元即可判定六缸处在

压缩行程上止点附近。G2 信号与 G1 波形相同,但两信号相隔 180°(360°曲轴转角)。其作用是判定一缸压缩行程上止点的位置,即当 G2 信号出现时,表示一缸在压缩行程附近。Ne 信号转子上设有 24 个齿,转子每旋转一周产生 24 个波形信号,每个波形信号表示 15°转角(30°),由于每波形表示的曲轴转角过大,点火控制会引起较大误差,因此电控单元中的转角脉冲发生器将传感器一转产生的脉冲转变成为 1440 个脉冲,即每个波形表示 0.5°曲轴转角。G1、G2 和 Ne 信号的输出波形及对应关系如图 3-30 所示。

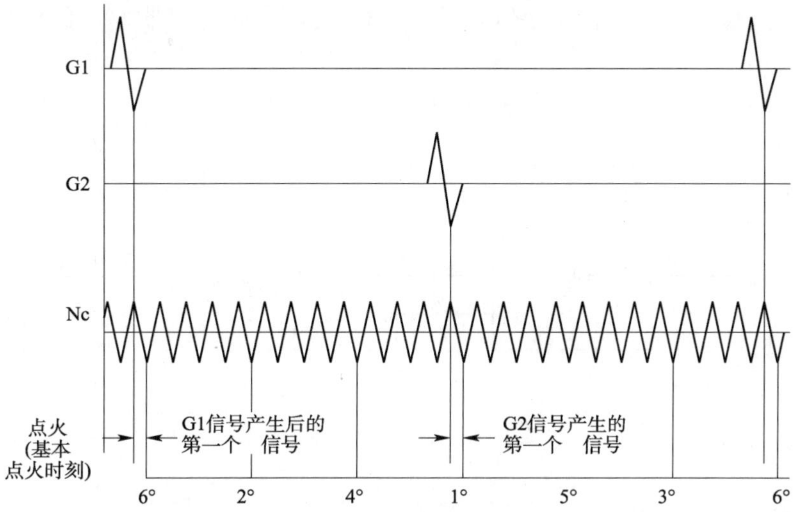

图 3-30　G1、G2、Ne 信号的输出波形

当电控单元接收到 G1 或 G2 信号后,即以 G 信号为基准信号,再根据 Ne 信号确定点火提前角和闭合角。

发动机电控单元通过曲轴位置传感器和曲轴转速传感器接收到 G1、G2 和 Ne 信号,向点火器输出 IGT、IGdA、IGdB 三个信号。其中 IGT 信号是点火正时信号,IGdA、IGdB 信号是电控单元输送给点火器的判缸信号。IGdA、IGdB 信号有两种状态,即高电位代表 1,低电位代表 0,不同的组合状态表示某个需要点火的汽缸。如 0、1 表示 1、6 缸需要点火;0、0 表示 2、5 缸需要点火;1、0 表示 3、4 缸需要点火。点火的触发信号在 IGT 信号的下沿,IGT 和 IGdA、IGdB 信号配合点火的波形和信号组合状态所对应的缸号如图 3-31 所示。

点火器中的汽缸判别电路根据 IGdA、IGdB 信号状态,决定哪条驱动电路接通,并将点火正时 IGT 信号送往与此驱动电路相连接的点火线圈,完成对某缸的点火。

在点火系统完成正常点火的同时,电子点火器向发动机电控单元发出点火确认信号,即将点火线圈初级电路的通、断信号反馈给发动机电控单元。在发动机工作过程中,当 IGf 信号连续 3 ~5 次无反馈信号时,电控单元则判断为点火系统有故障,发出指令强制停止喷油器工作,以免造成缸内喷油过多使再次起动困难或加大三元催化剂系统负荷。

(2)单缸独立点火系统。

单缸独立点火方式电控点火系统如图 3-32 所示。无分电器独立点火方式是每缸一个点火线圈,点火线圈的数量与汽缸数相等,无须分电器就能将高压电适时地分配给各个火花塞。该点火系统的优点是:由于每缸都有各自独立的点火线圈,即使发动机转速很高,点火线圈也有较长的通电时间(大的闭合角),可提供足够高的点火能量;由于去除了高压分电器中的点火花,要求的点火电压会降低一些,单位时间内通过点火线圈初级电路的电流要小得多,点火线圈不易发热,且点火线圈的体积又可以非常小,点火线圈可直接装在火花塞上面;由于该种点火系统有的已不需要分高压线了,避免了对计算机信号的电磁干扰,消除了干扰源;发动机 ECU 可一缸接一缸地改变点火正时,对爆震传感器发出的信号能及时做出响应。

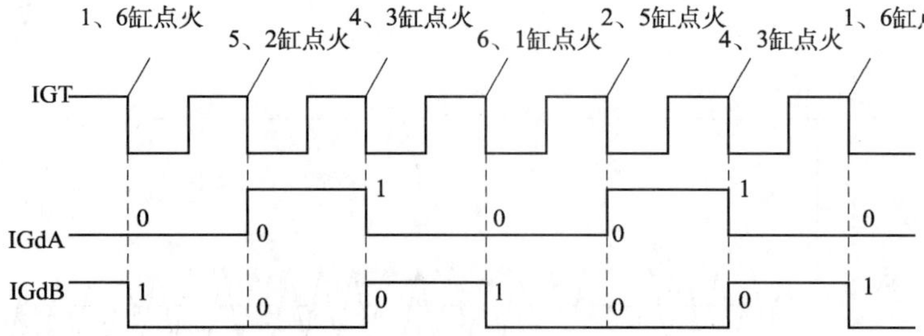

a)

信号 \ 点火缸号	1、6	2、5	3、4
IGdA	0	0	1
IG	1	0	0

b)

图 3-31　IGdA、IGdB、IGT 信号配合点火的波形及 IGdA、IGdB 的状态

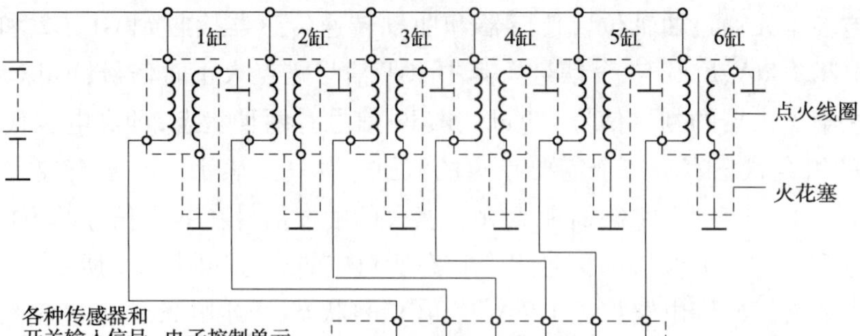

图 3-32　无分电器单缸独立点火系统

2 无分电器电控点火系统主要元件的结构与工作原理

无分电器电控点火系统所用的点火器、点火线圈等元件，其功用、结构、工作原理与带分电器电控点火系统基本相同，在此不再详述，这里主要介绍爆震传感器。

爆震传感器（KS、DS）用来检测发动机有无爆震发生，它是发动机集中控制系统中的重要部件。

检测发动机爆震可以有三种路径：一是检测汽缸压力；二是检测发动机振动；三是检测燃烧噪声。检测汽缸压力存在的主要问题是传感器安装困难，而且耐久性差；而检测噪声的方法因灵敏度、精度低也很少采用；现常用检测发动机振动的方法来判断有无爆震。

采用振动检测方法的爆震传感器有磁滞伸缩式和压电式两种，采用缸压检测方法的有火花塞金属垫型，它们都属于能量转换型（发电型）传感器，现分别介绍如下。

（1）磁滞伸缩式爆震传感器。磁滞伸缩式爆震传感器的结构和输出特性如图 3-33 所示。磁滞伸缩式爆震传感器应用较早，它是一种电感式传感器。它由高镍合金的铁芯、永久磁铁、绕阻及外壳等组成。其工作原理是：当发动机发生爆震时，铁芯振动使绕组中的磁通量发生变化，从而产生感应电动势。当传感器的固有振荡频率与发动机爆震时的振动频率相同时，传感器输出最大信号。

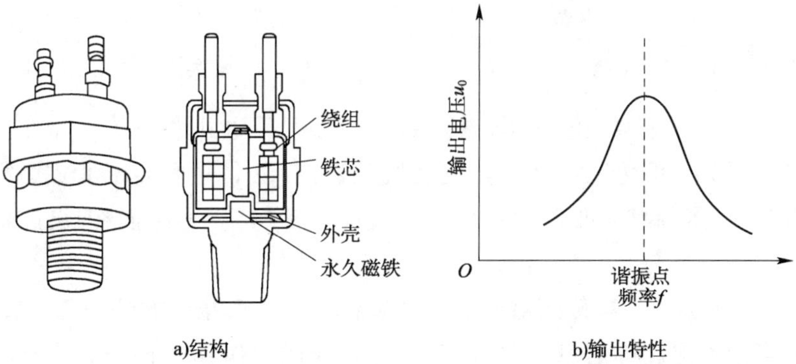

图 3-33　磁滞伸缩式爆震传感器的结构和输出特性

（2）压电式爆震传感器。当沿着一定方向对某些电介质施力而使其变形时，其内部会产生极化，同时在表面产生电荷的现象称之为压电效应。利用压电效应原理制成的传感器称为压电式传感器。压电式传感器是一种力敏元件。凡是能够变换为力的动态物理量，如应力、压力、加速度等，均可用其进行检测。

压电式爆震传感器可分为共振型和非共振型两种。

①共振型压电式爆震传感器。这种爆震传感器结构如图 3-34 所示。由图 3-34 可知，这种爆震传感器由压电元件、振荡片、基座、外壳等组成。压电元件紧贴在振荡片上，振荡片固定在基座上。选择振荡片的固有频率与被测发动机爆震时的振动频率一致，则当爆震发生时两者共振，压电元件有最大谐振输出。它的输出特性与磁致伸缩式类似。

②非共振型压电式爆震传感器。非共振型压电式爆震传感器实际是一种加速度传感器。它是以接受加速度信号的形式来检测爆震的。图 3-35 所示为这种传感器的结构。

这种传感器与上述共振型传感器的不同之处在于:它内部无振荡片,但设置了一个配重块。配重块以一定预应力压紧在压电元件上。当发动机产生爆震时,配重块就以一正比于加速度的交变力施加在压电元件上,从而产生输出信号。这种爆震传感器在爆震时输出的电压较无爆震时无明显增加,爆震是否发生是靠滤波器检出传感器输出信号中有无爆震频率来判别的。

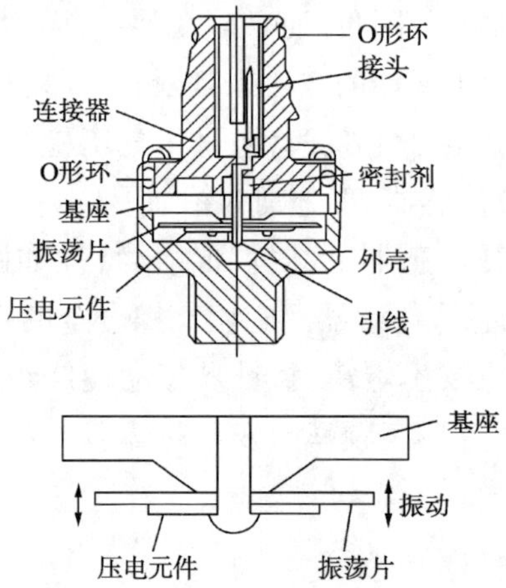

图 3-34 共振型压电式爆震传感器结构

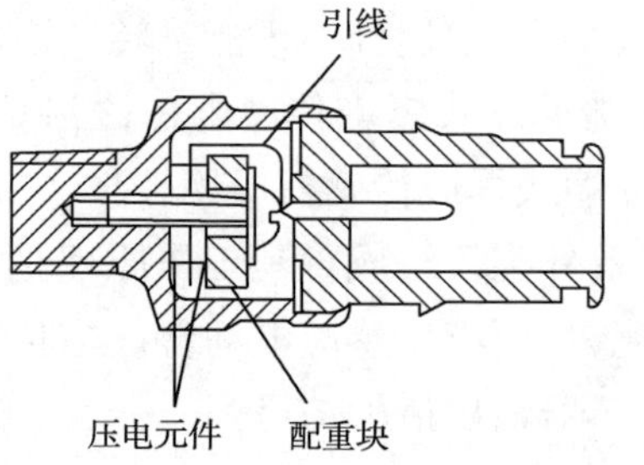

图 3-35 非共振型压电式爆震传感器结构

比较共振型和非共振型压电式爆震传感器,共振型压电式爆震传感器在爆震时输出电压明显增大,易于测量,但传感器必须与发动机配套使用;非共振型压电式爆震传感器用于不同的发动机时,只需调整滤波器的频率范围就可以工作,通用性强,但爆震信号的检测复杂一些。

(3)火花塞金属垫型爆震传感器。该类型传感器是在火花塞的垫圈部位装上压电元件,根据燃烧压力直接检测爆震信息,并将振动压力转换成电压信号输出。该类型爆震传感器一般每缸火花塞安装一个。

压电式爆震传感器与其他压电式传感器一样,必须配合一定的电压放大器或电荷放大器,将信号放大并将高阻抗输入变换为低阻抗输出。

3 无分电器电控点火系统的检测与诊断

无分电器电控点火系统常见的故障与有分电器电控点火系统近似,常见部位为点火线圈、爆震传感器等。故障诊断的一般流程及方法如下:

(1)询问用户。故障产生的时间、现象、当时的情况,发生故障时的原因以及是否经过检修、拆卸等。

(2)初步确定出故障范围及部位。

(3)调出故障码,并查出故障的内容。

(4)按故障码显示的故障范围,进行检修,尤其注意接头是否松动、脱落,导线连接是否正确。

(5)检修完毕,应验证故障是否确已排除。

(6)如调不出故障码,或者调出后查不出故障内容,则根据故障现象,大致判断出故障范围,采用逐个检查元件工作性能的方法加以排除。

任务实施

下面以丰田卡罗拉 1ZR—FE 发动机的电控点火系统为例,说明无分电器电控点火系统故障检测与诊断的方法和步骤。

1 整体认识

卡罗拉 1ZR-FE 发动机电控点火系统采用无分电器电控点火系统。

2 操作步骤

1 点火正时检查

点火正时调整和检查方法如下:

使 DLC1(数据链连接器 1)、DLC2 或 DLC3 的 TE1(TC)—E1(CG)端子短路,设定标准点火正时。如图 3-36 所示,显示型号不同,标准点火正时不同。因此,做调整时应参照相应的维修手册。

标准点火正时不合适,需要调整。当 IDL 信号断开时,即使 TE1 和 E1 端子短路,点火正时也不能设定。对最新车型而言,G 和 Ne 信号传感器固定在发动机上,点火正时不可调整。

2 爆震传感器的检测

丰田 1ZR-FE 型发动机爆震传感器与 ECU 的连接电路如图 3-37 所示。

(1)爆震传感器电阻的检测。点火开关置于 OFF 位置,拔下爆震传感器的导线接头,用万用表欧姆挡检测爆震传感器的接线端子与外壳间的电阻,压电式爆震传感器应为∞(不导通);若为 0Ω(导通),则须更换爆震传感器。

对于磁致伸缩式爆震传感器,还可以应用万用表欧姆挡检测线圈的电阻,其阻值应符合规定值(具体数据见具体车型维修手册),否则应更换爆震传感器。

(2)爆震传感器输出信号的检查。拔下爆震传感器的连接插头,在发动机怠速时用示波器检查爆震传感器的接线端子与搭铁间的电压,应有脉冲电压输出;如果没有,应更换爆震传感器。

在使用中,拆开爆震传感器线束连接器,用万用表在传感器侧检查传感器端子与传感器壳体之间电阻,应不导通(电阻为∞),否则说明内部短路,应更换传感器。

爆震传感器工作情况的检查,可在怠速运转时进行。拆开爆震传感器线束连接器,用示波器检查传感器端子与搭铁之间的信号电压,应有脉冲信号输出,否则说明传感器不良,应更换新件。

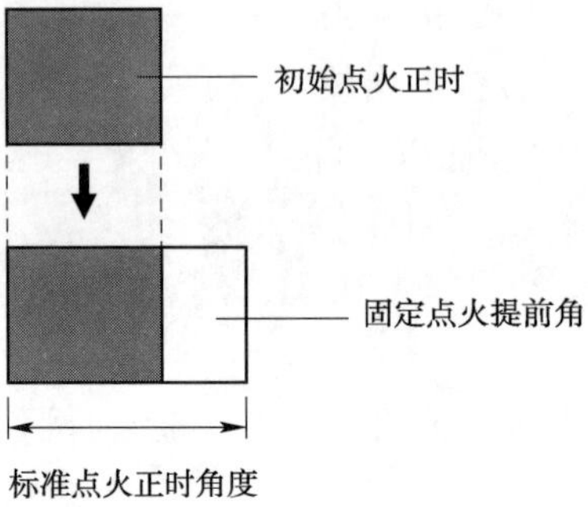

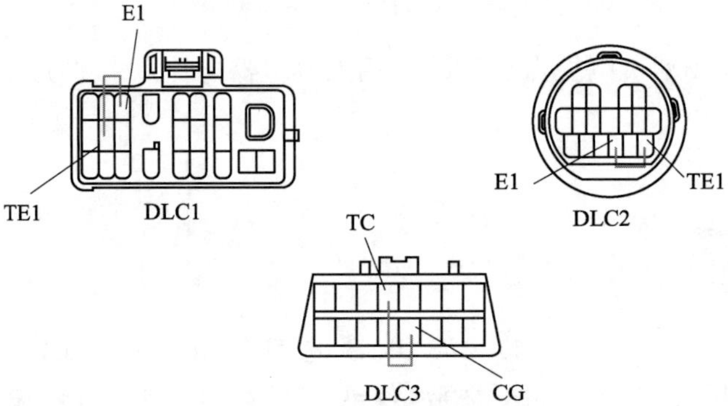

发动机机型	初始点火正时	确定提前点火角	标准点火正时
机型 1	10°BTDC	0°BTDC	10°BTDC
机型 2	5°BTDC	5°BTDC	10°BTDC
机型 3	7°BTDC	0°BTDC	7°BTDC

图 3-36　标准点火正时的设定

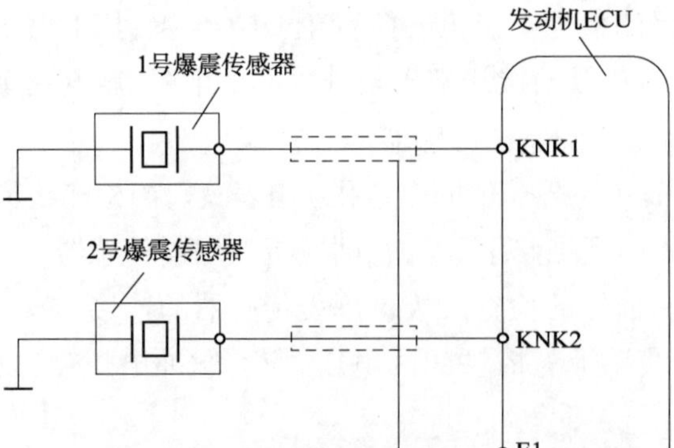

图 3-37　爆震传感器与 ECU 的连接电路

3 点火输出信号电路检修

在点火控制系统中，ECM/PCM 将根据有关传感器输入的信号计算出最佳点火时刻，并输出点火正时信号，以控制点火控制模块 ICM 按规定要求进行点火。

如果故障指示灯(MIL)闪示的故障码为“15”，则说明点火输出信号电路有故障。点火输出信号电路的检修方法和步骤如下：

(1)重新设置 ECM/PCM，并再次热起动发动机，重新读取故障码。如果故障指示灯 MIL 不再闪示故障码“15”，则说明点火控制模块只是间歇性故障。此时应检查分电器与 ECM/PCM 之间的连接导线是否存在连接不良或松动的现象。

(2)如果故障指示灯 MIL 仍闪示故障码“15”，则将点火开关转至“OFF”位置。将点火开关转至 ON(Ⅱ)位置。

如图 3-38 所示，用万用表电压挡检测 ECM/PCM 插头端子 Bl3 与 B20 之间的电压。如果被测得的电压为蓄电池电压，则用一确信无故障的 ECM/PCM 进行替换，并再次进行检查。如果此时车辆的故障症状和 MIL 的故障码显示均不再出现，则更换原来的 ECM/PCM。

(3)如果步骤(2)检测的电压不为蓄电池的电压，则按下述步骤检测 ICM 的输入电压：将点火开关转至 OFF 位置，从分电器上断开其 4 芯插头，将点火开关转至 ON(Ⅱ)。

4 点火控制电路

各车型的点火控制电路基本相同，丰田卡罗拉轿车点火控制电路如图 3-39 所示。点火开关接通后，蓄电池经 30A 熔断丝和点火开关向点火器的“+B”端子和点火线圈的“+”端子供电，点火线圈的“-”端子和点火器的“C-”端子经点火器内的功率晶体管搭铁，从而形成回路。ECU 根据各种传感器的信号，通过“IGT”端子控制点火器内功率晶体管的导通与截止。点火后，点火器通过 IGF 端子向 ECU 反馈点火确认信号。

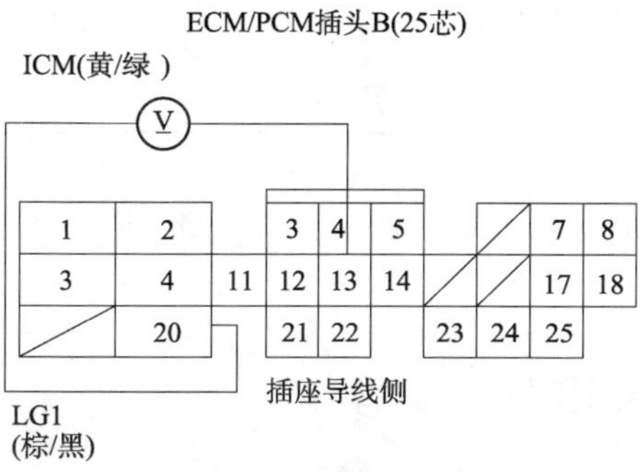

图 3-38　ECM/PCM 插头端子间电压检测

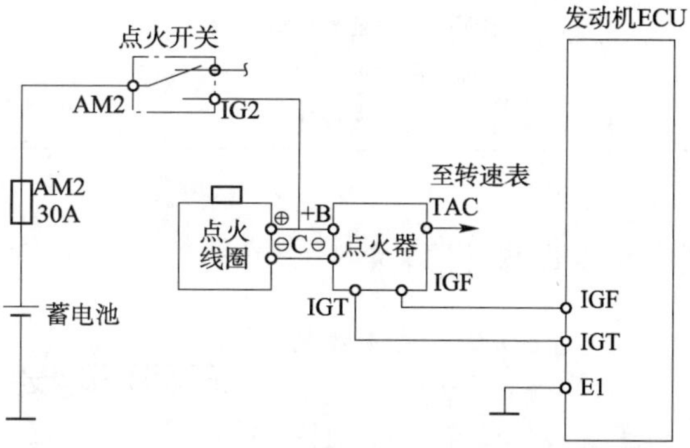

图 3-39　丰田卡罗拉轿车点火控制电路图

在维修时，点火开关接通后，用万用表分别检查点火器的“+B”端子和点火线圈的“+”端子与搭铁之间的电压，应为蓄电池电压，否则说明电源电路有故障。发动机怠速时，检查点火器“IGT”端子与搭铁之间，应有脉冲信号，否则说明控制线路或 ECU 有故障。发动机怠速时，检查 ECU 的“IGF”端子与搭铁之间，应有脉冲信号，否则说明点火器或信号线路有故障。

考核评价

学生考核评价表见表3-3。

学生考核评价表　　表3-3

<table>
<tr><th>目标</th><th>评价要素</th><th>评价标准</th><th>评价依据</th><th colspan="2">考核方式</th><th>权重</th><th>评分</th></tr>
<tr><td rowspan="3">知识</td><td rowspan="3">基本知识</td><td rowspan="3">知识的要求</td><td rowspan="3">个人作业、课堂笔记、课堂练习、小组作业、期末考试</td><td colspan="2">学生自评</td><td>10%</td><td></td></tr>
<tr><td colspan="2">教师评定</td><td>10%</td><td></td></tr>
<tr><td colspan="2">学生互评</td><td>10%</td><td></td></tr>
<tr><td rowspan="2">能力</td><td rowspan="2">基本技能</td><td rowspan="2">正确描述电控发动机燃油系统的组成与工作原理；能够描述电控发动机燃油系统主要构件结构原理；能够对电控发动机燃油系统进行检修</td><td rowspan="2">实践练习、小组作业、学生作业单</td><td rowspan="2">教师评定</td><td>动手能力</td><td>15%</td><td></td></tr>
<tr><td>作业单的填写</td><td>15%</td><td></td></tr>
<tr><td rowspan="9">素养</td><td rowspan="3">学习态度</td><td rowspan="3">遵守纪律、积极参与课堂教学活动、按时完成作业、按要求完成准备</td><td rowspan="3">课堂表现记录、考勤表、同学及教师观察、课堂笔记</td><td colspan="2">学生自评</td><td rowspan="3">10%</td><td rowspan="3"></td></tr>
<tr><td colspan="2">小组互评</td></tr>
<tr><td colspan="2">教师评定</td></tr>
<tr><td rowspan="3">沟通协作管理</td><td rowspan="3">乐于请教和帮助同学、小组活动协调和谐、协助教师教学管理、做好教室值日工作、按要求做课前准备和课后整理</td><td rowspan="3">小组作业、小组活动记录、自评及互评记录、值日记录、同学及教师观察</td><td colspan="2">学生自评</td><td rowspan="3">15%</td><td rowspan="3"></td></tr>
<tr><td colspan="2">小组互评</td></tr>
<tr><td colspan="2">教师评定</td></tr>
<tr><td rowspan="3">创新精神</td><td rowspan="3">有自主学习计划、在作业练习中能提出问题和见解、对教学或管理提出意见和建议、积极参与小组活动方案设计</td><td rowspan="3">个人作业、自主学习计划、学习活动、个人口头或书面提议</td><td colspan="2">学生自评</td><td rowspan="3">15%</td><td rowspan="3"></td></tr>
<tr><td colspan="2">小组互评</td></tr>
<tr><td colspan="2">教师评定</td></tr>
</table>

拓展迁移

如何正确安装火花塞?

1. 火花塞的安装步骤

(1)准备工作。让发动机冷却，清洁火花塞的安装部位，严防异物进入汽缸内。准备好扭力扳手。

(2)力矩把握(表3-4)。应当按照《使用手册》规定的力矩或者回转角度进行安装。

注意：最大安装力矩适用于螺纹上没有润滑剂的新火花塞；如果螺纹上已经有润滑剂，则力矩值应当减小1/3左右，以免产生过应力。

火花塞拧紧力矩推荐值　　表 3-4

火花塞类型 平座:带垫圈 锥座:不带垫圈	铸铁汽缸盖		铝质汽缸盖	
	(N·m)	(kgf·m)	(N·m)	(kgf·m)
10mm,平座	10~15	1.0~1.5	10~15	1.0~1.5
12mm,平座	15~25	1.5~2.6	15~26	1.5~2.6
14mm,平座	20~40	2.0~4.1	20~30	2.0~3.1
14mm,锥座	10~20	1.0~2.0	10~20	1.0~2.0
18mm,平座	35~45	3.6~4.6	30~40	3.1~4.1
18mm,锥座	20~30	2.0~3.1	20~30	2.0~3.1

(3)火花塞螺纹长度应与汽缸盖安装孔螺纹的长度适配,而且只能使用一个密封垫圈安装火花塞。

①若火花塞螺纹太长,其后果:一是火花塞碰触活塞;二是螺纹伸入部分会聚集炭渣;三是侧电极过热;四是火花塞更换困难。

②若忘记安装密封垫圈,后果是:引起燃烧气体泄漏,损失功率,导热能力差,火花塞过热,造成早期点火。

③若多装一个密封垫圈,其后果是:废气聚集点火端,影响点火性能;炭渣聚集安装孔螺纹下端。

④若火花塞螺纹太短,其后果是:废气严重聚集点火端,有不跳火的危险;炭渣严重聚集安装孔螺纹下端,导致更换困难。

2. 安装时可能发生的故障

(1)螺纹丝扣损坏,一般是第一和第二丝扣损伤。这是由于安装时斜向插入火花塞,为此最初安装时不要使用扳手,应当首先用手拧紧,然后使用专用扳手。

(2)金属部位断裂,例如拧紧部位(即六角对边处)、丝扣部位断裂。这是拧紧力矩过大引起的,所以必须按照规定的力矩拧紧。

(3)绝缘体端部破损,往往是绝缘体固定部位破损,或者波状沟部位破损。产生原因是:火花塞扳手发生倾斜、滑动,或者内孔的直径尺寸过小。因此,安装时确保套筒扳手与火花塞同轴,然后施力。

项目四 汽油机辅助控制系统故障检测与诊断

Project 4

任务1 怠速控制系统故障检测与诊断

任务导入

一辆大众帕萨特轿车采用1.8T AWL发动机,已行驶9万km,该车发动机起动正常,但无论冷车还是热车,均出现怠速不稳定,抖动严重,易熄火,来到4S店要求给予维修。

任务分析

根据该车的维修记录以及初步检查,判断为发动机怠速控制系统故障,维修技师需要对怠速控制系统进行故障检测与诊断。

学习目标

能力目标	知识目标	素养目标
1. 能描述怠速控制系统的基本组成与工作过程; 2. 能描述怠速控制系统的主要构件的结构原理; 3. 能正确利用设备进行怠速控制系统故障的检测与诊断	1. 具有怠速控制系统基本组成的相关知识; 2. 具有怠速控制系统主要部件结构原理的相关知识; 3. 具有怠速控制系统故障检测与诊断的相关知识	1. 具有良好的工作责任心和职业道德; 2. 具有安全操作意识和良好的环境保护意识; 3. 培养团队协作精神

建议学时

4 学时。

学习资讯

1 怠速控制系统的概述

1 怠速控制系统的作用

怠速是指发动机在无负荷(对外无功率输出)情况下的稳定运转状态。怠速转速过高,会增加燃油消耗量。汽车在交通密度大的道路上行驶时,约有 30% 的燃油消耗在怠速阶段,因此怠速转速应尽可能降低。但考虑减少有害物的排放,怠速转速又不能过低。另外,怠速控制还应考虑所有怠速使用条件,如冷车运转、电器负荷、空调装置、自动变速器、动力转向伺服机构的接入等情况,它们都会引起怠速转速变化,使发动机运转不稳甚至引起熄火现象。

通常发动机输出负荷时,其转速是由驾驶人通过加速踏板改变节气门的位置,调节充气量来实现的。但在怠速时,驾驶人的脚已离开加速踏板,驾驶人要对充气量进行随机调节已无能为力。为此,在大多数电控发动机上都设有不同形式的怠速转速控制装置,通过对怠速时充气量的控制实现怠速的控制,怠速控制的主要内容有:起动后控制、暖机过程控制、负荷变化的控制以及减速时的控制等。

2 怠速控制装置的类型

目前汽车上使用的怠速控制装置,按控制原理可分为旁通空气式和节气门直动式两类,如图 4-1 所示。

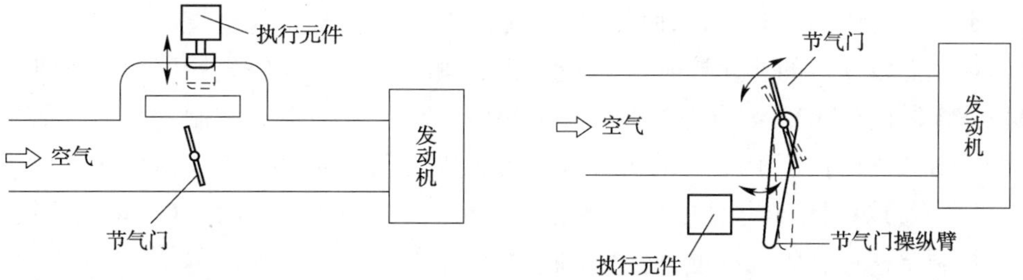

a)旁通空气式　　b)节气门直动式

图 4-1　怠速控制装置的类型

(1)旁通空气式怠速控制装置。旁通空气式怠速控制装置是通过改变旁通流通面积来控制怠速进气量,以达到怠速控制的目的。它又分为两种类型:机械控制方式的怠速空气阀(AAC)和电控的怠速控制阀(ISCV)。

①怠速空气阀(AAC)。在冷起动时,发动机温度低、摩擦阻力大。为了减少发动机的暖机时间,通过怠速空气阀为发动机提供额外的空气(空气量也由空气流量传感器计量),使发动机快怠速运转,以减少暖机时间。当发动机变成暖机后,流经怠速空气阀的空气即被切断,发动机吸入的空气改由怠速控制阀的旁通通道供给,使发动机转入正常怠速运转。常用的怠速空气阀有双金属片式和石蜡式两种。

石蜡式空气阀在节气门体内,它根据发动机的冷却液温度,控制空气旁通气道截面积,控制力来自恒温石蜡的热胀冷缩。采用这种形式的怠速空气阀,导入发动机冷却液是必要条件,为了结构简化,大多采用与节气门体加热共用的冷却液管路一体化结构。图 4-2a)所示为这种一体化结构的总体构成,图 4-2b)所示为石蜡式怠速空气阀的结构。发动机冷却液温度较低时,恒温石蜡收缩,提动阀在外弹簧作用下打开。随着温度的升高,恒温石蜡膨胀,推动连接杆使提动阀慢慢关闭,发动机怠速运转转速下降。当暖机后,提动阀将完全关闭其空气通道,发动机恢复至正常怠速。

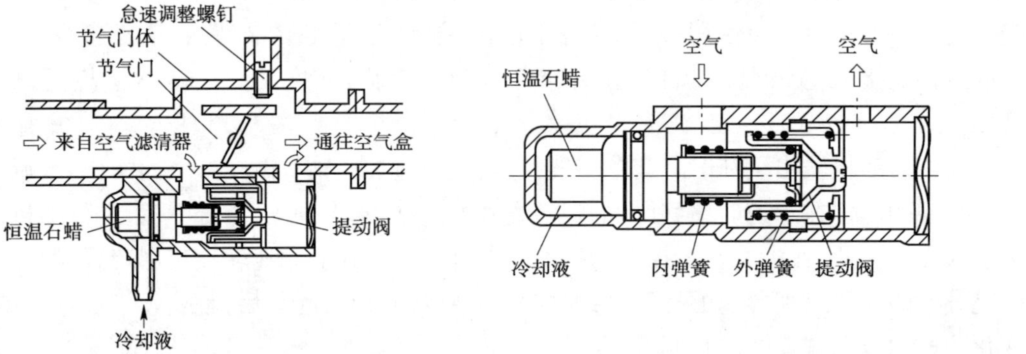

a)怠速控制装置的组成　　b)石蜡式怠速空气阀的结构

图 4-2　石蜡式怠速空气阀构造

双金属片式怠速空气阀和石蜡式怠速空气阀工作原理类似,它是利用双金属元件的热胀冷缩变形来控制阀门的开度,从而控制额外进入进气歧管的空气流量。

目前在电控发动机的怠速控制中,双金属片式和石蜡式怠速空气阀已较少使用。

②怠速控制阀(ISCV)。怠速控制阀不但集中了怠速调整螺钉控制的旁通气道功能外,而且还能在 ECU 控制下,根据发动机实际工况来改变怠速时吸入到发动机的空气量。例如:发动机摩擦力矩变化或其他因素致使发动机怠速转速发生变化时,ECU 可根据接收到的转速信号控制怠速控制阀的开度,使怠速维持恒定。

(2)节气门直动式控制装置。如图 4-1b)所示,节气门直动式怠速控制装置是直接通过对节气门最小开度的控制来控制怠速。ECU 控制直流电动机转动后,由直流电动机驱动减速齿轮并通过螺旋传动将转动量转变成直线移动,从而控制节气门开度的大小,达到控制怠速进气量和怠速的目的。直流电动机这种控制形式的优点是结构简单、工作稳定性好,缺点是采用了齿轮减速机构等传动装置后执行速度慢、动态响应性差、机械磨损较大。

❸ 怠速控制原理

怠速控制系统与其他控制系统相同，主要由传感器、ECU 和执行器三部分组成，如图 4-3 所示。

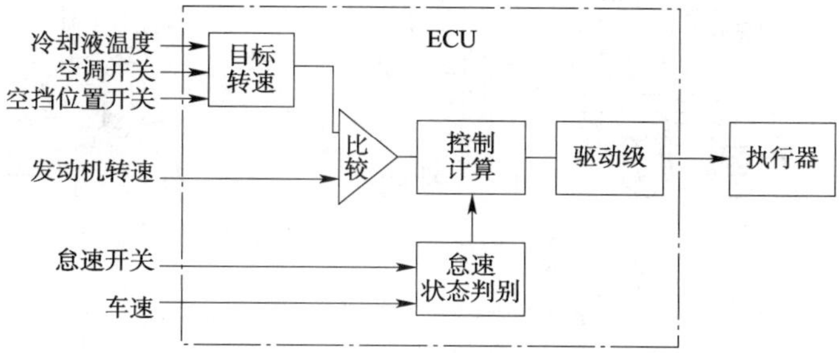

图 4-3　怠速控制系统的控制原理

ECU 首先根据各种传感器的输入信号计算目标转速，然后与发动机的实际转速进行比较，得出的差值，确定相当于目标转速（当时条件下的标准怠速转速）的控制量，去驱动控制空气量的执行机构，从而实现对怠速充气量的控制。

怠速控制采用的是反馈控制，因此为避免非怠速状态下实施了怠速控制，还必须通过节气门全关信号及车速信号等来判断发动机是否正处于怠速状态，从而起动怠速控制。与怠速控制有关的信号有：发动机转速、节气门位置、车速、冷却液温度、空挡起动开关、点火开关、空调开关和电器负载等。控制的项目有：怠速、快怠速、空调怠速和电器负载高怠速。

2 怠速控制系统主要部件结构与工作原理

❶ 怠速控制阀结构与工作原理

旁通空气式的怠速控制阀一般有旋转滑阀式怠速控制阀、步进电动机式怠速控制阀和脉冲式电磁阀三种类型。

（1）旋转滑阀式怠速控制阀。旋转滑阀式怠速控制阀的结构和电路连接如图 4-4 ~ 图 4-6 所示。滑阀被装在电枢轴上，电枢轴上有两个线圈，旋转滑阀的转动角被限制为 90°。在实际运行时，ECU 将检测到的怠速转速实际值（转速传感器输入信号）与编程储存的设定目标值相比较，并根据结果向电枢轴上两线圈交替输出电压，利用电磁线圈的电磁力与永久磁铁的磁力相互作用，使旋转滑阀开度改变，以改变空气旁通道中空气的通过量，直到实际怠速转速与设定目标转速相同为止。两个电磁线圈通电后所产生的磁场同极相对，共同对转轴上的永久磁铁产生作用力，线圈 A 的磁场使转阀开度增大，线圈 B 的磁场使转阀开度减小。

当两个磁场强度相同时，转阀处于中间位置；当两个磁场强度不同时，转阀发生偏转：如果线圈 A 的磁场大于线圈 B 的磁场，则转阀开度增大；如果线圈 A 的磁场小于线圈 B 的磁场，则转阀开度减小。转阀的最终位置取决于两个磁场强度与双金属片弹力的平衡状态。

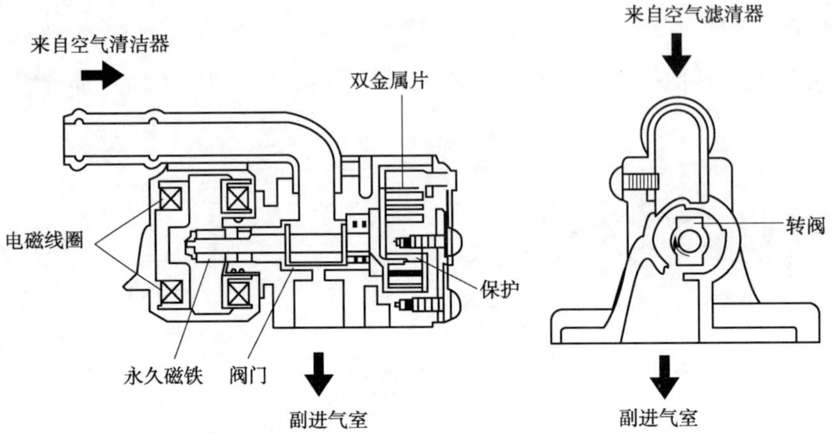

图 4-4　旋转滑阀式怠速控制阀

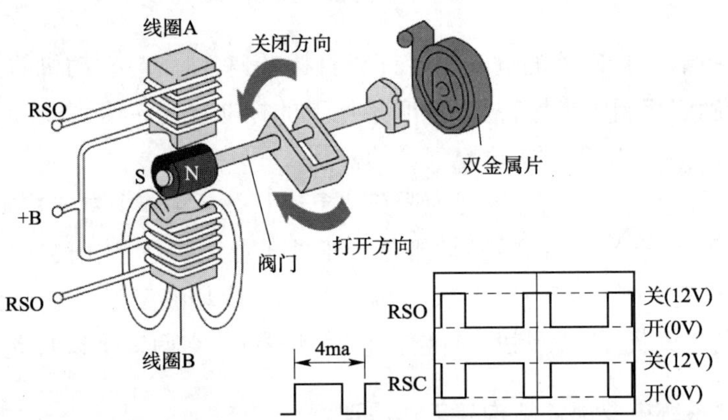

图 4-5　旋转滑阀式怠速控制阀的工作原理

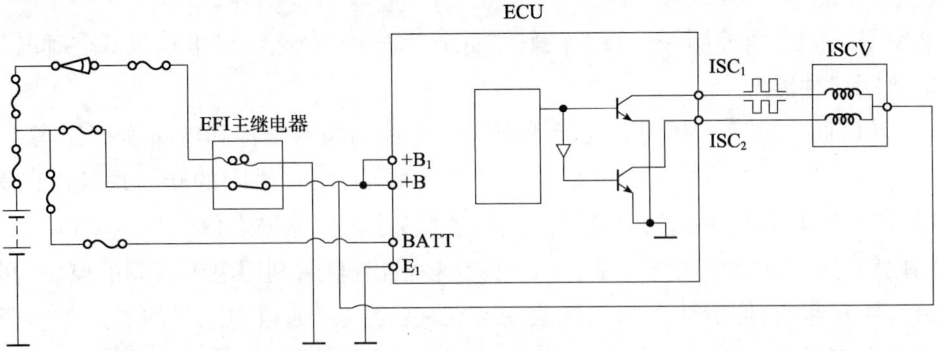

图 4-6　旋转滑阀式怠速控制阀的电路连接图

(2)步进电动机式怠速控制阀。步进电动机式怠速控制阀装在节气门体或进气室上,当步进电动机的转子转动时,其阀杆伸出或缩入,阀杆一端的阀门即可控制旁通气道的开度,如图 4-7 所示。阀门从全关到全开,步进电动机可转 125 步,阀门的开度也相应有 125 级(丰田汽车)。

步进电动机的转子由永久磁铁制成，定子则由两个16极铁芯构成，每个铁芯上绕有两组线圈，两个铁芯共4组线圈（分别为C1、C2、C3、C4），每组线圈都由8个线圈组成，每个线圈都各自绕在一个铁芯极上，这样就形成了16对磁极，如图4-7b）所示。

线圈C1通电时，其磁场使转子转到C1磁极对应的位置；线圈C2通电时，其磁场则使转子转到C2磁极对应的位置，以此类推。如果发动机ECU按照C1→C2→C3→C4的顺序给4组线圈通电，则转子向顺时针方向步步转动，怠速阀步步打开；如果发动机ECU按照C4→C3→C2→C1的顺序给4组线圈通电，则转子向逆时针方向步步转动，怠速阀则步步关闭。

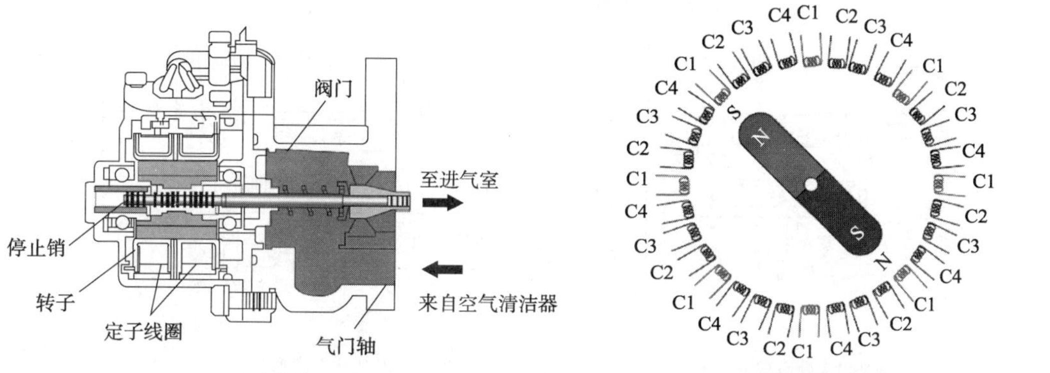

a)结构　　b)工作原理示意图

图4-7　步进电动机式怠速控制阀

丰田汽车步进电动机式怠速控制阀的控制电路如图4-8所示。该怠速控制阀具有如下特定功能。

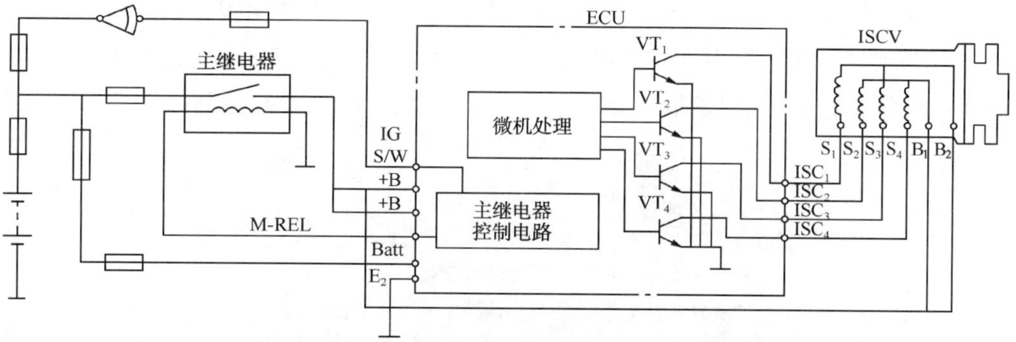

图4-8　步进电动机式怠速控制阀的控制电路（丰田汽车）

①起动位置设定。当发动机停止运转时，ECU将怠速控制阀置于完全打开位置，以确保发动机下一次能够顺利起动。

②主继电器控制。点火开关断开时，ECU会继续维持主继电器接通一段时间，以便步进电动机完成起动位置设定。

③自学习记忆功能。发动机熄火后，ECU内部会记忆达到规定怠速所需要的步数，以便

下次起动后能够迅速稳定怠速。

(3)电磁式怠速控制阀。电磁式怠速控制阀分为线性脉冲式和开关式两种,线性电磁阀式怠速控制阀:发动机 ECU 通过占空比来控制电磁线圈的工作电流,从而直接控制阀门的开度,如图 4-9 所示。开关电磁阀式怠速控制阀的电磁线圈只有通电和断电两种状态,怠速控制阀也只有开、关两种状态,如图 4-10 所示。怠速控制阀打开时发动机的怠速只能提高 100r/min 左右。由于这两种怠速控制阀对怠速的调节范围有限,目前已经很少使用。

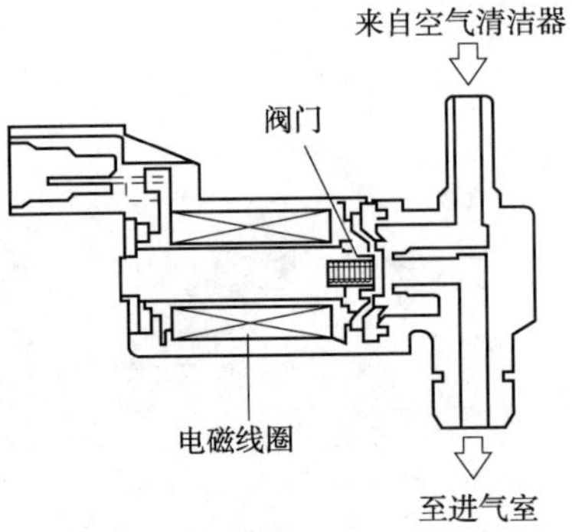

图 4-9 线性电磁阀式怠速控制阀

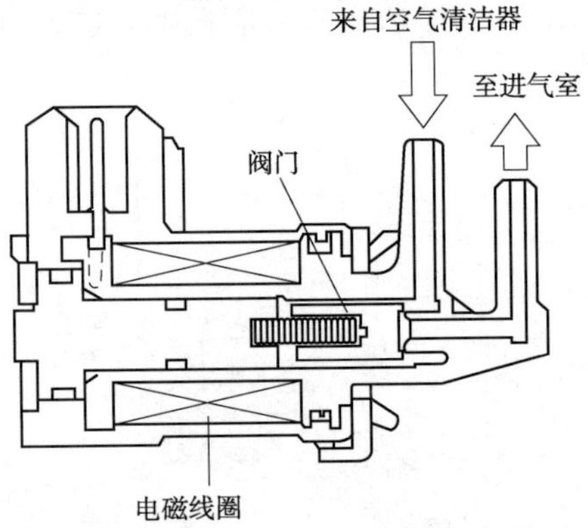

图 4-10 开关电磁阀式怠速控制阀

2 节气门直动怠速控制装置的结构与工作原理

节气门体上不再设置旁通气道和怠速控制阀,发动机 ECU 通过直接控制节气门开度的方式来控制怠速转速,有半电子节气门和全电子节气门两种类型。

(1)半电子节气门。半电子节气门开度只有在怠速工况下才由发动机 ECU 控制,非怠速工况则由驾驶人通过加速踏板人工控制。大众车系早期车型广泛采用此种类型的节气门体,如图 4-11 所示,其节气门轴的一端为节气门拉索盘,另一端为怠速控制装置,怠速稳定

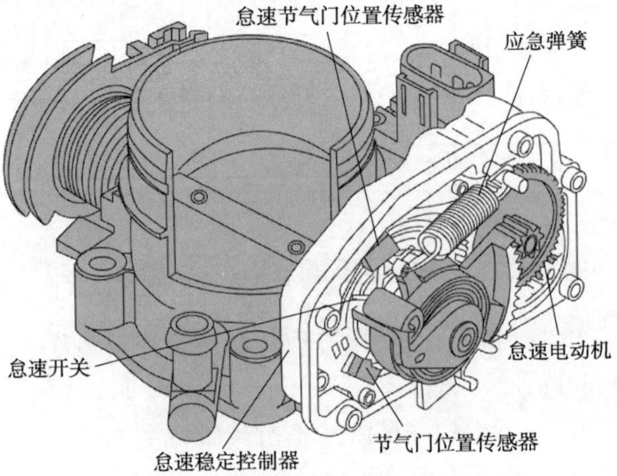

图 4-11 大众车系的节气门体

控制器由怠速电动机、齿轮组、应急弹簧以及相关传感器等组成,其中传感器包括节气门位置传感器、怠速节气门位置传感器、怠速开关等。

怠速时,怠速开关闭合,发动机 ECU 根据节气门位置传感器输出的怠速状态信号判定进入怠速状态,于是开始通过怠速电动机及齿轮组等元件在一定范围内控制节气门开度,节气门实际开度则由怠速节气门位置传感器信号反馈给 ECU,从而既可以实现对故障的监测功能,也可以实现 ECU 的自学习记忆功能。缓冲杆上应急弹簧则用于应急运转功能。

(2)全电子节气门。近年来,许多车型上又出现了一种所谓的“全电子节气门”,或称为“智能节气门”,其全部开度范围都受发动机 ECU 的控制。全电子节气门相关内容在项目二任务 1:空气供给系统故障检测与诊断中已有介绍。在此不再作介绍。

3 怠速控制系统的检测与诊断

怠速控制系统的检测方法主要有以下两种,可酌情选用。

1 就车检查

在冷车状态下起动发动机后,暖机过程开始时,发动机的怠速转速应能达到规定的快怠速转速(通常为 1500r/min);在发动机达到正常工作温度后,怠速转速应能恢复正常(通常为 750r/min 左右)。如果冷车起动后怠速不能按上述规律变化,则怠速控制系统有故障。

发动机达到正常工作温度后,在打开空调开关时,发动机怠速转速应能上升到 900r/min 左右。若打开空调开关后发动机转速下降,则怠速控制系统有故障。

节气门直动式的怠速控制系统需要检测电源电压、发动机 ECU、电子节气门信号等参数。而怠速控制阀式的怠速控制系统则需要检测电源电压、发动机 ECU、怠速控制阀的工作情况。

2 主要部件的检测

(1)ECU 控制电压的检测。对于步进电动机式怠速控制阀,将点火开关置于 ON 位置,然后测量 ECU 的怠速控制端与搭铁端子之间的电压值应为 9 ~ 14V。如无电压,则为线路断路或 ECU 有故障。

对于电磁式怠速控制阀,应拔下怠速线束连接器,用万用表电压挡测量其端子电压。如果在发动机运转过程中,怠速控制阀线束连接器端子有脉冲电压输出,则 ECU 和怠速控制系统线路无故障。若无脉冲电压输出,可打开空调开关后再测试。若仍无脉冲电压输出,则怠速控制系统不工作,应检查 ECU 与怠速控制阀之间的线路(是否有接触不良或断路故障);如怠速系统的线路无故障,则 ECU 有故障,应更换 ECU。

(2)怠速控制阀的检测。

①线圈电阻值检查。步进电动机式怠速控制阀通常有 2 ~ 4 组线圈,各组线圈的电阻值为 10 ~ 30Ω;旋转滑阀式怠速控制阀一般有两组线圈,各组线圈的电阻值为 10 ~ 15Ω;电磁怠速控制阀只有一组线圈,阻值为 10 ~ 15Ω。检测时,如线圈阻值不符合规定,应更换怠速控制阀。

②怠速控制阀动作的检查。车型不同,则采用怠速控制阀类型不同。同一类型怠速控制阀也会因采用的线圈形式和接线端的布置形式不同而不同。下面以皇冠3.0轿车2JL-GE发动机步进电动机式怠速控制阀(图4-8)为例说明其检查方法。

首先,将步进电动机连接器端子 B_1 和 B_2 与蓄电池正极相连,然后将端子 S_1、S_2、S_3、S_4 依次($S_1 \rightarrow S_2 \rightarrow S_3 \rightarrow S_4$)与蓄电池负极相接,此时步进电动机应转动,阀芯向外伸去。若将端子 $S_1 \rightarrow S_2 \rightarrow S_3 \rightarrow S_4$ 按相反的顺序($S_4 \rightarrow S_3 \rightarrow S_2 \rightarrow S_1$)与蓄电池负极相接,步进电动机应朝相反方向转动,阀芯向内缩入。如阀芯不能移动,说明步进电动机失效,应予更换新品。

任务实施

下面以桑塔纳2000GSi发动机的节气门直动式怠速控制系统为例,说明怠速控制系统故障检测与诊断的方法与步骤。

1 整体认识

1 节气门控制组件结构

如图4-12所示,节气门控制组件J338由怠速开关F60、怠速节气门电位计G88、怠速控制电动机V60和节气门电位计G69等组成。

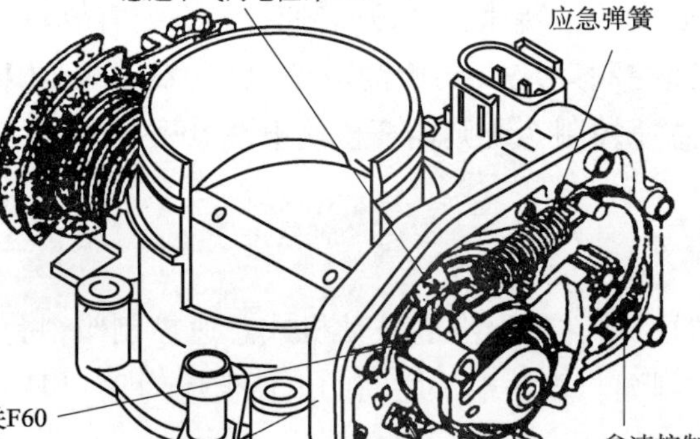

图4-12　节气门控制组件J338的结构

节气门电位计G69和怠速节气门电位计G88这两个部件起着节气门位置传感器的作用。怠速控制电动机V60起着控制怠速的作用,能适当开大或关小节气门,所以本发动机没有怠速控制阀。怠速开关、节气门电位计和怠速节气门电位计都是用来向发动机ECU提供怠速位置信号,ECU J220根据这些信息通过控制怠速电动机来调节怠速时的节气门开度。

2 节气门控制组件工作原理

节气门控制组件J338与ECU J220的连接电路如图4-13所示。当发动机怠速工作时,怠速节气门位置传感器将其阻值变化转换为电信号输入 ECU,电子控制单元接收到该信号后,根据信号电压高低确定节气门在怠速时的位置,再控制怠速控制电动机,怠速控制电动机通过齿轮传动来操纵节气门,在怠速调节范围内微量调节节气门开度,从而调节发动机的怠速转速。

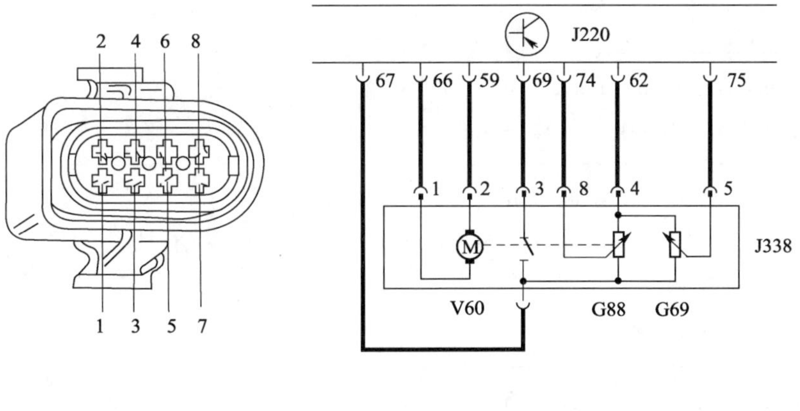

a)节气门控制组件J338插头　　b)节气门控制组件J338与ECU J220的连接电路

图 4-13　节气门控制组件 J338 与 ECU J220 的连接

1～8-端子

2 操作步骤

1 怠速的检查

怠速转速是由发动机 ECU 预先设置的,不能进行调整。进行怠速检查时要满足以下条件:冷却液温度高于 80℃;测试过程中,冷却风扇不能旋转;关闭空调;其他用电设备也关闭;节气门拉索调节正常。

检测步骤如下。

(1)连接故障诊断仪 V. A. G1551 或 V. A. G1552,使发动机怠速运转,输入“发动机电控系统”的地址码 01。

(2)输入“阅读测量数据块”的功能码 08,选择显示组 03,显示屏显示:

Read measuring value block 3	→
800r/min　13.650V92.0℃　43.2℃	

(3)检查区域 3,冷却液温度应大于 80℃。

(4)检查区域 1,发动机怠速转速标准值应为(800 ±30)r/min,如果怠速转速不在标准值范围内,按“C”键,选择显示组 20,按“Q”键确认输入,显示屏显示:

Read measuring value block 20	→
800r/min 0000A\C-Low　Komper. AUS	

(5)检查区域3,空调(A/C)开关应关闭。

(6)检查区域4,压缩机应关闭。如果空调开关是打开的,而压缩机在工作,应把空调开关和鼓风机开关关闭,使压缩机不工作。

如果怠速转速仍然超出范围,按“C”键。选择显示组04,按“Q”键确认输入,显示屏显示:

Read measuring value block	4		→
3∠° 0.23g/s	0.00g/s	Leerlauf	

(7)检查区域4,应当是“Leerlauf”怠速。如果没有怠速显示,应检查怠速开关。

(8)检查区域1,标准值应为0°~50°。如果没有达到标准值,应检查节气门体与发动机ECU的匹配。

(9)按“↑”键,显示屏显示:

Read measuring value block	5		→
800r/min	800r/min	1.7%2.9g/s	

(10)检查区域1,怠速标准值应为(800 ±30)r/min。

2 空气流量计的检测

空气流量计的检测方法与步骤如下。

(1)工作状况的检测。

①使发动机怠速运转。

②输入“阅读测量数据块”的功能码08,选择显示组02。

③区域4显示空气质量,标准值应为2.0~4.0g/s。如果显示的数值不在标准范围内,或者查询到空气流量计有故障,应检查空气流量计的供电电压。

(2)供电电压的检测。

①检查附加熔断丝S。如果熔断丝正常,用发光二极管检测灯V.A.G1527连接空气流量计插头(端子2和发动机搭铁点),如图4-14所示。

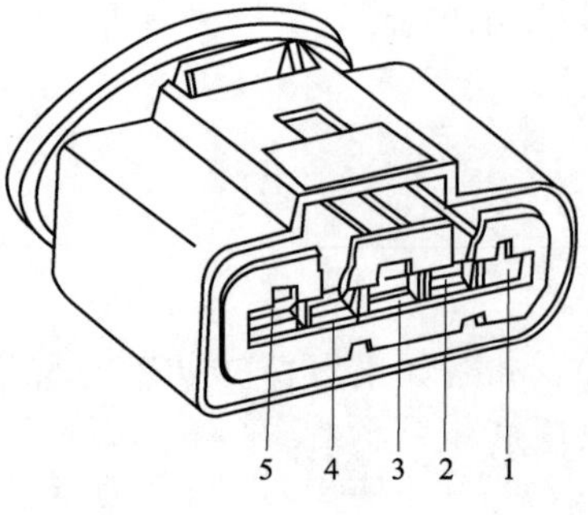

图4-14 空气流量计插头
1、2、3、4、5-端子

②起动发动机,检测灯应点亮。

③如果检测灯不亮,应检查熔断丝和空气流量计插头端子2之间线路是否断路和短路,并排除故障。

④如果熔断丝和线路均正常,但检测灯仍然不亮,应检查汽油泵继电器。

当空气流量计供电电压正常时,再对信号电压进行检测。

(3)信号电压的检测。

①拔下空气流量计插头。

②用万用表 V. A. G1526(量程为 20V 电压挡)连接插头端子 4 和发动机搭铁点。

③打开点火开关,标准值接近 5V。

④如果超出标准范围,更换发动机 ECU。

(4)线路的检测。

①用检测箱 V. A. G1589/22 连接发动机 ECU 插头。

②测量发动机 ECU 插头与空气流量计插头之间线路是否断路或短路,见表 4-1。

ECU 插头与空气流量计插头之间线路的检查　表 4-1

流量计插头端子	1589/22 插孔	标准值(Ω)
4	11	< 0.5
3	12	< 0.5
5	13	< 0.5

③如果线路有断路或短路,应排除故障。

④如果线路没有故障,应更换空气流量计。

(5)怠速开关的检测。

①输入“阅读测量数据块”的功能码 08,选择显示组 98,显示屏显示:

```
Read measuring value block    98                    →
×. ×××V    ×. ×××V    leerlauf
```

区域 3 应当显示怠速。

②逐渐打开节气门,显示屏显示:

```
Read measuring value block    98                    →
    ×. ×××V    ×. ×××V    Teillast
```

区域 3 应当显示部分负荷。

③如果显示不正确,关闭点火开关。用检测箱 V. A. G1598/22 连接发动机 ECU 插头,使用万用表 V. A. G1526 测量检测箱插孔 67 和 69 之间的电阻。标准值:当节气门关闭时,应小于 1Ω;当打开节气门(怠速开关开闭)时,应为∞。

④如果所测得的值不符合标准,检查线路是否断路或者怠速开关是否脏污。如需要,清洁触点,并且重新进行基本设定。

⑤如果所测得的值仍不符合标准,检查节气门是否卡住。如需要,清洁节气门,重复进行节气门体的基本设定。

⑥如果仍然无法完成基本设定,应更换节气门体,然后进行基本设定。

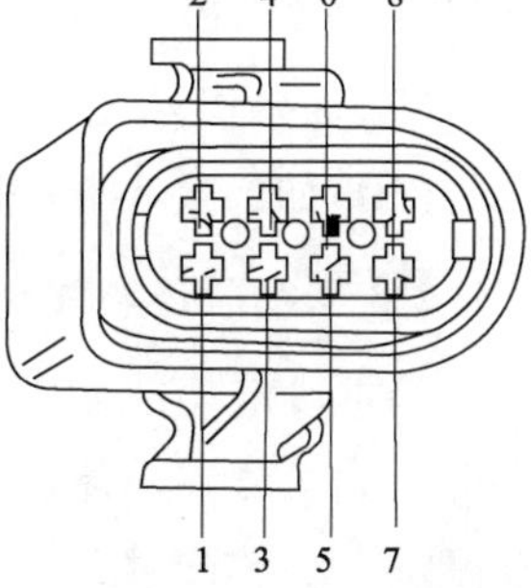

图 4-15　节气门体插头
1 ~8-端子

3 节气门定位电位计和节气门电位计的检测

(1)拔下节气门体插头,如图 4-15 所示。

(2)打开点火开关。

(3)用万用表 V. A. G1526(量程为 20V 电压挡)测量节气门体插头端子 4 和 7 之间的电压,标准值为 5V。

(4)如果所测得的值不符合标准,重新插上节气门体插头,起动发动机。

(5)输入“阅读测量数据块”的功能码 08,选择显示组,显示屏显示:

```
Read measuring value block    98            →
4.420V 3.820V leerlauf
```

区域 1 和 2 的显示值应为 0.5 ~4.9V。

(6)如果显示不正确,关闭点火开关。用检测箱 V. A. G1598/22 连接发动机 ECU 插头,拔下节气门体插头。使用袖珍式万用表 V. A. G1526 测量检测箱插孔和节气门插头之间线路的电阻,见表 4-2。

ECU 插头与节气门体插头之间线路的检查 表 4-2

节气门体插头端子	V. A. G1598/22	标准值(Ω)
1	66	<1
2	59	<1
3	69	< 0.5
4	62	< 0.5
5	75	< 0.5
7	67	< 0.5
8	74	< 0.5

(7)用万用表检查节气门插头各端子对地是否短路。排除线路的断路或短路故障,清洁插头上的脏物,清除故障存储器的信息,完成节气门体的基本设定。

(8)如果不能进行基本设定,检查节气门体是否卡住。如需要,清洁节气门,重复进行节气门体的基本设定。

(9)如果仍然无法完成基本设定,应更换节气门体,然后进行基本设定。

(10)如果还不能完成基本设定,更换新的发动机 ECU。

4 节气门体与发动机 ECU 的匹配

基本设定功能使发动机 ECU 记录在点火开关关闭、发动机不运转时,节气门体的停止位置。如果节气门体拆下再装上、更换节气门体或发动机 ECU 出问题时,必须重新进行基本设定,完成节气门体与发动机 ECU 的匹配。

测试条件:故障存储器中没有故障信息。

匹配过程如下。

(1)接故障诊断仪 V. A. G1551 或 V. A. G1552,打开点火开关但发动机不运转。

(2)输入“发动机电控系统”的地址码 01,显示屏显示:

```
Test of  vehicle  systems                    HELP
Select function  × ×
```

(3)输入“基本设定”的功能码 04,按“Q”键确认输入,显示屏显示:

```
Introduction of basic setting                HELP
Enter display  group number  × ×
```

(4)选择显示组 98,按“Q”键确认输入,显示屏显示:

```
System in basic 98                           →
×. ××× V  ×. ××× V  leerlauf  ADP. EIN
```

当按“Q”键后,节气门定位器移动到最小、最大和五个中间位置,ECU 在永久记忆中记录各种节气门角度。这个过程不超过 10s,节气门在关闭前期保持在起动位置,显示屏显示:

```
System in basic 98                           HELP
×. ××× V  ×. ××× V  leerlauf  ADP. i. o
```

如果在显示屏上出现下列信息,表明匹配过程有故障。

```
System in basic 98                           →
×. ××× V  ×. ××× V  leerlauf  ADP. i. o
```

```
System in basic 98                           →
×. ××× V  ×. ××× V  leerlauf  ERROR
```

```
Function  isunknown  or                      →
Cannot  be carried out at the moment
```

(5)输入“查询故障储存器”的功能码 02,显示屏显示:

```
No faultsrecognized                          →
```

(6)如果没有发现故障,再次检查:踩下加速踏板时怠速开关是否打开,放松加速踏板时怠速开关是否关闭。

如果显示屏显示:

Idling switch does not open Short to earth	→

应踩下加速踏板,检查怠速开关是否打开。

如果显示屏显示:

Idling switch does not open Short to circuit	→

应放松加速踏板,检查怠速开关是否闭合。

如果显示屏显示:

Voltage supply Signal too small	→

应检查发动机 ECU 的供电电压(30 电源线供给 ECU 的电压小于 10V)。

如果显示屏显示:

Throt position /potentionmeter-G88 Signal too small or greet	→

Throt position /potentionmeter-G69 Signal too small or greet	→

Throt position /potentionmeter-G88 Implausible signal	→

应检测节气门电位计和节气门定位电位计。

说明:如果节气门体基本设定存在问题,可能由于以下原因引起:油泥使节气门不能灵活转动;节气门拉索调节不当;节气门体或线束损坏;蓄电池电压太低。

(7)按"→"键,结束节气门体的基本设定。

(8)输入"结束输出"的功能码 06,按"Q"键确认输入。

5 节气门拉索的调整

节气门拉索是非常容易折弯的,因此在安装时必须非常仔细。节气门拉索轻度的弯曲就可能会导致在行驶中断裂,因此节气门拉索一旦折弯就不能再使用。安装时要使节气门拉索在各个支承座和紧固点之间保持平直。通过改变支架上的卡板的位置来调整节气门拉索,使节气门达到全开的位置。

考核评价

学生考核评价表见表 4-3。

学生考核评价表　　表 4-3

目标	评价要素	评价标准	评价依据	考核方式		权重	评分
知识	基本知识	知识的要求	个人作业、课堂笔记、课堂练习、小组作业、期末考试	学生自评		10%	
				教师评定		10%	
				学生互评		10%	
能力	基本技能	正确描述怠速控制系统的组成与工作原理;能描述怠速控制系统主要构件结构原理;能对怠速控制系统故障进行检测与诊断	实践练习、小组作业、学生作业单	教师评定	动手能力	15%	
					作业单的填写	15%	
素养	学习态度	遵守纪律、积极参与课堂教学活动、按时完成作业、按要求完成准备	课堂表现记录、考勤表、同学及教师观察、课堂笔记	学生自评		10%	
				小组互评			
				教师评定			
	沟通协作管理	乐于请教和帮助同学、小组活动协调和谐、协助教师教学管理、做好教室值日工作、按要求做课前准备和课后整理	小组作业、小组活动记录、自评及互评记录、值日记录、同学及教师观察	学生自评		15%	
				小组互评			
				教师评定			
	创新精神	有自主学习计划、在作业练习中能提出问题和见解、对教学或管理提出意见和建议、积极参与小组活动方案设计	个人作业、自主学习计划、学习活动、个人口头或书面提议	学生自评		15%	
				小组互评			
				教师评定			

拓展迁移

步进电动机怠速控制阀怠速控制的过程

以步进电动机怠速控制阀为例说明怠速控制过程,图 4-16 所示为步进电动机怠速控制原理图。

(1)起动初始位置的设定。为了改善发动机再起动时的起动性能,在点火开关闭合后,ECU 将怠速控制阀全部打开(工作 125 步),以便为下次起动做好准备。为了保证怠速控制阀在发动机下次再起动时处于全开位置,在点火开关关闭后,必须继续给 ECU 和怠速控制阀供电。此时,主继电器完成全开设定后,方才断电。

(2)起动控制。发动机起动时,由于怠速控制阀预先设定在全开位置,在起动期间流经怠速控制阀的旁通空气量最大,有利于发动机起动。发动机起动后,若怠速控制阀仍保持在全开位置，则发动机转速将升得过高。因此，在起动期间或起动后，当发动机转速达到规定值时（此值由冷却液温度确定），ECU 开始控制怠速控制阀，将阀门关小到由冷却液温度所确定的阀门开度位置。

如果起动时冷却液温度为 20℃，发动机转速达到 500r/min，ECU 将控制怠速控制阀从全开位置（125 步级）的 *A* 点关小到 *B* 点位置，如图 4-17 所示。

（3）暖机控制（快怠速）。在暖机过程中，怠速控制阀从起动后根据冷却液温度所确定的开度位置开始逐渐关闭阀门，当冷却液温度达到 70℃时，暖机控制（快怠速）结束，如图 4-18 所示。

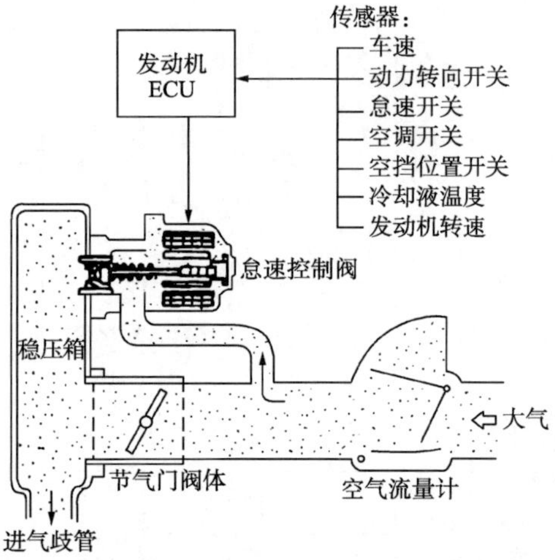

图 4-16　步进电动机怠速控制原理图

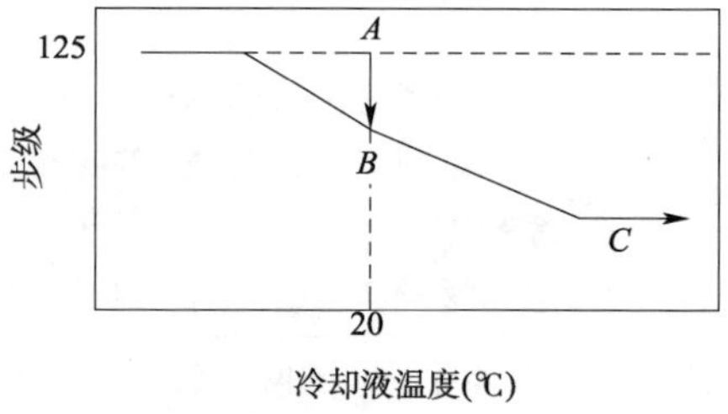

图 4-17　起动控制特性

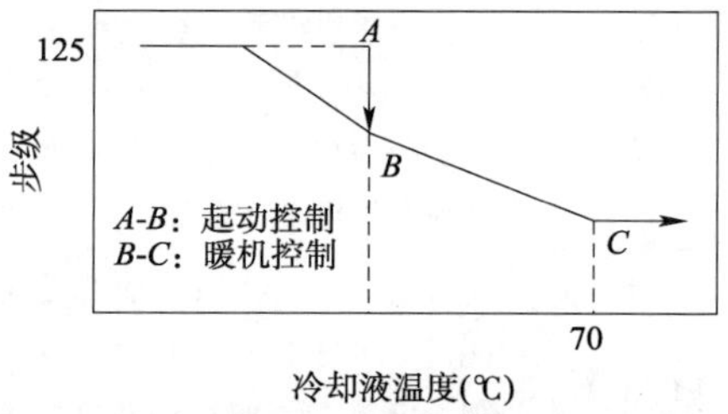

图 4-18　暖机控制特性

（4）反馈控制。在怠速运转过程中，如果发动机的实际转速与 ECU 存储器中所存放的目标转速相差超过 20r/min，则 ECU 随即控制怠速控制阀相应增减旁通空气量，使发动机实际转速值与目标转速值相同。目标转速值根据发动机工况而定，如空挡起动开关是否接通，空调开关是否接通等。

（5）发动机负荷变化预控制。发动机在怠速运转时，如当空挡起动开关、空调开关接通或断开，尾灯继电器或除雾继电器等接通或断开时，将会使发动机的负荷改变。为避免由此引起的发动机转速的波动，在发动机转速出现变化前，ECU 控制怠速控制阀开大或关小的角度。

（6）电器负载增多时的怠速控制。在怠速运转时，如使用的电器负载增大到一定程度，蓄电池电压就会降低。为了保证 ECU 的 +B 端和点火开关 IC 端具有正常的供电电压，需要控制步进电动机，相应增加旁通空气量，提高发动机怠速运转的转速，提高发动机的输出功率。

（7）学习自控制（自适应控制）。ECU 通过步进电动机的正、反转步数，确定怠速控制阀的位置，达到调整发动机怠速转速的目的。由于发动机在整个使用时间，其性能会发生变化，虽然步进电动机控制阀的位置未变，怠速转速也和初设的数值不同。此时 ECU 可在反馈控制的基础上进行学习控制,使发动机转速达到目标值。与此同时,ECU将步进电动机转过的步数存储在存储器中,以便在以后的怠速控制中使用。

任务2　进气控制系统故障检测与诊断

任务导入

一辆2013年款长安福特福克斯轿车,装备1.6L发动机,行驶11万km之后,出现发动机加速无力、中高速时动力明显不足,油耗升高故障,来到4S店要求给予维修。

任务分析

经过电脑诊断仪检测,判断为发动机可变气门正时系统凸轮轴正时控制阀出现故障。要维修该故障,维修技师需要对发动机进气控制系统进行故障检测与诊断。

学习目标

能力目标	知识目标	素养目标
1. 能描述进气控制系统的基本组成与工作过程; 2. 能描述进气控制系统的主要构件的结构原理; 3. 能正确利用设备进行进气控制系统故障的检测与诊断	1. 具有进气控制系统基本组成的相关知识; 2. 具有进气控制系统主要部件结构原理的相关知识; 3. 具有进气控制系统故障检测与诊断的相关知识	1. 具有良好的工作责任心和职业道德; 2. 具有安全操作意识和良好的环境保护意识; 3. 培养学生的团队协作精神

建议学时

4学时。

学习资讯

随着汽车工业的快速发展,以及废气排放法的日趋严格,市场对发动机的动力性、排放标准等有了更高的要求,汽油发动机的进气系统不只是控制不同转速下合适的汽油和空气的混合比例,而且充分考虑以尽可能小的排量达到更高的动力性等要求。进气控制系统的任务是在不同发动机工况下尽可能地提高发动机的进气效率,比如采用长短进气道控制,可变气门正时系统、废气涡轮增压系统等技术都大大提高了发动机的进气效率，不同程度上提高了发动机的动力性能和排放性能。

1 进气增压控制系统

1 废气涡轮增压控制系统

(1)增压原理。废气涡轮增压技术是提高发动机最有效的增压技术。如图4-19所示，废气涡轮增压利用排气能量，增加进入发动机的空气量，增大进气压力，提高发动机的功率。发动机工作时，排出的高温高压废气以一定角度高速冲击涡轮机叶轮，使增压器转子高速旋转。压气机叶轮的高速旋转使得发动机进气歧管内的气压升高，达到增压效果。如此，在进气过程中，空气会受到较大的压力，从而使更多的、密度更大的空气进入汽缸，增加循环供油量。这样，燃油就可以更加充分地燃烧，发动机的性能得到了提高。

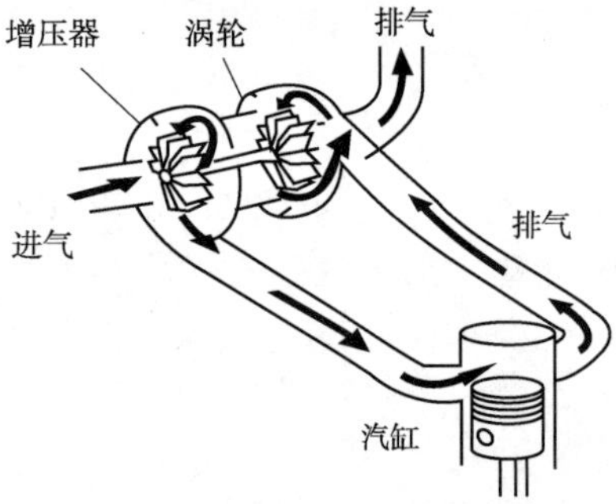

图4-19 废气涡轮增压系统增压原理

废气涡轮增压器由涡轮机和压气机等部分组成。涡轮机进气口与发动机排气歧管相连，排气口则接在排气管上；压气机进气口与空气滤清器相连，排气口则接在进气歧管上。从发动机排气歧管排出的是高温高压的废气，具有一定的能量。而废气涡轮增压器的动力来源主要就是这些废气。涡轮机叶轮与压气机叶轮通过增压器轴刚性连接，这部分称作增压器转子。增压器转子通过浮动轴承固定在增压器中，如图4-20所示。

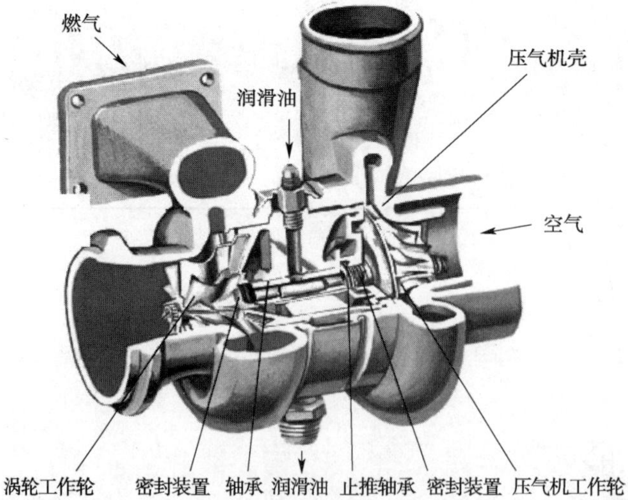

图4-20 废气涡轮增压器的结构

涡轮增压器在发动机高转速时，容易使汽油机增压压力过高而产生爆震，因此需要采用增压控制系统。

(2)废气涡轮增压控制系统的组成与工作原理。图 4-21 为目前常见的废气旁通式废气涡轮增压控制系统。增压压力控制系统主要由发动机 ECU、增压压力传感器、增压压力控制阀、膜片式控制阀以及旁通阀等组成。发动机 ECU 根据发动机的加速、爆震、冷却液温度、进气量等信号,确定增压压力的目标值,并通过增压压力传感器来反馈发动机的实际增压压力值。发动机 ECU 根据其差值控制增压压力控制电磁阀脉冲信号的占空比,电磁阀通过控制作用在膜片式控制阀上的气体压力来控制涡轮增压旁通阀的开度位置,增压器旁通阀开口的大小能够控制废气涡轮的转速,从而控制增压压力的大小,实现增压压力的闭环控制。增压器旁通阀在发动机静止的状态下是关闭的。

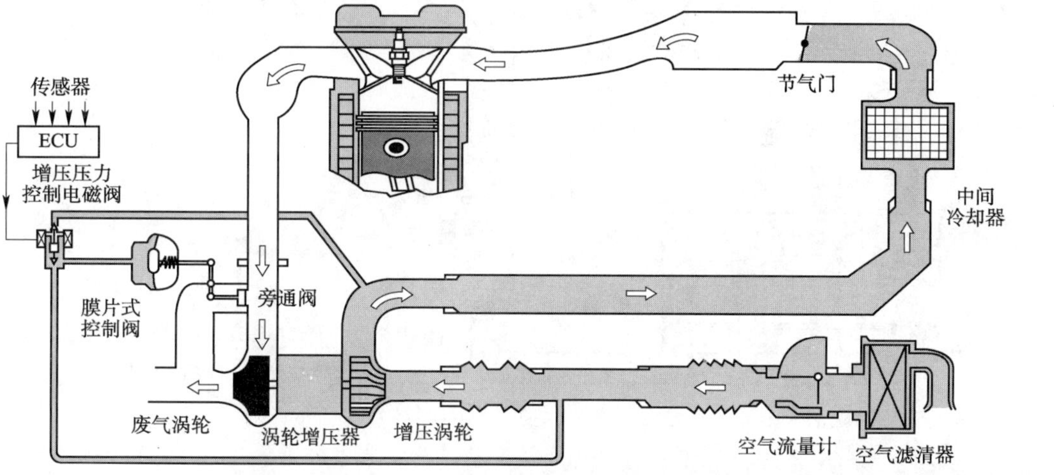

图 4-21　废气涡轮增压控制系统的工作原理

(3)奥迪汽车 EA888 系列发动机废气涡轮增压控制系统。图 4-22 为奥迪汽车 EA888 系列发动机废气涡轮增压控制系统工作原理图。由图 4-22 可知,EA888 发动机采用了废气涡轮增压系统,该废气涡轮增压系统使用的是单进气口式废气涡轮增压器,可以改善全负荷时的工作特性(尤其是在较高转速区域时)。汽缸盖上废气出口采用双流式通道布置,在废气涡轮增压器中一直延伸到紧靠涡轮的前面。

2 进气惯性增压控制系统(ACIS)

(1)增压原理。进气惯性增压控制系统也称谐波增压进气控制系统,它利用进气气流惯性产生的压力波来提高充气效率。

当气体高速流向进气门时,如果进气门突然关闭,进气门附近的气体流动突然停止,由于惯性作用,进气管中的气体仍然继续流动,将使进气门附近的气体压缩,压力上升。当气体的惯性过后,被压缩的气体开始膨胀,向与进气气流相反的方向流动,压力下降。膨胀气体波传到进气管口又被反射回来,形成压力波。

如果上述的进气压力脉动波与进气门的配气相位配合好,可使进气管内的空气产生谐振,利用谐振效果在进气门打开时就会形成增压进气效果,有利于增加发动机的输出功率。一般而言,进气管较长时,谐振压力波的波长就长,有利于发动机中低转速输出功率的增加;

进气管较短时,谐振压力波的波长就短,有利于发动机高速范围内输出功率的增加。若发动机进气管的长度可以随转速变化的话,就可以使发动机在整个转速范围内充分利用进气谐振效应,有效地提高发动机动力性。

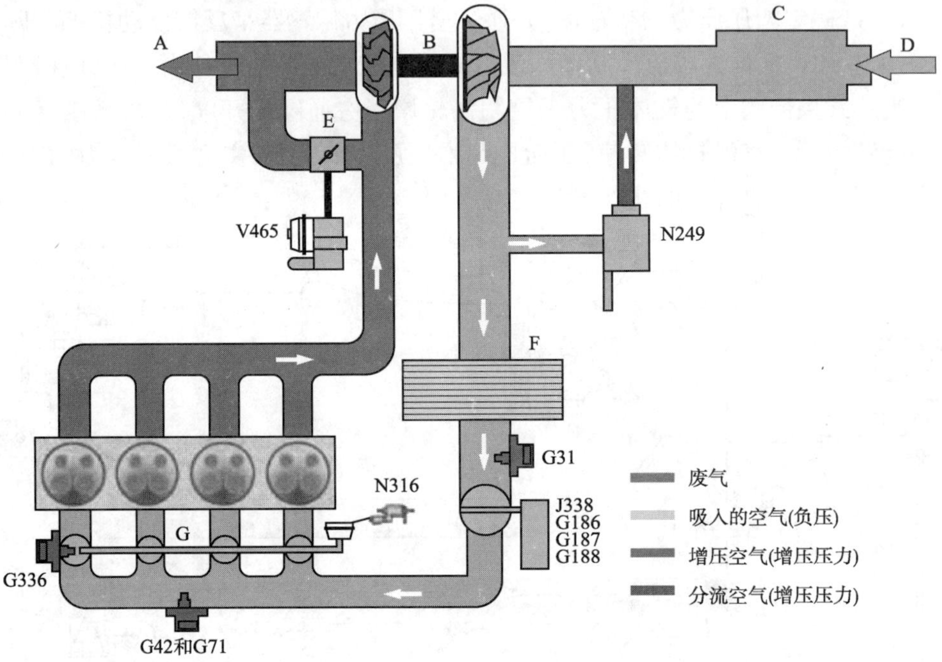

图 4-22　EA888 发动机进气控制系统工作原理图

G31-增压压力传感器;G42-进气温度传感器;G71-进气歧管压力传感器;G186-电子节气门的节气门驱动器;G187-电子节气门的节气门驱动器的角度传感器 1;G188-电子节气门的节气门驱动器的角度传感器 2;G336-进气歧管翻板电位计;J338-节气门控制单元;N249-涡轮增压器循环空气阀;N316-进气歧管翻板阀;V465-增压压力调节器;A-废气气流;B-废气涡轮增压器;C-空气滤清器;D-新鲜空气气流;E-废气泄放阀;F-增压空气冷却器;G-进气歧管翻板

一般来讲,进气管的长度不能改变,因此惯性增压都是按最大转矩所对应的转速区域来设计的。现在一些发动机利用 ECU 可以使发动机进气管的长度随转速改变,就可以使发动机在整个转速范围内充分利用进气谐振效应,有效地提高了发动机的动力性,即采用谐波进气增压控制系统。

(2)进气惯性增压控制系统的组成及工作原理。图 4-23 所示为进气惯性增压控制系统可变进气基本原理,发动机进气管的长度虽不能变化,但由于在进气管中部增设了一个大容量的空气室和进气增压控制阀,从而实现了压力波传播有效长度的改变,同时兼顾了发动机低速和高速的谐波增压效应。

当发动机转速较低时,空气室出口的控制阀关闭,进气管内的脉动压力波传播长度是空气滤清器到进气门的距离,这一距离是按发动机中低速进气增压效果要求设计的,如图 4-23a)所示。当发动机转速较高时,则空气室出口的控制阀打开,由此空气室连通各缸的进气管,使进气压力脉动波只能在空气室出口和进气门之间传播,这样便缩短了压力波的传播距离,使发动机在高速区也能得到较好的增压效果,效果如图 4-23b)所示。

进气惯性增压控制系统的组成如图4-24所示。ECU根据发动机的转速信号,控制真空电磁阀的动作。低速时,真空电磁阀由于不通电而关闭,真空罐无法与真空马达的管路连通,真空马达不动作,进气增压控制阀关闭,此时进气压力波传播距离较长;高速时,ECU接通真空电磁阀的电路,真空阀打开,真空罐与真空马达连通,真空马达动作,将进气增压控制阀打开,缩短进气压力波的传播距离。

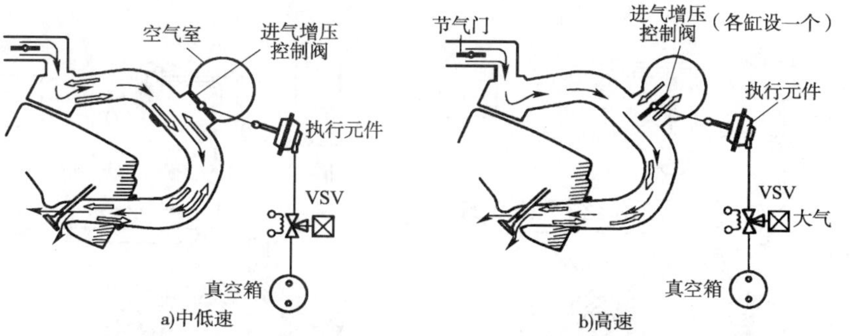

图4-23 进气惯性增压控制系统可变进气基本原理

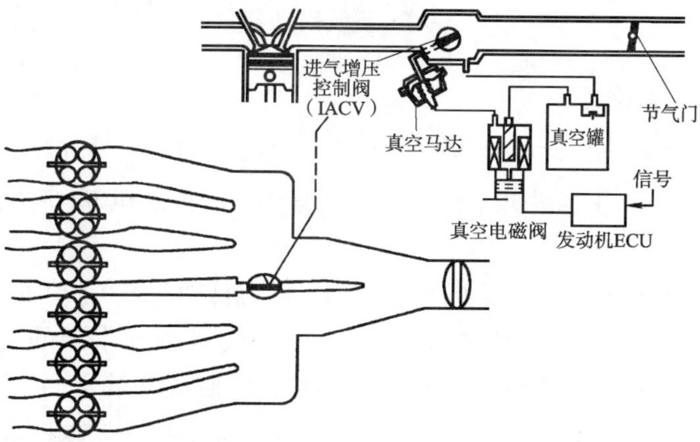

图4-24 进气惯性增压控制系统的组成

3 动力阀控制系统

动力阀控制系统的功能是通过控制发动机进气道的空气流通截面大小,以适应不同转速和负荷时的进气量需求,从而改善发动机的动力性。

发动机低速运行时,使进气道空气流通截面减小,可提高进气流速,增大进气流惯性以提高发动机的充气效率;此外,随进气流速提高也可增加汽缸内的涡流强度,有利于低速小负荷工况下的燃烧和热效率的提高,从而改善发动机的低速性能。发动机高速大负荷运行时,适当增大进气道空气流通截面,不仅可以减小进气阻力,提高发动机的动力性,对由于进气流速过高而导致的燃烧室内气流扰动也可起到抑制作用,有助于改善发动机的高速性能。

ECU控制的动力阀控制系统如图4-25所示。控制进气道空气流通截面大小的动力阀多装在进气管上,动力阀的开闭由膜片真空气室控制,ECU根据各传感器信号通过真空电磁阀(VSV 阀)控制真空罐与真空气室的真空通道。发动机小负荷运转时,ECU 控制信号使真空电磁阀关闭,真空罐中的真空度不能进入膜片真空气室,动力阀处于关闭位置,进气通道变小。当发动机高速大负荷运转时(转速达到 4600~4800r/min),ECU 使真空电磁阀打开,真空罐中的真空度经真空电磁阀进入膜片真空气室,动力阀开启,进气通道变大。动力阀控制系统的主要控制信号有发动机转速、空气流量及节气门开关等。

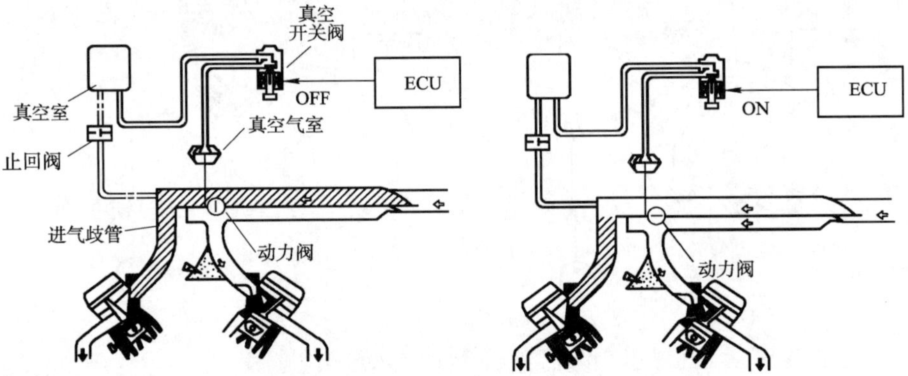

图 4-25　动力阀控制系统的组成与工作原理

4 可变进气歧管控制系统

可变进气歧管能根据发动机转速和负荷的变化而自动改变进气歧管的有效长度,使发动机在高转速、大负荷时装备粗短的进气歧管,而在中、低转速和中、小负荷时配用细长的进气歧管。

可变进气歧管控制系统如图 4-26 所示。当发动机低速运转时,ECU 控制转换阀控制机构关闭转换阀,这时空气经空气滤清器和节气门沿着弯曲而又细长的进气歧管流进汽缸。细长的进气歧管提高了进气速度,增强了气流的惯性,使进气量增多。当发动机高速运转

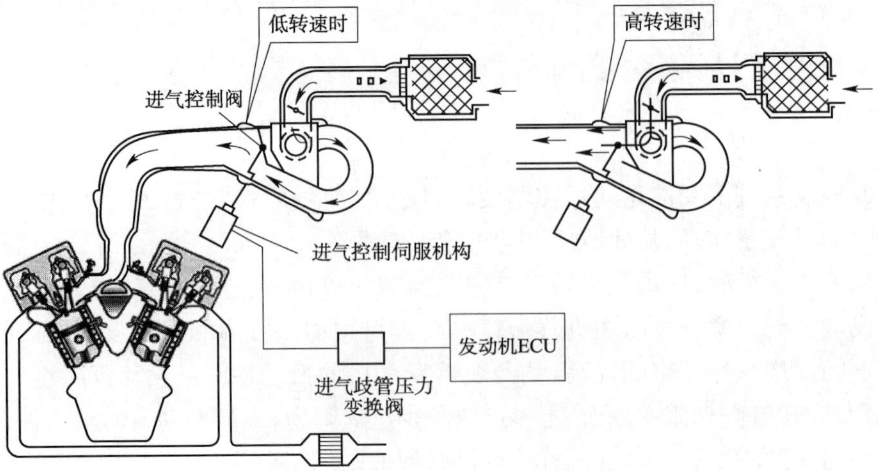

图 4-26　可变进气歧管控制系统

时,转换阀开启,空气经空气滤清器和节气门直接进入粗短的进气歧管。粗短的进气歧管进气阻力小,可使进气量增多。可变长度进气歧管不仅可以提高发动机的动力性,还由于它提高了发动机在中、低速运转时的进气速度而增强了汽缸内的气流强度,从而改善燃烧过程,使发动机中低速的燃油经济性有所提高。

如奥迪 A6 轿车发动机采用多路径进气歧管,它由两节不同长度和不同直径的进气管道合并而成。长管道为 780mm,内径小;短管道为 380mm,内径大。在高转速时,进气通过粗短的管道,有利于提高发动机功率;在低转速时,进气通过细长管道,有利于提供大转矩。

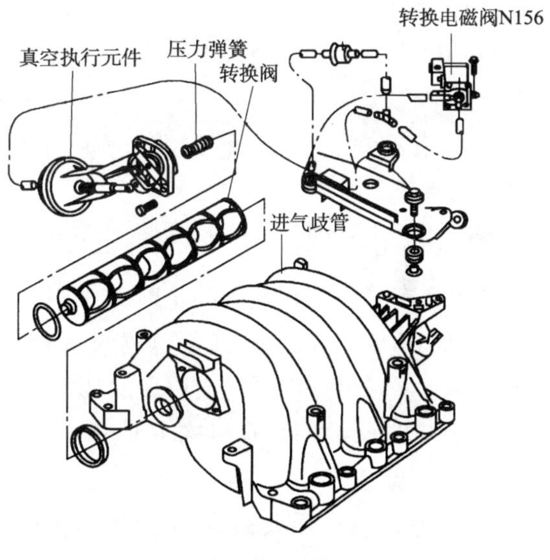

图 4-27　奥迪 A6 轿车可变进气歧管控制系统

多路径歧管通过真空执行元件、转换阀控制六个风门。进气歧管转换阀由发动机 ECM 的信号控制。六个风门根据发动机转速来打开或关闭,转速低于 4700r/min 时风门被关闭,发动机转矩最小;转速在 4700r/min 以上时,风门完全打开,获得较高的发动机功率,如图 4-27 所示。

2 可变气门正时控制系统

发动机进、排气门同时开启的气门重叠角对发动机性能有非常大的影响。发动机转速越高,每个汽缸单个工作循环内进气和排气的绝对时间也越短,如果要达到更高的充气效率,就需要延长发动机的进气和排气时间。因此,当转速越高时,要求的气门重叠角度就应该越大。但是在发动机低转速工况下,过大的气门重叠角则会使得废气过多的由进气门进入进气道,进气量反而会下降,汽缸内气流也会紊乱,此时 ECU 也会难以对空燃比进行精确地控制,从而导致怠速不稳,低速转矩偏低。因此,当发动机转速较低时,要求的气门重叠角相对要小一些。而传统发动机上的配气机构往往保证进排气门的气门重叠角是固定的,如果配气机构对低转速工况进行优化,发动机就无法在高转速下达到较高的峰值功率;对高速工况进行了优化,就会导致发动机低速转矩偏低,怠速不稳。所以发动机的设计通常会选择一个折中的方案,不可能在高低转速两种不同的工况下都达到最优状态。可变气门正时系统的出现解决了这一问题,越来越多的发动机配备了可变气门正时系统。

可变气门正时控制系统能够根据发动机转速、负荷等工作条件改变气门开闭的时间和角度,改变气门重叠角,从而调整进气和排气量,使缸内混合气在发动机任何工况下达到最佳状态,从而减少有害气体排放,提高发动机功率、燃料经济性。

根据可变气门正时系统实现形式的不同可分为:改变凸轮轴相位角机构(例如丰田的 VVT、福特的 VTC)、变换凸轮机构(例如本田的 VTEC、奥迪的 AVS)、无凸轮轴可变配气相位机构(例如菲亚特的Multiair电控液压进气系统)。目前应用最为广泛的是通过改变凸轮轴相位角机构来实现可变气门正时。

根据可变气门正时系统的相位调节连续性与否可分为:连续可变气门正时系统与非连续可变气门正时系统。连续可变气门正时系统的配气相位可以根据发动机的工作状况连续变化,时时控制气门重叠角的大小,从而改变汽缸进气量;而非连续可变气门正时系统只能根据发动机高速或者低速两个工况来选择高速气门重叠角或者低速气门重叠角,来改变进气量。

根据可变气门正时系统控制的凸轮轴个数可分为:进气可变气门正时系统和进排气门可变正时系统。

1 可变气门正时和气门升程系统(VTEC)

本田汽车公司的可变气门正时和气门升程系统,可以使发动机在高速时改变气门正时和升程,在ECM的控制下,还可以改变高速时进、排气门开启的"重叠时间",使发动机在高速范围由于VTEC作用而输出更大的功率。

如图4-28所示,VTEC机构主要由气门(每缸2进、2排)、凸轮、摇臂、同步活塞A和B、正时活塞等组成。VTEC机构中的凸轮有3个,它们的线型不相同。高速凸轮位于中央称为中间凸轮,它的升程最大;另两个低速凸轮中,较高的一个称为主凸轮,较低的称为次凸轮。与这3个凸轮相对应的是中间摇臂、主摇臂和次摇臂。两个气门分别装在主、次摇臂上。在3个摇臂内有一孔道,内装有正时活塞、同步活塞A和B、定位活塞。每个汽缸的两个进气门上都安装有这样一套VTEC机构。

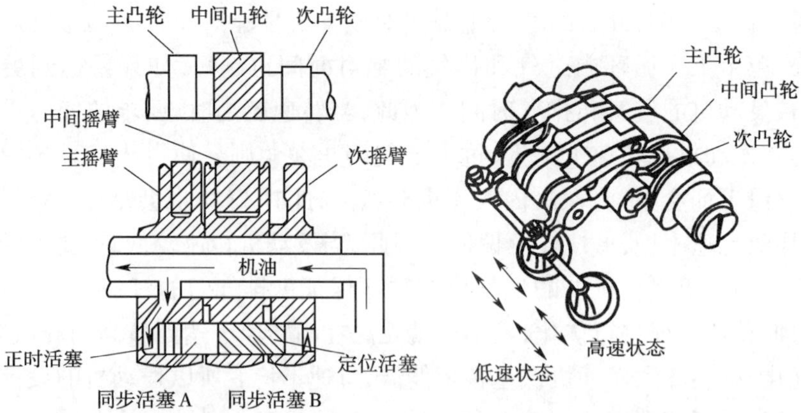

图4-28 VTEC结构原理图

VTEC控制系统工作原理示意图如图4-29所示,执行部分由VTEC机构中的凸轮、摇臂和同步活塞等组成;控制部分由ECM、VTEC电磁阀、VTEC压力开关等组成。在发动机运转过程中,各传感器不断地向ECM输入转速、负荷、车速以及冷却液温度信号,由ECM判断何时能改变气门正时和升程。当发动机转速为2300~3200r/min、车速超过10km/h、冷却液温度超过10℃和根据进气歧管压力判断发动机负荷较大时,ECM操纵VTEC电磁阀打开油路,使从机油泵输出的压力油推动同步活塞把3个摇臂连锁起来,实行VTEC气门正时和升程变动,以改变进气量,增加发动机功率。如果不符合以上转换条件,ECM将VTEC电磁阀断电,切断油路,不实行VTEC控制。

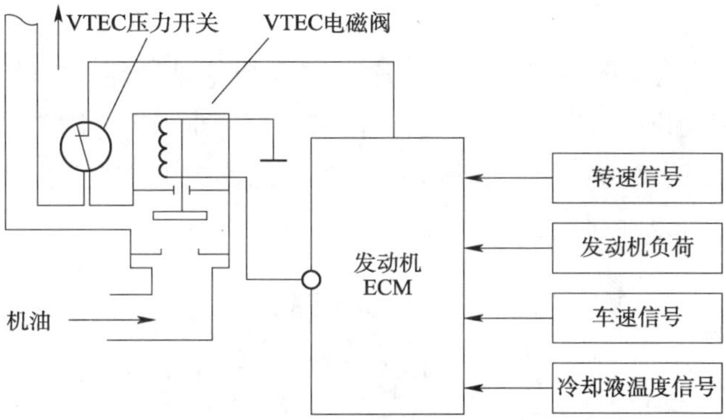

图4-29 VTEC控制系统工作原理示意图

2 可变气门正时系统(VVT-i)

丰田汽车公司的可变气门正时系统,其最大特点是可根据发动机的工况控制进气凸轮轴,通过调整凸轮轴转角,改变进气门开启的时刻,来调节气门正时。在发动机中低速运转时缩小"重叠时间",高速运转时扩大"重叠时间",使发动机在中低转速时产生足够的转矩,在高转速时又能提供强大的动力,从而改善了发动机的工作性能。

(1)组成及结构。VVT-i控制系统的组成如图4-30所示,VVT-i执行器装在进气凸轮轴前端,凸轮轴正时油压控制阀装于其侧端。在发动机运转过程中,ECM根据各传感器信号,控制凸轮轴正时油压控制阀,适时改变油压大小及液流方向,使叶片带动凸轮轴转动,从而实现气门正时提前、滞后或不变。

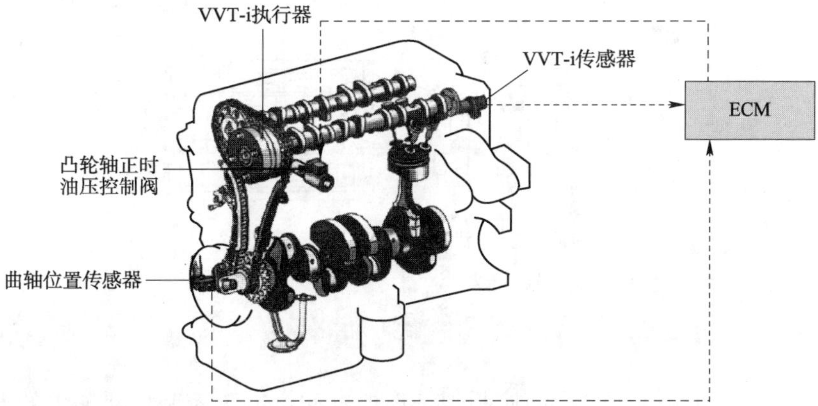

图4-30 VVT-i控制系统的组成

凸轮轴位置传感器多大采用霍尔效应原理,安装在凸轮轴的前部、中部或者后部,进气可变气门正时系统通常只有一个传感器即进气凸轮轴位置传感器,而进排气可变气门正时系统有两个凸轮轴位置传感器,即进排气凸轮轴上各有一个传感器。凸轮轴位置传感器主要检测凸轮轴的具体位置，把发动机的实际气门正时系统传递给发动机 ECM，发动机 ECM 就可以知道凸轮轴当前相对活塞所处的位置，同时发动机 ECM 也利用凸轮轴位置传感器信号控制点火与喷油顺序。凸轮轴正时油压控制阀和 VVT-i 执行器也一样，进气可变气门正时系统只有一个，而进排气可变气门正时系统有两个。

VVT-i 执行器的结构如图 4-31 所示，叶片与进气凸轮轴固定在一起，因油压作用，叶片可以在一定角度内带动进气凸轮轴一起旋转，使进气门正时连续可变。同时，锁定销右侧有油压送入时，柱塞克服弹簧力向左移，使叶片可在执行器内左右转动。但无油压进入时，柱塞弹出，叶片与外壳连接成一体转动。

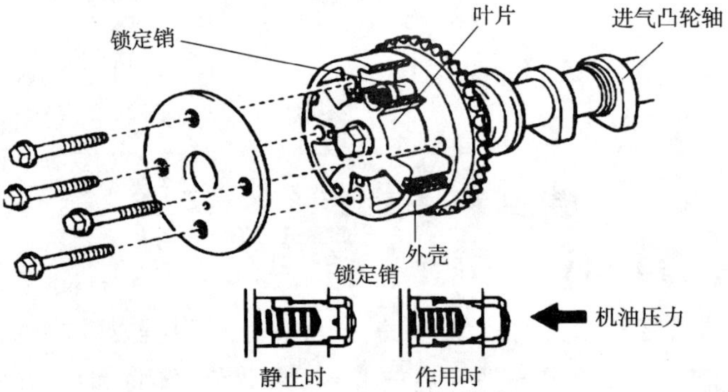

图 4-31 VVT-i 执行器结构

凸轮轴正时机油控制阀是通过发动机电子控制单元的占空比控制来工作的，它控制滑阀位置，使得驱动油压通道与 VVT-i 控制器的提前侧相通或与延迟侧相通，如图 4-32 所示。发动机不工作时，进气气门正时是在最大延迟角度上。

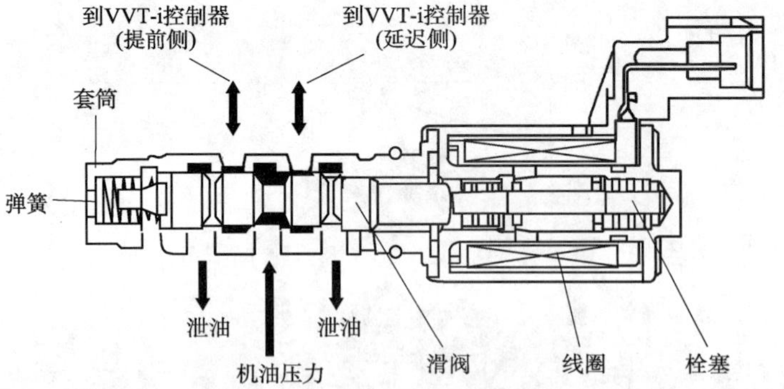

图 4-32 凸轮轴正时油压控制阀

（2）工作原理。凸轮轴正时机油控制阀是根据发动机电子控制单元输出的电流量，来选择流向 VVT-i 控制器的通道。VVT-i 控制器利用油压使进气凸轮轴旋转到提前、延迟的位置或保持气门正时的位置。

发动机电子控制单元可根据发动机转速、进气量、节气门位置和冷却液温度计算出各种运行条件下的最佳气门正时，以便控制凸轮轴正时机油控制阀。此外，发动机电子控制单元根据凸轮轴位置传感器和曲轴位置传感器检测的信号来计算实际气门正时值，进行反馈控制以达到目标气门正时值。

①VVT-i 提前工况。在发动机电子控制单元的控制下，凸轮轴正时机油控制阀所处的位置，如图 4-33 所示的状态时，油压作用于气门正时提前侧的叶片室，使进气凸轮轴向气门正时的提前方向旋转。

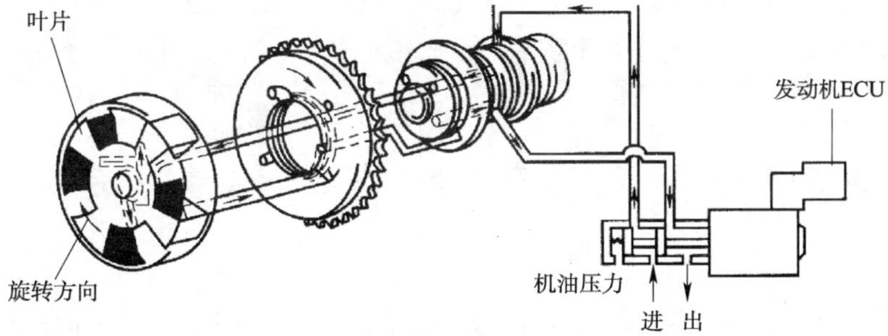

图 4-33　配气相位提前

②VVT-i 延迟工况。在发动机电子控制单元的控制下，凸轮轴正时机油控制阀所处的位置，如图 4-34 所示的状态时，油压作用于气门正时延迟侧的叶片室，使进气凸轮轴向气门正时的延迟方向旋转。

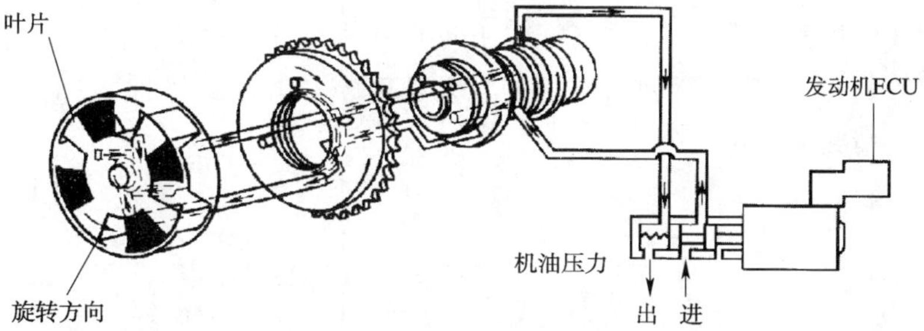

图 4-34　配气相位推迟

③VVT-i 保持工况。发动机电子控制单元根据具体的运作参数进行处理，并计算出目标气门正时角度，当达到目标气门正时角度后，凸轮轴正时机油控制阀通过关闭油道来保持油压，如图 4-35 中所示的状态，是保持当前气门正时的状态。

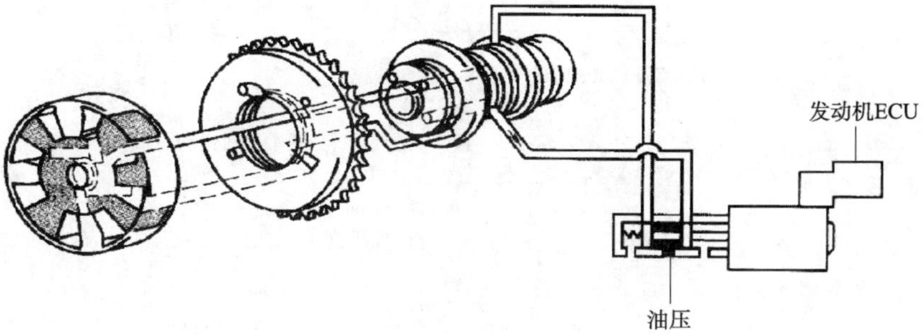

图 4-35　配气相位保持

在有些汽车上,已经安装了进排气门正时都可调节的 VVT-i 系统,即所谓的 Dual-VVT-i 系统,如丰田 1ZR-FE 发动机等。

任务实施

下面以丰田卡罗拉轿车 1ZR—FE 发动机的可变气门正时控制系统和东风标致新 408 汽车 EB2 发动机的废气涡轮增压控制系统为例,说明进气控制系统故障检测与诊断的方法与步骤。

1 丰田卡罗拉 1ZR—FE 发动机可变气门正时控制系统故障检测与诊断

1 整体认识

图 4-36 所示为丰田卡罗拉 1ZR—FE 发动机的双 VVT-i 系统。ECM 根据曲轴位置传感器、空气流量传感器、进气门位置传感器、冷却液温度传感器、车速传感器送来的信号与预定储存在 ECM 内部的参数值进行对比计算,计算出各行驶条件下的最佳气门正时(目标气门正时)并向凸轮轴正时机油控制阀总成发送一个目标占空比控制信号,该控制信号用来调节施加到 VVT-i 控制器上的机油压力,该机油压力用来调节进气(排气)凸轮轴角度,从而实现气门正时的提前、滞后和保持不变。同时 ECM 利用来自凸轮轴位置传感器和曲轴位置传感器的信号检测实际进气气门正时(排气气门正时),并执行反馈控制,这样就优化了凸轮轴和曲轴的相对位置,提高了整体驾驶条件下的发动机转矩和燃油经济性,降低了废气排放量。双 VVT-i 的工作情况见表 4-4。

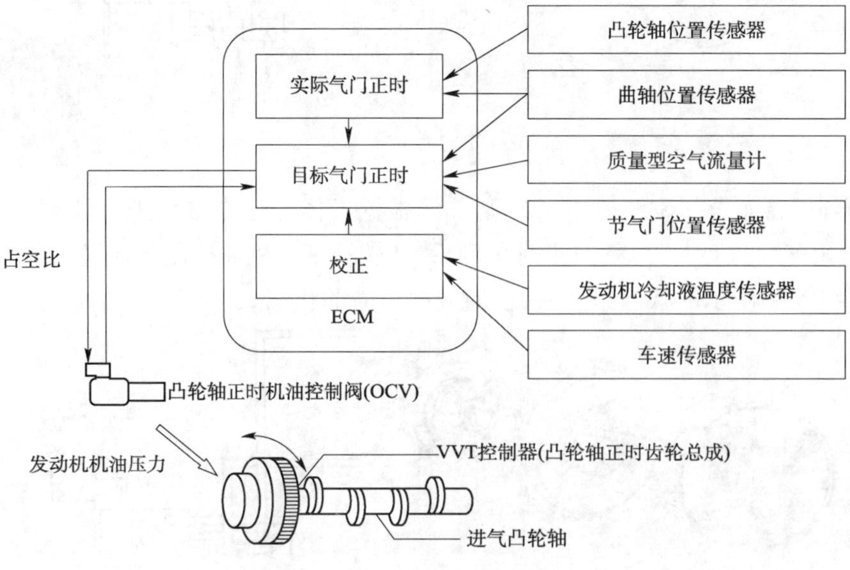

图 4-36　双 VVT-i 系统的系统图

双 VVT-i 的工作情况　　　　表 4-4

发动机工况	气门开启的角度	作　用
在怠速，低负荷，低温和起动时	减少气门重叠角，减少废气进入进气侧	(1)稳定燃烧，提高燃油经济性； (2)保证发动机运转平稳
中等负荷	增大气门重叠角，增大内部 EGR 率，减少泵气损失	(1)改善排放控制； (2)改善燃油经济性
中低速，大负荷	(1)进气门提前关闭，提高充气效率(减少废气进入进气侧)； (2)排气门延迟打开，充分利用燃烧压力	改善转矩/功率
高速，大负荷	(1)进气门延迟关闭，利用谐波增压作用提高充气效率； (2)排气门提前打开，在排气行程减少泵气损失	提高发动机的输出功率

2 操作步骤

双 VVT-i 系统主要部件的检修包括传感器检修和进、排气凸轮轴正时机油控制阀(OCV)检修。进、排气凸轮轴正时机油控制阀的电路图如图 4-37 所示。进、排气凸轮轴正时机油控制阀检修可按下列步骤进行。

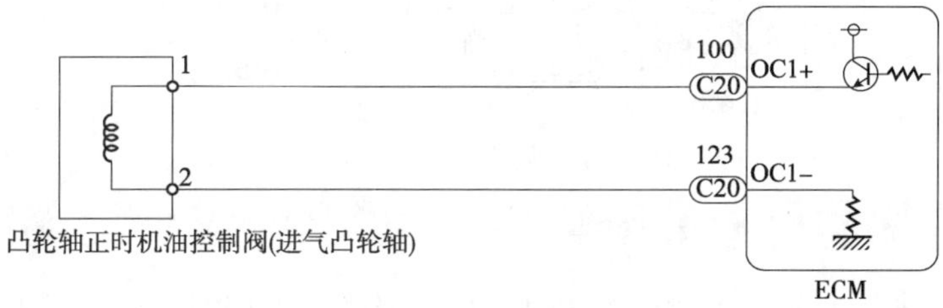

图 4-37　凸轮轴正时机油控制阀的电路图

(1)检查凸轮轴正时机油控制阀电磁线圈电阻。

①断开凸轮轴正时机油控制阀的线束插接器。

②拆下凸轮轴正时机油控制阀。

③在 20℃ 条件下，用电阻表检查 OCV 的端子 1 和 2 之间的电阻，如图 4-38 所示，其电阻值应为 6.9 ~ 7.9Ω，否则应更换凸轮轴正时机油控制阀总成。

(2)检查凸轮轴正时机油控制阀工作情况。

①断开凸轮轴正时机油控制阀的线束插接器。

②拆下凸轮轴正时机油控制阀。

③将蓄电池正极(+)引线接至端子 1，负极(-)引线接至端子 2，并检查正时机油控制阀的移动情况，如图 4-39 所示。当施加蓄电池正极(+)电压时，正时机油控制阀如图 4-39 所示向左移动；当切断蓄电池正极(+)电压时，正时机油控制阀如图 4-39 所示向右移动。如果结果不符合规定，应更换凸轮轴正时机油控制阀。

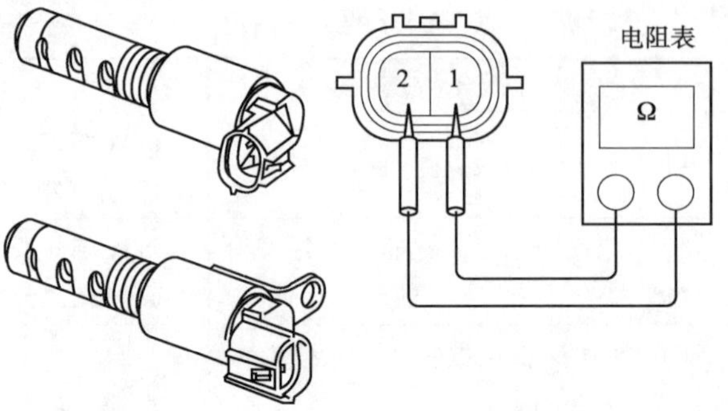

图 4-38　检查凸轮轴正时机油控制阀电磁线圈电阻

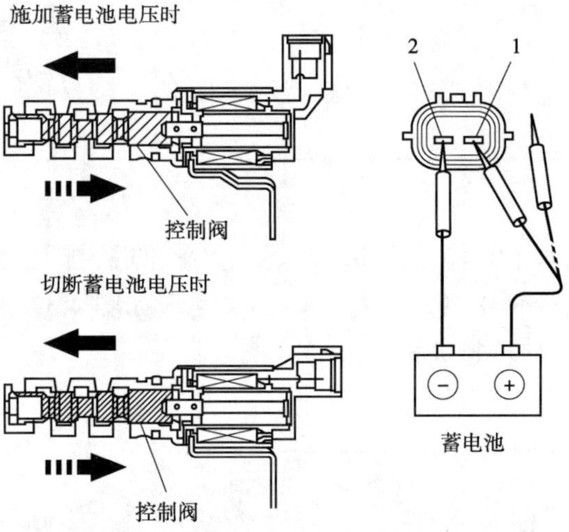

图 4-39　检查凸轮轴正时机油控制阀工作情况

(3)检查凸轮轴正时机油控制阀与 ECU 之间的线束和插接器。

①检查线束的断路。

a. 断开凸轮轴正时机油控制阀的线束插接器。

b. 断开 ECU 插接器。

c. 用万用表检查凸轮轴正时机油控制阀的端子 1 与 ECU 的端子(B31-100)之间的电阻;检查凸轮轴正时机油控制阀的端子 2 与 ECU 的端子(B31-123)之间的电阻。电阻值都应低于 1Ω,否则应更换线束。

②检查线束的短路。

a. 断开凸轮轴正时机油控制阀的线束插接器。

b. 断开 ECU 插接器。

c. 用万用表检查凸轮轴正时机油控制阀的端子 1 或 ECU 的端子(B31-100)与车身搭铁之间的电阻;检查凸轮轴正时机油控制阀的端子 2 或 ECU 的端子(B31-123)与车身搭铁之间的电阻。电阻值都应为 10kΩ 或更高,否则应更换线束。

(4)检查凸轮轴正时机油控制阀滤清器。

①拆下凸轮轴正时机油控制阀。

②检查并确认滤清器没有阻塞,如图4-40所示。

(5)读取凸轮轴正时机油控制阀的输出波形。

①点火开关转到OFF。

②用智能检测仪连接正时机油控制阀的端子1(OC+)与端子(OC-)。

③发动机怠速运转,观察示波器波形,其标准波形如图4-41所示。

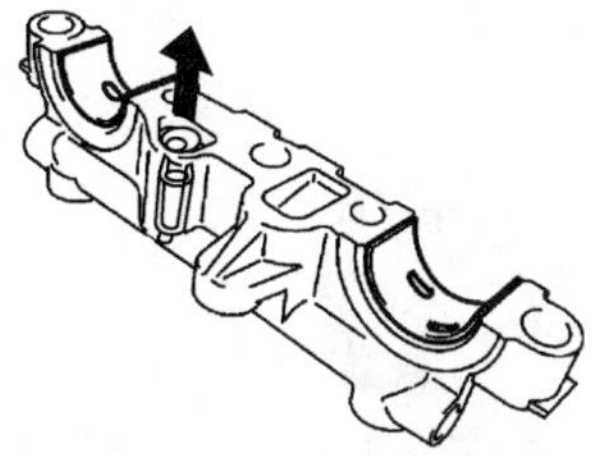

图4-40 检查凸轮轴正时机油控制阀滤清器

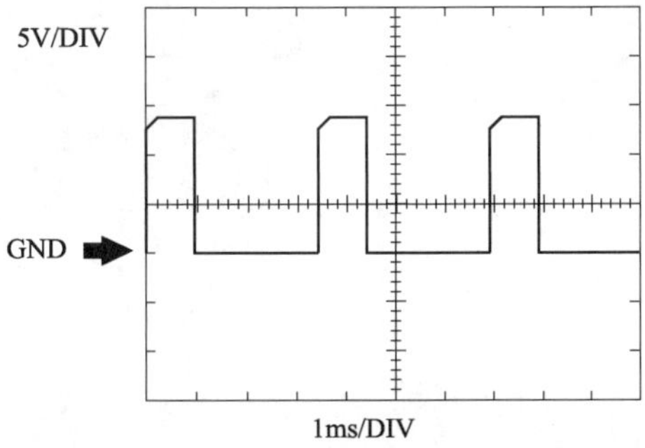

图4-41 凸轮轴正时机油控制阀的输出标准波形

2 东风标致新408汽车EB2发动机废气涡轮增压控制系统故障检测与诊断

1 整体认识

东风标致新408汽车EB2发动机的进气控制系统采用了电子节气门系统、双连续可变气门正时系统、废气涡轮增压系统等,如图4-42所示。

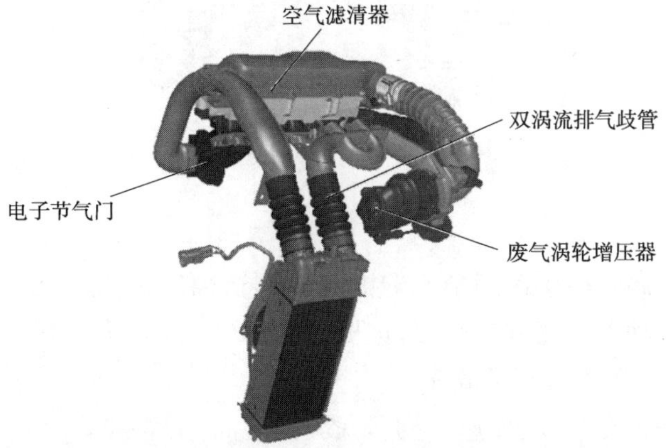

图4-42 EB2发动机进气控制系统示意图

EB2发动机采用了废气涡轮增压系统,该发动机的废气涡轮增压系统的组成及安装位置如图4-43所示。

涡轮增压器能根据发动机运行工况给空气增压,涡轮增压器提供的增压涡轮空气压力随着发动机转速的增加而增加。涡轮增压器压力调节电磁阀由发动机ECU控制,通过涡轮增压器减压阀气动控制执行器控制涡轮减压阀。涡轮增压器空气冷却器随着空气压力的上升,其温度也会升高,涡轮增压器空气冷却器能够降低空气温度、减少空气体积、改善汽缸的空气填充量。进气压力和温度传感器安装在涡轮增压空气冷却器和电子节气门体之间,检测空气的压力和温度,并发送给发动机 ECU。涡轮卸压电磁阀主要在驾驶人松开踏板时由发动机 ECU 操作打开进行泄压,防止驾驶人急松加速踏板时引起电子节气门体的前方压力急剧上升,以致损坏涡轮增压器的现象。

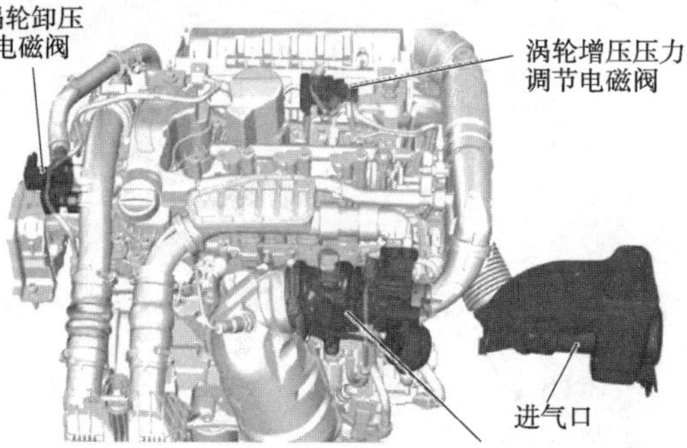

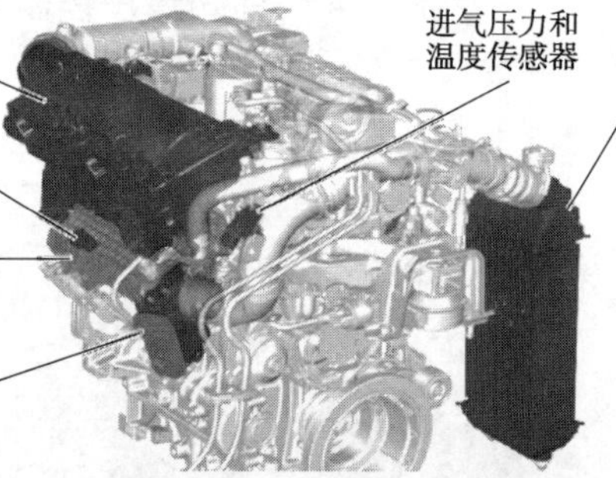

图 4-43　EB2 发动机废气涡轮增压系统组成及安装位置

❷ 操作步骤

EB2 发动机废气涡轮增压控制系统的电磁阀、涡轮增压真空驱动器的检测方法和其他系统电磁阀及真空驱动器检测方法类似,这里重点介绍增压压力不足的检测步骤。

(1)确认是否是增压压力不足故障。

首先确认车辆是否在起步、加速、上坡阶段有动力不充足感觉。

用诊断仪读取看是否有故障码,如图 4-44 所示。增压压力不足故障有可能有故障码也有可能没有故障码。如没有故障码需进行参数测量。读取故障码或者参数时需要注意发动机转速处于增压系统工作的转速范围。

拆下进气压力传感器,用手堵住,急踩急松加速踏板,但是开度不要太大,以便节气门快速关闭,感受增压效果,确认增压压力是否不足。

(2)检查废气涡轮增压器至节气门之间的管路是否存在管路破裂、漏气等情况。

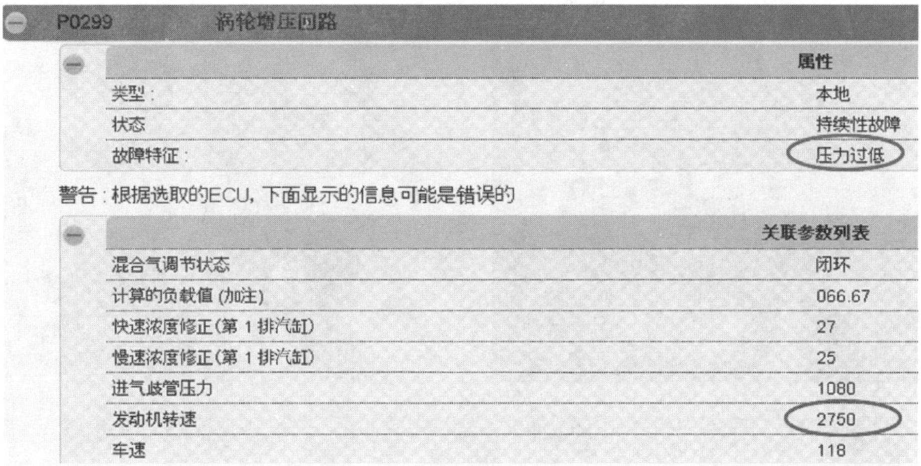

图4-44　诊断仪读取的故障码

（3）拔下废气涡轮增压器的真空管，用手堵住，如图4-45所示，急加急松加速踏板，感受吸力大小。如果吸力正常，检查图4-46中涡轮增压器中阀杆的动作，阀体正常移动，则检查图中螺母是否脱落。

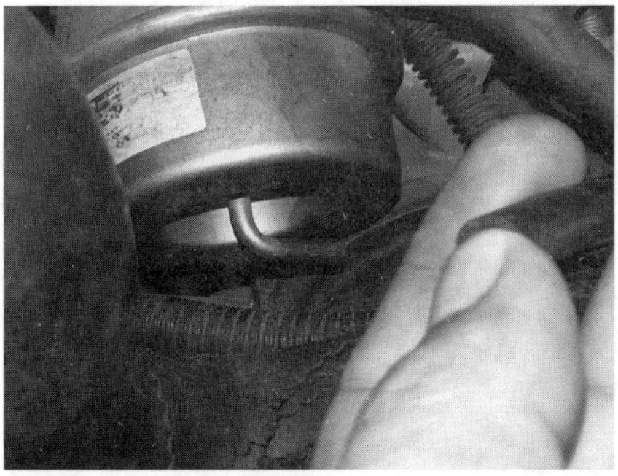

图4-45　检测真空吸力图

图4-46　检测阀体及螺母

如果阀体和螺母检查都正常，则需拆下排气歧管检查涡轮和压气轮叶片、阀门及轴是否损坏，检查其外观有无明显异常，如增压器轴发卡、断裂等问题，进一步检查并进行清洗润滑。

（4）如果增压器外观无异常，再进一步确认真空伺服机构是否完全正常。同时拆下真空泵和真空罐上真空管，用压缩空气检查是否被机油堵塞。如被机油堵塞，则更换真空泵，清除真空罐中机油，如图4-47所示。如未被机油堵塞，则检查所有真空管有无插错、漏气。

如果一切正常，则判断废气涡轮增压器本身故障，进行更换废气涡轮增压器操作。

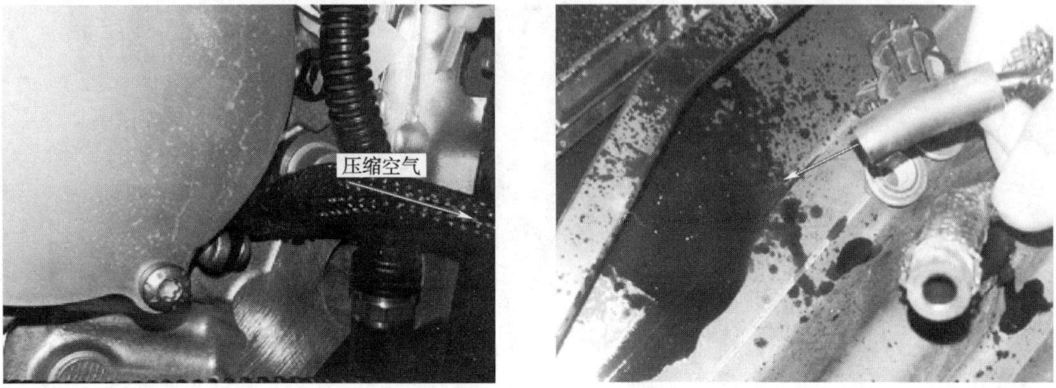

图4-47　检查真空伺服机构

考核评价

学生考核评价表见表4-5。

学生考核评价表　　表4-5

<table>
<tr><th>目标</th><th>评价要素</th><th>评价标准</th><th>评价依据</th><th colspan="2">考核方式</th><th>权重</th><th>评分</th></tr>
<tr><td rowspan="3">知识</td><td rowspan="3">基本知识</td><td rowspan="3">知识的要求</td><td rowspan="3">个人作业、课堂笔记、课堂练习、小组作业、期末考试</td><td colspan="2">学生自评</td><td>10%</td><td></td></tr>
<tr><td colspan="2">教师评定</td><td>10%</td><td></td></tr>
<tr><td colspan="2">学生互评</td><td>10%</td><td></td></tr>
<tr><td rowspan="2">能力</td><td rowspan="2">基本技能</td><td rowspan="2">能够在教师指导下利用设备对进气控制系统常见故障进行检测与诊断</td><td rowspan="2">实践练习、小组作业、学生作业单</td><td rowspan="2">教师评定</td><td>动手能力</td><td>15%</td><td></td></tr>
<tr><td>作业单的填写</td><td>15%</td><td></td></tr>
<tr><td rowspan="9">素养</td><td rowspan="3">学习态度</td><td rowspan="3">遵守纪律、积极参与课堂教学活动、按时完成作业、按要求完成准备</td><td rowspan="3">课堂表现记录、考勤表、同学及教师观察、课堂笔记</td><td colspan="2">学生自评</td><td rowspan="3">10%</td><td rowspan="3"></td></tr>
<tr><td colspan="2">小组互评</td></tr>
<tr><td colspan="2">教师评定</td></tr>
<tr><td rowspan="3">沟通协作管理</td><td rowspan="3">乐于请教和帮助同学、小组活动协调和谐、协助教师教学管理、做好教室值日工作、按要求做课前准备和课后整理</td><td rowspan="3">小组作业、小组活动记录、自评及互评记录、值日记录、同学及教师观察</td><td colspan="2">学生自评</td><td rowspan="3">15%</td><td rowspan="3"></td></tr>
<tr><td colspan="2">小组互评</td></tr>
<tr><td colspan="2">教师评定</td></tr>
<tr><td rowspan="3">创新精神</td><td rowspan="3">有自主学习计划、在作业练习中能提出问题和见解、对教学或管理提出意见和建议、积极参与小组活动方案设计</td><td rowspan="3">个人作业、自主学习计划、学习活动、个人口头或书面提议</td><td colspan="2">学生自评</td><td rowspan="3">15%</td><td rowspan="3"></td></tr>
<tr><td colspan="2">小组互评</td></tr>
<tr><td colspan="2">教师评定</td></tr>
</table>

拓展迁移

1. 奥迪 AVS 可变气门升程控制系统

奥迪 AVS 可变气门升程系统在设计理念上与本田的 i-VTEC 有着异曲同工之妙，只是在实施手段上略有不同。这套系统为每个进气门设计了两组不同角度的凸轮，同时在凸轮轴上安装有螺旋沟槽套筒。螺旋沟槽套筒由电磁驱动器加以控制，用以切换两组不同的凸轮，从而改变进气门的升程。其结构如图 4-48 所示。

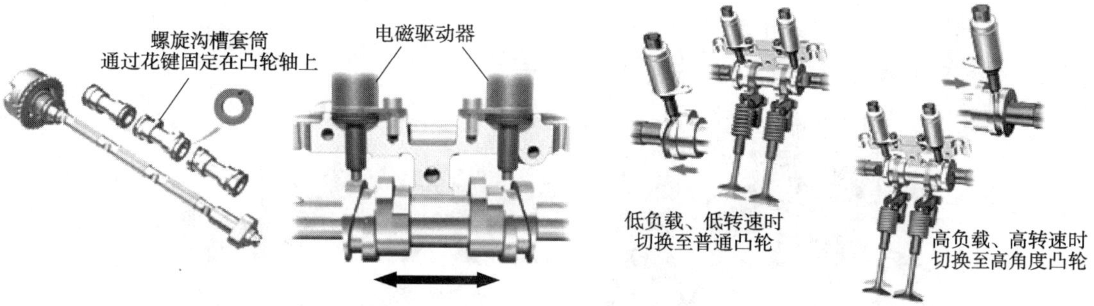

图 4-48　奥迪 AVS 结构与原理

发动机在高负载的情况下，AVS 系统将螺旋沟槽套筒向右推动，使角度较大的凸轮得以推动气门。在此情况下，气门升程可达到 11mm，以提供燃烧室最佳的进气流量和进气流速，实现更加强劲的动力输出。当发动机在低负载的情况下，为了追求发动机的节油性能，此时 AVS 系统则将凸轮推至左侧，以较小的凸轮推动气门。

奥迪 AVS 技术虽然也是分段式的气门调节方式，但是它可以对同一汽缸内两个进气门采用不同步的开启和关闭时间，从而实现油、气的充分混合，同时奥迪公司在其基础上还开发了闭缸技术等新技术。

2. BMW 的 Valvetronic 电子气门技术

BMW 的 Valvetronic 系统在传统的配气相位机构上增加了一根偏心轴、一个步进电动机和中间推杆等部件，该系统借由步进电动机的旋转，再在一系列机械传动后很巧妙地改变了进气门升程的大小，其结构如图 4-49 所示。

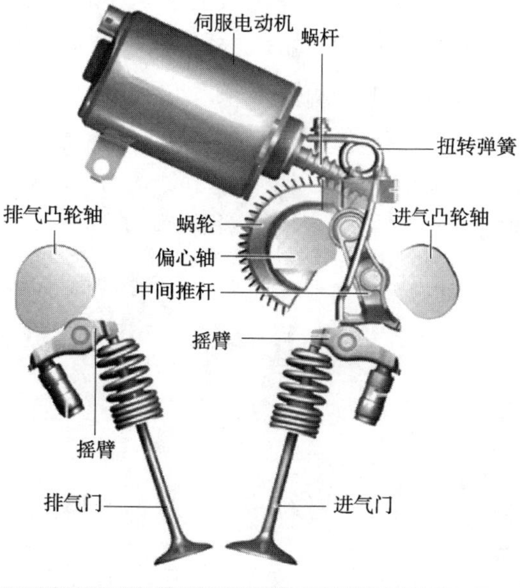

图 4-49　BMW 的 Valvetronic 系统结构

当凸轮轴运转时，凸轮会驱动中间推杆和摇臂来完成气门的开启和关闭。当电动机工作时，蜗轮蜗杆机构会首先驱动偏心轴发生旋转，然后中间推杆和摇臂会产生联动，偏心轴旋转角度不同，最终凸轮轴通过中间推杆和摇臂顶动气门产生的升程也会不同。在电动机的驱动下，进气门的升程可以实现从0.18～9.9mm之间的无级变化。该技术能够让发动机对驾驶人的意图做出更迅捷的反馈，同时通过发动机管理系统对气门升程的精确控制，实现了车辆在各种工况和负荷下的最佳动力匹配。

英菲尼迪的VVEL系统也采用了这种类似结构，其工作原理也与BMW的Valvetronic系统相近。BMW的Valvetronic系统和英菲尼迪的VVEL系统优势虽然非常明显，但是结构比较复杂，成本较高。

3. 菲亚特Multiair电控液压进气系统

菲亚特Multiair最大的特点就是开创性地使用了电控液压控制系统来驱动气门的正时和升程，虽然发动机为每缸4气门的结构，但是却取消了进气门一侧凸轮轴，排气门侧的凸轮轴通过液压机构来驱动进气门，如图4-50所示。

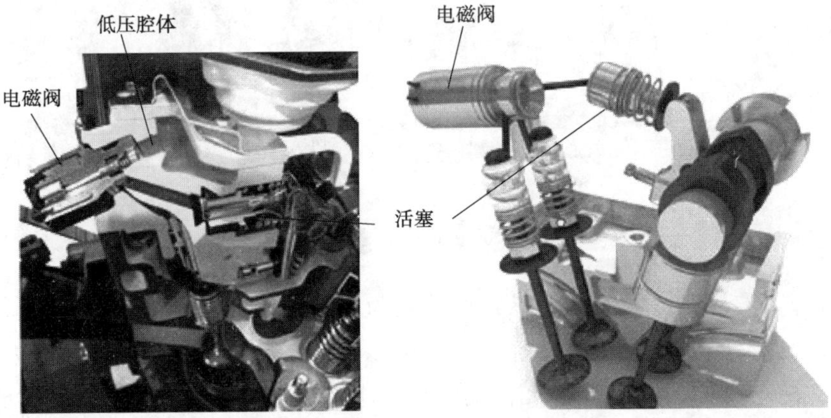

图4-50　菲亚特Multiair电控液压进气系统

Multiair系统的进气门上方设计有活塞和液压腔，液压腔一端与电磁阀相连，电磁阀则通过ECU信号，根据工况的不同适时调节流向液压腔内的油量。由凸轮轴驱动的活塞通过推动液压腔内的油液，控制气门的开启。系统只需要控制液压腔内的油量的多少即可以完成对气门升程的无级可调。

该项技术的设计，取消了传统的凸轮轴机械传动方式，通过液压系统来完成对气门升程的调节，而且配气结构比较简单，需要进一步提高的是电控液压机构的可靠性。

任务3　排放控制系统故障检测与诊断

任务导入

一辆配置2.0L发动机(BNL)的大众帕萨特新领驭轿车，行驶里程约4.3万km，该车由于排放故障灯点亮，多次报修。

任务分析

读取故障码为 P0411，显示二次空气系统进气流量不正确，判断为发动机二次空气系统故障。维修技师需要对二次空气系统进行故障检测与诊断。

学习目标

能力目标	知识目标	素养目标
1. 能描述常见汽油机排放控制系统的基本组成与工作过程； 2. 能描述常见汽油机排放控制系统主要组成构件的结构原理； 3. 能正确利用设备进行汽油机排放控制系统故障的检测与诊断	1. 具有汽油机排放控制系统的基本组成的相关知识； 2. 具有汽油机排放控制系统主要组成构件的结构原理的相关知识； 3. 具有汽油机排放控制系统故障进行检测与诊断的相关知识	1. 具有良好的工作责任心和职业道德； 2. 具有安全操作意识和良好的环境保护意识； 3. 培养团队协作精神

建议学时

4 学时。

学习资讯

汽油机的有害排放包括因混合气燃烧不完全产生的碳氢化合物（HC）、一氧化碳（CO）、在高温燃烧中产生的氮氧化合物（NO_x）、油箱内汽油蒸发产生的汽油蒸气和曲轴箱漏气等。汽油机排放控制系统所起的作用主要是减少排放污染，净化空气。目前常用的排放控制系统主要有三元催化转换器、燃油蒸气控制系统、废气再循环系统、二次空气喷射系统等。

1 三元催化转换器（TWC）和空燃比（A/F）的反馈控制

三元催化转换器是现代汽车普遍采用的排气净化装置，它装在排气管上（图 4-51），能把发动机排出的废气中的有害气体转化成无害气体。

1 三元催化转换器（TWC）的结构与工作原理

三元催化转换器是铂（或钯）和铑的混合物，它不仅能将 HC 氧化成 CO_2 和 H_2O，而且能促使 NO_x 和 CO 发生反应而转变成 CO_2 和 N_2。从三元催化转换器转化效率与空燃比（A/F）的关系图（图 4-52）可知：只有发动机在标准的理论空燃比等于 14.7 时，三元催化转换器的转换效率才最佳。因此必须保持对空燃比进行精确地控制，使其保持在理论值附近很窄的范围内。

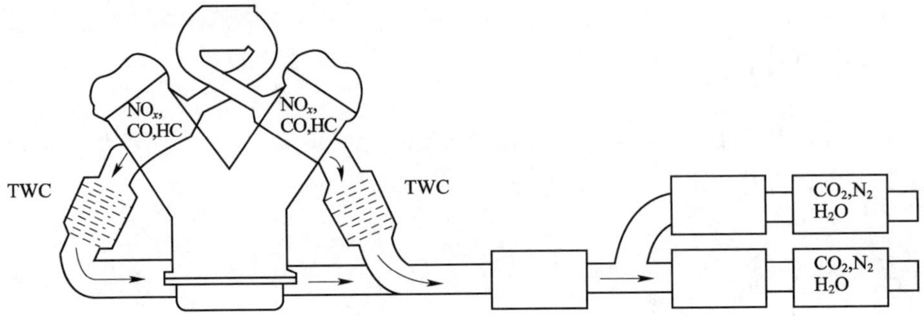

图 4-51　三元催化转换器安装位置示意图

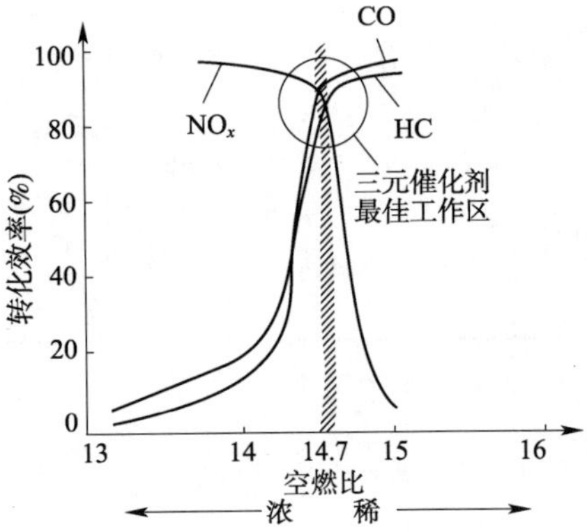

图 4-52　三元催化转换器转化效率与空燃比的关系图

图 4-53 为网格型三元催化转换器，其外观像一个排气消声器（也起消声器作用）。壳体用耐高温、耐腐蚀的材料制成，内部装有催化床。它装在靠近发动机的排气管位置上。其寿命可达 8 万 ~ 10 万 km，催化床内的触媒是将催化剂附着在直径为 2 ~ 4mm 的 Al_2O_3 载体表面的颗粒。铂能促使 CO、HC 氧化，而铑则能加速 NO_x 的还原。催化剂表面的活性作用是由排气热量激发的，其作用温度范围以活化开始温度（250℃）为下限，以过热引起催化剂故障的极限温度（1000℃）为上限。保持催化剂高净化率、高使用寿命的使用温度范围为 400 ~ 800℃。

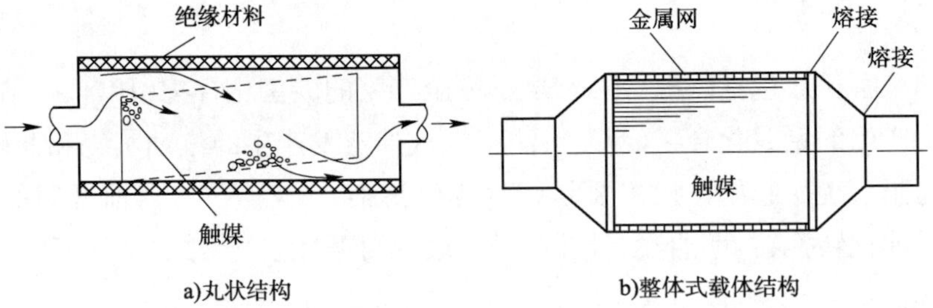

图 4-53　三元催化转换器的外观结构

2 三元催化转换器（TWC）检测与诊断

三元催化转换器常见的故障是：堵塞引起排气不畅、催化剂过热老化、失效等，其故障原因可能是：炭灰的积聚、污染、催化芯子熔化、陶瓷芯子破裂、催化剂过热、汽油的品质及含铅量、烧机油、是否合理使用等。

测试三元催化转换器性能好坏的最精确方法是用五气分析仪测量排气管废气。三元催化转换器有故障时，会导致废气中的 HC、CO 和 NO_x 成分的含量升高。发动机其他控制系统（如燃油系统、点火系统和排放系统）也会影响排放废气成分。

三元催化转换器性能好坏也可通过测试催化转换器的温度来判断。测试时，将数字高温计的仪表探针放在三元催化转化器的进气口与出气口,以测量其温度。如果工作正常,出气口温度应比进气口温度至少高出38℃。如果出气口温度与进气口温度差值低于38℃,则表明三元催化转换器工作不良,应将其更换或进行修理。

有的汽车在三元催化转换器的下游加装了一个氧传感器,其目的是监测三元催化转换器的工作。这一氧传感器的信号被ECU用作自诊断的依据(图4-54)。一旦三元催化转换器失效,自诊断系统将闪亮故障指示灯。用示波器或发动机分析仪测试上下游两个传感器的信号波形,也可以检测三元催化转换器。

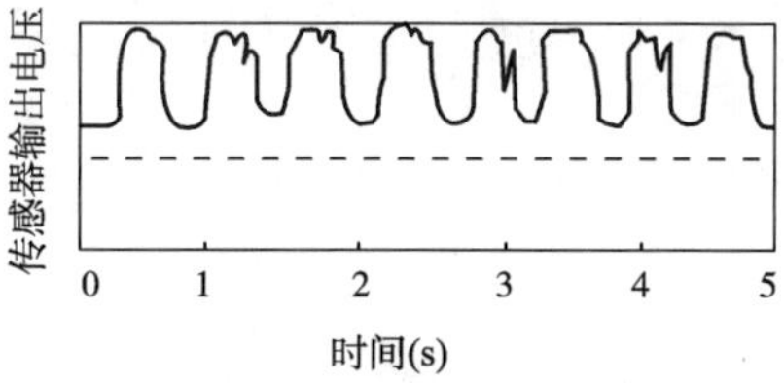

a)新催化器

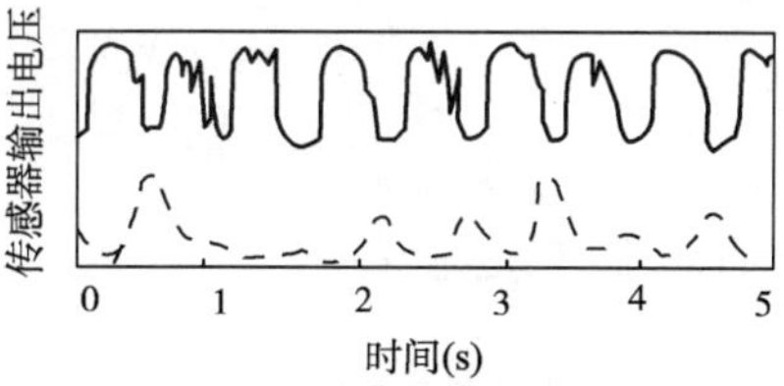

b)退化的催化器

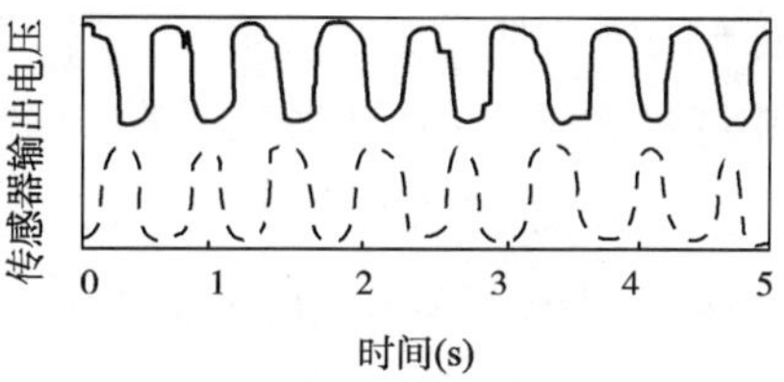

c)失效的催化器

图4-54　三元催化转换器性能监测

❸ 空燃比(A/F)反馈控制

(1)A/F反馈控制目的。在发动机开环控制过程中,ECU是根据转速、进气量、进气压力、进气温度等信号确定喷油量,从而控制混合气空燃比的。因为控制系统属于开环控制,所以控制过程中很难将实际空燃比控制在14.7附近很窄的范围内。为了将实际空燃比精确地控制在14.7附近,发动机控制系统中现已普遍采用了由氧传感器组成的空燃比反馈方式,即闭环控制方式。在三元催化转换器前面的排气歧管或排气管内装设氧传感器,检测排气中的氧气含量,向ECU反馈相应的电压信号。ECU根据氧传感器反馈的信号确定实际空燃比与理论空燃比的偏差,根据偏差确定喷油量应增加或减少,使实际空燃比被精确地控制在设定值。其控制过程如图4-55所示。

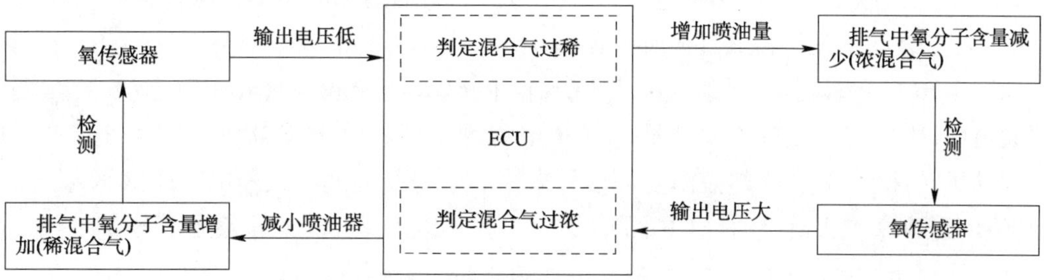

图4-55　空燃比反馈控制过程

(2)*A/F* 反馈控制条件。采用闭环控制的实质是保持空燃比在 14.7 附近,在非理论空燃比运行工况采用开环控制。发动机进入开环还是闭环控制,均由 ECU 根据有关输入信号确定。在下列工况 ECU 采用开环控制:

①怠速运转;

②节气门全开,大负荷;

③减速断油;

④发动机起动;

⑤发动机冷却液温度低或氧传感器温度未到达工作温度;

⑥氧传感器失效或其线路出现故障时。

2 废气再循环系统(EGR)

废气再循环系统(Exhaust Gas Recirculation)简称 EGR,就是将废气中的一部分引入燃烧室中参与燃烧过程。由于废气的主要成分是 CO_2 和 N_2 等惰性气体,它们具有较高的比热容,废气与新鲜混合气混合后,热容量增大,可降低最高的燃烧温度,同时再循环的废气对新鲜混合气的稀释,也相应地降低了氧的浓度,从而使氮氧化合物在燃烧过程中的生成量受到抑制。

废气再循环量的多少可以用 EGR 率表示,它是指再循环的废气量在进入汽缸内的气体中所占是比率,即

$$\text{EGR 率} = [\text{EGR 量}/(\text{进气量} + \text{EGR 量})] \times 100\%$$

1 废气再循环控制系统的控制原理

废气再循环就是在 ECU 的控制下,根据发动机的不同工况,将一部分废气引入进气管,与新鲜可燃混合气混合后,再进入汽缸燃烧,从而降低了燃烧速度和温度,减少了 NO_x 生成量。但是,过度的废气再循环将会影响发动机的正常运行,特别是在怠速、低转速小负荷及发动机处于冷态运行时,再循环的废气将会明显降低发动机的性能。因此,应选择 NO_x 排放量多的发动机运转范围,根据工况条件的变化自动调节参与再循环的废气量。通常,在低温和全负荷工况中,废气再循环系统停止工作。

2 废气再循环控制系统结构与工作原理

目前,采用 ECU 控制的废气再循环控制系统主要有两种类型:开环控制和闭环控制。按 EGR 阀的驱动方式不同,EGR 电控系统分为真空驱动型和电驱动型两种类型。

(1)真空驱动型废气再循环开环控制系统。

如图 4-56 所示,该控制系统主要由 EGR 阀和 EGR 电磁阀等组成,EGR 阀安装在废气再循环通道中,用以控制废气再循环量。EGR 电磁阀安装在通向 EGR 阀的真空通道中,ECU 根据发动机转速、负荷和冷却液温度等信号来控制电磁阀的通电或断电。EGR 阀不通电时,控制 EGR 阀的真空通道接通,EGR 阀开启,进行废气再循环;EGR 电磁阀通电时,控制 EGR 阀的真空通道被切断,EGR 阀关闭,停止废气再循环。

EGR 电磁阀采用占空比控制型,ECU 通过控制电磁阀的开度,调节作用在 EGR 阀上的

真空度，以控制 EGR 阀开度，实现对 EGR 率控制。

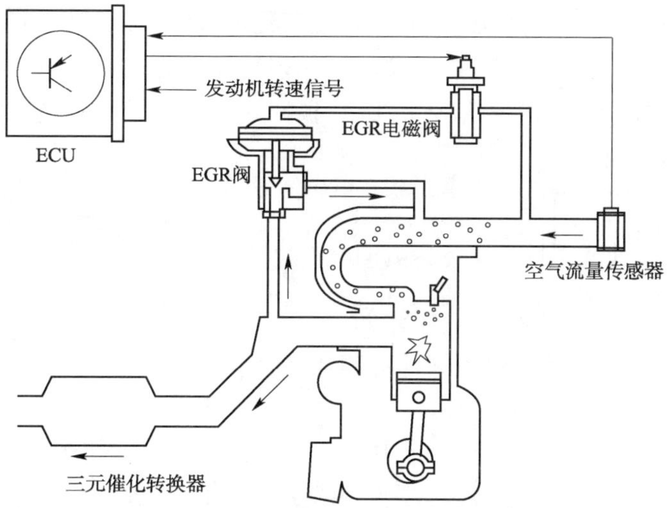

图 4-56　真空驱动型废气再循环开环控制系统

EGR 阀为气动膜片式，其结构如图 4-57 所示。EGR 阀的真空室可在膜片上方，也可在膜片下方，视具体情况而定；真空驱动膜片动作时，由膜片拉杆带动阀移动，以控制废气再循环，EGR 率取决于 EGR 阀的开度、排气管压力和进气管真空度。采用真空驱动型 EGR 阀虽然系统结构复杂、响应速度慢，但 EGR 电磁阀远离高温废气，且真空驱动力较大。

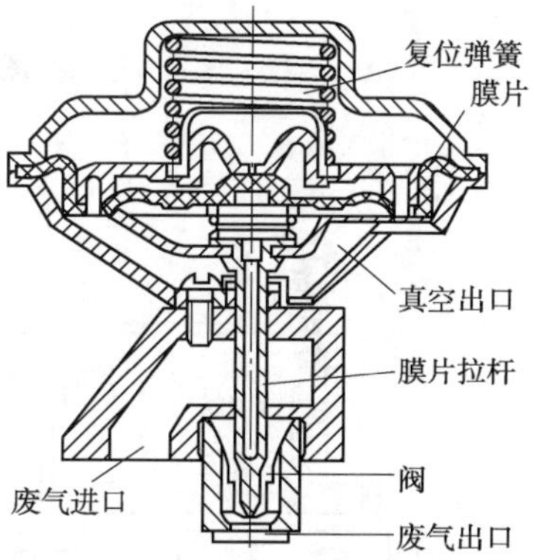

图 4-57　真空驱动型 EGR 阀

在废气再循环开环控制系统中，ECU 根据各传感器信号确定发动机工况，并按其内存的 EGR 率与转速、负荷的对应关系进行控制，但对其控制的结果不能监测。

（2）电驱动型废气再循环开环控制系统。

如图 4-58 所示，该系统利用占空比控制型 EGR 阀或步进电动机型 EGR 阀直接控制废气再循环量，对其控制结果是否与目标值一致并不进行监测。与真空驱动型废气再循环开环控制系统相比，电驱动型废气再循环开环控制系统的突出优点是控制精度高、响应速度快，但由于电驱动装置距离高温废气近，工作环境差，对其工作可靠性要求高。

（3）真空驱动型废气再循环闭环控制系统。

用 EGR 阀开度（位置）作为反馈信号的真空驱动型废气再循环闭环控制系统如图 4-59 所示，与前述真空驱动型废气再循环开环控制系统相比，只是在 EGR 阀上增设了一个 EGR 阀开度传感器。闭环控制废气再循环系统工作时，ECU 可根据 EGR 阀开度传感器的反馈信号修正 EGR 电磁阀开度，使 EGR 阀的控制精度更高。EGR 阀开度传感器为电位计式或差动电感式。

（4）电驱动型废气再循环闭环控制系统。

用 EGR 率作为反馈信号的电驱动型废气再循环闭环控制系统原理如图 4-60 所示,EGR 率传感器安装在进气总管中的稳压箱上,新鲜空气经节气门进入稳压箱,参与再循环的废气经电驱动 EGR 阀进入稳压箱,传感器检测稳压箱内气体中的氧浓度(氧浓度随 EGR 率的增加而降低),并转换成电信号输送给 ECU,ECU 根据此反馈信号修正电驱动 EGR 阀的开度,使 EGR 率保持在最佳值。

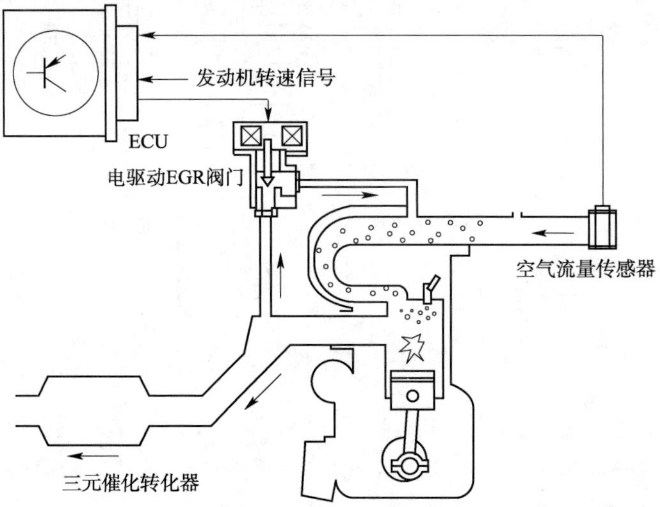

图 4-58　电驱动型废气再循环开环控制系统

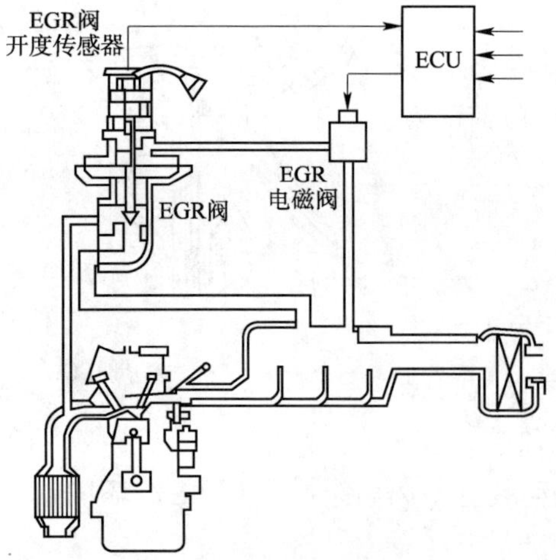

图 4-59　真空驱动型废气再循环闭环控制系统

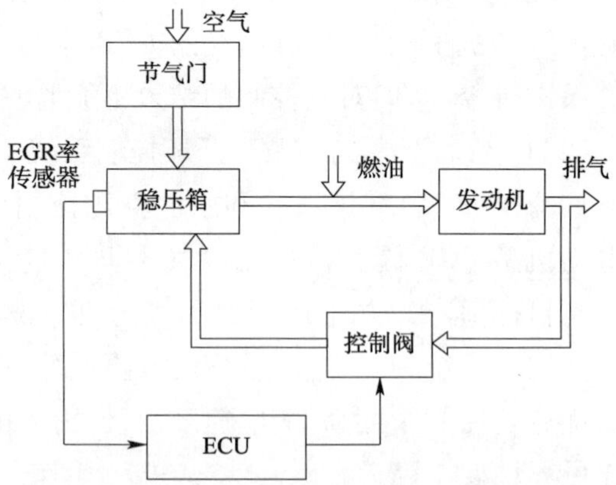

图 4-60　电驱动型废气再循环闭环控制系统

目前由于电驱动型废气再循环闭环控制系统的响应速度快,控制精度更高,所以在现代汽车发动机上应用越来越广泛。在电驱动型废气再循环闭环控制系统中,控制阀多采用电磁阀型 EGR 阀,其结构如图 4-61 所示,ECU 通过控制其通电占空比来改变阀的开度,对 EGR 率进行控制;阀开度传感器检测阀杆的实际位置,并将信号输送给 ECU,以实现 EGR 率的闭环控制。

3 废气再循环控制系统的检测与诊断

检测废气再循环控制系统时，应首先检查其真空软管有无破损，连接处有无松动、漏气等；若无，再作进一步检查。检查内容主要包括以下三项。

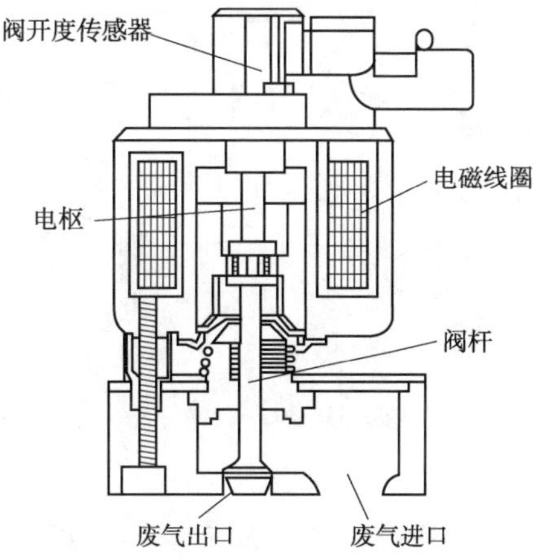

图4-61　电磁阀型EGR阀

(1)废气再循环控制系统的就车检查。

①起动发动机，使发动机怠速运转。

②将手指按在EGR阀上，检查EGR阀有无动作。

③在冷车状态下踩下加速踏板，使发动机转速上升至2000r/min左右，此时手指上应感觉不到EGR阀膜片动作(EGR阀不工作)。

④在发动机热车(冷却液温度高于50℃)后再踩下加速踏板，使发动机转速上升至2000r/min左右，此时手指应能感觉到EGR阀膜片的动作(EGR阀开启)。

若EGR阀不能按上述规律动作，则废气再循环控制系统工作不正常，应检查该系统的各零部件。

(2)废气再循环(EGR)电磁阀的检查。

①将点火开关置于“OFF”位置，拔下EGR电磁阀线束连接器，用万用表Ω挡测量电磁阀线圈的电阻值，应符合规定(一般为20～50Ω)；否则，应更换EGR电磁阀。

②拔下与EGR电磁阀相连的各真空软管，从发动机上拆下EGR电磁阀。

③在EGR电磁阀的电磁线圈不接电源时，检查各管口之间是否通气。此时，电磁阀上的管接口A与B、A与C之间应不通气，但管接口B与C之间应通气，见图4-62a)；否则，EGR电磁阀损坏，应予以更换。

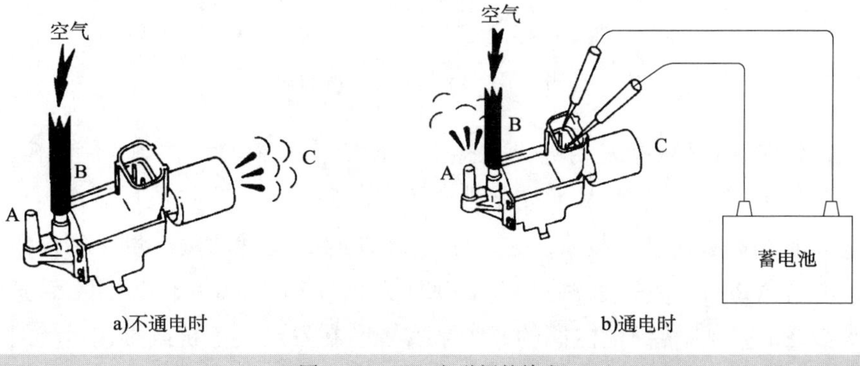

图4-62　EGR电磁阀的检查

④给EGR电磁阀线圈接上电源，见图4-62b)。此时，电磁阀管接口A与B之间应通气，而管接口A与C、B与C之间应不通气；否则，废气再循环电磁阀损坏，应更换。

(3)废气再循环(EGR)阀的检查。

①起动发动机，使发动机怠速运转。

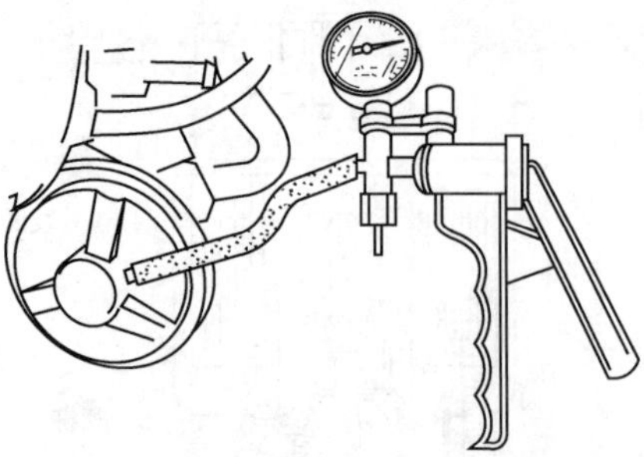

图 4-63　EGR 阀的检查

②拔下连接 EGR 阀与废气调整阀的真空软管。

③用手动真空泵对 EGR 阀真空室施加 19.95kPa 的真空度(图 4-63)。若此时发动机怠速运转情况变坏甚至熄火,说明 EGR 阀工作正常;若发动机运转情况无变化,则是 EGR 阀损坏,应予以更换。

3 燃油蒸发控制系统(EVAP)

燃油蒸发控制系统能够存储燃油系统产生的燃油蒸气(HC),阻止燃油蒸气泄漏到大气中,同时将收集的燃油蒸气适时地送入进气歧管,与正常混合气混合后进入发动机燃烧,使燃油得到充分利用。

1 燃油蒸发控制系统的组成与工作原理

如图 4-64 所示,油箱的燃油蒸气通过止回阀进入活性炭罐上部,空气从炭罐下部进入清洗活性炭,在炭罐右上方有一定量排放小孔及受真空控制的排放控制阀,排放控制阀内部的真空度由炭罐控制电磁阀控制,电磁阀受 ECU 控制。

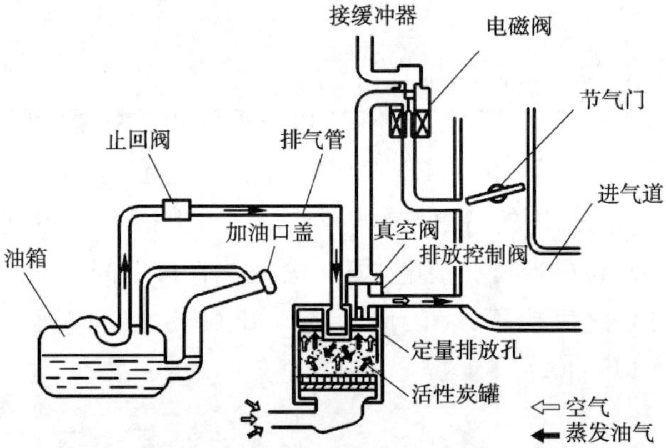

图 4-64　燃油蒸发控制系统

发动机工作时,ECU 根据发动机转速、温度、空气流量等信号,控制炭罐电磁阀的开闭来控制排放控制阀上部的真空度,从而控制排放控制阀的开度。当排放控制阀打开时,燃油蒸气通过排放控制阀被吸入进气歧管。进入进气歧管的回收燃油蒸气量必须加以控制,以防破坏正常的混合气成分。这一控制过程由 ECU 根据发动机的冷却液温度、转速、节气门开度等运行参数,通过操纵控制电磁阀的开闭来实现。在发动机停机或怠速运转时,ECU 使电磁阀关闭,从油箱中逸出的燃油蒸气被活性炭罐的活性炭吸收。当发动机以中、高速运转时,ECU 使电磁阀开启,储存在活性炭罐内的燃油蒸气经过真空软管后被吸入发动机。此时,因为发动机的进气量较大,少量的燃油蒸气不会影响混合气的成分。

2 燃油蒸发控制系统的检测与诊断

对燃油蒸发控制系统的检测主要包括就车检查和电磁阀的检查。

(1)就车检查。就车检查可按下述顺序进行。

①将发动机预热至正常工作温度,使之怠速运转。

②拔下活性炭罐上的真空软管,检查软管内有无真空吸力。若燃油蒸发控制系统工作正常,在发动机怠速运转中电磁阀应关闭,真空软管内无真空吸力(图4-65)。如果此时真空软管内有真空吸力,则用万用表电压挡检查电磁阀线束连接器端子上是否有电压。若电磁阀线束连接器端子上有电压,说明 ECU 有故障;若无电压,则说明电磁阀有故障(卡死在开启位置)。

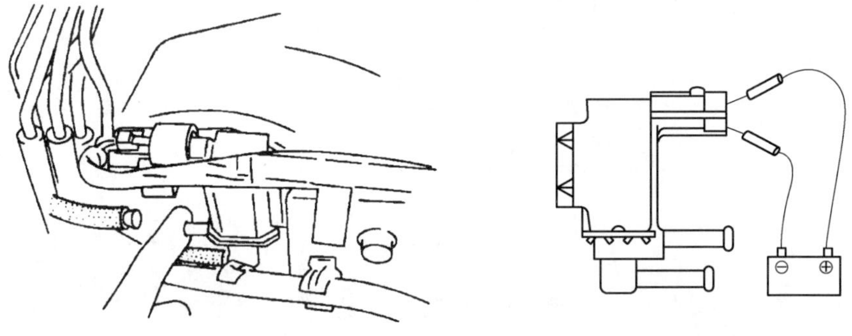

a)就车检查　　b)单件检查

图4-65　控制电磁阀的检查

③踩下加速踏板,当发动机转速大于2000r/min时,检查上述真空软管内有无真空吸力。若真空软管内有真空吸力,则说明该系统正常工作;若真空软管内无真空吸力,则用万用表电压挡检查电磁阀线束连接器端子上是否有电压。若电压正常,说明电磁阀有故障;若电压异常,则说明 ECU 或控制线路有故障。

(2)电磁阀的检查。电磁阀的检查主要包括以下两项的检查。

①检查电磁阀线圈的电阻值。拔下电磁阀线束连接器,用万用表电阻挡测量电磁阀线圈的电阻值。电阻值应符合规定,否则应更换电磁阀。

②检查电磁阀的工作。检查电磁阀通电和不通电时的工作状态,如电磁阀的工作状态与标准不符,则说明电磁阀有故障,应更换。

4 二次空气喷射系统(AI)

1 二次空气喷射系统的结构与工作原理

在一定工况下,将新鲜空气送入排气管,促使废气中的 CO、HC 进一步氧化,从而降低 CO、HC 的排放量。同时加快三元催化转换器的升温。

电控二次空气供给系统如图4-66所示。二次空气控制阀由舌簧阀和膜片阀组成,来自空气滤清器的二次空气进入排气管的通道受膜片阀控制,膜片阀的开闭用进气歧管的真空度驱动,其真空通道由 ECU 通过电磁阀控制。装在二次空气控制阀中的舌簧阀是一个止回阀,主要用来防止排气管中的废气倒流。

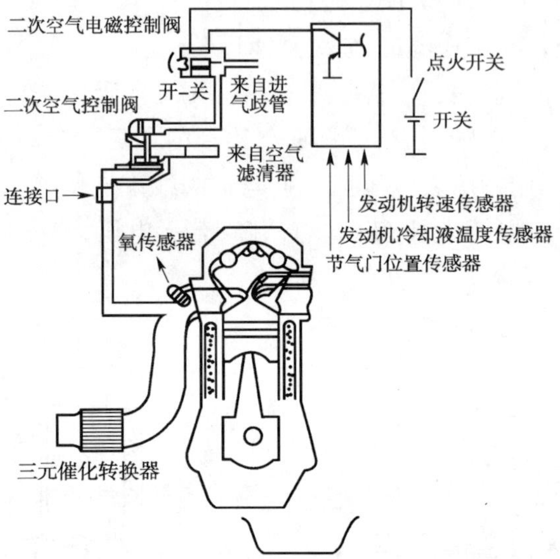

图 4-66　二次空气供给系统

点火开关接通后，蓄电池即向二次空气电磁阀供电，ECU 控制电磁阀搭铁回路。电磁阀不通电时，关闭通向膜片阀真空室的真空通道，膜片阀弹簧推动膜片下移，关闭二次空气供给通道，不允许向排气管内提供二次空气。ECU 给电磁阀通电，电磁阀开启膜片阀真空室的真空通道，进气管真空度将膜片阀吸起，排气管内的脉动真空即可吸开舌簧阀，使二次空气进入排气管。有些发动机和二次空气供给系统利用空气泵将新鲜空气强制送入排气管。在下列情况下 ECU 不给二次空气电磁阀通电：

①电控燃油喷射系统进入闭环控制；

②冷却液温度超过规定范围；

③发动机转速和负荷超过规定值；

④ECU 发现故障。

2 二次空气喷射系统的检修

发动机低温起动后，拆下空气滤清器盖，应能听到舌簧阀发出的“嗡、嗡”声。从空气滤清器上拆下二次空气供给软管，用手指盖住软管口检查，应符合下列要求：发动机温度在 18 ~ 63℃范围内怠速运转时，有真空吸力；发动机温度在 63℃以上，起动后 70s 内应有真空吸力，起动 70s 后应无真空吸力；发动机转速从 4000r/min 急减速时，应用真空吸力。

拆下二次空气控制阀，从空气滤清器侧软管接头吹入空气应不漏气；用手动真空泵从真空管接头施加 20kPa 真空度，从空气滤清器侧软管接头吹入空气应通畅；若不符合上述要求，说明膜片阀工作不良，应检修或更换。用手动真空泵从真空管接头施加 20kPa 真空度，从排气管接头吹入空气应不漏气，否则说明舌簧阀密封不良，应该更换。

进行二次空气电磁阀检查时，测量电磁阀电阻，一般为 36 ~ 44Ω；拆开二次空气电磁阀上的软管，电磁阀不通电时，从进气管侧软管接头吹入空气应不通，从通大气的滤网处吹入空气应畅通。当给电磁阀接通蓄电池电源电压时，吹气通畅情况应与上述相反。若不符合上述要求，应更换电磁阀。

任务实施

下面以丰田卡罗拉轿车1ZR—FE发动机的排放控制系统和广州本田雅阁发动机废气再循环系统为例，说明排放控制系统故障检测与诊断的方法与步骤。

1 卡罗拉1ZR—FE发动机的排放控制系统故障检测与诊断

1 整体认识

卡罗拉1ZR—FE发动机排放净化装置有燃油蒸发回收控制系统、三元催化转换器、曲轴箱强制通风系统等。

2 操作步骤

(1)燃油蒸发回收控制系统的检修。

燃油蒸发回收控制系统由发动机ECM根据发动机转速、冷却液温度、节气门开度等运转参数，通过炭罐电磁阀来控制该系统的工作。燃油蒸发回收控制系统的组成与零件位置如图4-67所示，它主要活性炭罐、炭罐电磁阀组成。

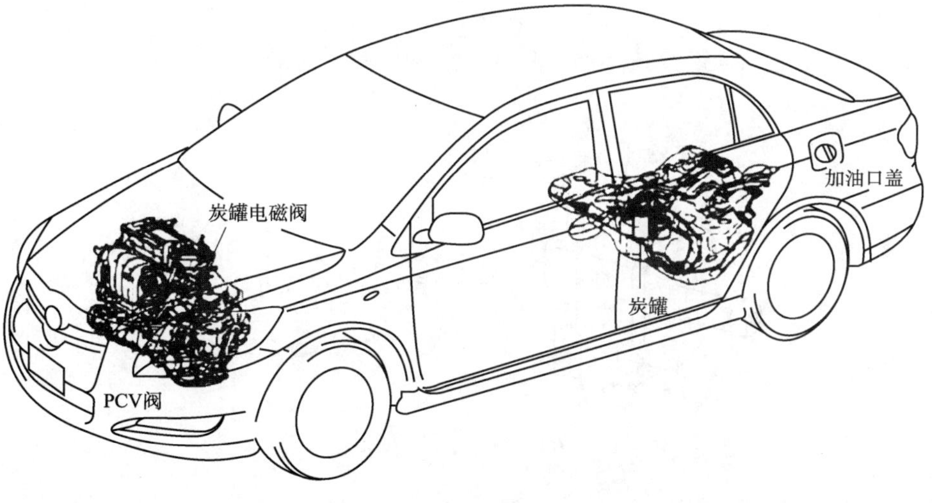

图4-67　燃油蒸发排放控制系统组成与零件位置

活性炭罐安装在后排座椅坐垫总成下方，后地板检修孔盖的位置。活性炭罐结构如图4-68所示，活性炭罐工作原理示意图如图4-69所示。

炭罐电磁阀安装在发动机后方，与缸盖通过一个连接架连接，炭罐电磁阀控制从活性炭罐到进气管的燃油蒸气通道。它是占空比控制型真空电磁阀，其结构与线束端子含义如图4-70所示。炭罐电磁阀的电路图如图4-71所示。

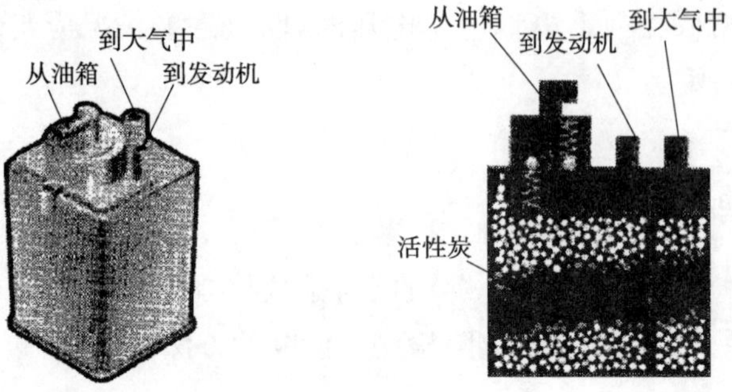

图 4-68　活性炭罐结构

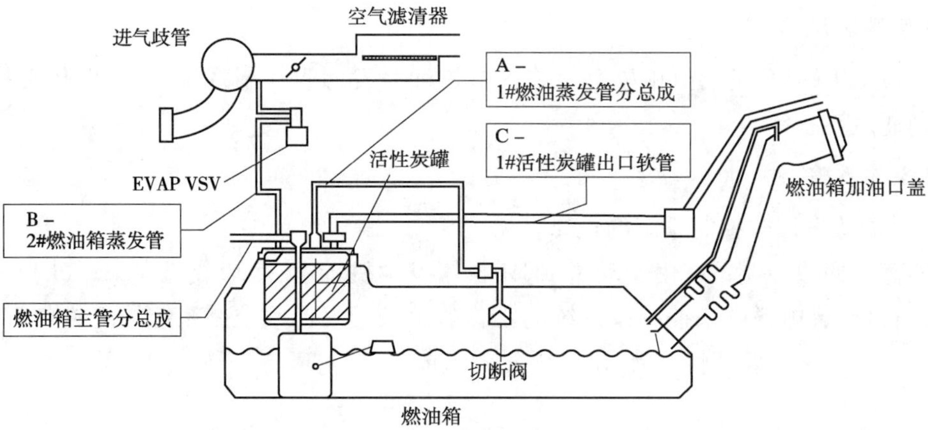

图 4-69　活性炭罐的工作原理示意图

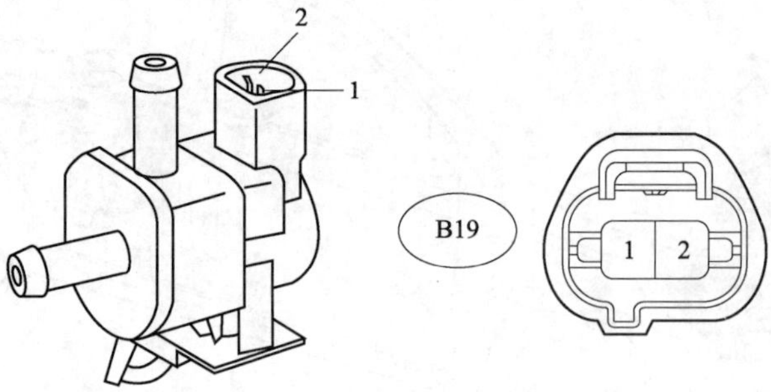

图 4-70　炭罐电磁阀的线束端子

①炭罐电磁阀的检修。

a. 检查电磁阀的工作状况。

第 1 步：起动发动机至正常工作温度，并使之怠速运转。

第 2 步：拔下电磁阀与活性炭罐连接的真空软管，用手检查有无真空吸力。标准值：当系统工作正常时，在发动机怠速运转中，电磁阀应不通，无真空吸力。使发动机转速保持在 2000r/min，再次检查有无真空吸力，有吸力时说明正常；无吸力时应检查电磁阀线束插头内的电源电压。

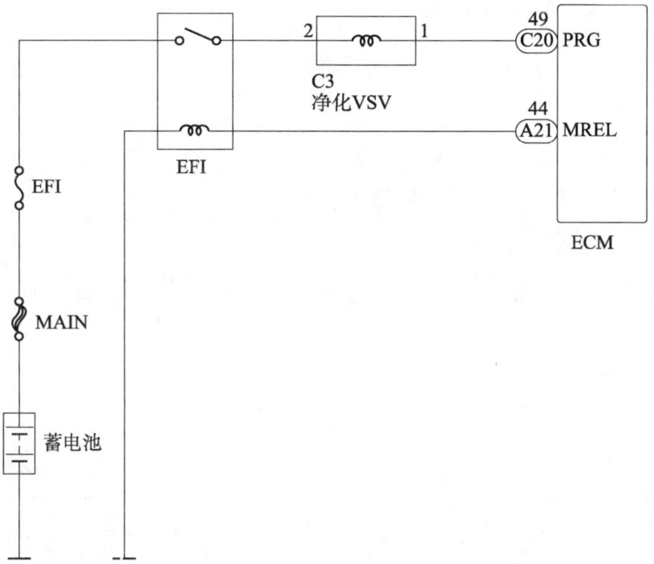

图 4-71　炭罐电磁阀电路图

b. 检查电磁阀的电阻。

第 1 步:拔下电磁阀线束插头。

第 2 步:用万用表电阻挡测量电磁阀端子 1 和 2 之间的阻值,如果结果不符合规定,则更换占空比控制型真空开关阀。规定阻值:23 ~ 26Ω(20℃)。

c. 检查电磁阀的电源电压。

第 1 步:关闭点火开关。

第 2 步:拔下电磁阀线束插头。

第 3 步:打开点火开关,用万用表电压挡测量电磁阀线束端子 2 与车身搭铁之间的电压。标准电压:9 ~ 14V。

第 4 步:重新连接电磁阀线束插头。

d. 检查电磁阀导通情况。

第 1 步:拔下电磁阀线束插头,向电磁阀 E 口吹气,F 口应不通,如图 4-72a)所示。

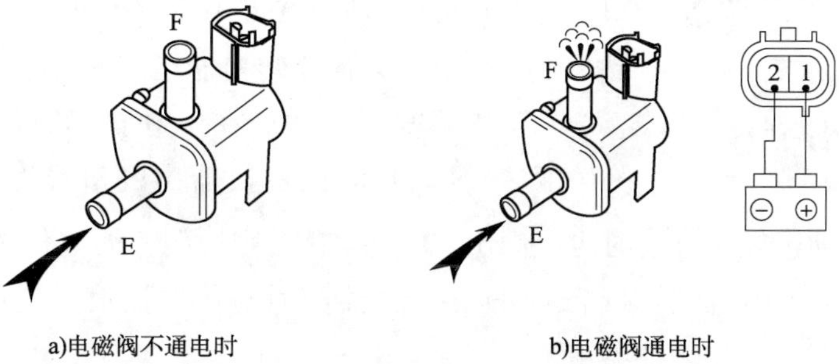

a)电磁阀不通电时　　b)电磁阀通电时

图 4-72　检查电磁阀导通情况

第 2 步：将电源加在电磁阀两接线柱上，再向电磁阀 E 口吹气，F 口应通气，如图 4-72b）所示。如果导通情况不符合规定，则更换电磁阀。

②活性炭罐的检修。

a. 检查活性炭罐的通风情况。拆下活性炭罐上各软管接头，关闭端口 B，向端口 A 施加压缩空气，端口 C 应有空气流出，如图 4-73 所示。

b. 检查止回阀。

第 1 步：拆下活性炭罐各软管接头，关闭端口 C，向端口 A 施加压缩空气，端口 B 应有空气流出，如图 4-74 所示。

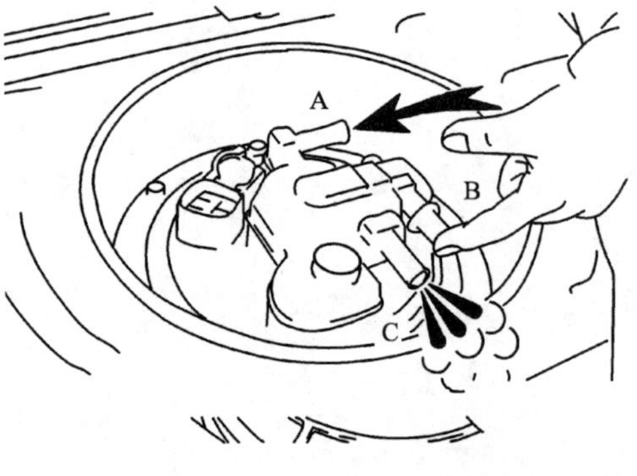

图 4-73　检查活性炭罐的通风情况

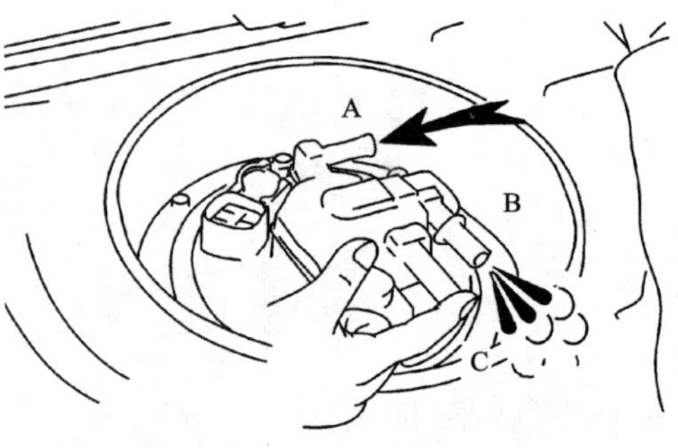

图 4-74　检查止回阀

第 2 步：关闭端口 C，用手持式真空泵向端口 A 施加真空，开始时真空将保持不变。逐渐增大真空，真空达到规定值后，端口 B 开始有空气流出且真空减小，如图 4-75 所示。

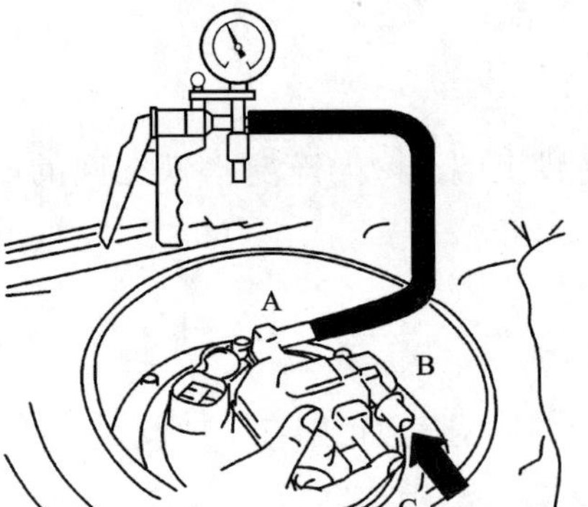

图 4-75　检查止回阀

c. 检查与更换周期。当止回阀堵塞时，活性炭罐就不再正常工作，这样燃油蒸气就排到大气中，所以一般每隔 4 万 km 或 2 年需要对活性炭罐进行检查或更换。

（2）三元催化转换器的检修。

1ZR-FE 发动机排气系统主要由排气歧管、三元催化转换器、消声器、排气总管、排气管连接件和支架等组成，如图 4-76 所示。其中三元催化转换器集成在前排气管总成中，消声器位于车辆中部。

检查三元催化转换器堵塞的方法如下：

①温度测试法。在发动机运转时，检测排气管温度，一般三元催化转换器出气口温度高于进气口温度 40℃左右，即使发动机处于怠速时也应高出 10℃左右，否则说明三元催化转换器可能堵塞。

②氧传感器信号测试法。对比三元催化转换器前后氧传感器信号波形，若前后氧传感器波形一样，说明三元催化转换器堵塞。

③尾气分析测试法。通过尾气分析仪对发动机尾气进行检测，若三种有害排放物高，说明三元催化转换器损坏。

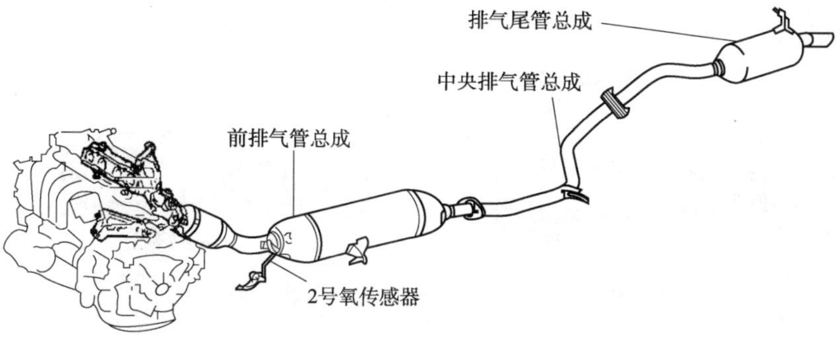

图 4-76 1ZR—FE 发动机排气系统的组成及零部件位置

④排气背压。使用压力表检测发动机排气管背压,若排气管背压过高,说明三元催化转换器可能发生堵塞。

(3)曲轴箱强制通风系统的检修。

曲轴箱强制通风系统根据发动机工况将曲轴箱内的气体通过 PCV 阀引入进气歧管内,并有少量的空气由空气滤清器经 PCV 阀直接进入进气歧管,这就避免了进气门处结冰、燃烧不充分、排放恶劣等现象。防止窜气进入大气,同时防止机油变质。1ZR—FE 发动机的曲轴箱强制通风系统主要由 PCV 阀和连接软管组成。PCV 阀由柱塞式阀门、弹簧和壳体组成。PCV 阀的工作过程如图 4-77 所示。

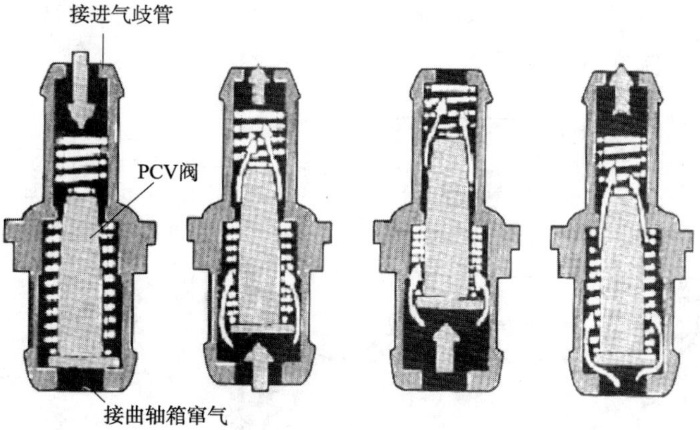

图 4-77 PCV 阀的工作过程

PCV 阀的检修步骤如下:

①检查 PCV 的工作情况。

第 1 步:拆下 PCV 阀,并使 PCV 阀与发动机汽缸盖罩处软管连通。

第 2 步:起动发动机,让发动机怠速。

第 3 步:PCV 阀接口处应能明显感觉有真空吸力。

②检查 PCV 阀是否堵塞。

第 1 步:向汽缸盖侧吹空气,检查并确认空气畅通,如图 4-78a)所示。

第2步:向进气歧管侧吹入空气,检查并确认空气流通困难,如图4-78b)所示。如果不符合规定,则更换PCV阀。

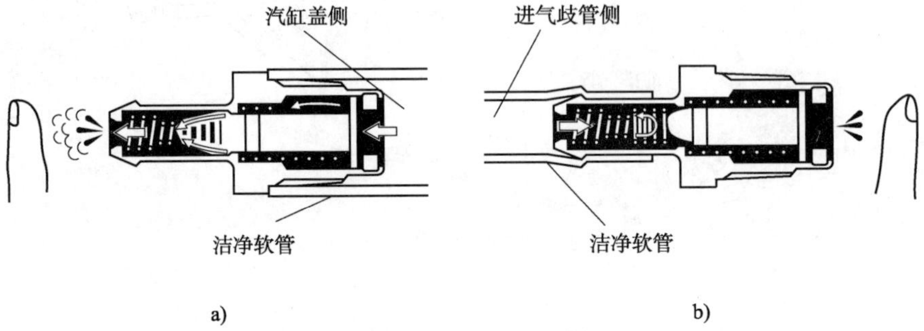

图4-78　检查PCV阀是否堵塞

第3步:也可以将拆下的PCV阀用手摇动检查,若听到有“咔嗒”声,说明PCV阀灵活可用。

2 广州本田雅阁发动机废气再循环系统故障检测与诊断

1 整体认识

广州本田雅阁发动机废气再循环闭环控制系统组成如图4-79所示。EGR阀升程传感器将EGR阀的升程转变为电信号输送给ECM,ECM将此升程量与根据其他传感器信号确定的最佳EGR阀升程量进行比较,然后输出EGR阀升程调整控制信号,通过EGR电磁阀将EGR阀的升程始终控制在理想的位置。

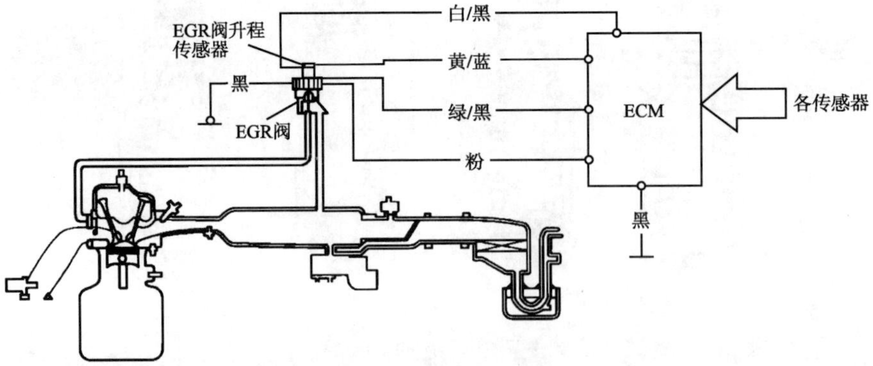

图4-79　广州本田雅阁发动机的废气再循环闭环控制系统组成

2 操作步骤

(1)验证故障码。连接故障检查插座。起动发动机,将自动变速器操纵手柄置于P或N位,使发动机保持在3000r/min下稳定运转,直到加热器风扇起动,然后使发动机怠速运转。需要路试时,在路上行驶约10min,尽量使发动机转速保持在1700~2500r/min的范围内。故障指示灯亮起,检查控制系统。

(2)检查ECM输出电压。关闭点火开关,断开EGR阀6芯插头。接通点火开关。测量EGR阀插头的2号端子与3号端子之间的电压(图4-80),看是否为5V。电压正常,进行下一步检修。

(3)检查EGR阀升程(EGRL)传感器线路是否断路。关闭点火开关,断开ECM的C插头。检查ECM插接器C插头的C6端子与EGR阀插头的1号端子之间的导通情况(图4-81),若导通,进行下一步检修。

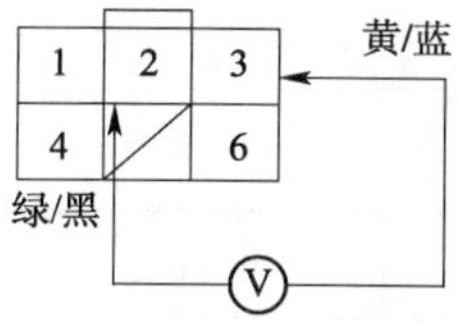

图4-80　检查ECM输出电压

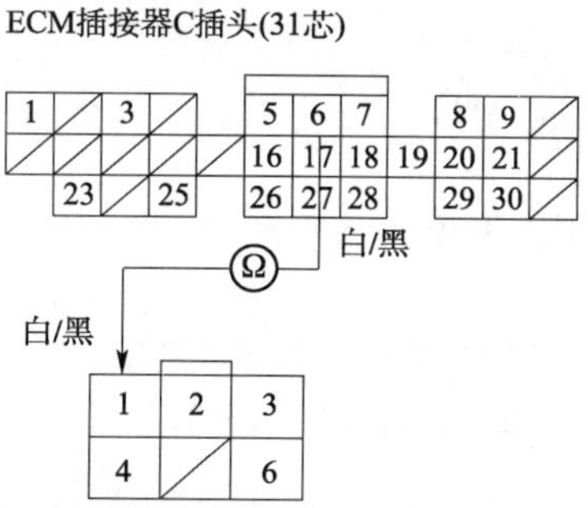

图4-81　检查EGR阀升程传感器是否断路

(4)检查EGR阀升程(EGRL)传感器线路是否短路。检查EGR阀插头1号端子与搭铁之间的导通情况(图4-82),若不导通,进行下一步检修。

(5)检查EGR阀地线是否断路。检查EGR阀插头的6号端子与搭铁之间的导通情况(图4-83),若导通,进行下一步检修。

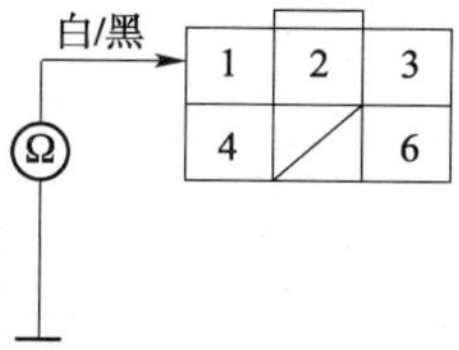

图4-82　检查EGR阀升程传感器是否短路

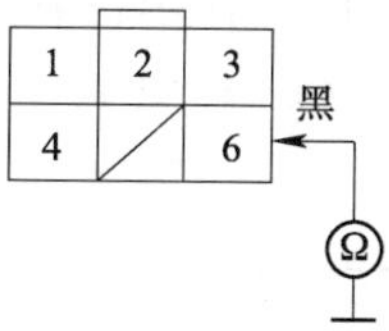

图4-83　检查EGR阀地线是否断路

(6)检查EGR阀控制线路有无断路。断开ECM插接器的B插头,检查ECM插接器B插头的B7端子与EGR阀6芯插头4号端子之间的导通情况(图4-84),若导通,进行下一步检修。

(7)检查EGR阀控制线路有无短路。检查EGR阀6芯插头4号端子与搭铁之间的导通情况(图4-85),若不导通,进行下一步检修。

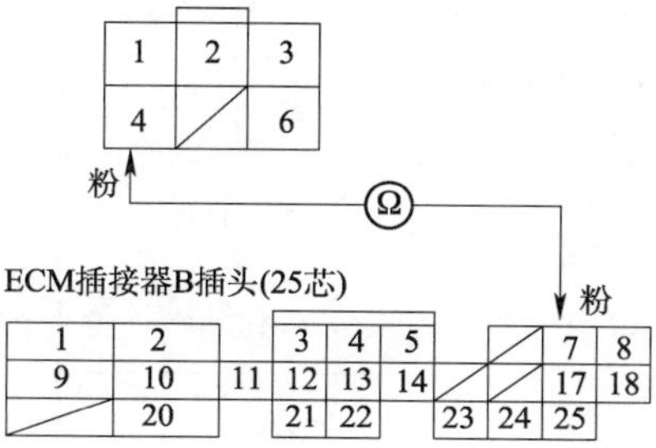

图4-84　检查EGR阀控制线路有无断路

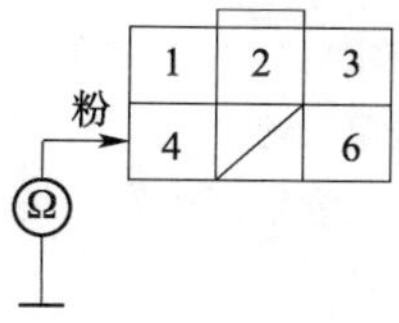

图4-85　检查EGR阀控制线路有无短路

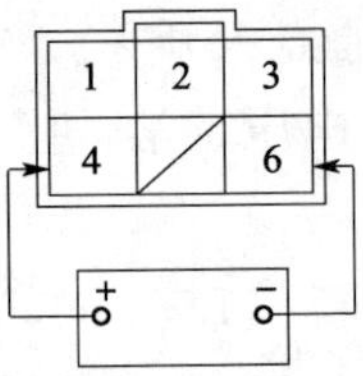

图 4-86　检查 EGR 阀

(8)检查 EGR 阀。重新接上 ECM 插接器的 B 插头和 C 插头。将蓄电池正极与 EGR 阀插座的4 号端子相接(图4-86)。起动发动机,并使其怠速运转,再将蓄电池负极与 EGR 阀插头的 6 号端子相接,看发动机是否熄火或运转不平稳。发动机怠速无变化,说明 EGR 阀失效,更换。

(9)重新起动发动机,试车运转正常,故障排除。

考核评价

学生考核评价表见表 4-6。

学生考核评价表　　表 4-6

<table>
<tr><th>目标</th><th>评价要素</th><th>评 价 标 准</th><th>评 价 依 据</th><th colspan="2">考 核 方 式</th><th>权重</th><th>评分</th></tr>
<tr><td rowspan="3">知识</td><td rowspan="3">基本知识</td><td rowspan="3">知识的要求</td><td rowspan="3">个人作业、课堂笔记、课堂练习、小组作业、期末考试</td><td colspan="2">学生自评</td><td>10%</td><td></td></tr>
<tr><td colspan="2">教师评定</td><td>10%</td><td></td></tr>
<tr><td colspan="2">学生互评</td><td>10%</td><td></td></tr>
<tr><td rowspan="2">能力</td><td rowspan="2">基本技能</td><td rowspan="2">正确描述排放控制系统的组成与工作原理;能描述排放控制系统主要构件结构原理;能对排放控制系统故障进行检测与诊断</td><td rowspan="2">实践练习、小组作业、学生作业单</td><td rowspan="2">教师评定</td><td>动手能力</td><td>15%</td><td></td></tr>
<tr><td>作业单的填写</td><td>15%</td><td></td></tr>
<tr><td rowspan="9">素养</td><td rowspan="3">学习态度</td><td rowspan="3">遵守纪律、积极参与课堂教学活动、按时完成作业、按要求完成准备</td><td rowspan="3">课堂表现记录、考勤表、同学及教师观察、课堂笔记</td><td colspan="2">学生自评</td><td rowspan="3">10%</td><td rowspan="3"></td></tr>
<tr><td colspan="2">小组互评</td></tr>
<tr><td colspan="2">教师评定</td></tr>
<tr><td rowspan="3">沟通协作管理</td><td rowspan="3">乐于请教和帮助同学、小组活动协调和谐、协助教师教学管理、做好教室值日工作、按要求做课前准备和课后整理</td><td rowspan="3">小组作业、小组活动记录、自评及互评记录、值日记录、同学及教师观察</td><td colspan="2">学生自评</td><td rowspan="3">15%</td><td rowspan="3"></td></tr>
<tr><td colspan="2">小组互评</td></tr>
<tr><td colspan="2">教师评定</td></tr>
<tr><td rowspan="3">创新精神</td><td rowspan="3">有自主学习计划、在作业练习中能提出问题和见解、对教学或管理提出意见和建议、积极参与小组活动方案设计</td><td rowspan="3">个人作业、自主学习计划、学习活动、个人口头或书面提议</td><td colspan="2">学生自评</td><td rowspan="3">15%</td><td rowspan="3"></td></tr>
<tr><td colspan="2">小组互评</td></tr>
<tr><td colspan="2">教师评定</td></tr>
</table>

拓展迁移

汽车排放污染与排放控制标准

1. 汽车排放污染物的危害

汽车尾气的主要污染物有CO、NO_x、HC、Pb、硫化物等。它们对环境的污染主要表现为产生温室效应，破坏臭氧层，产生酸雨、黑雨等现象。对人体的危害主要表现为造成各种疾病，严重损害呼吸系统，并且具有很强的致癌性。CO是燃料在发动机内燃烧不完全的产物，它与人体血红蛋白的结合力远远强于氧与血红蛋白的结合力。所以CO削弱了血红蛋白向人体组织输送氧的能力，影响神经中枢系统，严重时造成中毒死亡。NO_x对环境的损害作用极大，它既是形成酸雨的主要物质之一，也是形成大气中光化学烟雾的重要物质和消耗臭氧的一个重要因子。HC是燃料在发动机中燃烧不完全和燃料挥发形成的。它包括多种烃类化合物，部分烃类化合物有致癌性，进入人体后产生慢性中毒。

2. 汽车排放控制标准

1）欧洲标准

欧洲标准是由欧洲经济委员会（ECE）的排放法规和欧共体（EEC）的排放指令共同加以实现的，欧共体（EEC）即是现在的欧盟（EU）。排放法规由ECE参与国自愿认可，排放指令是EEC或EU参与国强制实施的。汽车排放的欧洲法规（指令）标准1992年前已实施若干阶段，欧洲从1992年起开始实施欧Ⅰ（欧Ⅰ型式认证排放限值）、1996年起开始实施欧Ⅱ（欧Ⅱ型式认证和生产一致性排放限值）、2000年起开始实施欧Ⅲ（欧Ⅲ型式认证和生产一致性排放限值）、2005年起开始实施欧Ⅳ（欧Ⅳ型式认证和生产一致性排放限值）。

2）中国排放标准

与国外先进国家相比，我国汽车尾气排放法规起步较晚、水平较低，根据我国的实际情况，从20世纪80年代初期开始采取了先易后难分阶段实施的具体方案，其具体实施至今主要分为四个阶段，也就是我们常说的国Ⅰ、国Ⅱ、国Ⅲ、国Ⅳ和国Ⅴ。

（1）第一阶段。1983年我国颁布了第一批机动车尾气污染控制排放标准，这一批标准的制定和实施，标志着我国汽车尾气法规从无到有，并逐步走向法制治理汽车尾气污染的道路，在这批标准中，包括了《汽油车怠速污染排放标准》、《柴油车自由加速烟度排放标准》、《汽车柴油机全负荷烟度排放标准》三个限值标准和《汽油车怠速污染物测量方法》、《柴油车自由加速烟度测量方法》、《汽车柴油机全负荷烟度测量方法》三个测量方法标准。

（2）第二阶段。在1983年我国颁布第一批机动车尾气污染控制排放标准的基础上，我国在1989～1993年又相继颁布了《轻型汽车排气污染物排放标准》、《车用汽油机排气污染物排放标准》两个限值标准和《轻型汽车排气污染物测量方法》、《车用汽油机排气污染物测量方法》两个工况法测量方法标准，至此，我国已形成了一套较为完善的汽车尾气排放标准体系；值得一提的是，我国1993年颁布的《轻型汽车排气污染物测量方法》采用了ECER15-

04 的测量方法，而测量限值《轻型汽车排气污染物排放标准》则采用了 ECER15-03 限值标准，该限值标准只相当于欧洲 20 世纪 70 年代来的水平（欧洲在 1979 年实施 ECE R15-03 标准）。

（3）第三阶段。以北京市《轻型汽车排气污染物排放标准》（DB 11/105—1998）的出台和实施，拉开了我国新一轮尾气排放法规制定和实施的序曲，从 1999 年起北京实施 DB 11/105—1998 地方法规，2000 年起全国实施《汽车排放污染物限值及测试方法》（GB 14961—1999）（等效于 91/441/1EEC 标准），同时《压燃式发动机和装用压燃式发动机的车辆排气污染物限值及测试方法》也制定出台；与此同时，北京、上海、福建等省市还参照 ISO 3929 中双怠速排放测量方法分别制定了《汽油车双怠速污染物排放标准》地方法规，这一条例标准的制定和出台，使我国汽车尾气排放标准达到国外 20 世纪 90 年代初的水平。

（4）第四阶段。汽车排放污染物主要有 HC（碳氢化合物）、NO_x（氮氧合物）、CO（一氧化碳）、PM（微粒）等，通过更好的催化转化器的活性层、二次空气喷射以及带有冷却装置的排气再循环系统等技术的应用，控制和减少汽车排放污染物到规定数值以下的标准。根据规划，北京市 2008 年对全市新增机动车实施“国家第四阶段机动车污染物排放标准”，具有国四标准的汽车燃油在 2008 年 1 月 1 日起开始在北京市供应。

（5）第五阶段。国五标准排放控制水平相当于欧洲正在实施的第 5 阶段排放标准。欧盟已经从 2009 年起开始执行，其对 NO_x、HC、CO 和悬浮粒子等机动车排放物的限制更为严苛。从国Ⅰ提至国Ⅳ，每提高一次标准，单车污染减少 30% ~50%。将于 2017 年 1 月 1 日起在全国实施第五阶段国家机动车排放标准。北京、上海、南京等城市及广东部分城市已经开始执行国五标准。

汽车排放的国标与欧标不一样。国标是根据我国具体情况制定的国家标准。欧标是欧共体国家成员通行的标准，欧标略高于国标。

项目五 Project 5

柴油机电控系统故障检测与诊断

任务1 电控泵喷嘴系统故障检测与诊断

任务导入

一辆装备电控泵喷嘴系统的柴油机汽车，该车冷机起动非常困难，需要起动数次才能起动，有时甚至需要连续起动8次以上才能起动，但起动后怠速运转并无明显异常，热机时起动较为容易。

任务分析

根据故障现象逐项进行检查，最后问题出现在第1缸电控泵喷嘴电磁阀关闭不严所致，导致起动时喷油量很小，起动时汽缸内的柴油雾化质量变得更差，不利于燃烧，从而导致柴油机冷机起动变得异常困难，因此维修技师需要对电控泵喷嘴系统进行故障检测与诊断。

学习目标

能力目标	知识目标	素养目标
1. 能描述电控泵喷嘴系统的基本组成及其功用； 2. 能描述电控泵喷嘴系统主要组成构件的结构原理； 3. 能正确利用设备进行电控泵喷嘴系统故障进行检测诊断	1. 具有电控泵喷嘴系统的基本组成及其功用的相关知识； 2. 具有电控泵喷嘴系统主要组成构件的结构原理的相关知识； 3. 具有电控泵喷嘴系统故障检测与诊断的相关知识	1. 具有良好的工作责任心和职业道德； 2. 具有安全操作意识和良好的环境保护意识； 3. 培养团队协作精神

建议学时

4 学时。

学习资讯

1 柴油机电控系统概述

1 柴油机电控系统的类型

电控柴油喷射系统的开发研究先后经历了三代，这些电控柴油喷射系统又是在不同机械式喷油系统的基础上发展起来的，从而形成了多种类型的电控柴油喷射系统。

第一代位置控制式电控柴油喷射系统，保留了传统柴油机供给系统（直列柱塞泵、转子分配泵、泵喷嘴系统等）的基本组成和结构，将机械式调速器和提前器换成电子控制的机构，燃油的压送机构和机械式燃油系统相同。根据 ECU 的指令控制电子调速器的齿杆或溢油环的位置来控制喷油量，根据 ECU 指令控制电子提前器中的发动机驱动轴和凸轮轴的相位差来控制喷油正时。如日本电装公司的 ECD—P1、ECD—P2、ECD—P3、ECD—V1 系统；德国波许公司的 EDR、EDC 系统；美国的 PEEC、PCF 系统都属于第一代电控柴油喷射系统。

第二代时间控制式电控柴油喷射系统，基本保留了传统燃油供给系统的组成和结构，燃油的压送机构和机械式燃油系统相同。根据 ECU 的指令，采用高速电磁阀对喷油量和喷油正时进行时间控制。一般情况下，电磁阀关闭，执行喷油；电磁阀打开，喷油结束。因此可实现供油量控制，又可实现供油正时的控制。如日本电装公司的 ECD—V3 系统；日本丰田公司的 ECD—2 系统；德国波许公司的 PDE27/PDE28 系统等都属于第二代电控柴油喷射系统。

第三代共轨式电控柴油喷射系统，是为了满足日益严格的节能和环保要求，20 世纪 90

年代后期研制出的一种新型柴油机电控技术。该系统基本改变了传统燃油供给系统的组成和结构，主要以电控共轨式喷油系统为特征，将喷油量和喷油正时控制融为一体，使燃油的升压机构独立，即燃油压力与发动机转速、负荷无关，具有可以独立控制压力的蓄压器—共轨，根据 ECU 的指令，由共轨压力电磁调压阀控制喷油压力。这样，喷油压力可以自由控制了，并且喷油量、喷油正时等参数直接由装在各个汽缸上的喷油器电磁阀控制。电控共轨式燃油喷射系统是全新的一代燃油系统，可以直接对喷油器的喷油量、喷油正时、喷油率、喷油压力等进行自由控制，大大地降低柴油机的排放。如德国 ROBERT BOSCH 公司的 CR 系统，日本电装公司的 ECD—U2 系统，美国 BKM 公司的 Servojet 系统，意大利的 FIAT 集团的 Unijet 系统等都属于第三代电控柴油喷射系统。

2 柴油机电控系统的主要控制功能

随着柴油机电控技术的发展，柴油机电控系统从最基本的燃油喷射控制，即喷油量和喷油正时控制，已扩展到包括喷油率和喷油压力控制在内的多项目标控制；并从单一的燃油喷射控制扩展到包括怠速控制、进气控制、起动控制、巡航控制、故障自诊断、失效保护、数据通信、发动机与变速器的综合控制等在内的全方位集中控制。

(1)燃油喷射控制。燃油喷射控制是柴油机电控系统最主要的控制功能，主要包括喷油量控制、喷油正时控制、喷油速率控制和喷油压力控制等。

①喷油量的控制。ECU 根据加速踏板位置传感器和转速传感器的输入信号，首先计算出基本喷油量，然后根据来自冷却液温度传感器、进气温度传感器、进气压力传感器以及电动机等信号，对这个基本喷油量加以修正，再与来自控制套筒位置传感器的信号进行比较后，产生与两者差值成比例的驱动电流，执行器则根据 ECU 输出的驱动电流进行操作，使节气门拉杆移动到目标位置，最后确定最佳喷油量。

②喷油正时的控制。首先，根据柴油机转速、负荷和冷却液温度的信号在 ECU 中利用预先存储的喷油正时脉谱，计算确定喷油始点的目标值。其次，通过检测上止点参考脉冲与喷嘴针阀升程传感器输出脉冲之间的夹角，计算出实际喷油始点。将两者比较，决定最佳喷油始点后，ECU 就输出一个脉宽可调的信号来控制一个电磁阀。该电磁阀可确定作用在喷油提前器活塞上的控制油压来移动活塞位置，改变发动机驱动轴和凸轮轴之间的相位，以调节喷油正时。为了实现柴油机燃烧的及时与完全，电控系统应根据柴油机的运行状态和环境条件来控制喷油正时。

③燃油喷射规律的控制。燃油喷射规律即喷油速率和喷油量随时间变化的规律。电控系统以柴油机转速和负荷为基本控制参数，按预设的喷油速率和喷油规律，完成循环的喷油过程。

④喷油压力的控制。在高压共轨式电控喷射系统中，利用共轨压力传感器测量共轨内的燃油压力，通过调整高压油泵的供油量，维持共轨内的压力在转速变化时的稳定，以控制喷射压力。

(2)进气控制。进气控制是柴油机电控系统的第二个主要控制功能，它包括可变进气涡流控制、可变配气正时控制、进气截流控制和进气预热控制等。

①可变进气涡流控制。电控系统以柴油机转速和负荷为基本控制参数，按预设的最佳进气涡流比脉谱图对进气涡流强度进行控制，以满足高、低转速工况时对进气涡流强度的不同要求。

②可变配气正时控制。电控系统以柴油机转速和负荷为基本控制参数，按预设的最佳配气相位，通过各种电控可变配气正时机构改变柴油机的配气相位，以满足不同工况时对配气正时的不同要求。

③进气节流控制。电控系统以柴油机转速和负荷为基本控制参数，通过对进气管中节流阀开度的控制，适应高、低速工况对进气流量的不同要求。另外，为了降低怠速时的振动、噪声和柴油机停车时的振动，电控系统通过怠速时节流控制和停车时中断进气来减轻发动机的振动。

④进气预热控制。电控系统以柴油机冷却液温度为基本控制参数，通过对加热塞通电时间的控制，对进气进行预热，以提高柴油机的低温起动性能和低温下的怠速稳定性。

(3)怠速转速的控制。柴油机的低速怠速不稳，在机械式控制中用两种调速器加以控制。在电子控制的情况下，操作全部由 ECU 控制，根据加速踏板传感器、车速传感器、起动及转速等信号，可以决定怠速控制何时开始，其次再根据冷却液温度传感器、空调开关等信号，计算出所设的怠速转速以及相应的喷油量。为了使怠速能够保持稳定，也可以根据发动机转速的反馈信号，不断地对该喷油量进行修正。

(4)废气再循环控制。废气再循环控制系统通过控制参与再循环的废气量以减少废气中的 NO_x 排放量，与汽油机电控系统相同。

(5)废气涡轮增压压力控制。废气涡轮增压压力控制的目的是为了防止增压压力过高使发动机爆发压力过高；或增压压力过低，造成空气量不足使排气温度过高。柴油机增压控制主要由 ECU 根据柴油机转速信号、负荷信号、增压压力信号等，通过控制废气旁通阀的开度或废气喷射器的喷射角度、增压器废气涡轮废气进口截面积大小等措施，实现对废气涡轮增压器工作状态和增压压力的控制，以改善柴油机的转矩特性，提高加速性能，减少排放和减少噪声。

(6)故障自诊断和失效保护。当柴油机或电控系统出现故障时，ECU 将会点亮仪表板上的故障指示灯，提醒驾驶人注意，并存储故障信息。检修时，通过一定程序，可将故障码及有关信息资料调出。当 ECU 出现故障时，ECU 内的备用电路可使系统进入失效保护程序的控制状态，让车辆低速开到最近的维修站检修。

2 电控泵喷嘴系统特点

电控泵喷嘴系统继承了机械式泵喷嘴系统的若干特点，如凸轮轴直接驱动或通过摇臂驱动泵油柱塞，或喷油泵的柱塞采用液压驱动，柱塞偶件与喷油嘴偶件组合装在一个壳体里，柱塞泵油时产生的高压燃油立即进入喷油嘴，无高压油管。电控泵喷嘴系统用高速电磁阀来控制喷油正时和喷油量，属于时间控制型。高速电磁阀受 ECU 控制，ECU 根据发动机转速传感器、加速踏板位置传感器、冷却液温度传感器、进气温度及压力传感器的输入信号，经分析处理，计算出相应的最佳控制参数值，控制高速电磁阀电磁线圈中电流导通与关闭的时刻及通断时间的长短，从而实现对喷油提前角及喷油量的实时控制。

3 电控泵喷嘴系统的结构与工作原理

泵喷嘴是指将泵油柱塞和喷油嘴合成一体，安装在缸盖上。喷油嘴由于无高压油管，所以可以消除长的高压油管中压力波和燃油压缩的影响，高压容积大大减少，因此喷射压力可很高。它的驱动机构比较特殊，必须是顶置式凸轮驱动机构。电控泵喷嘴系统主要由泵喷嘴、驱动摇臂机构、电子控制单元（ECU）、各种传感器等组成，如图 5-1 所示。

泵喷嘴的结构与工作原理如下。

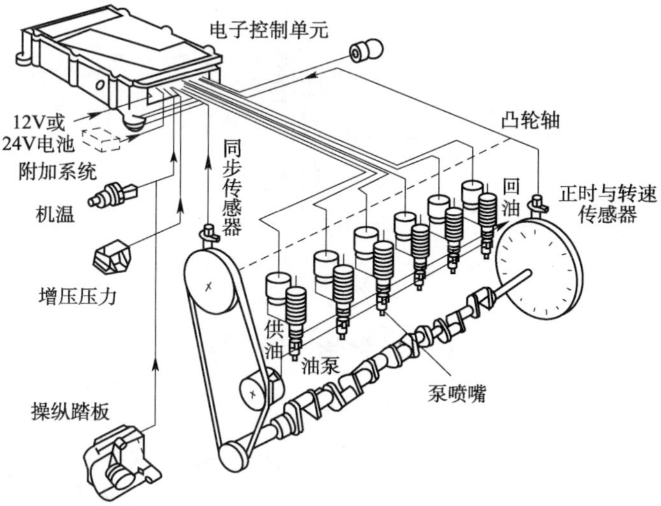

图 5-1　电控泵喷嘴系统的组成

1 结构

泵喷嘴安装在柴油机原普通喷油器的位置上（图 5-2），其外形与普通喷油器相似。

电控泵喷嘴由喷油泵、喷油器和电磁阀三部分组成，如图 5-3 所示。喷油凸轮安装在凸轮轴上，其上升段为陡峭的直线，有利于快速提高喷油压力，而下降段较平缓，有利于在喷油结束以后向高压油腔缓慢进油，避免在燃油中产生气泡。电磁阀位于泵喷油器的中部，由 ECU 控制。电磁阀针阀用于接通和切断高压油腔与低压油道之间的通道。辅助柱塞的上部为圆台，实际上是两个阀门，圆台的锥面用来开启和关闭高压油腔与辅助柱塞腔之间的通道，而圆台的

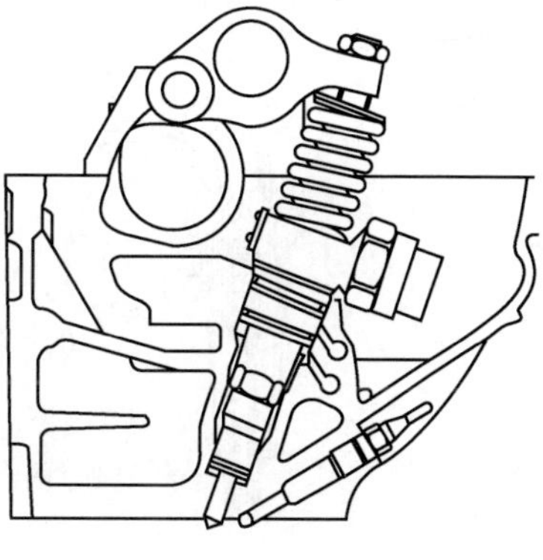

图 5-2　泵喷嘴的安装位置

底面则用来开启和关闭辅助柱塞腔与喷油针阀复位弹簧腔之间的通道。喷油针阀阻尼器为倒“工”字形，其作用是控制燃油的预喷量。

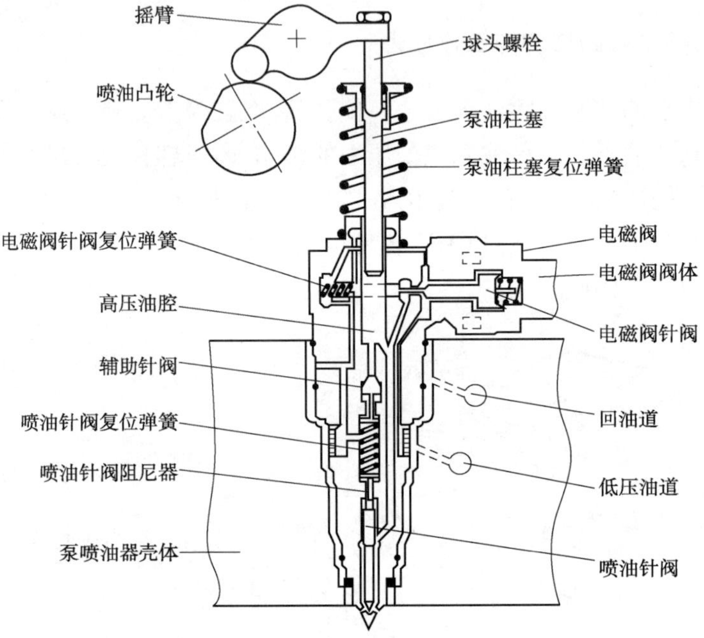

图 5-3　电控泵喷嘴的结构

❷ 工作工程

泵喷油器的喷油过程分为预喷油、预喷油结束、主喷油、主喷油结束及高压油腔进油 5 个过程。喷油时间和喷油量由辅助柱塞、喷油针阀、喷油针阀复位弹簧、喷油针阀阻尼器与电磁阀共同控制。

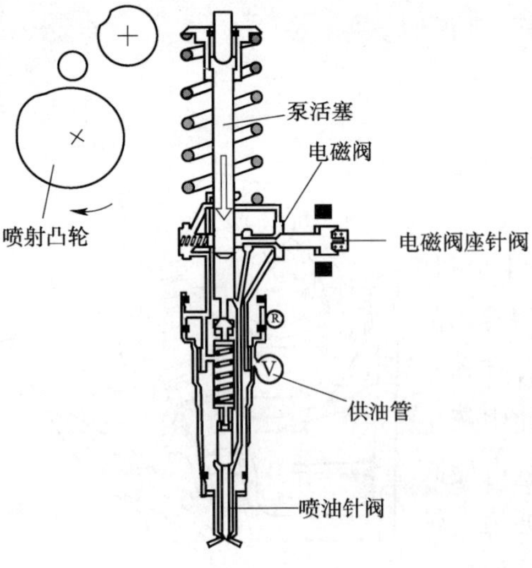

图 5-4　预喷油开始

①预喷油阶段。预喷油开始如图 5-4 所示。当凸轮的直线段与摇臂接触时，ECU 向电磁阀供电，使电磁阀针阀向左移动，切断高压油腔与低压油道之间的通道，与此同时，泵油柱塞在摇臂的作用下，克服泵油柱塞复位弹簧的弹力而向下运动，使高压油腔中的油压迅速上升。当油压上升到 18MPa 时，燃油在喷油针阀中部锥面上产生的向上推力大于喷油针阀复位弹簧的预紧力，就顶起喷油针阀，开始预喷油。

②预喷油结束。预喷油开始后，喷油针阀继续向上运动，当凸轮转过喷油行程的 1/3 时，喷油针阀阻尼器下端进入喷油针阀阻尼器孔内，喷

油针阀顶部的燃油就只能通过细小的缝隙流向喷油针阀复位弹簧腔内。这样，在喷油针阀的顶部形成了一个“液压垫圈”，阻止喷油针阀继续向上运动，使燃油的预喷量受到限制。

随着泵油柱塞的继续向下运动，高压油腔里的油压继续上升，当油压达到规定值时，辅助柱塞在高压燃油的作用下向下运动后，高压油腔的体积突然增大，燃油压力瞬间下降。此时，喷油针阀中部锥面上的向上推力随之下降，喷油针阀在喷油针阀复位弹簧的作用（由于受辅助柱塞的压缩而弹力增大）下复位，预喷油结束，如图5-5所示。

③主喷油阶段。主喷油开始如图5-6所示。预喷油结束后，泵油柱塞继续向下运动，导致高压油腔内的油压迅速上升。当油压上升到大于预喷油的油压（30MPa）时，喷油针阀向上移，主喷油开始。由于高压油腔内燃油油压上升的速度极快，所以高压油腔内的油压继续上升，直到205MPa左右。

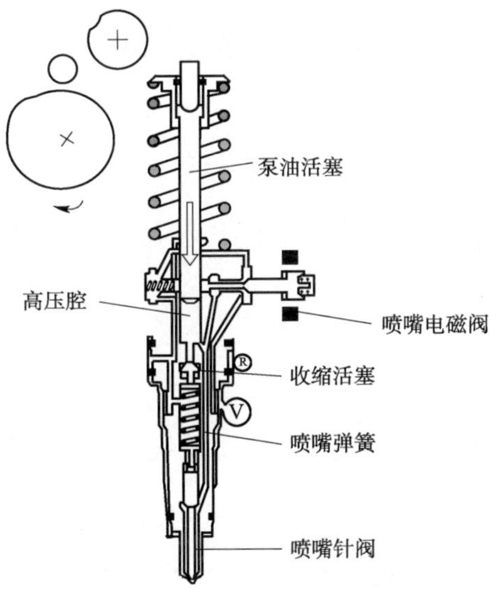

图5-5　预喷油结束

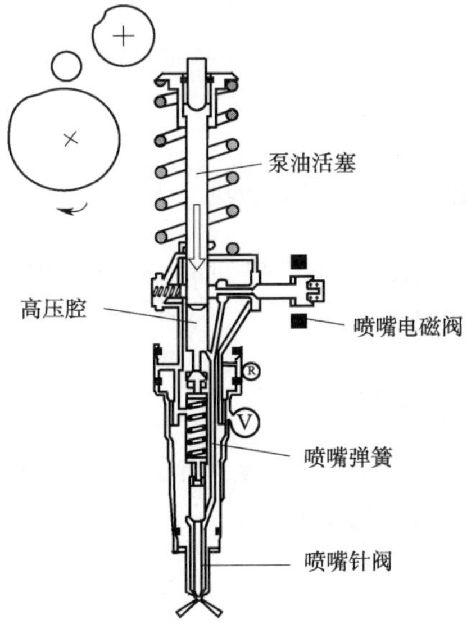

图5-6　主喷油开始

④主喷油结束。当ECU停止向电磁阀供电时，电磁阀针阀在电磁阀复位弹簧的作用下向右移动，接通高压油腔与低压油道。这时，高压油腔内的燃油经电磁阀流向低压油道，高压油腔里的燃油压力下降，喷油针阀在喷油针阀复位弹簧的作用下复位，辅助柱塞则在喷油针阀复位弹簧的作用下关闭高压油腔与喷油针阀复位弹簧之间的油道，主喷油结束，如图5-7所示。

⑤高压油腔进油。当凸轮的下降段与摇臂接触时，泵油柱塞在泵油柱塞复位弹簧的作用下向上运动，高压油腔因体积增大而产生真空。这时，低压油道（与进油管相连接）内的燃油经电磁阀流向高压油腔，直到充满高压油腔为止，从而为下一次喷油做好准备，如图5-8所示。

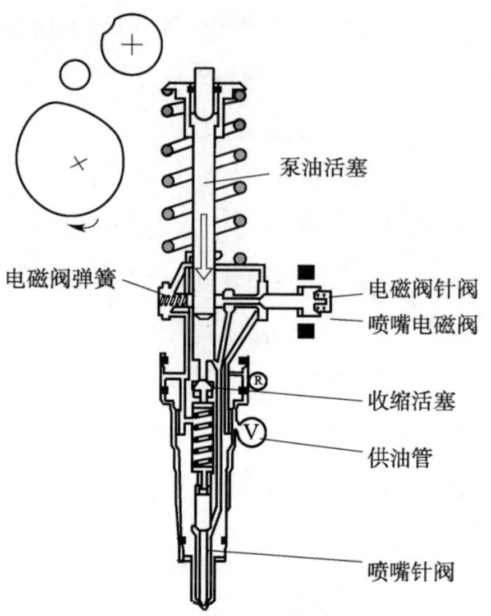

图 5-7　主喷油结束

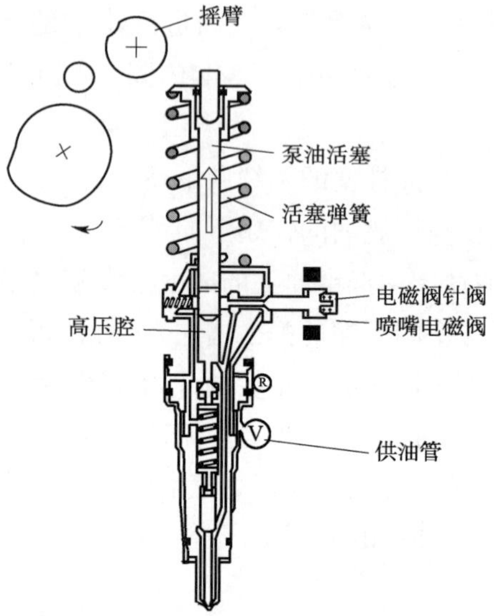

图 5-8　高压油腔进油

任务实施

下面以宝来轿车 TDI 电控泵喷嘴系统为例，说明电控泵喷嘴系统故障检测与诊断的方法与步骤。

1 整体认识

宝来 1.9L 轿车装配 R4 电子控制柴油发动机，采用电控泵喷嘴系统。宝来 1.9L 柴油喷射系统的组成如图 5-9 所示。

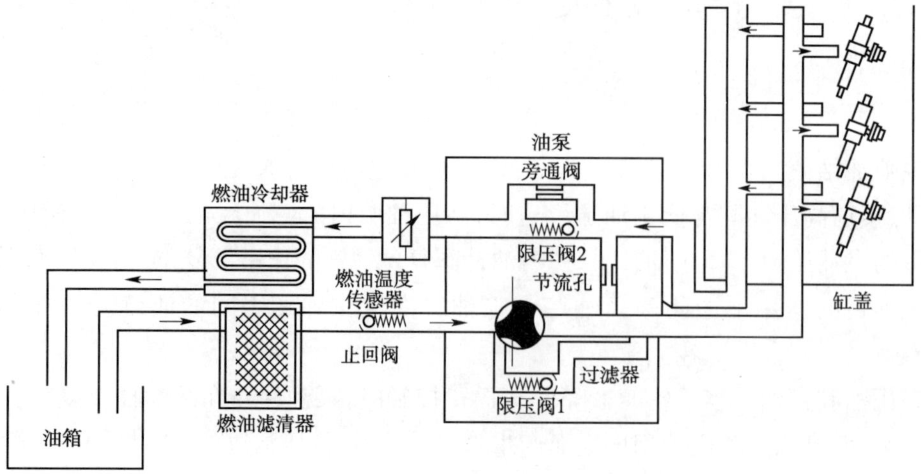

图 5-9　宝来 1.9L 柴油喷射系统的组成

机械式油泵从油箱中吸出流经燃油滤清器的燃油，并沿缸盖内供油管将其泵入泵喷嘴单元。不需要的燃油经缸盖内回油管、油温传感器和燃油冷却器返回油箱。

宝来 TDI 型发动机电控系统由传感器、电控单元和执行器组成，如图 5-10 所示。

2 TDI 型发动机的自诊断特点

发动机电控单元装备有故障存储器。若传感器和部件有故障，则故障存储器会储存这些故障信息并记录故障类型。偶发性故障会以“偶发故障”形式打印出来，并以 SP 显示。这些偶发性故障可能是由于连接器松脱或电路断路造成的，若偶发性故障在起动发动机 50 次后不再出现，则该故障信息会被清除。识别到故障，且故障对行驶条件产生影响时，预热指示灯会闪亮。储存的故障信息可用 V. A. G1551、V. A. G1552、V. A. S5051 或 V. A. S5052 专用诊断仪读取。故障排除后，应清除存储的故障信息。

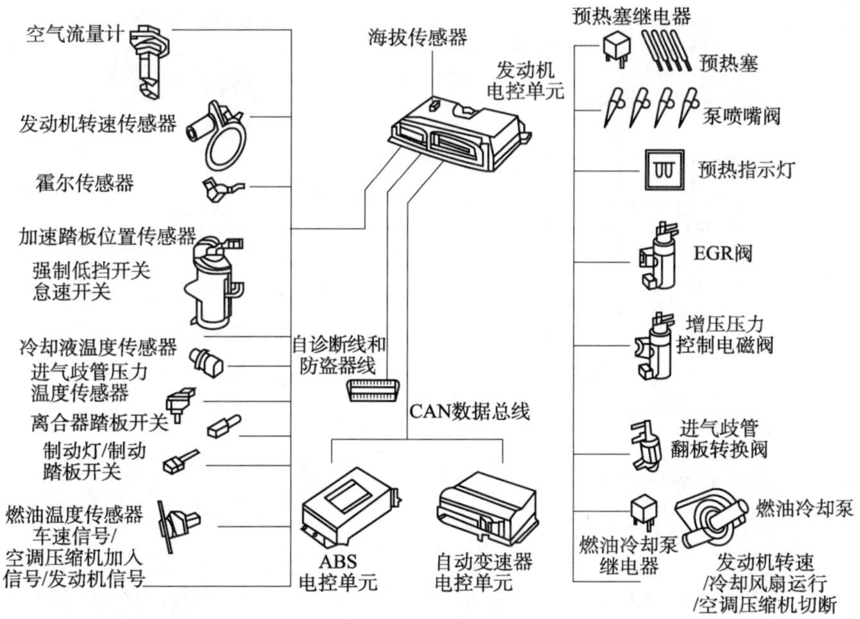

图 5-10 电控系统的组成

3 主要部件的检测

1 传感器检测

(1) 发动机转速传感器 G28 检测。发动机转速传感器 G28 的电路图如图 5-11 所示。

检测步骤和方法如下：

①检测发动机转速传感器的电阻值。

a. 检测方法。

第 1 步：关闭点火开关。

第 2 步:拔下发动机转速传感器的 3 芯插头。

第 3 步,用万用表测量 3 芯插头的各端口之间的电阻值。

b. 标准值。各检测端口之间的电阻标准值见表 5-1。

发动机转速传感器插座各端口之间的电阻标准值 表 5-1

检测端口	1 与 2 端口	1 与 3 端口	2 与 3 端口
标准值	45 ~ 550Ω	∞	∞

②检测线束的导相性。

第 1 步:关闭点火开关。

第 2 步:拔下发动机控制单元(J248)的连接插头。

第 3 步:拔下发动机传感器的 3 芯插头(图 5-12)。

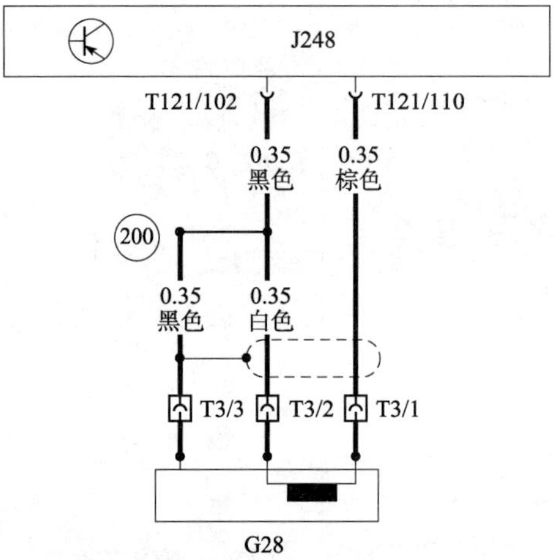

图 5-11 发动机转速传感器 G28 的电路图

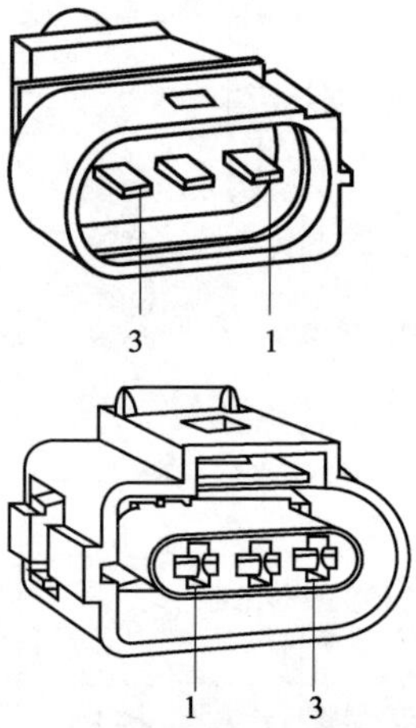

图 5-12 发动机转速传感器 G28 的插头和插座

第 4 步:用万用表测量 ECU 的 110 号端口与 3 芯插头的 1 号端口的导通性。

第 5 步:用万用表测量 ECU 的 102 号端口与 3 芯插头的 2 号端口的导通性。

第 6 步:用万用表测量 3 芯插头的 3 号端口与搭铁之间的导通性。

发动机转速传感器各线束的导通性应符合表 5-2 的要求。

发动机转速传感器各线束的导通性 表 5-2

插头端口	ECU(J248)		传感器的 3 芯插头			搭铁
	102	110	1	2	3	
导通性（电阻 < 1.0Ω）	●	—	—	●		
		●	●			
					●	●

(2)进气歧管压力传感器 G71 的检测。进气歧管压力传感器 G71 的电路图如图 5-13 所示。

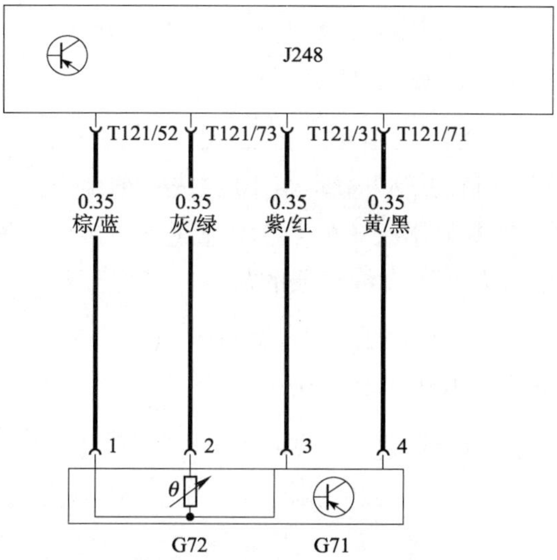

图 5-13　进气歧管压力传感器 G71 的电路图

检测步骤和方法如下:

①用 V. A. G1551 或 V. A. G1552 检测。进气歧管压力传感器是一独立组件,与进气歧管温度传感器装于同一壳体内。其检测步骤如下。

第 1 步:连接 V. A. G1551 或 V. A. G1552,输入地址码 01,选择发动机电控单元,这时发动机应怠速运转,显示屏显示如下。

Rapid data transfer(快速数据传递)	HELP(帮助)
Select function × ×(选择功能 × ×)	

第 2 步:按 0 键和 8 键,进入"读取测量数据块"功能,按 Q 键确认,显示屏显示如下。

Read measured value block(阅读测量数据块)
Enter display group number × × ×(输入显示组 × × ×)

第 3 步:按 0 键、1 键、0 键,进入"显示组 10",按 Q 键确认,显示屏显示如下。

Read measured value block 10(阅读测量数据块 10)
0mg/h　102.7kPa　　101.3kPa　0.0%

第 4 步:比较显示区 2(大气压力传感器 F96)与显示区 3(进气歧管压力传感器 G71)的显示值及其 V. A. G1397/A 的显示值,压力应相同(允许误差为 ±5 kPa)。注意:比较时应由 V. A. G1397/A 提供数据。应设定 V. A. G1397/A 的测量范围(绝对压力),也可用气压表。

第 5 步:若显示区 2 的数值有偏差,则按→键,接 0 键和 6 键,进入"结束输出"功能,按 Q 键确认。关闭点火开关,更换发动机电控单元 J248。

第 6 步:若显示区 3 的数值有偏差,则按→键,按 0 键和 6 键,进入“结束输出”功能,按 Q 键确认。起动发动机,选择 08 功能,进入“读取测量数据块”功能,显示屏显示如下。

Read measured value block(阅读测量数据块)
Enter display group number × × ×(输入显示组 × × ×)

第 7 步:按 0 键、1 键和 0 键,进入“显示组 10”,按 Q 键确认。拆除右前转向灯,断开进气歧管压力传感器连接器,观察显示区 3 的数值(进气压力传感器),显示屏显示如下内容。压力应降至约 40kPa,假定与大气压力传感器的数值相同(显示区 2)。

Read measured value block 10(阅读测量数据块 10)			
515mg/h	100.9kPa	100.9kPa	0.0%

第 8 步:按→键,按 0 键和 6 键,进入“结束输出”功能,按 Q 键确认。关闭点火开关,若测量值符合要求,则更换进气歧管压力传感器 G71 和进气歧管温度传感器 G72;若测量值不符合要求,则进行下一步检查。

②用万用表检测。用万用表检测进气歧管压力传感器 G71 的步骤如下。

第 1 步:关闭点火开关。

第 2 步:拔下进气歧管压力传感器 G71 的连接器。

第 3 步:拔下发动机计算机 121 针接头。

第 4 步:分别检测 G71 的 3 号端子和 4 号端子与计算机线束接头的 5 号端子和 71 号端子之间是否断路。

第 5 步:检查 G71 电路间、电路与车身间、电路与蓄电池正极间是否短路。

(3)冷却液温度传感器 G62 的检测。

冷却液温度传感器 G62 的电路图如图 5-14 所示。

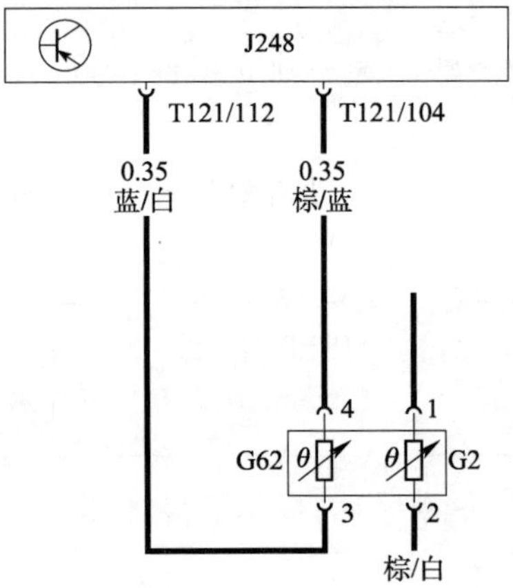

图 5-14 冷却液温度传感器 G62 的电路图

检测步骤和方法如下:

①用 V. A. G1551 或 V. A. G1552 检测。用 V. A. G1551 或 V. A. G1552 检测冷却液温度传感器的步骤如下。

第 1 步:连接 V. A. G1551 或 V. A. G1552,输入地址码 01,选择发动机电控单元,这时发动机应怠速运转,显示屏显示如下。

Rapid data transfer(快速数据传递)	HELP(帮助)
Select function × ×(选择功能 × ×)	

第 2 步:按 0 键和 8 键,进入“读取测量数据块”功能,按 Q 键确认,显示屏显示如下。

Read measured value block(阅读测量数据块)
Enter display group number × × ×(输入显示组 × × ×)

第 3 步:按 0 键、0 键和 7 键,进入“显示组产”,按 Q 键确认,显示屏显示如下。

Read measured value block 7(阅读测量数据块 7)
15.45°C　0%　　15.95°C　16.75°C

第 4 步：观察显示区 4 的冷却液温度数值，冷却液温度值应均匀上升且无中断现象。若存在故障，则显示屏将显示燃油温度值或替代值 -5.4℃。若显示区 4 显示非实际值，或者显示燃油温度值或-5.4℃，则应按下述方法检查冷却液温度传感器及其电路。

第 5 步：按→键，按 0 键和 6 键，进入“结束输出”功能，按 Q 键确认。

②检测冷却液温度传感器的电阻值。检测步骤和方法如下：

a. 检测方法。拔下冷却液温度传感器线束插头，拆下冷却液温度传感器；将冷却液温度传感器置于烧杯的水中，加热杯中的水，同时测量在不同温度下冷却液温度传感器两接线端之间的电阻值(图 5-15)。

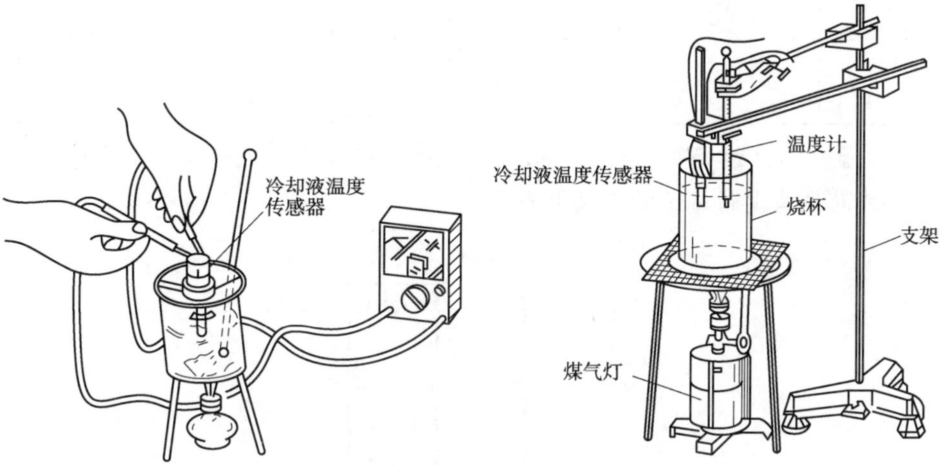

图 5-15　检测冷却液温度传感器的电阻值

b. 标准值。不同温度下，冷却液温度传感器的电阻值应符合表 5-3 的要求，否则需更换冷却液温度传感器。

不同温度下冷却液温度传感器的电阻值　　表 5-3

端　　子	温度(℃)	电阻值(Ω)
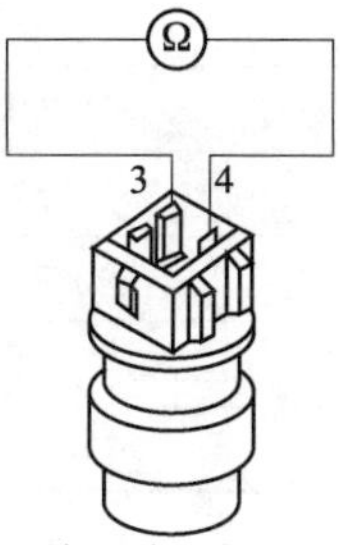 检查3与4端子	0	5000 ~ 6500
	10	3350 ~ 4400
	20	2250 ~ 3000
	30	1500 ~ 2100
	40	950 ~ 1400
	50	700 ~ 950
	60	540 ~ 675
	70	400 ~ 500
	80	275 ~ 375
	90	200 ~ 290
	100	150 ~ 225

③检查冷却液温度传感器线束的导通性。

a. 检测步骤。

第 1 步：关闭点火开关。

第 2 步：拔下发动机控制单元（J248）的连接插头。

第 3 步：拔下冷却液温度传感器的 4 芯插头。

第 4 步：用万用表测量 J248 插头线束一侧的 104 号端子与传感器 4 芯插头 4 号端子之间的导通性。

第 5 步：用万用表测量 J248 插头 112 号端子与传感器 4 芯插头 3 号端子之间的导通性。

b. 标准值。检测结果应符合表 5-4 的要求，否则线束有断路故障。

冷却液温度传感器结束的导通性 表 5-4

插　头	J248 插头		冷却液温度传感器 4 芯插头	
	104	112	3	4
导通性（电阻 <1.0Ω）	●	——	——	●
		●	●	

（4）进气温度传感器 G72 的检测。进气温度传感器 G72 的电路图如图 2-16 所示。进气温度传感器 4 芯插头上各端子的含义见表 5-5。

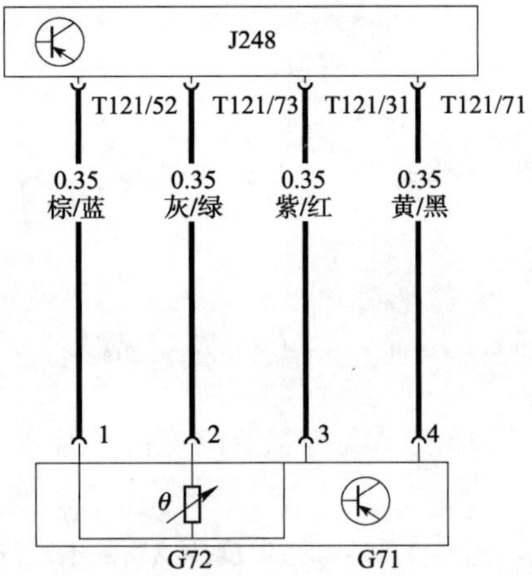

图 5-16　进气温度传感器 G72 的电路图

进气温度传感器 4 芯插头上各端子的含义 表 5-5

端子号	颜色	含　义	与 J248 连接端子号
1	棕/蓝	搭铁线（进气温度传感器与进气歧管压力传感器共用）	52
2	灰/绿	进气温度传感器信号线	73
3	紫/红	进气歧管压力传感器的 5V 电压	31
4	黄/黑	进气歧管压力传感器的信号	71

检测步骤和方法如下：

①用 V. A. G1551 或 V. A. G1552 检测进气歧管温度传感器 G72。用 V. A. G1551 或

V. A. G1552检测进气歧管温度传感器 G72 的步骤如下。

第 1 步:连接 V. A. G1551 或 V. A. G1552,打开点火开关,输入地址码 01,选择发动机电控单元,显示屏显示如下。

Rapid data transfer(快速数据传递)	HELP(帮助)
Select function × ×(选择功能 × ×)	

第 2 步:按 0 键和 8 键,进入"读取测量数据块"功能,按 Q 键确认,显示屏显示如下。

Read measured value block(阅读测量数据块)
Enter display group number × × ×(输入显示组 × × ×)

第 3 步:按 0 键、0 键和 7 键,进入"显示组 7",按 Q 键确认,显示屏显示如下。

Read measured value block 7(阅读测量数据块 7)			
15.45°C	0%	15.95°C	16.75°C

第 4 步:检查显示区 3 的进气歧管温度值,该值应约等于环境温度。若有故障,则显示一恒定值 135.9℃。

第 5 步:按→键,按 0 键和 6 键,进入"结束输出"功能,按 Q 键确认。关闭点火开关,若显示区 3 不显示实际值或显示的温度值为 135.9℃,则应进行下一步检查。

②用万用表检测。用万用表检测进气歧管温度传感器 G72 的步骤如下。

第 1 步:关闭点火升关。

第 2 步:拔下右前转向灯。

第 3 步:拔出进气歧管温度传感器的 4 个连接器。

第 4 步:检测进气歧管温度传感器连接器端子 1 与 2 间的电阻。若阻值不符合要求,则应更换进气歧管温度传感器 G72 和进气歧管压力传感器 G71;若阻值符合要求,则进行下一步检查。进气温度传感器电阻值的标准值见表 5-6。

进气温度传感器电阻值标准值　　表 5-6

端　子	温度(℃)	电阻值(Ω)
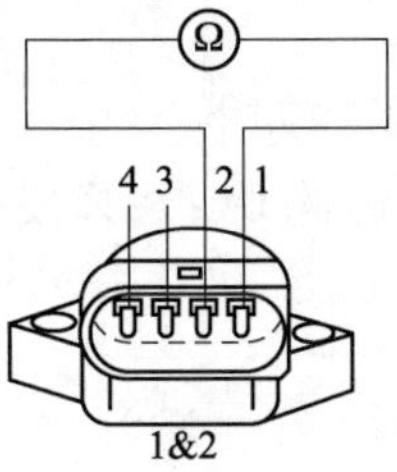	0	5000 ~ 6500
	10	3350 ~ 4400
	20	2250 ~ 3000
	30	1500 ~ 2100
	40	950 ~ 1400
	50	700 ~ 950
	60	540 ~ 675
	70	400 ~ 500
	80	275 ~ 375
	90	200 ~ 290
	100	150 ~ 225

第 5 步:拔下发动机控制单元(J248)连接线束插头。

第 6 步:检测发动机控制单元线束连接插头上的 52 号端子与传感器 4 芯插头上的 1 号端子之间的电阻值。

第 7 步:检测发动机控制单元线束连接插头上的 73 号端子与传感器 4 芯插头上的 2 号端子之间的电阻值。

第 8 步:检测发动机控制单元线束连接插头上的 31 号端子与传感器 4 芯插头上的 3 号端子之间的电阻值。

第 9 步:检测发动机控制单元线束连接插头上的 71 号端子与传感器 4 芯插头上的 4 号端子之间的电阻值。

第 10 步:检查电路间、电路及车身间及电路与蓄电池正极间是否短路。进气歧管温度传感器线束的导通性应该符合表 5-7 的要求,否则线束有断路故障。

进气温度传感器线束的导通性 表 5-7

插头	ECU(J248)				进气温度传感器的 4 芯插头			
	31	52	71	73	1	2	3	4
导通性（电阻<1.0Ω）	●					●		
		●			●			
			●					●
				●		●		

(5)燃油温度传感器 G81 的检测。燃油温度传感器 G81 的电路图如图 5-17 所示。

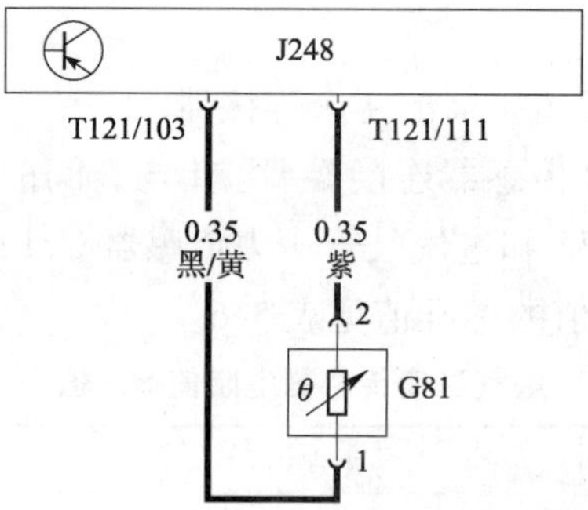

图 5-17 燃油温度传感器 G81 的电路图

检测步骤和方法如下:

①用 V. A. G1551 或 V. A. G1552 检测燃油温度传感器 G81。其步骤如下。

第 1 步:连接 V. A. G1551 或 V. A. G1552,打开点火开关,输入地址码 01,选择发动机电控单元,显示屏显示如下。

Rapid data transfer(快速数据传递)	HELP(帮助)
Select function × ×(选择功能 × ×)	

第 2 步:按 0 键和 8 键,进入“读取测量数据块”功能,按 Q 键确认,显示屏显示如下。

Read measured value block（阅读测量数据块） Enter display group number×××（输入显示组 ×××）

第3步：按0键、0键和7键，进入“显示组7”，按Q键确认，显示屏显示如下。

Read measured value block 7（阅读测量数据块7） 15.45°C　0%　　15.95°C　16.75°C

第4步：检查显示区1的燃油温度值，该值约为环境温度。若有故障，则显示一恒定值40.5℃。

第5步：按→键，按键0和6键，进入“结束输出”功能，按Q键确认。

第6步：关闭点火开关，若显示区3不显示实际值或显示的温度值为40.5℃，则应进行下一步检查。

②各线束的导通性。各线束的导通性应该符合表5-8的要求，否则线束出现了断路故障。

燃油温度传感器间线束的导通性　　表5-8

插头	J248插头		G81	
	103	111	1	2
导通性（电阻<1.0Ω）	●———	————	———●	
		●———	————	———●

（6）空气流量传感器G70的检测。空气流量传感器G70的电路图如图5-18所示。空气流量传感器5针插头各端子的含义见表5-9。

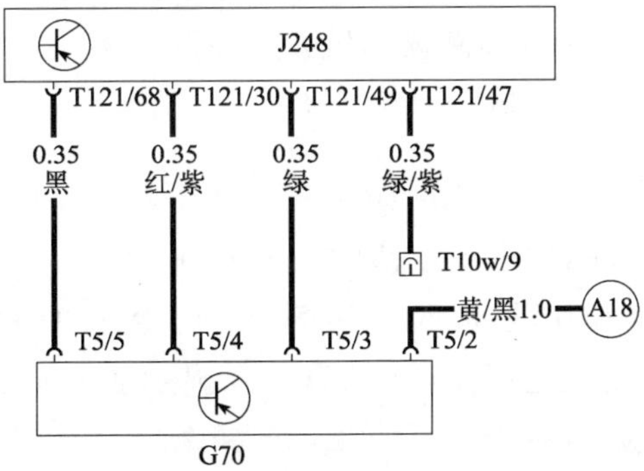

图5-18　空气流量传感器G70的电路图

空气流量传感器5针插头各端子的含义　　表5-9

空气流量传感器5针插头各端子号	插头形状	颜色	含义
1	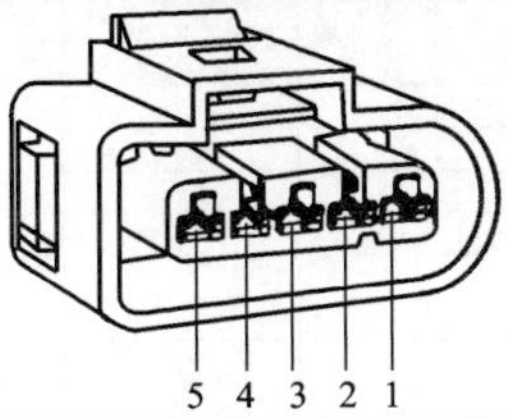	—	空
2		黄/黑	+12V电源
3		绿	负信号线
4		红/紫	+5V电源
5		黑	正信号线

检测步骤和方法如下：

①用 V. A. G1551 或 V. A. G1552 检测空气流量传感器 G70。

检查条件：熔断丝正常，蓄电池电压不低于 11.5V，关闭所有电器。检测步骤如下。

第 1 步：连接 V. A. G1501 或 V. A. G1552 打开点火开关，输入地址码 01，选择发动机电控单元，发动机应怠速运转，显示屏显示如下。

Rapid data transfer（快速数据传递）	HELP（帮助）
Select function × ×（选择功能 × ×）	

第 2 步：按 0 键和 8 键，进入“读取测量数据块”功能，按 Q 键确认，显示屏显示如下。

Read measured value block（阅读测量数据块）
Enter display group number × × ×（输入显示组 × × ×）

第 3 步：按 0 键、1 键和 0 键，进入“显示组 10”，按 Q 键确认，显示屏显示如下。

Read measured value block 10（阅读测量数据块 10）
309mg/h 102.7kPa 101.1kPa 0.0%

第 4 步：检查显示区 1 显示的进气量，标准值为 230 ~ 420mg/h。若进气量不符合要求，则检查废气再循环系统；若进气量符合要求，则在全负荷工况下从 1500r/min 开始加速，将变速器置于 2 挡位置进行路试，发动机转速约为 3000r/min 时，按 V. A. G1551 的 PRINT 键，此时加速踏板应踩到底。显示区 4 的标准值为 100%（加速踏板位置），显示屏显示如下。

Read measured value block 10（阅读测量数据块 10）
830mg/h 102.7kPa 185kPa 100.0%

第 5 步：若显示值未达到标准值，则在全负荷工况下重新测量和加速。

第 6 步：检查显示区 1 显示的进气量，应大于 800 mg/h。

第 7 步：按→键，按 0 键和 6 键，进入“结束输出”功能，按 Q 键确认。关闭点火开关，若显示值未达到标准值，则应更换空气流量计 G70。若显示区 1 显示一恒定值 539mg/h（预定的替代值），则进行下一步检查。

②各线束的导通性。空气流量计中，各线束的导通性应符合表 5-10 的要求，否则线束有断路故障。检查电路间、电路及车身间及电路与蓄电池正极间是否短路。

空气流量计各线束的导通性 表 5-10

插头	J248			S234	G70			
	30	49	68	熔断丝	2	3	4	5
导通性（电阻 <1.0Ω）	●	—	—	—	—	—	●	
		●	—	—	—	●		
			●	—	—	—	—	●
				●	●			

(7)凸轮轴位置传感器 G40 的检测。凸轮轴位置传感器 G40 的电路图如图 5-19 所示。

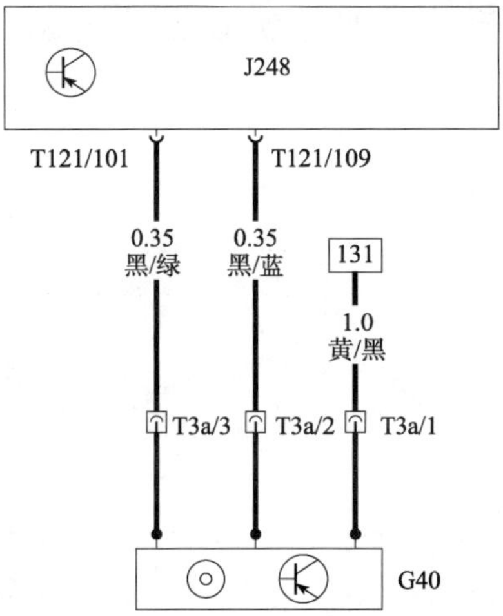

图 5-19　凸轮轴位置传感器 G40 的电路图

检测步骤和方法如下：

①用万用表检测。其步骤如下。

第 1 步：关闭点火开关。

第 2 步：拔下凸轮轴位置传感器 G40 的 3 芯连接器。

第 3 步：打开点火开关。

第 4 步：检测凸轮轴位置传感器连接端子 1 与 3 间的电压，打开点火开关，应为蓄电池电压。若无电压，则进行下一步检查。

第 5 步：拔下发动机控制单元 J248 的线束连接插头。

第 6 步：检测发动机控制单元线束连接插头上的 101 号端子与凸轮轴位置传感器 G40 插头上的 3 号端子之间的电阻值。

第 7 步：检测发动机控制单元线束连接插头上的 109 号端子与凸轮轴位置传感器 G40 插头上的 2 号端子之间的电阻值。

第 8 步：检测熔断丝盒内 S234 熔断丝与凸轮轴位置传感器 G40 插头的 1 号端子之间的电阻。凸轮轴位置传感器 G40，各线束的导通性应该符合表 5-11 的要求，否则线束有断路故障。

凸轮轴位置传感器 G40 各线束的导通性　　表 5-11

插头	J248		S234 熔断丝	G40		
	101	109		1	2	3
导通性（电阻＜1.0Ω）	●	—	—	—	—	●
		●	—	—	●	
			●	●		

第 9 步：检查电路间、电路及车身间及电路与蓄电池正极间是否短路。若电路正常，凸轮轴位置传感器连接端子 1 与 3 间有电压，则应更换凸轮轴位置传感器 G40；若电路正常，凸轮轴位置传感器连接端子 1 与 3 间无电压，则应更换发动机电控单元 J248。

❷ 执行器检测

(1)泵喷嘴电磁阀检测。泵喷嘴电磁阀的电路图如图 5-20 所示。4 个泵喷嘴电磁阀共用一个 8 针连接器，8 针连接器各端子的含义见表 5-12。

检测步骤和方法如下：

①用 V. A. G1551 或 V. A. G1552 检测。其步骤如下。

第 1 步：连接 V. A. G1551 或 V. A. G1552，打开点火开关，输入地址码 01，选择发动机电控单元，发动机应怠速运转，显示屏显示如下。

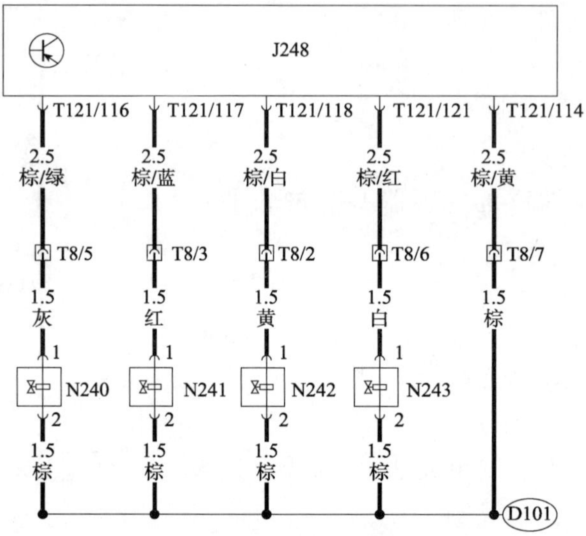

图 5-20　泵喷嘴电磁阀的电路图

4 个泵喷嘴电磁阀 8 针连接器各端子的含义　　表 5-12

端 子 形 状	端子号	含　　义
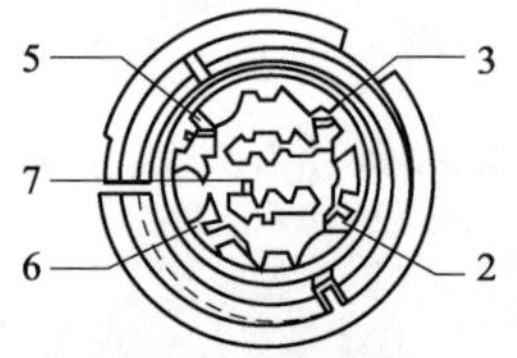	1	空缺
	2	接 3 缸泵喷嘴 N242，与 J248 的 118 号端子相连
	3	接 2 缸泵喷嘴 N241，与 J248 的 117 号端子相连
8针插头(接泵喷嘴)	4	空缺
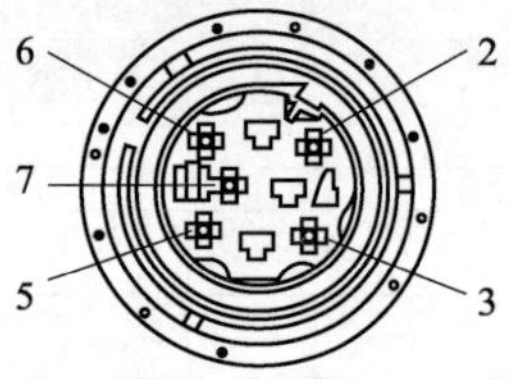	5	接 1 缸泵喷嘴 N240，与 J248 的 116 号端子相连
	6	接 4 缸泵喷嘴 N243，与 J248 的 121 号端子相连
	7	接 12V 电源，与 J248 的 114 号端子相连
8针插座(接J248)	8	空缺

Rapid data transfer（快速数据传递）	HELP（帮助）
Select function × ×（选择功能 × ×）	

第 2 步：按 0 键和 8 键，进入“读取测量数据块”功能，按 Q 键确认，显示屏显示如下。

Read measured value block（阅读测量数据块）
Enter display group number × × ×（输入显示组 × × ×）

第 3 步：按 0 键、1 键和 8 键，进入“显示组 18”，按 Q 键确认，显示屏显示如下。

```
Read measured value block 18(阅读测量数据块 18)
0    0    0    0
```

第 4 步:检查显示区 1 ~4 的泵喷嘴状态值,显示区 1 表示 1 缸,显示区 2 表示 2 缸,显示区 3 表示 3 缸,显示区 4 表示 4 缸。所有 4 个显示区应显示表示无故障控制的数字 0。

注意:发动机至少怠速运转 1min,然后读取显示区 1 ~4 的标准值。

第 5 步:按→键,按 0 键和 6 键,进入"结束输出"功能,按 Q 键确认。关闭点火开关,若显示值非 0 数字,则应检查泵喷嘴电阻。

②用万用表检测。其步骤如下。

第 1 步:关闭点火开关。

第 2 步:断开汽缸盖处的泵喷嘴连接器,检查泵喷嘴的 8 针连接器端子 7 与 5 间(1 缸)、端子 7 与 3 间(2 缸)、端子 7 与 2 间(3 缸)及端子 7 与 6 间(4 缸)的电阻,约为 0.5Ω。检查电路间、电路与车身间是否短路。若阻值符合要求,则按电路图检查发动机电控单元;若阻值不符合要求,则进行下一步检查。

第 3 步:拆下上部齿形带护罩和汽缸盖罩,用螺丝刀撬开泵喷嘴连接器,支住连接器的另一侧,防止其倾斜。检查泵喷嘴端子间的电阻,约为 50Ω。若阻值不符合要求,则应更换失效的泵喷嘴 N240 ~ N243;若阻值符合要求,则进行下一步检查。

第 4 步:检查泵喷嘴连接器端子 2(灰色)与 5 间(1 缸)、端子 2(红色)与 3 间(2 缸)、端子 2(黄色)与 2 间(3 缸)、端子 2(白色)与 6 间(4 缸)的电路是否断路。检查泵喷嘴与所有 4 个连接器间电路是否短路。

第 5 步:检查泵喷嘴与电控单元之间的线束是否断路或短路。

拔下发动机控制单元 J248 的 121 针连接插头,再拔下泵喷嘴的 8 针连接插头,检查线束的导通性,应该符合表 5-13 的要求。

泵喷嘴的 8 针连接线束的导通性　　表 5-13

插头	ECU(J248)				泵喷嘴的 8 芯插头			
	116	117	118	121	2	3	5	6
导通性(电阻 <1.0Ω)	●	—	—	—	—	—	●	
		●	—	—	—	●		
			●	—	●			
				●	—	—	—	●

❸ 发动机电控单元 J248 的更换和编码

(1)更换发动机的控制单元。其步骤如下。

第 1 步:连接 V. A. G1551 或 V. A. Gl552,输入地址码 01,选择发动机电控单元,V. A. G1551 显示电控单元识别码,显示屏显示如下。

Rapid data transfer(快速数据传递)　　HELP(帮助)
Select function × ×(选择功能 × ×)

第 2 步:按 V. A. G1551 的 PRINT 键,打印电控单元识别码。

第 3 步:按→键,按 0 键和 6 键,进入"结束输出"功能,按 Q 键确认,显示屏显示如下。

Rapid data transfer(快速数据传递)　　HELP(帮助)
Select function × ×(选择功能 × ×)

第 4 步:关闭点火开关。拆下储气室内盖,撬开紧固卡箍,松开发动机电控单元连接器并拔出,装入新的电控单元,并向左压。

第 5 步:检查原代码并对新发动机电控单元进行编码。

(2)对发动机控制单元进行编码。若显示的编码与车辆不符或已更换发动机电控单元,则应按下述方法对发动机电控单元进行编码。

第 1 步:连接 V. A. 1551 或 V. A. Gl552,输入地址码 01,选择发动机电控单元,V. A. G1551 显示电控单元识别码,显示屏显示如下。

Rapid data transfer(快速数据传递)　　HELP(帮助)
Select function × ×(选择功能 × ×)

第 2 步:按 0 键和 7 键,进入"对电控单元进行编码"功能,按 Q 键确认,显示屏显示如下。

Coding control unit(电控单元编码)　　Q
Enter code number × × × × ×(0—32000)(输入编码 × × × × ×)

第 3 步:输入适当的编码,按 Q 键确认。编码 00001 适用自动变速器车型,编码 00002 适用手动变速器车型。

第 4 步:V. A. G1551 显示发动机电控单元识别码,显示屏显示如下。

038906019DF1.9L R4 EDC G000SG 1260
Coding 00002 (编码 00002)　WSC × × × × ×

第 5 步:关闭点火开关,然后再打开点火开关。

注意:关闭点火开关后再打开点火开关,即可激活输入的编码。若输入有效编码后,如不关闭点火开关、再打开点火开关,则无法清除存储的"电控单元编码不正确"的故障信息。

考核评价

学生考核评价表见表 5-14。

学生考核评价表　　表 5-14

目标	评价要素	评价标准	评价依据	考核方式		权重	评分
知识	基本知识	知识的要求	个人作业、课堂笔记、课堂练习、小组作业、期末考试	学生自评		10%	
				教师评定		10%	
				学生互评		10%	
能力	基本技能	能描述电控泵喷嘴系统的组成与工作原理；能描述电控泵喷嘴系统主要构件结构原理；能对电控泵喷嘴系统故障进行检测与诊断	实践练习、小组作业、学生作业单	教师评定	动手能力	15%	
					作业单的填写	15%	
素养	学习态度	遵守纪律、积极参与课堂教学活动、按时完成作业、按要求完成准备	课堂表现记录、考勤表、同学及教师观察、课堂笔记	学生自评		10%	
				小组互评			
				教师评定			
	沟通协作管理	乐于请教和帮助同学、小组活动协调和谐、协助教师教学管理、做好教室值日工作、按要求做课前准备和课后整理	小组作业、小组活动记录、自评及互评记录、值日记录、同学及教师观察	学生自评		15%	
				小组互评			
				教师评定			
	创新精神	有自主学习计划、在作业练习中能提出问题和见解、对教学或管理提出意见和建议、积极参与小组活动方案设计	个人作业、自主学习计划、学习活动、个人口头或书面提议	学生自评		15%	
				小组互评			
				教师评定			

拓展迁移

日本电装公司 ECD-V3 系统

日本电装公司 ECD-V3 是典型时间控制型电子控制分配式喷油泵，如图 5-21 所示。其油量控制原理如图 5-22 所示，在柱塞泵油阶段，当电磁溢流阀断电时，电磁溢流阀打开，高压燃油立即卸压，停止喷油。喷油始点并不取决于电磁溢流阀关闭的时刻，而是取决于分配泵平面凸轮的行程始点，这与机械控制采用溢油环来改变喷油终点的控制油量方式一样。电磁溢流阀打开越晚，喷油量越多。平面凸轮行程始点如图 5-23 上泵角度信号上的无齿段终点信号。泵角度传感器装在滚轮环上，这样即使喷油正时有变化，由于泵角度传感器随着滚轮环一起移动，泵油角度并不改变，泵油始点与无齿段终点相对位置也始终不变，其工作原理如图 5-23 所示。

该系统所用的电磁溢流阀构造如图 5-24 所示，该阀采用双重阀结构形式。辅助阀为一小电磁阀，其开闭受 ECU 控制；主阀为液压阀，其开闭受燃油压力控制。其工作过程如

图 5-25所示。

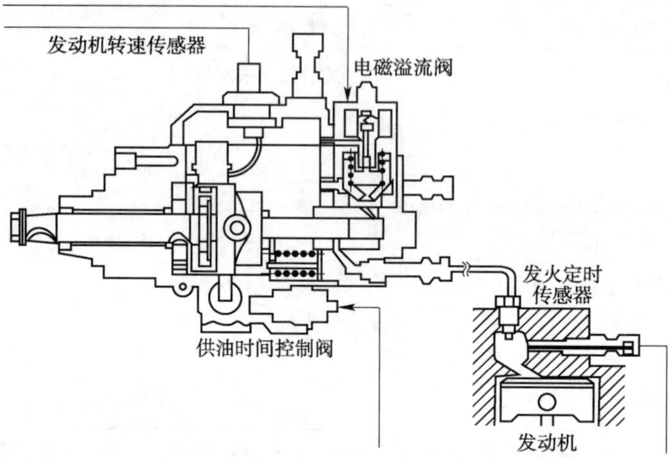

图 5-21 日本电装公司 ECD-V3 系统

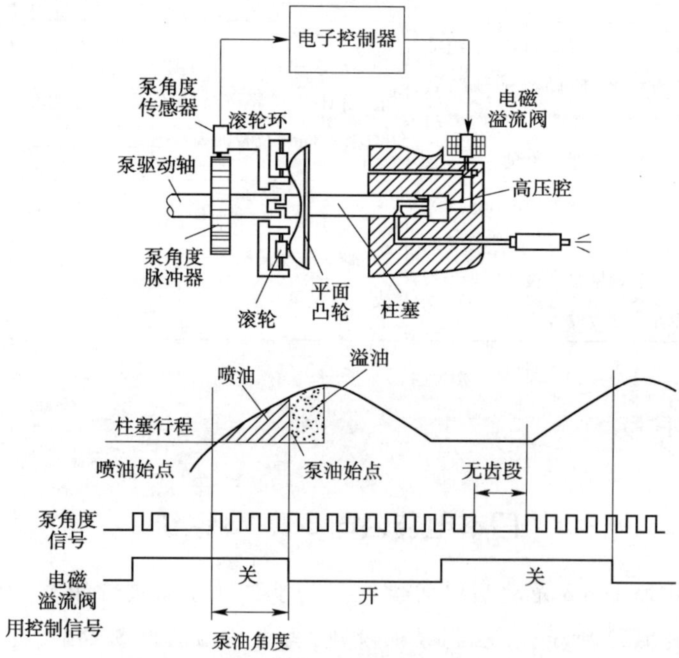

图 5-22 油量控制原理图

(1)压缩喷射。如图 5-25a)所示,柱塞右移,高压室燃油压力升高,高压燃油经主阀上的小孔作用在主阀的右侧。ECU 向辅助阀线圈通电,辅助阀关闭,此时主阀左右两面的燃油压力(压强)相等。但由于主阀右边的受压面积大于左边的受压面积,故主阀右边的总压力大于左边的总压力,此压力差的作用加上弹簧的弹力作用将主阀压紧在阀座上,使溢流通路关闭,高压室的燃油经高压油管由喷油器喷出。

(2)辅助溢流。停止喷油时,ECU 切断辅助阀线圈中的电流,辅助阀打开,燃油从主阀右边流出，使主阀右边的油压迅速降低，如图 5-25b）所示。

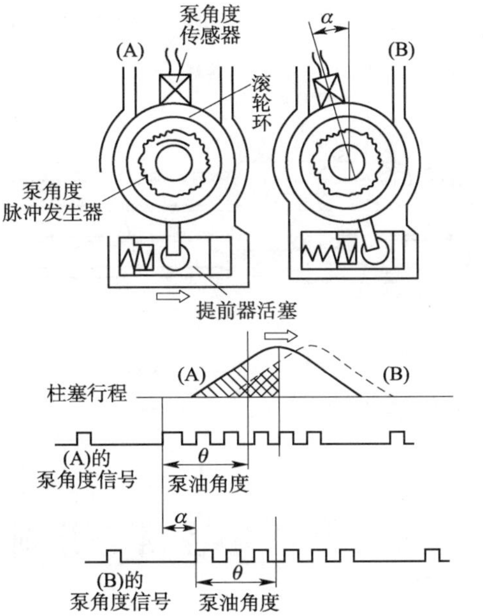

图 5-23　喷油正时变化时泵油角度与柱塞行程图

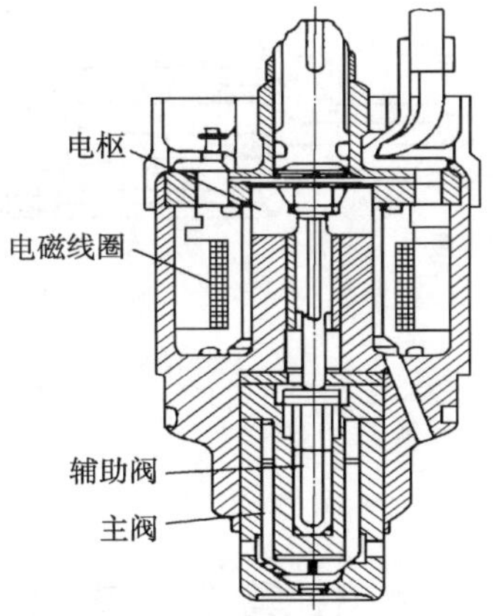

图 5-24　电磁溢流阀构造

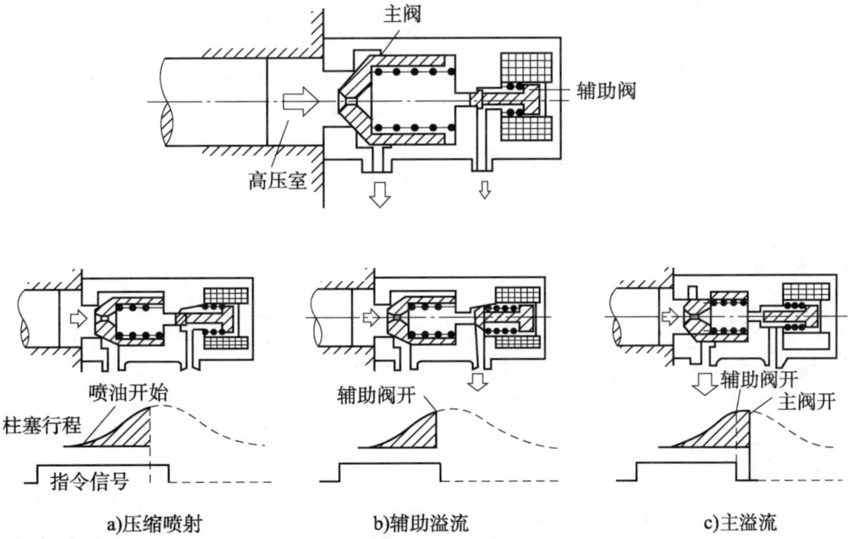

图 5-25　电磁溢流阀的工作过程

（3）主溢流。如图 5-25c）所示，一旦辅助阀打开将主阀右侧油压泄掉，主阀左侧高压油将主阀压开，高压室的燃油迅速流入低压室从而压力迅速降低，喷油器停止喷油。

此种双重阀的控制方式，由于辅助阀的质量及磁滞影响都很小，加上控制油腔的容积很小，故具有很高的响应速度。

喷油正时控制机构取消了提前器活塞位置传感器，反馈信号来自曲轴角度传感器的曲轴位置信号和泵角度传感器的无齿段信号间的相位差。同时 ECD-V3 还在汽缸内设置一个燃烧始点光电传感器，如图 5-26 所示，它通过测定燃烧闪光产生的电信号，对喷油正时进行补偿调节。这样能消除柴油品质（十六烷值）、大气压力变化对柴油机性能的影响。

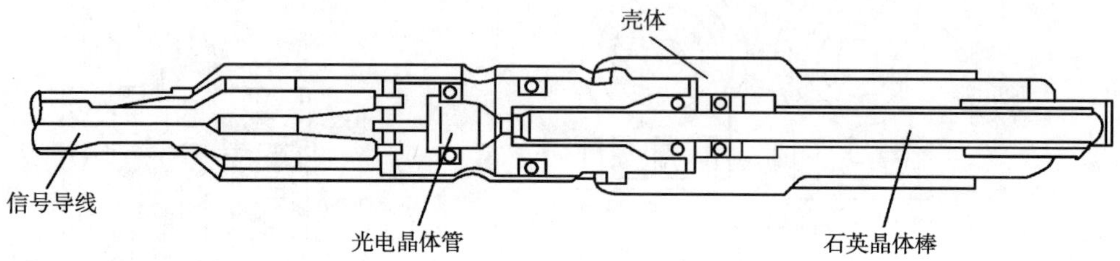

图 5-26　燃烧始点光电传感器

任务 2　电控高压共轨系统故障检测与诊断

任务导入

一辆带有电控高压共轨系统的柴油机轿车，汽车在行驶途中因机油滤清器漏油造成发动机拉瓦，最后拖到修理厂进行修理。但修复后发动机不能着车。发动机起动一次后，就无再着车迹象，同时发动机故障指示灯点亮。

任务分析

由于故障指示灯亮，可利用故障检测仪读取故障码，故障码显示电控高压共轨系统有问题，维修技师需要对电控高压共轨系统进行故障检测与诊断。

学习目标

能力目标	知识目标	素养目标
1. 能描述电控高压共轨系统的基本组成及其功用； 2. 能描述电控高压共轨系统主要组成构件的结构原理； 3. 能正确利用设备进行电控高压共轨系统故障的检测与诊断	1. 具有电控高压共轨系统的基本组成及其功用的相关知识； 2. 具有电控高压共轨系统主要组成构件的结构原理的相关知识； 3. 具有电控高压共轨系统故障检测与诊断的相关知识	1. 具有良好的工作责任心和职业道德； 2. 具有安全操作意识和良好的环境保护意识； 3. 培养学生的团队协作精神

建议学时

4 学时。

学习资讯

1 电控高压共轨系统的共轨原理

电控高压共轨系统是指该系统中有一条公共油管,用高压(或中压)输油泵向共轨(公共油道)中泵油,用电磁阀进行反馈控制。有一定压力的柴油经共轨分别通向各缸喷油器,喷油器上的电磁阀控制喷油正时和喷油量。喷射压力或直接取决于共轨中的高压压力,或由喷油器中增压活塞对从共轨来的油压增压。电控高压共轨系统的喷射压力高且可实现喷油速率的柔性控制,以满足排放法规的要求。电控高压共轨系统被认为是近年来世界上正在积极发展的一种喷射系统。目前,柴油机汽车上广泛应用的是电控高压共轨系统。

2 典型电控高压共轨系统的结构与工作原理

1 日本电装公司的 ECD—U2 系统

日本电装公司的 ECD—U2 系统属于高压共轨式电控喷射系统,如图 5-27 所示。它主要由高压供油泵、喷油压力控制阀(PCV)、共轨油管、喷油嘴、电控单元(ECU)以及多种传感器等组成,可以实现喷油量、喷油正时、喷油速率和喷油压力的控制。

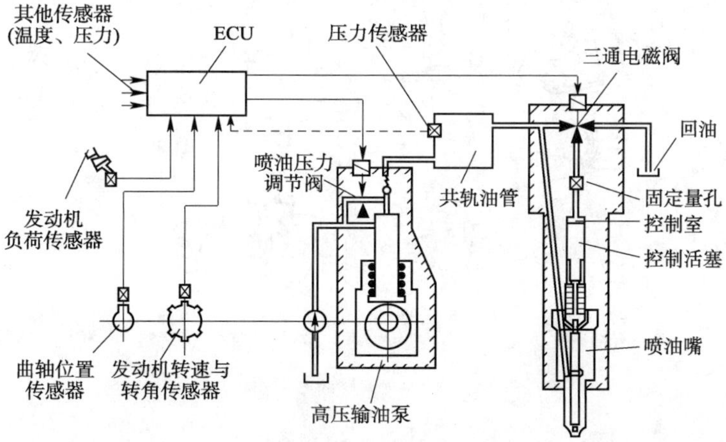

图 5-27　日本电装公司的 ECD—U2 系统布置示意图

高压输油泵将燃油压力提高到约 120MPa 后输入共轨油管,高压输油泵的出口端装有一个用来调节共轨油压的喷油压力调节阀(PCV),ECU 根据柴油机的转速、负荷等控制压力调节阀的开度,从而增加或减少高压输油泵的供油量,实现对共轨油压的控制,以保证供油压力稳定在目标值,ECU 还根据共轨压力传感器信号对共轨油压进行闭环控制。

喷油器的顶部装有一个三通电磁阀(TWV),用来控制喷油器内控制室的进、回油通道,由 ECU 根据各传感器信号控制电磁阀工作。

电磁阀不通电时,控制室进油通道开启、回油通道关闭,共轨中的高压油经电磁阀进入控制室;尽管喷油器下部的油腔始终与共轨油管保持相等的高压,但喷油器针阀的承压锥面比控制活塞上部承压面小,针阀上还作用有复位弹簧弹力,所以电磁阀断电使高压油进入控制室时,喷油器不喷油。当 ECU 接通电磁阀电路时,电磁阀使控制室进油通道关闭、回油通道开启,从而使控制室油压迅速下降,喷油器油腔内的高压油将针阀顶起开始喷油,直到电磁阀再次断电使高压油进入控制室,喷油器喷油结束。

由此可见,ECD—U2 系统的 ECU 通过控制喷油压力控制阀(PCV)使喷油器的喷油压力保持不变,再通过控制电控三通阀(TWV)工作实现喷油量和喷油正时的控制。电磁阀通电开始时刻决定了喷油的开始时刻,其通电时间决定了喷油量。电磁阀还控制实现三角形、预喷射和靴形三种喷油率。由于需要高压的供油泵,所以系统中许多零部件处在高压下工作。

❷ 德国博世(BOSCH)公司的 CR 系统

(1)组成。CR 系统按功能可分成电子控制和燃油供给两大部分。其基本组成如图 5-28 所示。

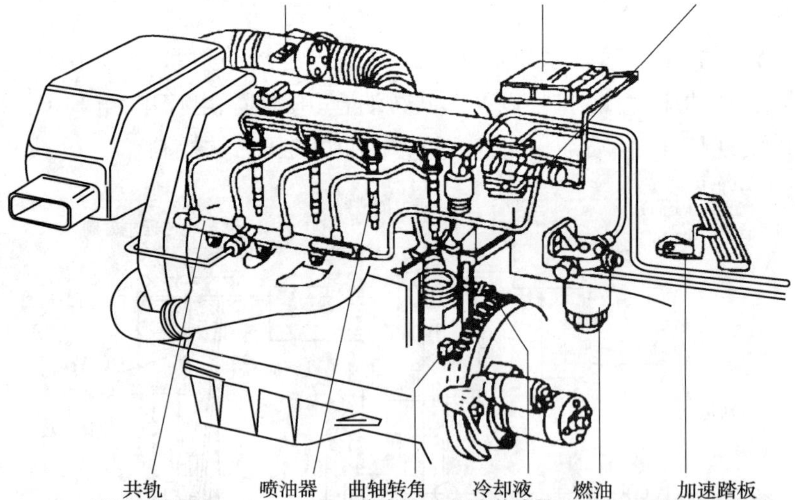

图 5-28　CR 系统的基本组成

①电子控制系统。电子控制系统由 ECU、各种传感器和执行器(如喷油器、电磁阀等)组成。电子控制系统的功能是根据各种传感器输入的信息,由 ECU 经过比较、运算、处理后,得出最佳喷油时间和喷油量,向喷油器发出开启或关闭电磁阀的指令,从而精确控制发动机的工作过程。

②燃油供给系统。高压共轨系统为蓄压器式共轨系统,该系统由油箱、柴油滤清器、电

动输油泵、高压油泵、高压/低压燃油管、蓄压器(共轨)、喷油器和回油管等组成,如图5-29所示。

如图5-30所示,燃油供给系统的基本工作过程是:低压燃油由电动输油泵从油箱中吸出后,经柴油滤清器输送到高压油泵,柴油经高压油泵加压后输送给蓄压器(油轨)中。储存在油轨中的高压柴油在适当的时刻通过电磁喷油器喷入发动机汽缸内。电磁喷油器的开启和关闭由ECU根据各种传感器输入的信号进行控制。

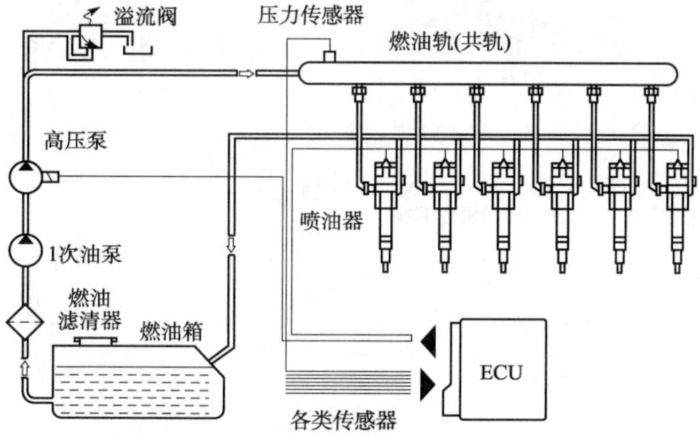

图5-29　燃油供给系统的组成

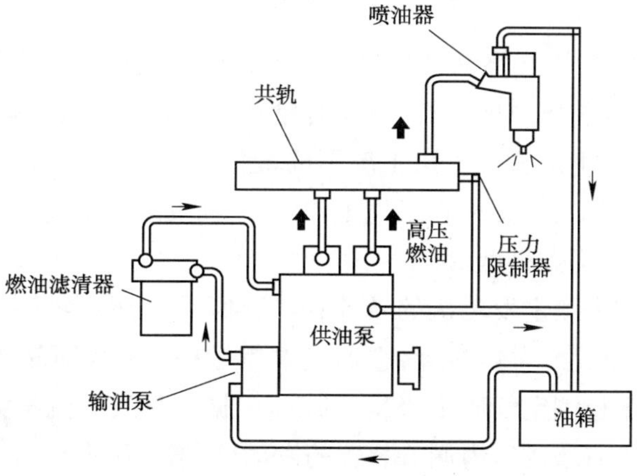

图5-30　燃油供给系统的工作过程

(2)工作原理。高压共轨系统的工作原理如图5-31所示,燃油从油箱被电动输油泵吸出后,经油水分离器和滤清器滤清后,被送入高压油泵,此时燃油压力为0.2MPa。进入高压泵的燃油一部分通过高油泵上的安全阀进入油泵的润滑和冷却油路后,流回油箱;一部分进入高压油泵,在高压泵中,燃油被加压到135MPa后,被输送到蓄压器。在蓄压器上有一个压力传感器和一个通过切断油路来控制油量的压力限制阀。用压力限制阀来调节ECU设定的共轨压力。高压柴油从蓄压器、流量限制阀经高压油管进入喷油器后,又分两路:一路直接喷入燃烧室;另一路在喷油期间,与针阀导向部分和控制柱塞缝隙处泄漏的多余燃油一起流回油箱。

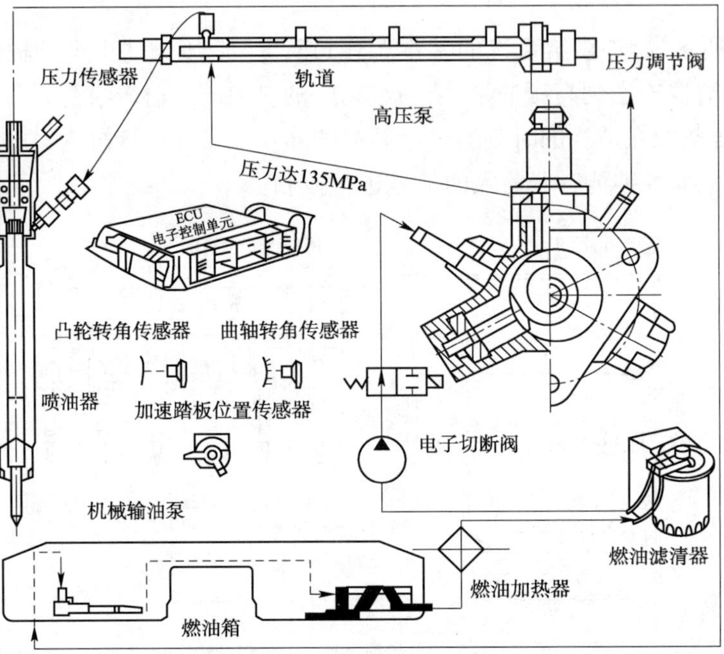

图 5-31　高压共轨的工作原理

在电控高压共轨系统中，由各种传感器（如曲轴转速传感器、加速踏板位置传感器、凸轮轴位置传感器、各种温度和压力传感器等）及时检测出发动机的实际运行状态，由 ECU 根据预置的程序进行运算后，确定适合于该工况下的最佳喷油量、喷油时刻、喷油速率模型参数等，ECU 发出指令，使发动机始终处在最优工作状态，使发动机的动力性、经济性得到有效的发挥，并且可使排放污染降到最低。

曲轴位置传感器用来测定发动机的转速；凸轮轴位置传感器用来确定发动机的发火顺序；加速踏板位置传感器是一种电位计，它通过电信号将驾驶人对转矩的要求告知 ECU；空气质量流量传感器用于检测空气质量流量。ECU 根据空气质量流量大小，按空燃比控制喷油量。在涡轮增压并带有增压压力调节装置的发动机，增压压力传感器用于检测增压压力，ECU 根据增压压力大小，按空燃比控制喷油量。在发动机冷机起动或温度较低时，ECU 可以根据发动机冷却液温度传感器和空气温度传感器的信号电压值对喷油始点、预喷油量、主喷射量及其他参数进行匹配。ECM 还根据其他传感器和数据传输线（CAN）输入的数值进行各项综合控制。

在电控高压共轨系统中，供油压力与发动机的转速、负荷无关，是可以独立控制的。由共轨压力传感器测出燃油压力，并与设定的目标喷油压力进行比较后进行反馈控制。

（3）主要部件的结构与工作原理。

①高压油泵。CR 系统采用 CP 系列高压油泵。图 5-32 和图 5-33 分别为 CP3 型高压泵的纵断面和横断面图。

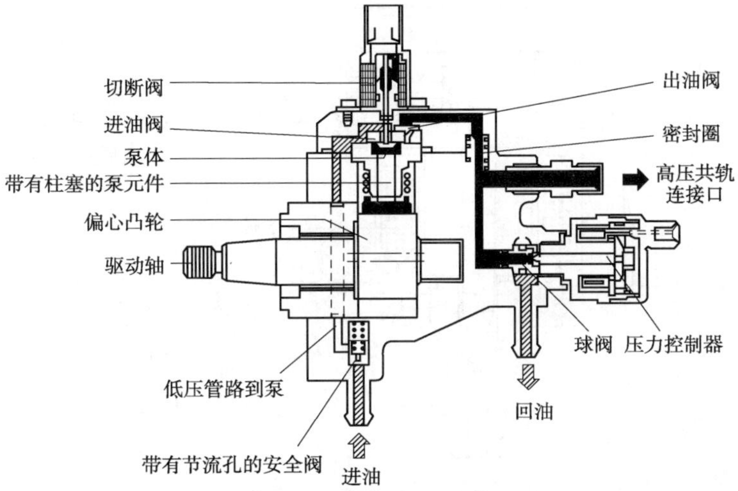

图 5-32 CP3 型高压油泵纵断面图

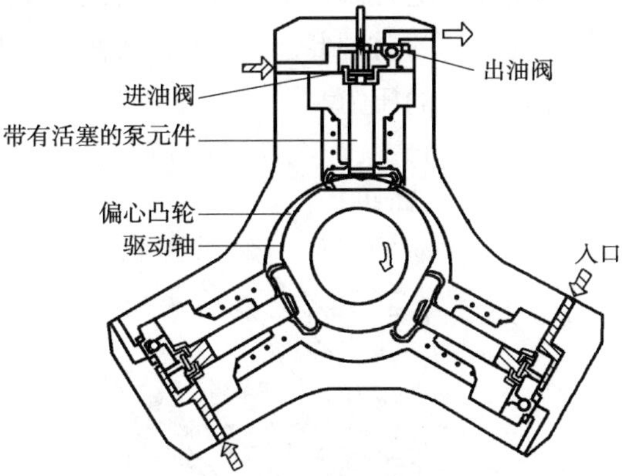

图 5-33 CP3 型高压油泵横断面图

CP3 型高压油泵由 3 个径向排列、互相呈 120°夹角的柱塞组成。CP3 型高压泵通过联轴器、由凸轮轴上的油泵驱动齿轮带动旋转，其转速是发动机转速的一半。分配泵总成中的 3 个泵油柱塞由驱动轴上的凸轮驱动进行往复运动，每个泵油柱塞有弹簧对其施加作用力，目的是减小柱塞振动，并且使柱塞始终与驱动轴上的偏心凸轮接触。当柱塞向下运动时，为吸油行程，进油阀将会开启，允许低压燃油进入泵腔，而当柱塞到达下止点时，进油阀将会关闭，泵腔内的燃油在向上运动的柱塞作用下被加压后输送到蓄压器中，高压燃油被存储在蓄压器油轨中等待喷射。高压蓄压器（即油轨）是一根锻造钢管，油轨的内径为 10mm，长度范围为 280 ~ 600mm，具体长度按发动机的要求而定，各缸上的喷油器通过各自的油管与油轨连接。燃油压力控制阀如图 5-34 所示，它安装在高压油泵上。ECU 通过控制压力控制阀可以精确地保持泵油压力，保持油轨中的燃油压力。压力控制阀是电磁控制球阀，弹簧向球阀施加作用力，电磁铁也对球阀施加作用力，压力控制阀与分配泵连接处有 O 形密封圈保持密封，球阀承受着油轨中燃油的高压作用，高压燃油作用力由弹簧力和电磁力共同作用着，而电磁力大小由 ECM 的 PWM 调制信号电流进行控制，所以，通过电磁铁电流的大小将决定油轨中燃油压力的高低。当油轨中的燃油压力超过发动机运转状态下的期望设定值时，球阀将会开启，允许油轨中的压力燃油通过回油管流回油箱；如果油轨中燃油压力过低，球阀将会关闭，允许高压油泵增大油轨中的燃油压力。由此可见，ECU 通过压力控制阀对系统压力实现闭环控制。

②喷油器。电磁喷油器的工作原理如下：

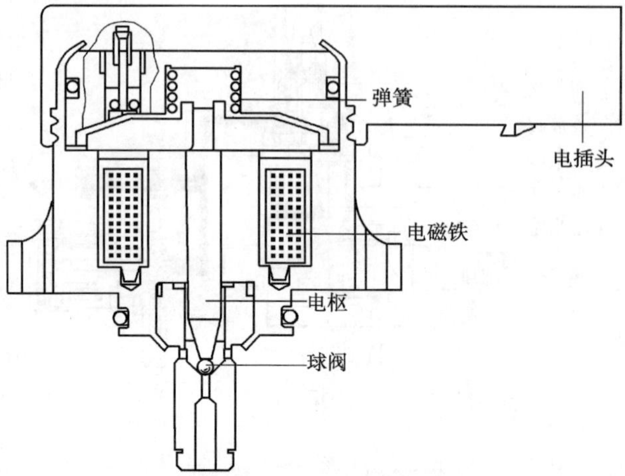

图 5-34　燃油压力控制阀

当喷油器电磁阀未被触发时，喷油器关闭，泄油孔也关闭，小弹簧将电枢的球阀压向回油节流孔上，在阀控制腔内形成共轨高压。同样，在喷嘴腔内也形成共轨高压，共轨高压对控制柱塞端面的压力和喷嘴弹簧的压力与高压燃油作用在针阀锥面上的开启力相平衡，使针阀保持关闭状态，如图 5-35a）所示。

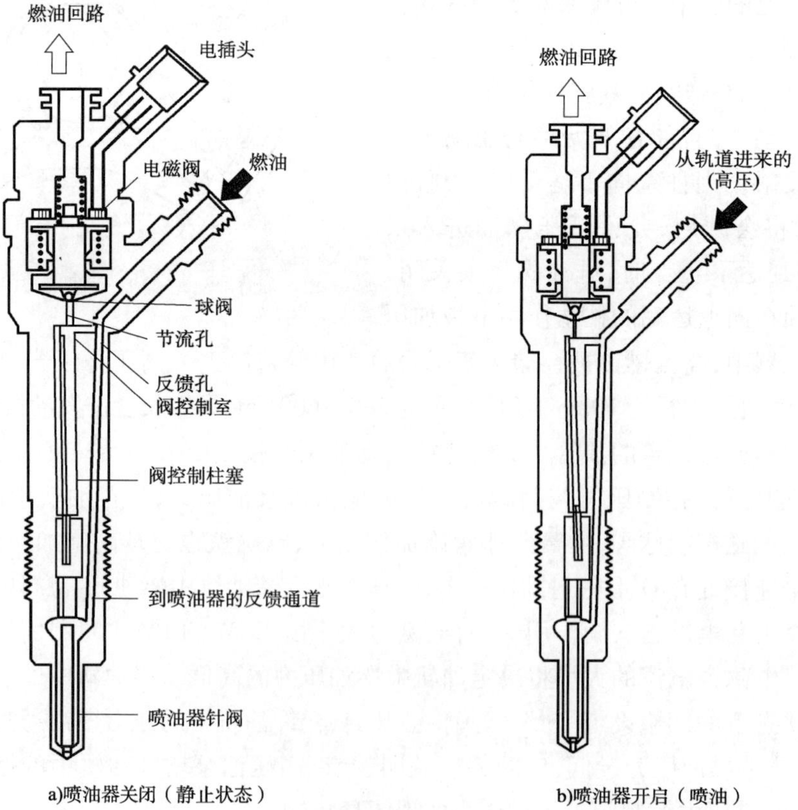

图 5-35　电磁喷油器的结构

当电磁阀被触发时，电枢将泄油口打开，燃油从阀控制室流到上方的空腔中，并从空腔通过回油通道返回油箱，使阀控制室中的压力降低，减小作用在控制柱塞上的力，这时喷嘴针阀被打开，喷油器开始喷油，如图 5-35b）所示。

电磁阀一旦断电不被触发，小弹簧力会使电磁阀电枢下压，阀球就将泄油孔关闭。泄油孔关闭后，燃油从进油孔进入阀控制室建立起油压，这个压力为油轨压力，这个轨道高压作用在控制柱塞端面上，轨道压力加上弹簧力大于喷嘴腔中的压力，使喷嘴针阀关闭。

3 电控高压共轨系统故障检测与诊断

电控高压共轨系统具有故障自诊断功能。在发动机运行过程中，自诊断系统检查传感器输入的信号、软件的操作是否正确和电子控制单元（ECU）中的电源驱动电路是否发生了故障等。当检测到故障时，就会将故障以故障码的形式存储在存储器中，同时还将根据现行故障的类型和严重程度，将不同的故障指示灯（故障指示灯包括报警指示灯“WARNING”、停车指示灯“STOP”、等待起动指示灯“WAIT-TO-START”和维护指示灯“MAINTENANCE”）点亮。如果报警指示灯“WARNING”灯亮，表明系统有故障码存在，但车辆能行驶且需要进行尽快维修；如果停车指示灯“STOP”点亮，则说明应尽快安全地使车辆停驶并进行维修，以保护发动机；如维护指示灯“MAINTENANCE”点亮，则提醒驾驶人需要进行发动机系统维护等。

当柴油机电控系统出现故障时，应进行故障诊断，查出故障原因并维修。故障诊断的方法如下。

1 故障指示灯自检操作方法

把点火钥匙开关处于“ON”接通位置，诊断开关“OFF”处于断开位置，如各种指示灯（报警指示灯、停车指示灯、等待起动指示灯和维护指示灯）依次点亮约 2s，然后熄灭，表明电子控制系统正常，无故障。如果报警指示灯“WARNING”不熄灭，表明系统存在故障；如果指示灯“STOP”点亮，则应尽快安全停车进行维修，以保护发动机。

2 故障码的读取

故障码的读取有两种方法：一种是通过故障指示灯的闪烁次数读取；另一种是使用专用故障诊断仪器读取。

（1）通过故障指示灯的闪烁读取故障码方法步骤如下（以康明斯 ISBe 电控高压共轨柴油喷射系统为例）。

①将点火钥匙开关转到“OFF”位置，将诊断开关转到“ON”位置，再将点火钥匙开关转到“ON”位置，发动机不运转。如果电子控制系统未记录有现行故障码，红色指示灯“STOP”和黄色报警指示灯“WARNING”将依次点亮，然后熄灭并保持熄灭状态；如果记录有现行故障码，两个指示灯都将瞬间点亮，然后开始闪烁出已记录的现行故障码，如图 5-36所示。

②故障码闪烁的顺序。如图 5-37 所示，首先，黄色报警指示灯“WARNING”闪烁，然后

停留 1s 或 2s,接着红色停车指示灯“STOP”闪烁故障码,各号码间会有 1s 或 2s 的停顿,在红色指示灯闪烁完号码后,黄色指示灯再次闪亮。三位数或四位数的代码将以相同的顺序重复闪烁。如故障码 244 的闪烁顺序为:首先黄色灯闪烁约 2s 后,红色灯连续闪烁 2 次,每次间隔约 0.5s,表示为“2”;过 1.5s 后红色灯又连续闪烁 4 次,每次间隔约 0.5s,表示为“4”;再过 1.5s 后红色灯又连续闪烁 4 次,每次间隔约 0.5s,又表示为“4”;再过 2s 后黄色灯亮,表示该故障码显示完毕。

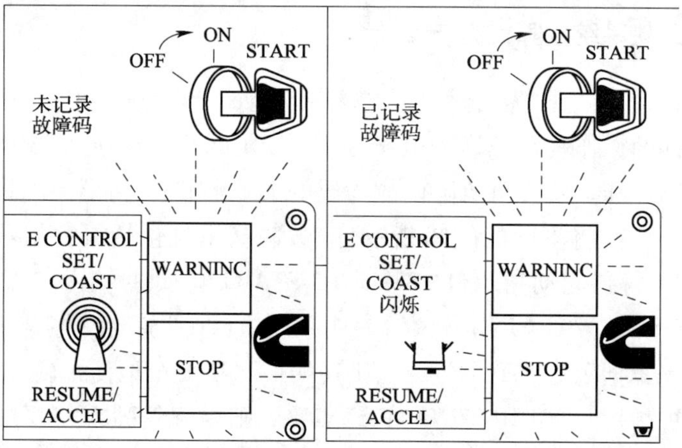

图 5-36　故障码检查操作

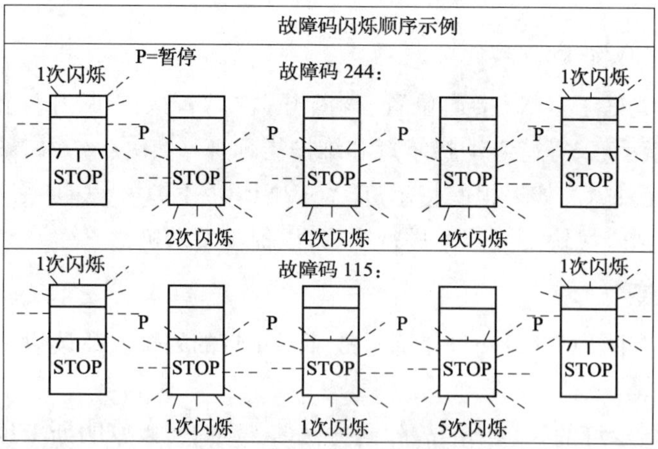

图 5-37　故障码闪烁的顺序

为进行下一个故障码的检查,应将巡航控制“SET/RESUME”开关扳到“ + ”(增加位置),这时将闪烁下一个故障码。若将“SET/RESUME”开关扳到“ - ”(减小位置),就可以回到上一个故障码。如果只记录了一个现行故障码,则无论将此开关扳到“ + ”还是“ - ”位置,总是显示同一个故障码。

(2)使用专用故障诊断仪器读取故障码。将专用故障诊断仪器与发动机电控系统的诊断座进行对接，打开点火开关，按专用故障诊断仪器的使用方法，按照步骤即可读取发动机电控系统的故障码。

将读出的故障码，通过查询维修资料手册，可知故障码含义，再按故障码指示的故障部位进行维修，可排除故障。

3 故障码的清除

故障排除后，应清除 ECU 中的故障码，故障码可用专用诊断仪清除，也可将熔断器盒的 ECU 熔断丝拔下或拆下蓄电池负极搭铁线 10s 以上后清除。在拆除蓄电池负极搭铁线时，时钟、音响等电气设备所存储的信息会丢失，应特别注意。

任务实施

下面以奥迪 A6 3.0I-V6-TDI 柴油机的电控高压共轨系统为例，说明电控高压共轨系统故障检测与诊断的方法与步骤。

1 整体认识

奥迪 A6 3.0 I-V6-TDI 柴油机燃油系统采用博世（Bosch）公司的第三代高压共轨技术，该系统的组成如图 5-38 所示。

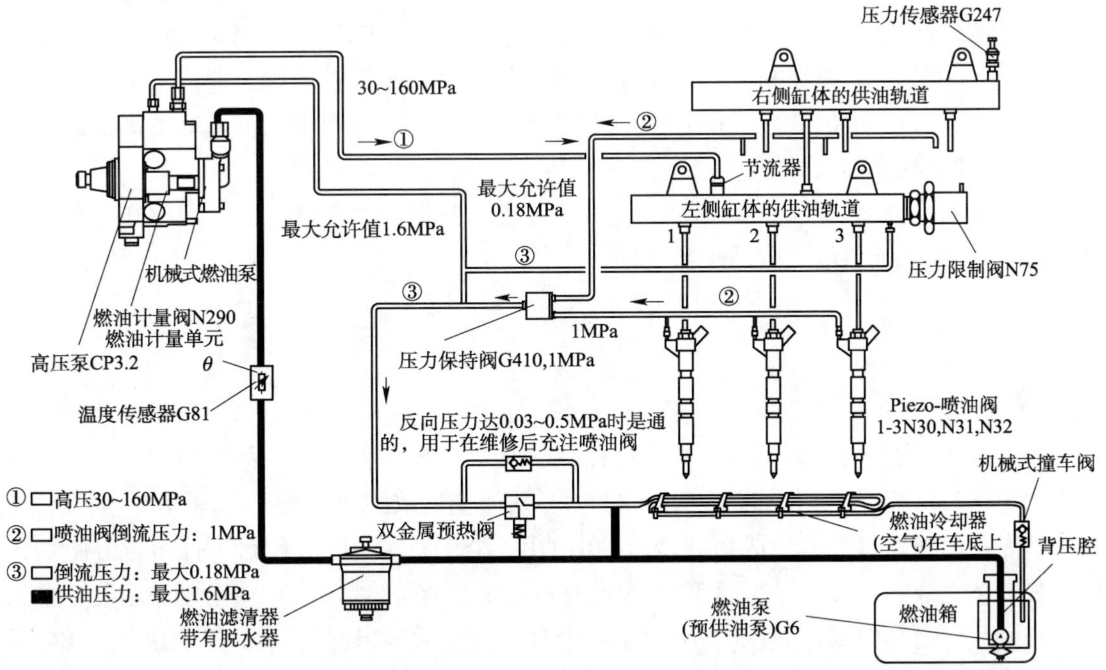

图 5-38 奥迪 A6 TDI 电控柴油机高压共轨系统

在该系统有一个齿形带驱动的高压泵，左右汽缸座各有一条分配管，喷油压力可达 160MPa。在燃油管路中的齿轮泵由齿形带通过高压泵的贯穿偏心轴驱动。油箱内的燃油通过油箱中的油泵输送到高压泵中。燃油压力的调节使用了两个调节系统。当发动机怠速运转时，燃油压力由燃油压力调节器N276调节，以限制转矩的输出。在全负荷运转时，燃油压力由燃油压力调节器（计量单元ZME）N290进行调节，避免在不必要时加热。当油轨上的燃油压力超过20MPa时，发动机电控单元就会发出指令使喷油器开始喷油。当油轨上的燃油压力降到13MPa时，发动机电控单元就会发出停止喷油指令。

在该系统中采用了更为先进的压电喷油器，这种喷油器采用压电效应控制喷油。压电效应是指当离子构成的晶体发生变形时，会产生电势。压电效应反过来用，即加上电压后晶体被拉长。采用压电晶体式喷油器，每个工作行程可产生多个触发周期，可大大缩短多个喷油器之间的切换时间，可以产生很大的力对抗共轨压力，燃油卸压时可精确控制行程，触发电压为110～148V，实际大小取决于轨道压力。

维修时，如果更换了喷油器，必须对喷油器进行与喷射系统匹配的操作，同时还要进行喷油量对比（IMA）试验。

在燃油系统中，高压泵内由3个呈120°角的径向柱塞压缩燃油，最高转速为3000r/min，采用燃油润滑。高压泵工作时，每一转有3个供油行程，使驱动峰值转矩小，驱动装置受力均匀，转矩为16N·m。高压泵是按最大供油量设计，发动机在怠速和部分分负荷时，被压缩后多余的燃油经过调压阀流回油箱。为弥补燃油回流时升温造成的功率损失，通过柱塞切断供油，使供油量适应发动机燃油需求量。当柱塞切断供油时，输送到共轨中的燃油量减少。而此时进油阀一直开着，在柱塞断油装置的电磁阀动作时，安装在电枢上的一根销子将进油阀打开，使供油行程中吸入的燃油不受压缩。由于吸入的燃油又流回低压通道，所以，在柱塞腔内不会建立高压。切断柱塞供油后，高压泵不再连续供油，而是处于供油间歇阶段，由此减少了功率损失。

高压泵的供油量与其转速成正比，高压泵转速取决于发动机转速。发动机在全负荷工作时，高压泵的供油量能充分满足需要。

2 电控系统的故障诊断

1 自我诊断系统的特点

（1）发动机电控单元内有一个故障存储器。发动机电控单元通过接收到的信息，能分析识别出50多种故障并能将故障信息存储起来。对于偶发故障，显示屏会显示SP。偶发性故障一般是由于线路接触不良或短路造成，在使用VAS5051或V. A. G1551打印时有附加说明。如果偶发故障在发动机起动50次内没有再出现，那么该偶发故障会自动被清除。如果故障被确认并已影响到行驶性能，电控单元会确认为是故障，以故障码的形式进行存储，并使预热指示灯闪亮。

（2）发动机的诊断功能只能在VAS5051或V. A. G1551的“快速数据传输”模式下完成。

（3）故障排除后应立即清除存储在存储器中的故障码。

（4）在“地址码01-发动机电子装置”下可供选择的功能见表5-15。

在"地址码 01-发动机电子装置"下的可选功能　　表 5-15

V. A. G 1551 地址码和功能		打开点火开关，发动机不起动	发动机怠速运转	车辆行驶时
地址码				
00	自动检测	是	是	是
01	发动机电子装置	是	是	是
功能				
01	查询电控单元版本	是	是	是
02	查询故障存储器	是	是	是
03	执行元件诊断	是	是	是
04	基本设置	是	是	是
05	清除故障存储器	是	是	是
06	结束输出	是	是	是
07	电控单元编码	是	是	是
08	读取测量数据块	是	是	是
09	自适应	是	是	是

2 用 VAS5051 选择发动机电控单元

(1)蓄电池电压在 11.5V 以上，关闭空调；自动挡车辆应将换挡杆置于 P 或 N 位。

(2)将 VAS5051/1 或 VAS5051/3 与 VAS5051 相连，根据所选功能打开点火开关或起动发动机。

(3)在 VAS5051 上选择"车辆自诊断"模式，按显示屏显示选择相应系统，选择"01-发动机电子装置"。在 VAS5051 显示屏上的显示区 1 会显示"选择自诊断功能"，显示区 2 显示电控单元识别码，如 480907401 表示电控单元零件号，2.5L 表示发动机排量，V6 表示 V 形 6 缸发动机，TDI 表示涡轮增压直喷柴油机，G(或无显示)表示车上有(或没有)巡航控制装置(GRA)，000 表示电控单元特性曲线，AG 表示自动变速器，SG 表示手动变速器，0 表示电控单元数据状态(软件版本号)，Codierung02012 表示发动机电控单元编码等，SC12345 表示上一次操作 V. A. G1551 的服务站代码。若编码与车型不匹配，则检查发动机电控单元编码。

(4)选择自诊断功能，在显示屏上会显示所有可能用的自诊断功能，按需要选择。如果再进行下一步操作，则显示维修过程。

考核评价

学生考核评价表见表 5-16。

学生考核评价表　　表 5-16

目标	评价要素	评 价 标 准	评 价 依 据	考 核 方 式	权重	评分
知识	基本知识	知识的要求	个人作业、课堂笔记、课堂练习、小组作业、期末考试	学生自评	10%	
				教师评定	10%	
				学生互评	10%	

续上表

目标	评价要素	评价标准	评价依据	考核方式		权重	评分
能力	基本技能	能描述电控高压共轨系统的组成与工作原理； 能描述电控高压共轨系统主要构件结构原理； 能对电控高压共轨系统故障进行检测与诊断	实践练习、小组作业、学生作业单	教师评定	动手能力	15%	
					作业单的填写	15%	
素养	学习态度	遵守纪律、积极参与课堂教学活动、按时完成作业、按要求完成准备	课堂表现记录、考勤表、同学及教师观察、课堂笔记	学生自评		10%	
				小组互评			
				教师评定			
	沟通协作管理	乐于请教和帮助同学、小组活动协调和谐、协助教师教学管理、做好教室值日工作、按要求做课前准备和课后整理	小组作业、小组活动记录、自评及互评记录、值日记录、同学及教师观察	学生自评		15%	
				小组互评			
				教师评定			
	创新精神	有自主学习计划、在作业练习中能提出问题和见解、对教学或管理提出意见和建议、积极参与小组活动方案设计	个人作业、自主学习计划、学习活动、个人口头或书面提议	学生自评		15%	
				小组互评			
				教师评定			

拓展迁移

柴油机尾气处理方法

柴油机尾气处理方法可分为机内净化和后处理技术。机内净化包括高压共轨技术、涡轮增压技术和均质混合压缩点火式燃烧技术(HCCI)等。后处理技术可以将尾气转化为无污染或污染程度较轻的气体。柴油机尾气的主要污染物是 NO_x 和 PM。目前，NO_x 的净化方法主要有选择性催化还原(SCR)、稀薄 NO_x 吸附—催化还原(LNT)，PM 的净化有氧化催化转化器(DOC)、颗粒捕集器(DPF)及颗粒氧化催化转化器(POC)。

1. NO_x 后处理装置

1) NO_x 选择性催化还原(SCR)

SCR 技术是指利用尾气作为还原剂或添加还原剂，在氧浓度高出 NO_x 两个数量级以上条件下，高选择性地优先把 NO_x 还原为 N_2。NH_3、尿素、烃类或醇类均可作为 SCR 还原剂，欧美商业化的 SCR 以氨或尿素为还原剂的 V_2O_5-WO_3-TiO_2 催化体系为主。

目前，NH_3-SCR 被认为是最有希望实用于 NO_x 净化的技术之一。其原理是利用 V_2O_5/TiO_2 催化剂，在氧气过量时让 NH_3 选择性地将 NO_x 还原为 N_2。选用 TiO_2 基催化剂主要是因为其具有高耐硫性能。

2)稀薄 NO_x 吸附—催化还原(LNT)

LNT(Lean NO_x Traps)以尾气中还原物质作还原剂,NO_x 吸附剂和催化还原系统相连。其工作原理为:富氧时 NO_x 首先在贵金属上被氧化为 NO_2,并与 NO_x 吸附剂反应生成硝酸盐;当吸附能力饱和,或尾气温度增加破坏硝酸盐稳定性之后,开始再生;再生时控制发动机处于缺氧状态以获得含有适量的 CO、HC 和 H_2 的浓废气,硝酸盐与其反应生成 NO_x,然后 NO_x 在催化剂的作用下和剩余还原组分反应生成 N_2。

在 LNT 下游安装 SCR 可有效综合两项技术的优点。LNT 再生产生 NH_3,SCR 利用这部分 NH_3 可实现部分 NO_x 的还原,无须额外喷射尿素。LNT 复合 SCR 技术提高了 NO_x 转化效率,和 LNT 技术相比,贵金属用量少,且节约了空间。

2. PM 后处理装置

1)氧化催化转化器(DOC)

DOC 安装在柴油车排气系统中,其目的是对 CO 和 HC,以及 PM 中的 SOF 进行氧化。对于 SOF 中燃烧温度较低的碳氢化合物,使用氧化催化剂可使其减少 90% 以上,但对干炭粒的净化几乎没有影响,故 DOC 对 PM 的处理效果不佳,PM 的净化有赖于下文提到的颗粒捕集器(DPF)。

DOC 通常均采用氧化催化剂,主要由载体、活性组分和助剂组成。载体一般选用单一或复合型金属氧化物,其最主要的作用是作为活性组分的担载,此外,载体也可协同活性组分,以增强催化剂的热稳定性、耐硫性等;活性组分一般采用贵金属及稀土金属氧化物,贵金属是目前最常用、效果最好的催化剂活性组分;助剂为除贵金属以外的稀有金属及其氧化物,加入助剂可提高催化剂活性、增强其耐硫性及抗老化性。

最早的氧化催化剂主要针对 CO、HC 等污染物,发展相对成熟,如在 Pt/Al_2O_3 加入 Pd,不但可改善 CO 和 HC 的起燃特性,增强催化剂热稳定性,且降低了制造成本。随着技术的发展,NO 氧化催化剂逐渐进入了人们的视野,其不仅能实现 CO 和 HC 的 100% 转化,且将部分 NO 氧化为 NO_2,为后续处理提供了捷径。

DOC 存在的主要问题有:

①耐硫性较差,硫酸盐在过滤体内沉积,导致排气阻力增加,且易造成催化剂中毒;

②高温老化,贵金属在高温下发生烧结而导致催化剂活性降低;

③DOC 对 PM 的净化效果不如颗粒捕集器。

2)颗粒捕集器(DPF)

DPF 是减少 PM 最直接的方法,也是目前国际上较实用的柴油机微粒后处理技术。其原理是利用机械力将 PM 阻挡在过滤器内。常用的过滤器有表面型和体积型微粒捕集器,表面型微粒捕集器中微粒聚积在过滤材料的表面上,其过滤效果主要受材料孔隙尺寸的影响,包括壁流式陶瓷体和泡沫陶瓷体。体积型微粒捕集器中微粒则聚积在过滤材料体内,纤维材料和微粒之间的吸附力及微粒和微粒之间的凝聚力对提高微粒捕集效率起着重要作用,包括金属丝网和陶瓷纤维。

壁流式蜂窝陶瓷过滤器(honeycomb wall-flow DPF)是使用最广泛的一种,常采用堇青石和碳化硅材质。过滤体壁内孔道的直径均在微米数量级,微粒捕集的效率可达95%以上,且耐高温,机械强度高。

DPF应用中一个重要问题是再生方式的选择。其再生方式分为主动再生和被动再生两大类:主动再生是通过外界能量来提高捕集器温度,使PM着火燃烧,如电加热再生、燃油喷油或喷气助燃的燃烧器再生、逆向喷气再生、微波再生、红外加热再生等;被动再生主要通过在燃油或者过滤体上添加催化剂,降低PM的起燃温度,在正常排气温度下使PM氧化再生,如燃料添加剂式再生,催化剂连续再生等。主动再生依赖于汽车制造技术的提高,目前国内主要集中在被动再生中尾气催化剂开发与应用的研究。

3)颗粒氧化催化转化器(POC)

POC是开放式的过滤装置,可以捕捉柴油车尾气排放中的PM,其原理和DPF类似,不同之处在于它多褶皱的孔道结构。POC完全采用不锈钢结构,载体上有专门的化学涂层。由于POC需要较高的再生温度,因此需要与DOC配合使用。另外,POC质量轻,体积小,尺寸可变,易于集成到排气系统中。

POC在柴油机车辆中消除PM的主要机理是:在前级DOC的氧化作用下,一氧化氮与氧气结合生成二氧化氮,加上柴油机本身缸内的燃烧,产生一定量的NO_2。NO_2进入POC,在含有贵金属的特殊化学涂层的催化作用下,NO_2分子键在较低温时(250℃左右)断裂,所需能量为305kJ/mol,产生的O与被捕捉到的碳颗粒燃烧,生成CO_2。大部分普通行驶工况都能满足POC中的再生温度(250~500℃),从而有效去除颗粒物。

附录　英文缩写词注释一览表

缩写词	名　　称	缩写词	名　　称
AAC	辅助空气阀	IAT	进气温度传感器
ABS	电子控制防抱死制动系统	ICM	点火控制模块
ACIS	进气惯性增压控制系统 （谐波增压控制系统）	IDL	怠速触点
AFS	空气流量传感器	IGd	汽缸辨别指令
APS	进气压力传感器	IGt	点火时刻控制指令
ASD	自动切断继电器	ISC	怠速控制系统
ATDC	上止点后	ISCV	怠速控制阀
ATS	进气温度传感器	ITS	智能运输系统
ASR	驱动防滑控制系统	KS	爆震传感器
BTDC	上止点前	MAF	空气流量传感器
CCS	巡航控制系统（恒速控制系统）	MAP	进气压力传感器
CIS	凸轮轴位置传感器（汽缸辨别传感器）	Mono	低压中央单点喷射系统
CPS	曲轴位置传感器	MPI	多点喷射系统
CTS	冷却液温度传感器	N-TDC	转速—凸轮轴位置传感器
DLI	无分电器式电控点火系统	OBD	车载故障诊断系统
DS	爆震传感器	PCM	动力控制模块
ECA	电子控制组件	PIM	进气管绝对压力
ECM	电子控制模块	SPI	单点喷射
ECT	冷却液温度传感器	SRS	安全气囊
ECU	电子控制单元	STA	起动信号
EDS	电子差速系统	TEMS	电控悬架
EFI	电子控制燃油喷射系统	TCCS	丰田集中控制系统
EGO	氧传感器	THA	进气温度传感器
EGR	废气再循环系统	THW	冷却液温度传感器
EMS	发动机电子管理系统	TPS	节气门位置传感器
ESA	电子点火提前	TRC	牵引力控制系统
ESP	电子稳定控制程序	TWC	三元催化转换器
ETCS-i	节气门智能控制系统	VIS	可变进气控制系统（动力阀控制系统）
EVAP	燃油蒸发控制系统	VSC	车辆稳定控制系统
FSI	分层充气式缸内直喷技术	VSV	真空电磁阀
GDI	汽油机缸内直喷技术	VVT-i	可变气门正时智能控制系统
IAC	进气增压控制阀	VTEC	可变气门正时与升程控制系统

参 考 文 献

[1] 廖发良. 汽车发动机电控技术[M]. 北京:机械工业出版社, 2009.

[2] 廖发良. 汽车电控系统的检修[M]. 2 版. 北京:电子工业出版社, 2009.

[3] 罗灯明. 发动机电控系统故障诊断实训[M]. 北京:高等教育出版社, 2007.

[4] 陈文华, 吕坚. 汽车发动机电控系统检测诊断与修复[M]. 北京:人民交通出版社, 2013.

[5] 罗德云. 汽车发动机电控系统构造与检修[M]. 北京:人民交通出版社, 2012.

[6] 何琨, 卫登科. 发动机电控系统检修[M]. 北京:清华大学出版社, 2012.

[7] 杨金霞, 蒋家旺. 丰田汽车电控系统检修一体化教材[M]. 北京:机械工业出版社, 2013.